Holzkämper
Kompendium Gesundheitsökonomie
Strukturen, Institutionen, Finanzierung

D1723577

Zusätzliche digitale Inhalte für Sie!

Zu diesem Buch stehen Ihnen kostenlos folgende digitale Inhalte zur Verfügung:

Online-Buch ✓	Zusatz-Downloads
Buch als PDF	App
Online-Training	Digitale Lernkarten

Schalten Sie sich das Buch inklusive Mehrwert direkt frei.

Scannen Sie den QR-Code **oder** rufen Sie die Seite **www.kiehl.de** auf. Geben Sie den Freischaltcode ein und folgen Sie dem Anmeldedialog. Fertig!

Ihr Freischaltcode

SLYC-QVSS-YKRL-FHBO-EHJF-P

www.kiehl.de

Kompendium
Gesundheitsökonomie
Strukturen, Institutionen, Finanzierung

Von
Prof. Dr. Hilko Holzkämper

ISBN 978-3-470-**10141**-5

© NWB Verlag GmbH & Co. KG, Herne 2018

Kiehl ist eine Marke des NWB Verlags

Satz: G&U Language & Publishing Services GmbH, Flensburg
Druck: medienHaus Plump GmbH, Rheinbreitbach

Vorwort

Das Gesundheitswesen ist ein faszinierender Wirtschaftsbereich. Gemessen an der Anzahl der Beschäftigten ist es nicht nur der bedeutendste in Deutschland. Es handelt sich zugleich um einen der wenigen Sektoren in der ansonsten weithin gesättigten Volkswirtschaft, dessen Nachfrage stetig wächst. Das Gut Gesundheit ist Voraussetzung für eine uneingeschränkte soziale Teilhabe. Dies ist einer der Gründe, warum der Staat hier auf vielfältigste Weise mit einer extremen Regulierungsintensität eingreift. Ziel ist neben einer qualitativ hochwertigen Gesundheitsversorgung der wirtschaftliche Einsatz von Ressourcen. Entscheidend dafür sind aus ökonomischer Perspektive vor allem Anreizsysteme.

In einer Welt, in der die verfügbaren Ressourcen bisweilen über Leben – zumindest über Lebensqualität – entscheiden, ist Wissen über die relevanten Strukturen und Institutionen sowie deren Anreizwirkungen unabdingbar. Dies gilt umso mehr, da die finanzielle Basis zusehends erodiert, während die Nachfrage nach gesundheitswirtschaftlichen Gütern rasant ansteigt. Schlussendlich ist eine qualitativ hochwertige Gesundheitsversorgung nur möglich, wenn sie auch finanzierbar ist. So sind im Gesundheitswesen Wirtschaftlichkeit und Ethik zwingend miteinander verbunden. Ökonomik ist quasi die Voraussetzung für ethischen Handel, denn der effiziente Einsatz knapper Ressourcen ermöglicht erst eine qualitativ hochwertige und umfängliche Patientenversorgung.

Ziel des vorliegenden Lehrbuchs ist es einerseits, grundlegendes Wissen bzgl. der Strukturen und Institutionen des Gesundheitswesens sowie der hiermit verbundenen Anreizmechanismen zu vermitteln. Andererseits liegt der Fokus auf der Finanzierungsebene. Hier geht es bei genauer Betrachtung um zwei Perspektiven: Zunächst stellt sich die volkswirtschaftlich bedeutende Frage, wie die gesundheitswirtschaftlichen Leistungen insgesamt finanziert werden und durch welche Finanzierungsträger. Zudem gilt es einzelwirtschaftlich, die Anbieter für die erbrachten Gesundheitsleistungen angemessen zu vergüten.

Die Besonderheit besteht hierbei darin, dass Gesundheitsleistungen im Wesentlichen durch die Gesetzlichen und Privaten Krankenversicherungen finanziert werden. Kostenträger und Leistungsempfänger sind nicht identisch. Der Patient zahlt durch die Versicherungslösung nicht für die in Anspruch genommenen Leistungen. Seine Präferenzen und damit die Zahlungswilligkeit spielen keine Rolle. Das Kernproblem ist es nun, eine angemessene Vergütung der Leistungserbringer zu finden und zugleich die Anreize zu beachten, die mit unterschiedlichen Vergütungsformen einhergehen. So bestehen wesentliche Inhalte des Lehrbuches in der Darlegung der bestehenden Vergütungsformen sowie der ökonomischen Analyse und Beurteilung von deren Wirkungen.

Da das Gesundheitswesen Teil des Gesamtsystems der sozialen Marktwirtschaft ist, werden im ersten Kapitel zunächst die ökonomischen und rechtlichen Rahmenbedingungen dargelegt. Dies erfolgt durchgängig mit gesundheitsökonomischem und -politischem Bezug. Daran anschließend werden Besonderheiten des Gesundheitswesens erläutert, wobei der Schwerpunkt auf der Finanzierung durch die gesetzlichen und privaten Krankenkassen liegt. Da sich diese seit Jahren in einem stetigen Wandel befinden, werden explizit die jeweiligen Stärken und Schwächen analysiert sowie Reformnotwendigkeiten und Reformoptionen ökonomisch beurteilt. Die anschließenden Hauptkapitel sind nach den Sektoren der Krankenhaus- und der ambulanten ärztlichen Krankenversorgung, der Arzneimittelversorgung und der Versorgung Pflegebedürftiger unterteilt. Auch in diesen Kapiteln werden zunächst die Strukturen und Institutionen erläutert, bevor die jeweilige Finanzierung und Leistungsvergütung dargestellt und analysiert wird. Im Unterschied zu anderen Lehrbüchern zum deutschen Gesundheitssystem liegt mithin der Fokus stärker auf dem Aspekt der Finanzierung.

Zur Überprüfung des eigenen Verständnisses ist jedem Kapitel eine Vielzahl von Kontrollfragen angefügt. Ferner sind diverse Übungen enthalten. Anhand dieser kann u. a. die praktische Umsetzung von Vergütungsformen nochmals nachvollzogen werden. So ist es dem Leser z. B. möglich, selbstständig eine Krankenhausrechnung zu erstellen oder Kalkulationen für ein Pflegeheim für Pflegesatzverhandlungen durchzuführen.

Auch wenn das Gesundheitssystem insgesamt ein äußerst komplexes System ist, sind zum Verständnis der Inhalte keine essenziellen Vorkenntnisse erforderlich. Auch grundlegende Sachverhalte werden erläutert. Die Zielgruppen des Buches sind Studenten gesundheitswirtschaftlicher Studiengänge und gesundheitswirtschaftliche Berufseinsteiger sowie Praktiker aus dem Gesundheitswesen.

Prof. Dr. Hilko Holzkämper
Norden, im Januar 2018

Benutzungshinweise

Aufgaben/Fälle

Die Aufgaben/Fälle im Übungsteil dienen der Wissens- und Verständniskontrolle. Auf sie wird jeweils im Textteil hingewiesen:

Aufgabe 1 > Seite 417

Der Übungsteil befindet sich im Anschluss an Kapitel F. Es wird empfohlen, die Aufgaben/Fälle unmittelbar nach Bearbeitung der entsprechenden Textstellen zu lösen.

Aus Gründen der Praktikabilität und besseren Lesbarkeit wird darauf verzichtet, jeweils männliche und weibliche Personenbezeichnungen zu verwenden. So können z. B. Mitarbeiter, Arbeitnehmer, Vorgesetzte grundsätzlich sowohl männliche als auch weibliche Personen sein.

A. Ökonomische und rechtliche Rahmenbedingungen

D. Ambulante ärztliche Versorgung

F. Ordnungsrahmen des Pflegesystems

ABAG	Arzneimittelbudget-Ablösungsgesetz	BEMA	Bewertungsmaßstab zahnärztlicher Leistungen
ABDA	Bundesvereinigung Deutscher Apothekenverbände	BfArM	Bundesinstitut für Arzneimittelsicherheit
AbgrV	Abgrenzungsverordnung	BIP	Bruttoinlandsprodukt
AEP	Apothekeneinkaufspreis	BKK	Betriebskrankenkassen
AfA	Absetzung für Abnutzung	BMFSFJ	Bundesministerium für Familie, Senioren, Frauen und Jugend
AG	Arbeitgeber		
AHB	Anschlussheilbehandlung		
AIDS	Acquired Immune Deficiency Syndrome (erworbenes Immunschwächesyndrom)	BMG	Bundesministerium für Gesundheit
		BMGS	Bundesministerium für Gesundheit und Soziale Sicherung
ALG	Arbeitslosengeld		
AMG	Arzneimittelgesetz	BNG	Bettennutzungsgrad
AMNOG	Arzneimittel-neuordnungsgesetz	BPflV	Bundespflegesatz-verordnung
AM-NutzenV	Arzneimittelnutzen-verordnung	BVerfG	Bundesverfassungsgericht
		BWR	Bewertungsrelation
AMPreisV	Arzneimittelpreis-verordnung	CF	Cashflow
AMVSG	Gesetz zur Stärkung der Arzneimittelversorgung in der GKV	CM	Category Management
		CMI	Case-Mix-Index
		CRM	Customer-Relationship-Management
AN	Arbeitnehmer		
AOK	Allgemeine Ortskrankenkassen	DKG	Deutsche Krankenhausgesellschaft
ApBetrO	Apothekenbetriebs-ordnung	DMP	Disease Management Programm (strukturierte Behandlungsprogramme)
ApoG	Apothekengesetz		
APU	Abgabepreis des pharmazeutischen Unternehmers		
		DRG	Diagnosis Related Groups
ASV	Ambulante Spezialärztliche Versorgung	EBM	Einheitlicher Bewertungs-maßstab
AV	Anlagevermögen		
AVP	Apothekenverkaufspreis	e. E.	Externe Effekte
		EEE	Einrichtungseinheitlicher Eigenanteil
BAföG	Bundesausbildungs-förderungsgesetz	EK	Eigenkapital
BAG	Berufsausübungs-gemeinschaften	ET	Ergänzende Tagesentgelte
		EU	Europäische Union
BBG	Beitragsbemessungs-grenze	EW	Einwohnerzahl
BDA	Bundesvereinigung der Deutschen Arbeitgeber-verbände	FDA	Fixkostendegressions-abschlag
		FK	Fremdkapital

FPV	Fallpauschalenvereinbarung	InEK	Institut für das Entgeltsystem im Krankenhaus
F&E	Forschung & Entwicklung	IQTIG	Institut für Qualitätssicherung und Transparenz im Gesundheitswesen
GBA	Gemeinsamer Bundesausschuss	IQWiG	Institut für Qualität und Wirtschaftlichkeit im Gesundheitswesen
GEK	Gmünder Ersatzkasse		
GG	Grundgesetz		
GKV	Gesetzliche Krankenversicherung	IWF	Internationaler Währungsfonds
GKV-VSG	GKV-Versorgungsstärkungsgesetz	JÜ	Jahresüberschuss
GLS	Grundlohnsumme		
GOÄ	Gebührenordnung für Ärzte	KBV	Kassenärztliche Bundesvereinigung
GOP	Gebührenordnungspositionen	KHEntgG	Krankenhausentgeltgesetz
GOZ	Gebührenordnung der Zahnärzte	KHG	Krankenhausfinanzierungsgesetz
GRV	Gesetzliche Rentenversicherung	KHH	Krankenhaushäufigkeit
		KHRG	Krankenhausfinanzierungsreformgesetz
GuV	Gewinn- und Verlustrechnung	KHSG	Krankenhausstrukturgesetz
GVD	Grenzverweildauer		
GWB	Gesetz gegen Wettbewerbsbeschränkungen	KV	Kassenärztliche Vereinigung
		KVdR	Krankenversicherung der Rentner
HMO	Health Maintenance Organisations	KZV	Kassenzahnärztliche Vereinigungen
HVM	Honorarverteilungsmaßstab		
HzV	Hausarztzentrierte Versorgung	LBF	Landesbasisfallwert
		LKG	Landeskrankenhausgesetz
IBR	Investitionsbewertungsrelation	LKK	Landwirtschaftliche Krankenkasse
ICD-Code	International Statistical Classification of Diseases and Related Health Problems	MDK	Medizinischer Dienst der Kassen
		Morbi-RSA	Morbiditätsorientierter Risikostrukturausgleich
ifo	Institut für Wirtschaftsforschung	MVZ	Medizinisches Versorgungszentrum
IGeL	Individuelle Gesundheitsleistungen		
IKK	Innungskrankenkassen	NBA	Neues Begutachtungsassessment

NGHO	Non-Government-Health-Organisations
NUB	Neue Untersuchungs- und Behandlungsverfahren
OECD	Organisation für wirtschaftliche Zusammenarbeit und Entwicklung
OPS-Code	Operationen- und Prozedurenschlüssel
ORDO	Jahrbuch für die Ordnung von Wirtschaft und Gesellschaft
OTC	Over the Counter
PatG	Patentschutzgesetz
PEPP	Entgeltsystem für psychiatrische und psychosomatische Einrichtungen
PfWG	Pflegeweiterentwicklungsgesetz
PKV	Private Krankenversicherung
PNG	Pflegeneuausrichtungsgesetz
PP	Prohibitivpreis
PPO	Preferred Provider Organizations
PPV	Private Pflegeversicherung
PrävG	Gesetz zur Stärkung der Gesundheitsförderung und der Prävention
PSG	Pflegestärkungsgesetz

PSP	Pflegestützpunkte
PsychEntgG	Psychiatrie-Entgeltgesetz
QZV	Qualifikationsgebundene Zusatzvolumina
RLV	Regelleistungsvolumen
SARS	Schweres Akutes Respiratorisches Syndrom (Atemwegssyndrom)
SED	Sozialistische Einheitspartei Deutschlands
SGB	Sozialgesetzbuch
SoPo	Sonderposten
SPV	Soziale Pflegeversicherung
SVPG	Sozialversicherungspflichtgrenze
vdek	Dachverband der Ersatzkassen
VKSt	Vollkostenstellen
VWD	Verweildauer
WHO	World Health Organization
WIP	Wissenschaftliches Institut der PKV
WSI	Wirtschafts- und Sozialwissenschaftliches Institut
XS	Sättigungsmenge

A. Ökonomische und rechtliche Rahmenbedingungen

1. Ordnung als Grundlage wirtschaftlichen Handelns

Knappheit von Gütern (Waren und Dienstleistungen) ist ein allgegenwärtiges Phänomen einer jeden Gesellschaft. Sie entsteht durch die Abweichung zwischen den unbegrenzten Bedürfnissen der Menschen und den zur Verfügung stehenden Gütern. Zu den Kernbedürfnissen eines jeden Menschen zählt u. a. eine medizinische Versorgung. Um diese zu gewährleisten, ist der Einsatz von Produktionsfaktoren unabdingbar, was indes Kosten verursacht, die wiederum finanziert werden müssen. Grundlegende Voraussetzungen hierfür sind **funktionierende Rahmenbedingungen** (Ordnung) und der wirtschaftliche Umgang mit Ressourcen.

1.1 Ökonomie und gesundheitswirtschaftliche Versorgung

Mit Ausnahme der **freien Güter**, die nicht knapp sind und folglich auch keinen Preis haben, wie z. B. Sonnenstrahlen, Regen oder die Luft zum Atmen, sind die allermeisten Güter knapp und haben deshalb auch einen Preis. Die **Knappheit** von Gütern gilt uneingeschränkt auch für das Gesundheitswesen. Wie umfangreich und qualitativ hochwertig indes die Versorgung der Bevölkerung ist, ist neben dem allgemeinen Entwicklungsstand der Volkswirtschaft maßgeblich davon abhängig, wie viele finanzielle Mittel in den Gesundheitsbereich investiert werden und wie effizient die Mittelverwendung ist. So ist es erforderlich, einerseits Entscheidungen über die Verwendung von knappen Mitteln zu treffen und andererseits deren effiziente Verwendung sicherzustellen.

Ökonomie und eine gesundheitswirtschaftliche Versorgung sind somit kein Widerspruch. Auch wenn es im Gesundheitswesen primär um die Frage geht, was dient der Gesundheit des Menschen, ist eine hochwertige medizinische Versorgung nur möglich, wenn ökonomische Grundprinzipien beachtet werden. Denn die **Ökonomie** beschäftigt sich mit der Frage, wie relative Knappheit wirtschaftlich reduziert werden kann, und das Grundproblem der Knappheit von Ressourcen (Kaufkraft, Zeit, Produktionsfaktoren) gilt uneingeschränkt auch für das Gesundheitswesen und erfordert **wirtschaftliches Handeln**.

 MERKE

> Wirtschaftliches Handeln bedeutet, Entscheidungen zu treffen, um einen ökonomisch sinnvolle Umgang mit knappen Ressourcen zu gewährleisten, also um Verschwendungen zu vermeiden.

Eine optimale (bestmögliche) Zielerfüllung unter Beachtung der begrenzten Mittel setzt wiederum die Befolgung des **ökonomischen Prinzips** voraus. Dieses gibt es in den Varianten des Minimal- und Maximalprinzips. Das **Minimalprinzip** besagt: Bei rationalem (vernünftigem) Verhalten werden Menschen versuchen, ein vorgegebenes Ziel mit möglichst geringem Aufwand an Zeit, Geld oder Ressourcen zu erreichen. Das

Maximalprinzip besagt: Bei rationalem Verhalten werden Menschen versuchen, mit gegebenen Mitteln (Ressourcen) einen möglichst großen Erfolg (Nutzen) zu erreichen.

 MERKE

Minimalprinzip: gegeben ist ein vorher fixiertes Ziel => minimaler Input
Maximalprinzip: gegeben sind vorher fixierte Mittel/Input => maximaler Output

Nicht möglich hingegen ist der Versuch, mit dem geringst möglichen Einsatz einen maximalen Erfolg zu erzielen. Ist jedoch der Mitteleinsatz (Input) variabel und das verfolgte Ziel (Output) nicht von vornherein festgelegt, dann besteht das ökonomische Prinzip darin, das Verhältnis von Mitteleinsatz zum Erfolg zu optimieren.

Beispiel

Die medikamentöse Behandlung zur Vermeidung einer Entzündung bei einem Patienten erfolgt mit den günstigsten Arzneimitteln, sofern diese gleich wirksam sind (Minimalprinzip). Steht einem Arzt nur ein bestimmtes Kontingent an Arzneimitteln zur Verfügung, wird er es den Patienten verabreichen, bei denen der Nutzen am größten ist (Maximalprinzip).

In unmittelbarem Zusammenhang mit wirtschaftlichem Handeln stehen auch die Begriffe **Effektivität** und **Effizienz**. Effektivität bedeutet, ein vorher festgelegtes Ziel zu erreichen. Bei der Effizienz geht es um die Frage, in welchem Verhältnis Input und Output zueinander stehen.

Beispiel

Das Ziel einer Behandlung eines Patienten ist die Heilung einer Erkrankung. Kommen verschiedene Therapien zum Einsatz, die schlussendlich zur Heilung führen, von denen aber auch einzelne Therapien ohne Nutzen waren, war die Behandlung zwar letztendlich effektiv, denn das Ziel wurde erreicht, aber sie war auch ineffizient, da wirkungslose Mittel zum Einsatz kamen.

Die Auswahl einer bestimmten Mittelverwendung bedeutet unter der Bedingung der Knappheit häufig den Verzicht auf eine Alternative, also den Verzicht auf die Befriedigung eines anderen Bedürfnisses. Individuen müssen beim Wirtschaften folglich mit Zielkonflikten umgehen. Es entstehen **Opportunitätskosten**, die daraus resultieren, dass man sich für eine bestimmte Alternative entscheidet, dafür aber auf eine andere, die nächstbeste Alternative (Opportunität), verzichten muss. Die Zuordnung bzw. Verteilung von knappen Ressourcen auf verschiedene Verwendungsmöglichkeiten bezeichnet man schließlich als **Allokation**.

Beispiel

Die Leitung eines Pflegeheims entschließt sich dazu, das Investitionsbudget von 100.000 € für die Modernisierung der Küche und der Gemeinschaftsräume zu verwenden. Als alternatives Investitionsobjekt wäre eine Erneuerung der Einrichtungsgegenstände der Zimmer der Bewohner möglich gewesen. Der Verzicht auf diese Investition sind die Opportunitätskosten. Wichtig: Es geht nur um den Verzicht auf die **nächstbeste Alternative**, nicht um die Frage, welche anderen Investitionsmöglichkeiten für 100.000 € es noch gegeben hätte.

1.2 Vom Bedürfnis zur Nachfrage

Ein Bedürfnis entsteht aus dem Gefühl eines Mangels und führt zu dem Bestreben, diesen Mangel zu beseitigen. Der US-amerikanische Psychologe *Abraham Maslow* hat die vielfältigen Bedürfnisse der Menschen hierarchisch in fünf Bedürfniskategorien unterteilt. Die gängige Darstellung erfolgt in der **Maslowschen Bedürfnispyramide**. Mit fortschreitender ökonomischer Entwicklung einer Gesellschaft ist die Befriedigung der physiologischen (Nahrung, Kleidung, Wohnung) und Sicherheitsbedürfnisse überwiegend gedeckt; sie verlieren an Bedeutung. Soziale und individuelle Bedürfnisse treten stärker in den Vordergrund des menschlichen Handelns, wie auch das Streben nach Selbstverwirklichung. Mit der Sozialpolitik hat es sich der Staat u. a. zur Aufgabe gemacht, zumindest die Befriedigung der existenziellen Bedürfnisse zu gewährleisten, zu denen auch der Zugang zu Gesundheitsleistungen gehört, und die finanziellen Folgen von existenzgefährdenden Risiken (Krankheit, Arbeitslosigkeit u. a.) für die Bürger abzusichern.

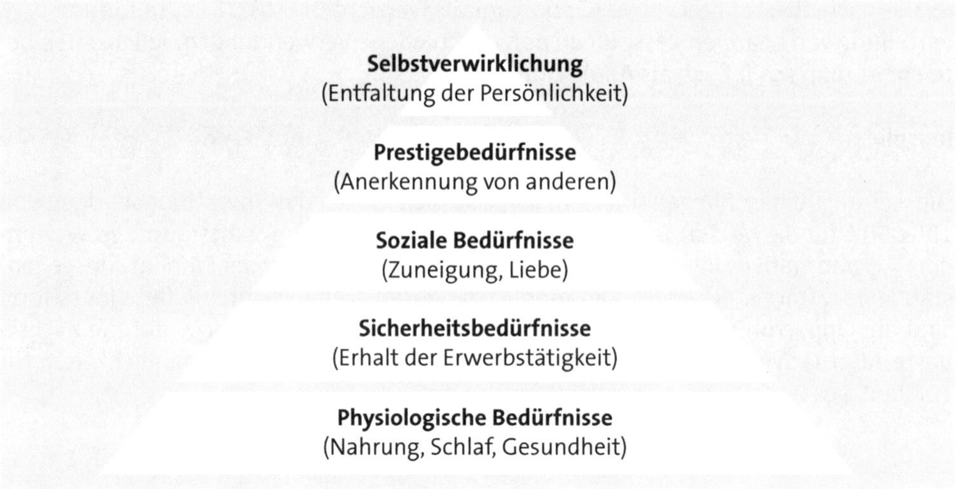

Selbstverwirklichung
(Entfaltung der Persönlichkeit)

Prestigebedürfnisse
(Anerkennung von anderen)

Soziale Bedürfnisse
(Zuneigung, Liebe)

Sicherheitsbedürfnisse
(Erhalt der Erwerbstätigkeit)

Physiologische Bedürfnisse
(Nahrung, Schlaf, Gesundheit)

Abb. A1: Maslowsche Bedürfnispyramide
Quelle: in Anlehnung an *Maslow, 2008, S. 15 ff.*

Aus einem Bedürfnis wird ein **Bedarf**, wenn es im Hinblick auf bestimmte Waren oder Dienstleistungen konkretisiert wird. Wie hoch der tatsächliche Bedarf schlussendlich ist, wird auf Märkten durch die **Nachfrage** bestimmt. Die Nachfrage wiederum ist abhängig von den Präferenzen, der vorhandenen Kaufkraft und dem Preis der Güter.

Beispiel

Aus dem Bedürfnis „Schmerzlinderung" kann der Bedarf nach einem Schmerzmittel resultieren und dies kann zu einer Nachfrage nach einem Arzneimittel führen.

Auch im Gesundheitswesen spielt der Bedarf eine wichtige Rolle. So ist es in Deutschland das Ziel, eine **bedarfsgerechte Versorgung der Bevölkerung** mit leistungsfähigen Krankenhäusern zu gewährleisten. Hierfür erstellt jedes Bundesland einen Krankenhausplan. Damit wird schon deutlich, dass der Bedarf an bestimmten Leistungen nicht immer auf einem freien Markt durch Angebot und Nachfrage ermittelt wird. Gerade im Gesundheitswesen werden häufig politische Vorgaben als Grundlage für die Bestimmung des Bedarfs herangezogen.

1.3 Regelsysteme, Unsicherheit und Komplexität

Damit wirtschaftliches Handeln geordnet stattfinden kann, bedarf es staatlicher Institutionen und **Regelungen**. So handeln Menschen stets im Rahmen bestimmter Ordnungen bzw. Regelsysteme. Dadurch sind sie zwar in ihren Handlungsmöglichkeiten eingeschränkt (durch Verbote), können aber Erwartungen bzgl. des Verhaltens anderer sowie über die Konsequenzen eigener Handlungen bilden. Ordnung reduziert somit **Unsicherheit und Komplexität**, indem sie Handlungen innerhalb einer Gesellschaft strukturiert und ein geordnetes menschliches Zusammenleben ermöglicht. Ohne einen Staat würden keine Verfassung, Gesetze und Möglichkeiten zu ihrer Durchsetzung bestehen. Es existierte dann zwar keine Einschränkung der individuellen Freiheit, aber auch kein Schutz der eigenen Person vor anderen Personen. Es wäre nicht gewährleistet, dass einige (stärkere) Individuen ihre Freiheit nicht auf Kosten von anderen (schwächeren) Individuen ausnutzen. Es könnten keine gesamtgesellschaftlichen Ziele verfolgt werden, wie z. B. eine flächendeckende Gesundheitsversorgung.

Alle Individuen profitieren, wenn gesellschaftliche Regeln festgelegt werden und Verstöße gegen diese wirksam sanktioniert werden. Zudem kann das gesellschaftliche Knappheitsproblem effizient nur gelöst werden, wenn gesellschaftliche Institutionen und Regeln vorhanden sind. Sie helfen auch, **Informations- und Transaktionskosten** (z. B. Verhandlungs-, Vertragsabschluss-, Kontroll-, Versicherungskosten) zu reduzieren.

 MERKE

Transaktionskosten entstehen durch Tauschbeziehungen auf dem Markt. Hierzu zählen z. B. Anbahnungskosten (Kontaktaufnahme), Informationsbeschaffungskosten (Marktforschung), Vereinbarungskosten (Verhandlungen, Vertragsgestaltung), Abwicklungskosten (Vermittlungsprovision, Transportkosten), Kontrollkosten (Einhaltung von Qualitätsabsprachen).

Beispiel

Der Gesetzgeber in Deutschland hat für die Zulassung von neuen Medikamenten verbindliche Vorgaben gemacht. Für die Gesundheit gefährdende Arzneien ist zudem festgelegt, dass diese nur nach Verordnung vom Arzt erhältlich sind. Die Patienten müssen sich somit nicht selbst bzgl. der Wirkungsweisen von Arzneien informieren; ihre Transaktionskosten (Information, Suche, Beschaffung, Vertragsabschluss) sinken.

1.4 Grundlagen eines funktionsfähigen Staatswesens

Um ein funktionierendes Staatswesen zu organisieren, bedarf es in etlichen Bereichen eines konkreten Regelungsbedarfs. So stellt sich zunächst die grundlegende Frage nach dem Staatsaufbau. Die Bundesrepublik Deutschland ist ein **föderaler Staat**, indem sowohl der Bund als auch die Bundesländer über eigenständige Kompetenzen verfügen (Artikel 20 Abs. 1 Grundgesetz). Maßgeblich für die jeweilige Aufgaben- und Finanzierungszuordnung ist das Subsidiaritätsprinzip.

 MERKE

> **Subsidiaritätsprinzip:** Die Verantwortung für eine Aufgabe ist der jeweils kleinsten dafür geeigneten Einheit zu übertragen; die möglichen Ebenen reichen vom Individuum, über die Familie und andere private Gemeinschaften bis hin zu öffentlichen Kollektiven unterschiedlicher Größe (Verbände, Gemeinden, Länder, Zentralstaat, supranationale Organisationen). Bezüglich des Sozialwesens bedeutet dies, dass der „Hilfe zur Selbsthilfe" zunächst Vorrang vor einer staatlichen Hilfe zu geben ist.

Zu den sozialpolitischen **Zuständigkeiten des Bundes** zählen auch die Regelungen zur Sozialversicherung oder die Zulassung zu ärztlichen Berufen sowie die Gesetzgebung zu Arzneien und Betäubungsmitteln. Die 16 **Bundesländer** wirken über den Bundesrat an der Gesetzgebung des Bundes mit und sind u. a. für die Gewährleistung der öffentlichen Gesundheits- und Pflegeinfrastruktur zuständig. Damit haben die Länder insbesondere im Gesundheitswesen umfangreiche Planungs- und Finanzierungsaufgaben übernommen.

Beispiel

Die Länder haben die Krankenhausversorgung der Bevölkerung sicherzustellen. Das heißt, sie haben für das jeweilige Land einen Landeskrankenhausplan zu erstellen und ggf. eigene Krankenhäuser zu errichten und zu unterhalten, soweit die Krankenhausversorgung nicht durch andere Träger gewährleistet wird.

Unmittelbar verknüpft mit dem Staatsaufbau ist die Frage der individuellen Beteiligung an gesellschaftlichen Entscheidungsprozessen. In der **Demokratie** (griechisch: „Volksherrschaft") ist das Volk Träger der Staatsgewalt; es ist der **Souverän**. So heißt es im Grundgesetz: *„Alle Staatsgewalt geht vom Volke aus"* (Artikel 20 Abs. 2). Das Volk als Souverän kann durch freie Wahlen seine Vertreter bestimmen, die sich um die gesamtgesellschaftlichen Belange kümmern. Das Gegenstück zu einer Demokratie ist die Diktatur – eine Staatsform, in der demokratische Rechte, wie freie Wahlen oder eine unabhängige Kontrolle der Regierung durch parlamentarische Verfahren sowie einer unabhängigen Justiz und Presse, nicht vorhanden sind. Die Herrschaftsgewalt obliegt einer einzelnen Person (Diktator), einer kleinen Clique (z. B. Militärführung) oder den Organen einer (Staats-)Partei.

1.5 Wirtschaftsordnung als Anreizsystem

Die **Gesellschaftsordnung** umfasst schließlich die Gesamtheit aller Normen, Regeln und Institutionen, die das Zusammenleben von Menschen in einer Gesellschaft gestalten. Sie setzt sich aus verschiedenen Teilordnungen zusammen. Zu diesen gehört die **Wirtschaftsordnung** als der Rahmen für alles wirtschaftliche Handeln in einer Volkswirtschaft, ähnlich wie ökonomische Spielregeln. So formulierte der erste Wirtschaftsminister der Bundesrepublik, *Ludwig Erhard*, bereits 1964: *„Das Fußballspiel folgt bestimmten Regeln, und diese stehen von vornherein fest. Was ich mit einer marktwirtschaftlichen Politik anstrebe, das ist [...] die Ordnung des Spiels und die für dieses Spiel geltenden Regeln aufzustellen.“*

Durch die **Ordnungspolitik**, also die Gestaltung des rechtlichen (Ordnungs-)Rahmens, innerhalb dessen der Wirtschaftsprozess abläuft, entstehen zugleich Anreize für die Menschen, Dinge zu tun oder zu unterlassen. Ordnungen sind somit vor allem **Anreizsysteme**, die das Verhalten der Menschen lenken. Aus diesem Grund sollte Ordnungspolitik langfristig orientiert sein und nicht diskriminierend wirken, indem sie Sonderinteressen bestimmter Gruppen bevorzugt.

 MERKE

Staatliche Maßnahmen, die auf die Erhaltung, Anpassung und Verbesserung der Wirtschaftsordnung gerichtet sind, bezeichnet man als Ordnungspolitik. Direkte Eingriffe in das Wirtschaftsgeschehen bezeichnet man als Prozesspolitik.

Prozesspolitik ist im Gegensatz zur Ordnungspolitik direkte Wirtschaftspolitik zur Beeinflussung des Wirtschaftsgeschehens. Sie soll zur Steuerung der Wirtschaft dienen, um bestimmte Ziele zu erreichen. So ist ein von der Pharmaindustrie staatlich erzwungener Zwangsrabatt ein direkter Eingriff in das Marktgeschehen. Auch Eingriffe in die marktwirtschaftliche Preisbildung, wie z. B. staatlich festgelegte Mindest- oder Höchstpreise, zählen zur Prozesspolitik. Häufig führen direkte staatliche Eingriffe in das Marktgeschehen zu Diskriminierungen, wenn bestimmte Anbieter subventioniert werden, andere nicht.

Beispiel

Zur Absicherung der Existenz besteht für alle angestellten Bürger die gesetzliche Verpflichtung, in die gesetzliche Arbeitslosenversicherung einzuzahlen. Dies zählt zur Gestaltung des Ordnungsrahmens am Arbeitsmarkt. Die gesetzliche Vorgabe eines

Mindestlohnes ist dagegen Prozesspolitik, da der Staat in die Preisbildung am Arbeitsmarkt, also die Tarifautonomie, eingreift.

Die konkrete **Ausgestaltung von Ordnungen** in verschiedenen Ländern hat sich in einem evolutorischen (sich stetig verändernden) Prozess historisch unterschiedlich entwickelt. Wie groß die jeweiligen Freiheitsgrade des Einzelnen sind, ist eine ordnungspolitische Grundsatzentscheidung. So hat die Ordnung von Wirtschaft und Gesellschaft für jeden Bürger fundamentale Bedeutung:

1. Von der Gestaltung der Wirtschafts- und Gesellschaftsordnung hängen die **Freiheit des Einzelnen** ab hinsichtlich seiner demokratischen Mitwirkungsrechte, seiner Wahlfreiheit als Konsument, der Möglichkeit, den Beruf frei zu wählen oder auch unternehmerisch tätig zu werden.

2. Die durch die Ordnungspolitik geschaffenen Regeln schaffen unterschiedliche **Anreize** und steuern das Verhalten der Menschen. So beeinflussen z. B. umfängliche Sozialleistungen den Grad der Eigenverantwortung des Einzelnen.

3. Die **Koordination** der wirtschaftlichen Handlungen der Einzelnen dezentral über Märkte oder durch staatliche Planung beeinflusst zugleich gesellschaftliche (Freiheitsgrade) und ökonomische Ergebnisse (Wohlstand).

2. Marktwirtschaft und Planwirtschaft

Durch die Wirtschaftsordnung ist die Aufteilung der wirtschaftlichen Funktionen für die Menschen vorgegeben, sodass die Freiheitsgrade und das Selbstbestimmungsrecht des Einzelnen je nach Art der Wirtschaftslenkung differieren. Die beiden Extremformen der Allokation sind **Planwirtschaft** und **Marktwirtschaft**. Ein grundlegendes Verständnis dieser Koordinationsformen ist essenziell, denn das Gesundheitswesen ist in Deutschland in hohem Maße auch planwirtschaftlich organisiert, was sich u. a. auch in dem staatlichen Einfluss auf die Vergütung der Leistungen widerspiegelt.

Bei der Planwirtschaft erfolgt die Koordination wirtschaftlichen Handelns durch staatliche Anweisung. Es entsteht eine gesetzte bzw. geplante Ordnung. In der Marktwirtschaft geschieht die Koordination durch Vereinbarungen über den Markt. Die Marktwirtschaft resultiert aus freiwilligem menschlichem Handeln; es entsteht eine spontane Ordnung mit nicht genau vorhersehbaren Ergebnissen. Der bedeutende Ökonom und Philosoph *Friedrich August von Hayek* hat die Formen der Koordination als **„Organisation"** und **„spontane Ordnung"** bezeichnet.

 MERKE

Organisationen dienen einem vorgegebenen Zweck, z. B. der Krankenversorgung. Spontane Ordnungen dagegen beruhen auf allgemeinen Regeln für das individuelle Handeln. Jeder Einzelne verfolgt seine eigenen Ziele. So sorgen

z. B. die Regeln des Straßenverkehrs für einen reibungslosen Ablauf des Verkehrs, sie schreiben dem Einzelnen aber nicht das Reiseziel vor.

Jede reale Wirtschaftsordnung ist indes geprägt durch eine Mischung aus marktwirtschaftlichen (spontanen) und planwirtschaftlichen (staatlich organisierten) Elementen. Marktwirtschaften setzen immer auch Organisation voraus, z. B. in Unternehmen. Charakteristisch für Marktwirtschaften ist jedoch, dass jedem die Möglichkeit gegeben wird, seine individuellen Ziele (Bedürfnisbefriedigung) zu verfolgen. Da Käufer nur das kaufen werden, was einen angemessenen Nutzen verspricht, sind Unternehmen gezwungen, genau das anzubieten, was die Kunden wünschen, ansonsten werden sie durch rückläufige Umsätze und steigende Verluste gezwungen, vom Markt auszuscheiden. Der **Kern der Marktwirtschaft** liegt also gerade darin, dass die Menschen nicht auf gesamtwirtschaftliche Ziele verpflichtet sind, aber durch das Verfolgen ihrer eigenen Ziele zur Verwirklichung der Ziele aller beitragen.

Beispiel

Ein Apotheker verfolgt mit seinem Angebot an Arzneien sein individuelles Ziel der Gewinnerzielung. Er wird einen günstigen Standort auswählen, bei dem voraussichtlich viele Kunden bei ihm Arzneimittel erwerben. Die Bürger haben den Vorteil einer flächendeckenden Versorgungslage. So ist der Betrieb einer Apotheke keine altruistische Wohltat, sondern erfolgt aus Eigeninteresse und sorgt zugleich für einen gesamtwirtschaftlichen Nutzen.

2.1 Konstituierende Prinzipien einer Marktwirtschaft

Entscheidend für das Funktionieren von Marktwirtschaften sind die zugrunde liegenden Rahmenbedingungen. Die konstituierenden Prinzipien sind:

Konstituierende Prinzipien einer Marktwirtschaft
Privateigentum (auch an Produktionsfaktoren wie Gebäuden oder Maschinen) motiviert; es schafft einen Anreiz, erfolgreich am Markt zu agieren, um das Einkommen zu steigern oder Gewinne zu erzielen. Je effizienter man wirtschaftet, umso höher werden wiederum die Gewinne ausfallen und damit die Möglichkeit, das Privateigentum zu steigern.
Freie Preisbildung auf Wettbewerbsmärkten: Der Preis bildet sich am Markt durch Angebot und Nachfrage. Er ist ein Signal für die Knappheit und die Wertschätzung (Präferenzen), die die Nachfrager Gütern beimessen. Preisänderungen zeigen somit die Verschiebung des Knappheitsverhältnisses und/oder Änderungen in der Wertschätzung. Wettbewerb zwischen Anbietern ist die Voraussetzung dafür, dass Mittel effizient verwendet werden und Konsumenten eine Vielfalt an Auswahlmöglichkeiten haben.

Konstituierende Prinzipien einer Marktwirtschaft
Geldwertstabilität: Geld erfüllt in einer Volkswirtschaft folgende Funktionen: 1. Geld ist ein Zahlungsmittel.   2. Geld bietet den Vorteil, dass Einkommensgenerierung und Kauf zeitlich auseinander- liegen können (Wertaufbewahrungsfunktion).   3. Geld erlaubt es, Werte von Gütern in einer allgemeinen Bezugsgröße auszudrücken und vergleichbar zu machen (Recheneinheit).   Im Fall einer extrem hohen Inflation würde Geld seine Funktionen nicht mehr erfüllen, und Menschen würden zu einem umständlichen Warenaustausch übergehen.
Vertrags- und Gewerbefreiheit: Jeder ist frei, unternehmerisch tätig zu werden (interne Autonomie) und Verträge mit anderen zu schließen (externe Autonomie). Dies ist eine Voraussetzung für den Wettbewerb. Gleichzeitig muss die Vertragsfreiheit aber einge- schränkt sein, um Wettbewerb zu sichern (z. B. Preisabsprachen verhindern) und Rechte von anderen nicht einzuschränken (Ausbeutung). Die Gewerbefreiheit ist in der Praxis verbunden mit vielfältigen Anforderungen an die Qualifikation des Einzelnen (z. B. Approbation).
Offene Märkte: Ziel ist ein freier Zugang aller Akteure zu allen nationalen und internatio- nalen Märkten. Durch offene Märkte ergeben sich u. a. die Vorteile größerer Absatzmärkte, eines intensiveren Wettbewerbs und die Möglichkeit einer internationalen Arbeitsteilung.
Kompetenz und Haftung: Wer die Möglichkeit hat, am Markt durch eigenes Handeln (Kom- petenz) Gewinne zu erwirtschaften, muss auch für Misserfolge (Verluste) haften.

Eine auf individueller Freiheit beruhende Gesellschaftsordnung setzt zugleich mündi- ge Bürger voraus. Dabei ist der **mündige Bürger** ein informierter Bürger, der über eine grundlegende kulturelle, soziale, rechtliche und ökonomische Bildung verfügt, die ihn befähigt, sich ein selbstständiges Urteil zu bilden und zu entscheiden. Dadurch kann er im privaten, beruflichen und gesellschaftlichen Bereich selbstbestimmt und eigen- verantwortlich handeln.

2.2 Nachfrage in der Marktwirtschaft

Ein Markt und marktwirtschaftliches Handeln entstehen dann, wenn Angebot und Nachfrage von Gütern aufeinandertreffen und es zu Tauschbeziehungen kommt. Da- bei ist ein Markt unabhängig von bestimmten Orten. So gibt es in vielen Städten den Wochenmarkt, der auf dem „Marktplatz" stattfindet. Güter können aber auch über Internet-Marktplätze (z. B. ebay) getauscht werden. Als Nachfrager auf einem Markt können grundsätzlich alle **Wirtschaftssubjekte** auftreten.

 MERKE

Wirtschaftssubjekte sind alle privaten Haushalte (Konsumgüternachfrage), die Unternehmen (Investitionsgüter) und der Staat (Staatsverbrauch) sowie mögliche Akteure aus dem Ausland (Exportgüter). Die gesamtwirtschaftliche

Nachfrage ist die Summe der Nachfrage der Wirtschaftssubjekte abzüglich der Importe.

2.2.1 Der Homo oeconomicus

Die größte Nachfrage in einer Volkswirtschaft entsteht durch die privaten Haushalte. Diese möchten mit den ihnen zur Verfügung stehenden Mitteln den größten möglichen Nutzen erzielen (Bedürfnisbefriedigung). Jeder Mensch hat unterschiedliche Präferenzen, also subjektive Wertschätzungen hinsichtlich verschiedener Güter. Um allgemeine Aussagen und Prognosen bzgl. des Nachfrageverhaltens der Haushalte machen zu können, unterstellen die Ökonomen in vereinfachten Modellen das theoretische Konstrukt des **Homo oeconomicus**. Dabei gilt es zu beachten, dass es sich nicht um einen verhaltenswissenschaftlichen Ansatz, sondern um ein Modellkonstrukt handelt.

 MERKE

Der Homo oeconomicus ist ein fiktiver Akteur, der eigeninteressiert und rational handelt, seinen eigenen Nutzen maximiert, auf Restriktionen reagiert, feststehende Präferenzen hat und über vollständige Informationen verfügt.

Auch wenn sich einige Annahmen in der Realität widerspiegeln, sind andere doch unrealistisch. Sicher dient Nachfrage nach Gütern dazu, dass die Menschen ihren eigenen Nutzen mehren möchten. Auch werden sie auf Restriktionen, z. B. ein geringeres Einkommen durch Arbeitslosigkeit, reagieren. Und zu einem bestimmten Zeitpunkt verfügt jeder Mensch über bestimmte Präferenzen hinsichtlich verschiedener Güter (z. B. lieber schwarze Schuhe als braune).

Die Annahme der unbeschränkten Rationalität wird indes in der Praxis durch emotionale (spontaner Kauf), gewohnheitsmäßige (kein Wechsel des Anbieters aus Bequemlichkeit, obwohl er ggf. teurer ist) oder opportunistische Handlungen eingeschränkt. Und in einer derart komplexen Umwelt, in der wir uns befinden, ist es auch unmöglich, vollständige Informationen zu erlangen.

2.2.2 Determinanten der Nachfrage

Von besonderer ökonomischer Bedeutung ist nun die Frage, wovon die Höhe der Nachfrage der Haushalte tatsächlich abhängig ist:

Einflussfaktoren auf die Nachfrage der Haushalte	
Präferenzen (Wertschätzungen)	Je stärker die Wertschätzung für ein Gut ist, desto stärker wird dieses nachgefragt. Präferenzen bestimmen auch, ob Güter als substituierbar betrachtet werden. Änderungen der Präferenzen führen zu Änderungen der Nachfrage.
Preise der Güter	Die normale Reaktion der Nachfrager ist, dass mit steigendem Preis eines Gutes die Nachfrage sinkt. Es gibt jedoch Ausnahmen für absolut lebenswichtige Güter (z. B. Insulin).
Einkommen/Budget	Mit steigendem Einkommen steigt die Nachfrage nach Gütern. Bei sog. superioren Gütern (z. B. Gesundheits- und Luxusgüter) steigt die Nachfrage mit Einkommenserhöhungen sogar überproportional an.
Preise anderer Güter (relative Preise)	Steigen die Preise von Gütern, die substituierbar sind (z. B. Äpfel), wird die Nachfrage nach anderen Gütern steigen (z. B. Birnen). Sinken die Preise von Gütern, die komplementär sind (z. B. Smartphones), steigt auch die Nachfrage nach anderen Gütern (z. B. Apps).
Anzahl der Nachfrager	Für die gesamtwirtschaftliche Nachfrage relevant ist auch die Anzahl der Haushalte/Nachfrager.

Im Normalfall sinkt also die Nachfrage nach einem Gut mit steigendem Preis. Der Zusammenhang zwischen Preis und Nachfrage lässt sich als Nachfragefunktion in einem Diagramm darstellen. Zwischen dem Preis und der nachgefragten Menge besteht eine negative Beziehung; die Mengennachfrage eines Gutes ist damit eine in Abhängigkeit vom Preis des Gutes fallende Funktion. Ist der Preis so hoch, dass keine Nachfrage mehr zustande kommt, spricht man von einem **Prohibitivpreis** (PP). Ist der Preis Null, das Gut also umsonst zu haben, werden die Konsumenten bis zu ihrer **Sättigungsmenge** (XS) nachfragen.

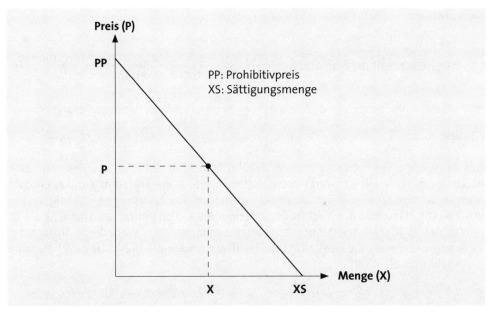

Abb. A2: Nachfragefunktion

2.2.3 Preiselastizität der Nachfrage

Wie stark die Nachfrage auf Preisänderungen reagiert, hängt von der Preiselastizität der Nachfrage ab. Was bedeutet z. B. eine Preiserhöhung für die Ausgaben der Haushalte? Es lassen sich zwei gegensätzliche Effekte unterscheiden: Ein (positiver) Preiseffekt führt für sich betrachtet dazu, dass sich die Ausgaben der Haushalte erhöhen. Ein (negativer) Mengeneffekt, d. h. die Haushalte fragen infolge des höheren Preises weniger nach, führt dagegen für sich betrachtet dazu, dass die Ausgaben der Haushalte sinken. Der Gesamteffekt auf die Ausgaben resultiert aus der Summe von Preis- und Mengeneffekt.

 MERKE

Die Preiselastizität der Nachfrage ist ein Maß für die Stärke der Reaktion der nachgefragten Menge nach einem Gut auf Änderungen seines Preises.

Die Preiselastizität der Nachfrage setzt die prozentuale Änderung der mengenmäßigen Nachfrage ins Verhältnis zur prozentualen Änderung des Preises von einem Gut.

MERKE

$$\text{Preiselastizität der Nachfrage} = \frac{\text{Prozentuelle Änderung der Nachfragemenge}}{\text{Prozentuelle Änderung des Preises}}$$

Beispiel

Der Anbieter eines freiverkäuflichen Erkältungsmittels erhöht den Preis für eine Packung um 10 %. Die Kunden haben aber eine sehr hohe Präferenz für das Produkt und nur wenige Kunden möchten darauf verzichten. Die Nachfrage sinkt folglich nur um 2 %. Die Elastizität der Nachfrage ist kleiner als 1, also gering (2 : 10 = 0,2). Sie ist unelastisch, d. h. sie reagiert nur gering auf Preisänderungen. Wäre die Nachfrage um 20 % gesunken, wäre die Elastizität der Nachfrage größer als 1 (20 : 10 = 2,0); sie wäre dann sehr preiselastisch.

 MERKE

Je geringer die Präferenzen der Konsumenten und je größer die Substitutionsmöglichkeiten sind, umso größer die Preiselastizität, d. h. umso elastischer ist die Nachfrage.

Im **Gesundheitswesen** gibt es zahlreiche Güter, die für einige Nachfrager lebensnotwendig sind. So können an Diabetes erkrankte Menschen nicht auf Insulin verzichten; für andere Menschen können Operationen lebenserhaltend sein. Dann spielt der Preis keine Rolle; die Menschen wären bereit, jeden für sie möglichen Preis zu zahlen. Die Nachfragefunktion verläuft dann steil. Hieraus ergibt sich beispielhaft die Notwendigkeit, dass der Staat eingreift, um zu verhindern, dass die Notlage von Kranken ausgenutzt wird.

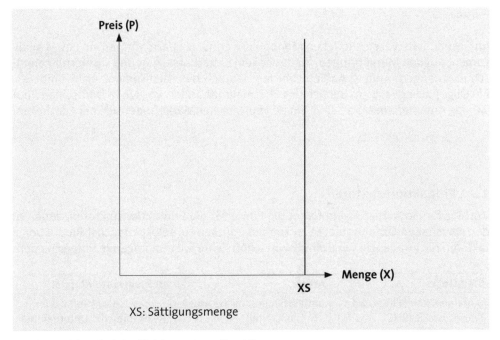

Abb. A3: Nachfragefunktion für lebensnotwendige Güter

2.3 Angebot in der Marktwirtschaft

Die **Hauptaktivitäten von Unternehmen** sind Produktion und Absatz von Waren und Dienstleistungen. Die Güterproduktion erfordert den Einsatz von Produktionsfaktoren im Rahmen der verfügbaren Technologien (technisches Wissen). Der Einsatz von Produktionsfaktoren verursacht Kosten, die wiederum durch die Erlöse für die erstellten Güter gedeckt werden müssen, denn in der Marktwirtschaft sind private Unternehmen gezwungen, dauerhaft Gewinne zu erzielen. Schaffen sie dies nicht, werden sie keine Kapitalgeber mehr finden und durch Überschuldung oder mangelnde Zahlungsfähigkeit Insolvenz anmelden müssen und vom Markt verschwinden.

Anders als bei der Nachfrage besteht beim Angebot zwischen dem Preis und der angebotenen Menge eine positive Beziehung. Je höher die Preise sind, die Unternehmen am Markt erzielen können, desto höher sind ihre Gewinnmöglichkeiten und damit auch die angebotene Menge. Das vom einzelnen Anbieter zu erzielende Preisniveau hängt dabei wesentlich von der **Marktform** ab. Auf der Angebotsseite unterscheidet man das **Monopol** (ein Anbieter), das **Oligopol** (wenige Anbieter) und das **Polypol** (viele Anbieter). Je mehr Anbieter auf einem Markt sind, desto intensiver ist der Wettbewerb und desto geringer werden die zu erzielenden Preise sein.

Beispiel

Im Gesundheitswesen entstehen Monopole, wenn z. B. Pharmafirmen ein neues Medikament auf den Markt bringen, für das es keine Alternative gibt und sie hierfür Patentschutz erlangen. Andere Anbieter dürfen dadurch das Medikament nicht imitieren. Ein Oligopol liegt z. B. im Bereich des Pharmagroßhandels vor, wo in Deutschland nur wenige Anbieter am Markt sind. Ein polypolistischer Markt findet sich bei Apotheken.

2.3.1 Produktionsfaktoren

Wichtig für die Anbieter sind ferner die Preise für die **Produktionsfaktoren**, denn um den Haushalten Güter anbieten zu können, müssen sie selbst zunächst Produktionsfaktoren nachfragen. In der Betriebswirtschaftslehre werden folgende unterschieden:

Werkstoffe	Arbeit	Betriebsmittel/Kapital
umfassen: Roh-, Hilfs- und Betriebsstoffe (RHB)	umfasst: menschliche Arbeit (Humankapital)	umfasst: Sachkapital oder Realkapital der Unternehmen (auch: Kapitalstock)
Rohstoffe: Hieraus besteht das Produkt maßgeblich. Hilfsstoffe: Gehen auch in das Produkt ein, sind aber von untergeordneter Bedeutung. Betriebsmittel: zum Betrieb von Maschinen	Unterschieden werden geistige und körperliche Arbeit sowie dispositive Arbeit: Organisieren, Planen oder ausführende Tätigkeiten: Pflege	Bestand an Sachkapital wie Gebäude, Maschinen oder technische Anlagen, die zu Produktionszwecken eingesetzt werden; Investitionen erhöhen den Kapitalstock.
GuV: Materialaufwand	GuV: Personalaufwand	GuV: Abschreibungen

Speziell für den Faktor Arbeit spielt neben der quantitativen Verfügbarkeit immer stärker die Qualität (Bildung und Know-how) des **Humankapitals** eine Rolle. So wird es für viele Bereiche der Wirtschaft immer schwieriger, Personal mit der gewünschten Qualifikation zu bekommen.

Beispiel

Im Gesundheitswesen werden vorwiegend Dienstleistungen (ärztliche Behandlung, Pflege etc.) erbracht, sodass hier der Produktionsfaktor Personal am wichtigsten ist. Auch hier gibt es bereits Personalmangel, z. B. im Bereich der Pflegekräfte und Ärzte.

Um Produkte und Dienstleistungen zu erstellen sind schlussendlich **Informationen** (z. B. über technisches Wissen, Märkte, Rahmenbedingungen) unabdingbar. Eine schnelle Beschaffung, die Zuverlässigkeit sowie eine sachgerechte Verarbeitung und

Verwendung werden im Informations- und Kommunikationszeitalter immer wichtiger für Unternehmen.

2.3.2 Zwang zur Investition

Produktionsfaktoren sind in Grenzen austauschbar (substituierbar). So ist vor allem in der Industrie in den vergangenen Jahrzehnten in Arbeitskräfte sparende Technik investiert worden. Dies bringt für die Unternehmen häufig die Vorteile größerer **Produktivität** und geringerer Produktionskosten. Für die Arbeitnehmer entsteht indes der Nachteil, dass vor allem einfache Arbeit, die nur eine geringe Qualifikation erfordert, zunehmend wegfällt. So ist gerade die Arbeitslosigkeit unter gering qualifizierten Menschen besonders hoch. Andererseits sind Unternehmen stetig gezwungen, zu investieren, um wettbewerbsfähig zu bleiben.

 MERKE

Investitionen im engeren Sinne sind die zielgerichtete Verwendung von Finanzmitteln für materielle oder in immaterielle Vermögensgegenstände, die langfristig im Unternehmen verbleiben und hohe Anschaffungskosten haben. Sie beeinflussen das Leistungspotenzial der Unternehmen.

Da durch die Nutzung des Kapitalstocks ein Werteverzehr entsteht und die Anlagen abgeschrieben werden, sind Unternehmen stetig zu Investitionen gezwungen. Werden alte Anlangen lediglich ersetzt, handelt es sich um Ersatzinvestitionen. Durch sie wird der **Kapitalstock** lediglich konstant gehalten. Nettoinvestitionen entstehen, wenn über die reinen Ersatzinvestitionen hinaus die Kapazitäten erweitert werden. Volkswirtschaftlich bezeichnet man die Summe aus Nettoinvestitionen und Ersatzinvestitionen (= Abschreibungen) als Bruttoinvestitionen.

 MERKE

Bruttoinvestitionen = Nettoinvestitionen + Ersatzinvestitionen

Beispiel

Die jeweiligen Investitionsmotive lassen sich in der Praxis oft nicht eindeutig abgrenzen. Wenn ein Krankenhaus ein neues Röntgengerät beschafft, weil das alte abgenutzt ist (Ersatzbeschaffung), ist das neue Gerät zumeist leistungsfähiger (Kapazitätserweiterung) als das alte und verbraucht ggf. weniger Strom (Rationalisierung).

2.4 Wettbewerb in der Marktwirtschaft

Auf Märkten treffen nun Angebot und Nachfrage aufeinander. Es entstehen Marktprozesse, die sich wechselseitig beeinflussen. Folgende **Funktionen** werden dabei durch Märkte erfüllt:

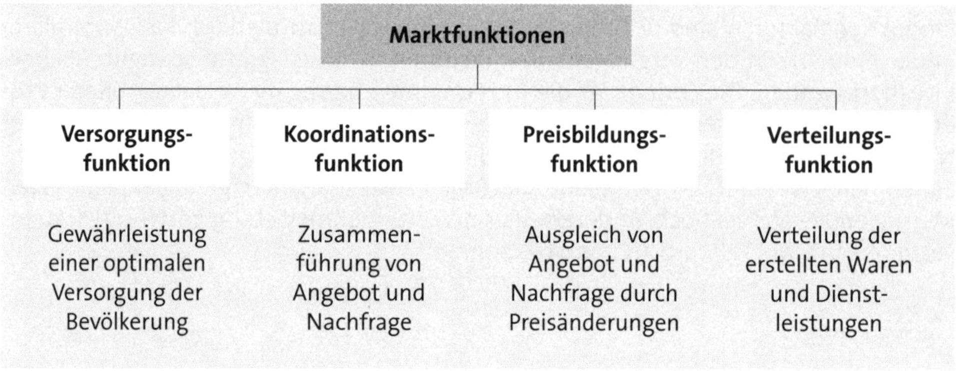

Marktfunktionen			
Versorgungs-funktion	**Koordinations-funktion**	**Preisbildungs-funktion**	**Verteilungs-funktion**
Gewährleistung einer optimalen Versorgung der Bevölkerung	Zusammen-führung von Angebot und Nachfrage	Ausgleich von Angebot und Nachfrage durch Preisänderungen	Verteilung der erstellten Waren und Dienst-leistungen

Abb. A4: Funktionen des Marktes

Die Koordination über Märkte geschieht durch permanente evolutorische Prozesse. Die Anbieter sind bestrebt, das zu produzieren, was die Konsumenten wünschen. Die Präferenzen der Nachfrager dagegen ändern sich stetig. Eine zentrale Rolle spielt dabei die Preisbildung. Durch Preisänderungen passen sich die ständig ändernden Bedürfnisse und das Angebot einander an (**Koordination und Ausgleich**). Preise informieren über die Knappheit eines Gutes oder eines Produktionsfaktors (**Information**) und sie lenken die Produktionsfaktoren in ihre bestmögliche Verwendung (**Lenkung**). Die Funktionsweise von Märkten kann mit einem einfachen Preis-Mengen-Diagramm dargestellt werden.

2.4.1 Ungleichgewichte und evolutorische Anpassung

Die Nachfrage sinkt mit steigendem Preis, das Angebot hingegen nimmt mit steigendem Preis zu. Das Marktgleichgewicht ist im Schnittpunkt von Angebots- und Nachfragekurve gegeben. Hier entsprechen sich die angebotene Menge und die nachgefragte Menge. In der Realität ist die Situation, in der Unternehmen genauso viel anbieten, wie nachgefragt wird, die Ausnahme. Es kommt permanent zu leichten Marktungleichgewichten, in denen ein Nachfrage- oder ein Angebotsüberschuss gegeben ist. Durch evolutorische Anpassungsprozesse besteht jedoch eine permanente **Tendenz zum Gleichgewicht**.

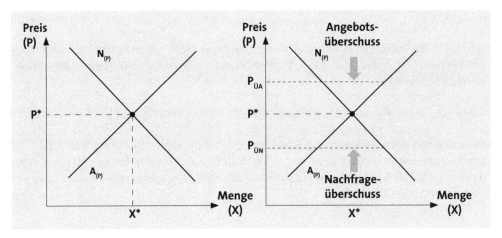

Abb. A5: Angebots- und Nachfragefunktionen

Angebotsüberschuss: Die angebotene Menge ist größer als die nachgefragte, d. h. die Unternehmen haben zu viel produziert. Die Lagerbestände der Unternehmen werden sich füllen. Um dem entgegenzuwirken, werden sie die Produktion reduzieren und um die Nachfrage anzukurbeln, werden sie die Preise senken. Daraufhin werden die Haushalte tendenziell mehr nachfragen; es ergibt sich eine Tendenz zum Ausgleich. Die Situation bezeichnet man auch als Käufermarkt.

Nachfrageüberschuss (Verkäufermarkt): Die angebotene Menge ist geringer als die nachgefragte, d. h. die Unternehmen haben zu wenig produziert. Die Lagerbestände der Unternehmen werden sinken; es kommt zu Lieferengpässen. Um dem entgegenzuwirken, werden sie die Produktion erhöhen. Aufgrund der Absatzsituation werden sie zudem die Preise erhöhen. Daraufhin werden die Haushalte tendenziell weniger nachfragen; es ergibt sich eine Tendenz zum Ausgleich.

 MERKE

Angebot > Nachfrage => Produktion sinkt; Preis sinkt => Nachfrage steigt

Nachfrage > Angebot => Produktion steigt; Preis steigt => Nachfrage sinkt

---

Sind die Unternehmen in der Lage, Preise zu erzielen, die höher sind als die Kosten pro Stück, entstehen Gewinne, die auch als **Produzentenrente** bezeichnet werden. Ähnliches gibt es auch bei den Nachfragern. Die **Konsumentenrente** misst die Differenz zwischen jenem Betrag, den der Konsument für ein Gut zu zahlen bereit wäre, und jenem Betrag, den er aufgrund der Marktsituation tatsächlich zahlen muss.

Beispiel

Der maximale Preis, den ein Kunde für ein freiverkäufliches Arzneimittel zu zahlen bereit wäre, sei 15 €. Wenn nun das Arzneimittel nur 8 € kostet, entsteht eine Konsumentenrente in Höhe von 7 €.

Im Gesundheitswesen greift der Staat auf vielfältige Weise in die Preisbildung und damit in die Finanzierung ein. Um zu verstehen, welche zum Teil negativen Folgen hiermit verbunden sind, ist das Verständnis der Funktionsweise von Märkten und der Preisbildung grundlegend.

2.4.2 Freiheitsgrade und Effizienz

Jedes Individuum handelt nach seinen, den individuellen Präferenzen entsprechenden Zielen. **Träger von Zielen** sind Individuen. Die Marktwirtschaft ermöglicht jedem Menschen, nach seinen individuellen Präferenzen Bedürfnisse zu befriedigen und Ziele zu verfolgen. Kollektive (häufig als „die Gesellschaft" bezeichnet) können zwar Ziele verfolgen, diese sind aber entweder durch die Individuen der Führungsebene (z. B. die Regierung) festgelegt oder werden durch einen Abstimmungsmechanismus (z. B. Wahlen) aus den Präferenzen der Mehrheit des Kollektivs ermittelt. Für **Werte** trifft letztlich das Gleiche zu. Sie werden zwar gesellschaftlich vermittelt und haben für das individuelle Verhalten Orientierungscharakter, sind aber wiederum von Individuum zu Individuum verschieden.

 MERKE

Träger von Werten und Zielen ist immer der einzelne Mensch. Wird von „gesellschaftlichen Werten" gesprochen, so kann damit nur die Übereinstimmung einer großen Gruppe oder einer Mehrheit von Individuen in einer Gesellschaft bzgl. bestimmter Werte gemeint sein. Die „Gesellschaft" als Subjekt gibt es nicht, sie ist nicht adressierbar und kann auch nicht handeln. Damit ist „die Gesellschaft" auch der ideale Sündenbock, denn es ist keine Zuordnung von Verantwortung möglich. Folglich lässt sich „die Gesellschaft" auch nicht verändern. Mangels Eigenrepräsentation kann sie keine Werte oder eine Moral haben.

Anders als in einer staatlichen Planwirtschaft ist es in einer dezentral organisierten Marktwirtschaft den Individuen möglich, ihre eigenen Ziele zu verfolgen. Sie beruht nicht auf **fiktiven kollektiven Zielen**, sondern auf einem effizienten Ausgleich verschiedener Interessen zum wechselseitigen Vorteil der Teilnehmer.

Es ist keiner staatlichen Organisation möglich, Wissen über die unterschiedlichen Fähigkeiten, Bedürfnisse und Ziele von Millionen von Menschen zu erlangen. Der wettbewerbliche Marktprozess ist ein Verfahren, welches dem **Problem des begrenzten Wissens** am ehesten gerecht wird. Markt und Wettbewerb führen zur Ausnutzung des in der Gesellschaft verteilten Wissens, indem der Einzelnen die Chance hat, seine individuellen Fähigkeiten und sein Wissen in seinem eigenen Interesse gewinnbringend zu nutzen.

Die Bedeutung von **Unwissenheit** wurde wiederum insbesondere durch *von Hayek* hervorgehoben: Nur durch eine dezentrale Koordination menschlichen Handelns kann das in der Gesellschaft verteilte Wissen am besten nutzbar gemacht werden. Zentrale Lenkung ist aufgrund von Unwissenheit zwangsläufig ineffizient. *„Dass in die Ordnung einer Marktwirtschaft viel mehr Wissen von Tatsachen eingeht, als irgendein einzelner Mensch oder selbst irgendeine Organisation wissen kann, ist der entscheidende Grund, weshalb die Marktwirtschaft mehr leistet als irgendeine andere Wirtschaftsform."* *(Hayek, 1969, S. 11)*

Neben der Gewährung von Freiheitsrechten ermöglicht die Marktwirtschaft eine effiziente Verwendung knapper Ressourcen. Die im Wettbewerb stehenden Unternehmen sind gezwungen, das zu produzieren, was die Nachfrager wünschen, und das möglichst kostengünstig. Sind ihre Produktionskosten infolge von Ineffizienzen zu hoch, können sie diese nur durch höhere Preise decken. Sind sie preislich nicht wettbewerbsfähig, werden die Kunden abwandern. **Wettbewerbsdruck** führt zu sinkenden Preisen und mehr Produktvielfalt durch den Zwang zu Innovationen. Die Unternehmen sind auch gezwungen, in die Erforschung und Umsetzung von kostensparendem technischen Fortschritt zu investieren. Schlussendlich begrenzt Wettbewerb die Macht von Anbietern, denn dort, wo Gewinnmöglichkeiten bestehen, werden neue Konkurrenten auf den Markt treten.

2.4.3 Funktionen des Wettbewerbs

Die Vorteile wettbewerblicher Marktprozesse spiegeln sich in den Funktionen des Wettbewerbs wider:

Funktionen des Wettbewerbs
Gesellschaftspolitische Freiheitsfunktion: Freiheiten bestehen bzgl. der Arbeitsplatzwahl, der Entscheidung, unternehmerisch tätig zu werden, und für die Nachfrager durch eine Angebotsvielfalt.
Lenkungs-/Steuerungsfunktion: Güterangebot, welches den Bedürfnissen der Konsumenten entspricht. Permanente Präferenzänderungen führen zu einer laufenden flexiblen Anpassung von Produkten und Produktionskapazitäten, Anpassung an sich ständig ändernde Produktionsbedingungen (Produktionstechnik) und schnelle Anpassungen an Datenänderungen (z. B. hoher Ölpreis).

Funktionen des Wettbewerbs
Allokationsfunktion: Lenkung von Produktionsfaktoren in ihre effizientesten Einsatzmöglichkeiten, d. h. Verteilung der Ressourcen an jene Anbieter, die den höchsten Nutzen generieren. So werden heute keine manuellen Schreibmaschinen mehr produziert, sondern leistungsfähige Computer.
Innovationsfunktion: Es besteht ein Zwang zur Innovation, damit kommt es zu einem technischen Fortschritt in Form von neuen Produkten oder durch Umsetzung neuer Produktionsmethoden.
Verteilungsfunktion: Wirtschaftliches und am Konsumenteninteresse ausgerichtetes Handeln wird belohnt; es entsteht eine leistungsgerechte primäre Einkommensverteilung (Prinzip der Leistungsfähigkeit).
Kontrollfunktion: Begrenzung wirtschaftlicher Macht und damit Gewährleistung der wirtschaftlichen Handlungs- und Entschließungsfreiheit.
Auslese-/Selektionsfunktion: Sanktionierung nicht leistungsfähigen/wirtschaftlichen Verhaltens durch Ausscheiden Leistungsschwacher aus dem Markt.

2.4.4 Probleme wettbewerblicher Marktprozesse

Auch eine marktwirtschaftliche Ordnung bedarf indes einer Vielzahl von **staatlichen Regelungen und Eingriffen**, z. B. um die Ausbeutung benachteiligter Gesellschaftsmitglieder zu verhindern. So sind viele Menschen z. B. aufgrund geringer Qualifikation oder Krankheit nicht in der Lage, am Markt ein ausreichendes Einkommen zu erzielen. Zudem ist ein Strukturwandel zwingender Bestandteil von Wettbewerbsprozessen. Der Wandel bringt neue Unternehmen hervor, führt aber auch zum Ausscheiden nicht wettbewerbsfähiger Anbieter. Hieraus folgt für die betroffenen Mitarbeiter zumindest eine vorübergehende Arbeitslosigkeit.

In entwickelten Volkswirtschaften ist es gesellschaftlicher Konsens, dass niemanden infolge eines zu geringen Einkommens lebensnotwendige Güter (Nahrung, Wohnung, medizinische Versorgung) vorenthalten bleiben (Aufgabe der **essenziellen Daseinsgestaltung**). Auch wird eine zu große Einkommensungleichheit als ungerecht empfunden. Diese Aspekte machen es zwangsläufig erforderlich, dass eine Umverteilung der am Markt erzielten Einkommen (sog. **Primäreinkommen**) erfolgt.

Aus Sicht der Unternehmen erfordert Wettbewerb von ihnen permanente Anpassungen, führt zu einem Preisdruck und ist mit Risiken, wie einem Nachfragerückgang oder sogar einer Insolvenz, verbunden. So ist es für Unternehmen u. U. vorteilhaft, möglichen Wettbewerb zu beschränken. Dies könnte durch **Absprachen** mit den Konkurrenten geschehen oder durch die Bildung von **Kartellen** oder **Monopolen**. Daher ist es erforderlich, mögliche Wettbewerbsbeschränkungen gesetzlich zu verbieten und zu kontrollieren. So hat der Gesetzgeber in Deutschland zur Aufrechterhaltung eines funktionsfähigen Wettbewerbs das **Gesetz gegen Wettbewerbsbeschränkungen (GWB)** 1958 in Kraft gesetzt und eine Kartellbehörde (Bundeskartellamt) gegründet. Sie soll wettbewerbswidriges Verhalten aufdecken und sanktionieren.

Konjunkturschwankungen führen zu einer wechselnden Auslastung von Produktionskapazitäten in einer Volkswirtschaft. Besonders problematisch ist dies, wenn es mit einer hohen Arbeitslosigkeit verbunden ist und viele Bürger (vorübergehend) ihren Lebensunterhalt nicht am Markt erwirtschaften können. Hier bedarf es ebenso staatlicher Eingriffe, wie auch im Falle von **Marktversagen**. So gibt es z. B. öffentliche Güter, bei denen ein privates Angebot nicht zustande kommen würde und zur Lösung eine staatliche Bereitstellung erfolgt. **Öffentliche Güter** sind dadurch gekennzeichnet, dass eine Nicht-Rivalität im Konsum und eine Nicht-Ausschließbarkeit vorliegen.

 MERKE

Nicht-Ausschließbarkeit, beruht auf dem Nichtvorhandensein von Eigentumsrechten. So kann niemand von dem Vorteil des Gutes „saubere Umwelt" ausgeschlossen werden. Keine Rivalität im Konsum bedeutet, dass die genannten Güter gleichzeitig von verschiedenen Individuen konsumiert werden können. So profitieren alle Küstenbewohner von dem Schutz durch Deiche.

Am Ende ist eine marktwirtschaftliche Ordnung nur so gut wie die ihr zugrunde liegenden Rahmenbedingungen, denn diese sind für das entstehende „ökonomische Spiel" und dessen Ergebnisse maßgeblich. Mit Blick auf die Staatsschuldenkrise in Europa bleibt auch festzuhalten, dass es durchaus auch zu **Staatsversagen** kommen kann.

2.5 Charakteristika und Probleme der Planwirtschaft

Je stärker der Staat in Wirtschaftsprozesse eingreift, desto geringer ist die Koordination wirtschaftlicher Austauschprozesse über freie Märkte. So ist die reine **Planwirtschaft**, auch **Zentralverwaltungswirtschaft** genannt, in den Ausgestaltungsmerkmalen quasi das Gegenteil der Marktwirtschaft. Von staatlichen Organen werden kollektive Produktionspläne erstellt und die Planerfüllung ist das zentrale Steuerungsinstrument.

Privates Eigentum kann es nicht geben, denn Voraussetzung ist, dass der Staat auf die Produktivfaktoren als **Volksvermögen** zugreifen kann, um Kapitalströme und Produktion lenken zu können. Eine freie Preisbildung und Wettbewerb sind nicht möglich, denn das Angebot erfolgt durch staatliche Betriebe und die Preise werden administrativ durch die Verwaltung festgelegt. Gewerbefreiheit ist ausgeschlossen und eine persönliche Haftung für Fehlentscheidungen kann nicht erfolgen, da Entscheidungen im bzw. durch das Kollektiv erfolgen. Das zentrale Ziel allen Wirtschaftens ist die Sicherstellung der Versorgung der Bevölkerung.

Basieren also marktwirtschaftliche Prozesse auf dezentralen individuellen Entscheidungen und unternehmerischer Initiative des Einzelnen (**Individualismus**), herrscht in der Planwirtschaft das Grundprinzip des **Sozialismus**. Das Wohl der Gemeinschaft, des Kollektivs, geht vor das Wohl des Einzelnen; Gemeinnutz geht vor Eigennutz.

Die **Nachteile einer Planwirtschaft** sind vielfältig. Die Freiheit der Bürger ist begrenzt; sie können nicht unternehmerisch tätig werden. Auch die Wahlfreiheit bzgl. eines Angebots, das den Wünschen der Konsumenten entspricht, ist nicht gegeben, denn die staatlichen Planungsorgane können hierüber nur sehr eingeschränktes Wissen haben (Informationsdefizit). Die Verteilung sehr begehrter Güter, wie importierte Waren, erfolgt nicht durch Präferenzen und Kaufkraft des Einzelnen, sondern anhand von Kriterien wie Parteizugehörigkeit, Stellung innerhalb der Bürokratie oder durch Korruption.

Dadurch, dass die staatlichen Betriebe nicht im Wettbewerb stehen, sind sie nicht gezwungen, wirtschaftlich mit den vorhandenen Ressourcen umzugehen. Die Arbeitslosigkeit ist verdeckt, indem staatliche Betriebe personell überbesetzt sind. Die Folge sind Verschwendung und Innovationsschwäche. Diese wiederum führt dazu, dass das Angebot nicht wettbewerbsfähig ist und die eigene Wirtschaft vor ausländischer Konkurrenz geschützt werden muss (Marktabschottung). Zugleich besteht ein Motivationsproblem, da durch private Initiative und Mehrleistungen keine überdurchschnittlichen Einkommen erzielt werden können. Schließlich zeichnen sich alle Zentralverwaltungswirtschaften systembedingt durch eine **ausufernde Bürokratie** aus.

Probleme der freien Marktwirtschaft	Probleme der reinen Planwirtschaft
Ungleiche Verteilung der primären Einkommen; Mindestabsicherung der Bürger mit lebensnotwendigen Gütern ist erforderlich.	Einschränkung der individuellen Freiheit hinsichtlich Auswahlvielfalt und unternehmerischer Initiative; Marktabschottung
Konjunkturschwankungen und Strukturwandel führen zu Arbeitslosigkeit.	Mangelhafte Versorgung mit Gütern, die den Präferenzen der Konsumenten entsprechen
Bestreben der Unternehmen, den Wettbewerb einzuschränken (Kartelle, Monopole)	Ressourcenverschwendung durch mangelnde Effizienz und Innovationsschwäche
Marktversagen (öffentliche Güter)	Ausufernde Bürokratie und Korruption

3. Soziale Marktwirtschaft

Als geltende Wirtschaftsordnung wurde die Soziale Marktwirtschaft 1948 nach dem 2. Weltkrieg in der Bundesrepublik Deutschland eingeführt. Auch wenn im Grundgesetz eine Wirtschaftsordnung nicht explizit genannt wird, so lassen sich wesentliche Elemente einer freiheitlichen und sozialen Ordnung vor allem aus folgenden **Grundrechten** ableiten:

► freie Entfaltung der Persönlichkeit (Artikel 2 GG)

► Vereinigungsfreiheit und Koalitionsfreiheit (Artikel 9 GG)

► Recht auf freie Wahl von Beruf, Arbeitsplatz und Ausbildungsstätte (Artikel 12 GG)

► Gewährleistung des Privateigentums und Sozialbindung des Eigentums (Artikel 14 GG)

► Demokratie und Sozialstaatlichkeit (Artikel 20 GG).

Das **Sozialstaatsprinzip** wird somit explizit genannt in Artikel 20 Abs. 1 und ferner in Artikel 28 Abs. 1 Grundgesetz. Schließlich wird die Soziale Marktwirtschaft im Zuge der Wiedervereinigung 1990 im Staatsvertag zwischen der Bundesrepublik und der DDR ausdrücklich als gemeinsame Wirtschaftsordnung genannt.

Bei genauer Betrachtung wird deutlich, dass die Einflussnahme des Staates auf das Gesundheitswesen eines der Kernelemente **sozialpolitischen Handelns** ist. Mithin wird zunächst der sozialpolitische Rahmen dargelegt.

3.1 Sozialpolitik und Sozialgesetzgebung

Auch die Soziale Marktwirtschaft ist letztlich eine Mischung aus staatlicher Organisation und spontaner marktwirtschaftlicher Ordnung. **Theoretische Vordenker des Systems** ist ein Kreis von liberal orientierten Ökonomen, wie *Walter Eucken, Franz Böhm, Wilhelm Röpke* und *Alexander Ristow*. Für die tatsächliche Ausgestaltung und Umsetzung waren in erster Linie der erste Wirtschaftsminister (und spätere zweite Bundeskanzler), *Ludwig Erhard*, und der damalige Staatssekretär im Bundeswirtschaftsministerium, *Alfred Müller-Armack*, maßgeblich verantwortlich.

Mit der **Sozialen Marktwirtschaft** sollen die Vorteile wettbewerblicher Marktprozesse genutzt und zugleich die Probleme einer reinen Marktwirtschaft durch staatliches Handeln behoben werden. Dabei war und ist die konkrete Ausgestaltung der Sozialen Marktwirtschaft umstritten. Das Nebeneinander von Markt und Staat wirft Fragen auf: Was soll der marktwirtschaftlichen Koordination überlassen bleiben? Wann und wie soll der Staat in Marktprozesse eingreifen? Was soll direkt staatlich geregelt werden? Dies sind Konflikte, die sich auch im Gesundheitswesen wiederfinden.

Einen guten Anhaltspunkt für die (Grob-)Konstruktion und Grundlagen der Wirtschaftspolitik findet sich in den von *Walter Eucken* aufgestellten konstituierenden (grundlegenden) und regulierenden Prinzipien. Dabei beschreiben die **konstituierenden Prinzipien** die Voraussetzungen für eine funktionierende marktwirtschaftliche Ordnung, während die Einhaltung der **regulierenden Prinzipien** für den Erhalt des Systems und den Ausgleich von möglichen Nachteilen oder Problemen stehen.

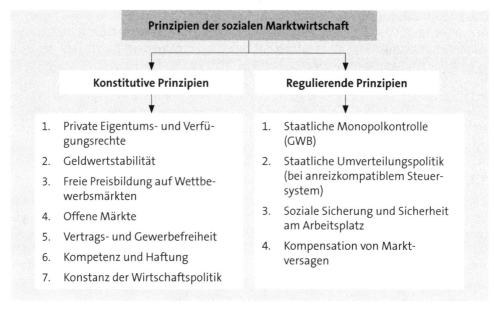

Abb. A6: Prinzipien der Sozialen Marktwirtschaft
Quelle: in Anlehnung an *Walter Eucken (1990)*

3.1.1 Das Leistungs- und Sozialprinzip

Ein Kern der Sozialen Marktwirtschaft kommt durch den Begriff des „Sozialen" zum Ausdruck. So strebt der Staat in der Sozialen Marktwirtschaft eine **Existenzsicherung und soziale Sicherheit** für seine Bürger an, um die Teilhabe aller an den gesellschaftlichen und politischen Entwicklungen zu ermöglichen. *Alfred Müller-Armack* formulierte es 1956 so: *„Der Begriff der Sozialen Marktwirtschaft kann so als eine ordnungspolitische Idee definiert werden, deren Ziel es ist, auf der Basis der Wettbewerbswirtschaft die freie Initiative mit einem gerade durch die marktwirtschaftliche Leistung gesicherten sozialen Fortschritt zu verbinden. [...] Sinn der sozialen Marktwirtschaft ist es, das Prinzip der Freiheit auf dem Markte mit dem des sozialen Ausgleichs zu verbinden."*

Mithin finden in der Sozialen Marktwirtschaft das **Leistungsprinzip** und das **Sozialprinzip** Anwendung. Wer am Markt durch seine erbrachte Arbeit oder durch unternehmerische Tätigkeit viel leistet, soll ein hohes Einkommen erzielen. Durch Einhaltung des Sozialprinzips dagegen kümmert sich der Staat gerade um jene, die kein Arbeitseinkommen erzielen können infolge von Krankheit oder (vorübergehender) Arbeitslosigkeit. Im Sinne einer ethischen Bewertung ist es **gesellschaftlicher Konsens**, dass jedem Bürger, losgelöst von seiner (finanziellen) Leistungsfähigkeit, mindestens eine Ausstattung mit existenziellen Gütern (Nahrung, Kleidung, Wohnung, gesundheitliche Versorgung) zukommen soll.

3.1.2 Begründungen sozialstaatlicher Eingriffe

Die weiteren Gründe, warum der Staat sozialpolitische Maßnahmen ergreift, sind vielfältig. So weist das „Gut sozialer Friede" Eigenschaften eines **Öffentlichen Gutes** auf. Jeder profitiert (Nicht-Rivalität) z. B. von einer niedrigen armutsbedingten Kriminalität, zugleich kann niemand von dem Nutzen ausgeschlossen werden. Auch die Vermeidung negativer und Nutzung positiver **externer Effekte** spielt in der Sozialpolitik eine Rolle.

 MERKE

Externe Effekte entstehen immer dann, wenn Verursacher von Schäden oder Kosten diese nicht vollständig tragen müssen (negative e. E.) oder wenn der Verursacher von Nutzen nicht alleine von diesem profitiert (positive e. E.). Es besteht also keine hinreichende Verantwortungszuordnung.

Beispiele

Wenn jemand in einem Raum raucht, verursacht dies eine Luftverschmutzung. Unter dieser haben auch jene zu leiden, die nicht rauchen. Negative externe Effekte entstehen auch, wenn jemand infolge intensiven Rauchens an Lungenkrebs erkrankt und Leistungen der Gesetzlichen Krankenkasse (GKV) in Anspruch nimmt. Die Beitragszahler der GKV zahlen für den Schaden des Tabakkonsums.

Positive externe Effekte ergeben sich hingegen durch einen hohen Bildungsstand der Gesellschaft oder durch Impfungen. Je mehr Menschen sich impfen lassen, umso geringer ist die Gefahr, dass andere Menschen (auch nicht geimpfte) erkranken.

In unmittelbarem Zusammenhang mit externen Effekten stehen **meritorische und demeritorische Güter**, da die staatlichen Eingriffe häufig ähnlich sind. Bei diesen Gütern sind grundsätzlich ein marktwirtschaftliches Angebot und Nachfrage möglich. Die sich ergebenden Marktergebnisse wären indes gesellschaftlich unerwünscht. So fördert der Staat den Konsum von meritorischen Gütern (Bildung, kulturelle Einrichtungen) und versucht, den Konsum von demeritorischen (Drogen, Waffen) zu reduzieren oder vollständig zu verhindern.

 MERKE

Problematisch an meritorischen und demeritorischen Gütern ist die Frage, wer bestimmt, was förderungswürdig ist und was nicht (kollektive Mehrheitsentscheidungen). Es kommt immer auch zu willkürlichen Entscheidungen. Warum ist z. B. Alkohol erlaubt, Haschisch jedoch nicht? Auch führen die staatlichen Eingriffe immer zu einer Korrektur der Präferenzen der Menschen, die sich ansonsten in einer höheren oder geringeren Marktnachfrage niederschlagen würden.

Vom Grundsatz her könnte jeder Bürger, der Arbeit und ein ausreichendes Einkommen hat, selbst für Alter oder Krankheit vorsorgen. Da aber nicht jeder über ein solches Einkommen verfügt, ist einerseits Umverteilung erforderlich. Andererseits lassen sich in der Praxis häufig sog. **„myopische Präferenzen"** nachweisen. Viele Bürger handeln kurzsichtig, indem sie den aktuellen Konsum höher schätzen als den künftigen (Höherschätzung von Gegenwartsbedürfnissen). Künftige Risiken und Bedarfe werden zu gering eingeschätzt; die private Vorsorge fiele bei vielen Bürgern zu gering aus, sodass sie im Alter wiederum auf staatliche Unterstützung angewiesen wären. Dies in Kombination mit dem gesellschaftlichen Konsens, dass niemanden existenzielle Güter vorenthalten werden sollen, ist ein zentraler Grund, warum die Sozialversicherungen als Zwangsversicherungen ausgestaltet sind.

Letztlich kann auch eine **eingeschränkte oder fehlende Konsumentensouveränität** regulierende staatliche Eingriffe zur Folge haben. Unter Konsumentensouveränität versteht man, dass der Bürger in der Lage ist, sich bzgl. des Angebots an Produkten und Leistungen zu informieren und zielgerichtet nachzufragen. Diese Möglichkeit kann durch eine asymmetrische Informationsverteilung oder auch mangelnde Urteilsfähigkeit eingeschränkt sein.

Beispiel

Das medizinische Know-how von Patienten ist i. d. R. nicht so ausreichend, dass sie die für sich beste Therapie kennen würden. So hat der Gesetzgeber den Arzt quasi zum Vormund des Patienten gemacht. Er entscheidet über die Nachfrage nach weiteren ambulanten oder stationären Leistungen sowie medikamentöse Therapien. Lassen die geistigen Fähigkeiten eines Menschen nach, muss es gesetzliche Vorgaben geben, wie eine Vormundschaft zu regeln ist.

 MERKE

Prinzipal-Agent-Theorie: In vielen Situationen besitzt ein Auftraggeber (Prinzipal) gegenüber dem Beauftragten (Agent) ein Informationsdefizit. Der Prinzipal ist bei seiner Entscheidungsfindung durch eine asymmetrische Informationsverteilung benachteiligt, denn der Agent könnte seinen Wissensvorsprung zu Ungunsten des Prinzipals ausnutzen. Die Lösung besteht darin, den Agenten zu kontrollieren und/oder Anreize zu schaffen, die sein Handeln in die vom Prinzipal gewünschte Richtung lenken.

3.1.3 Das Sozialgesetzbuch (SGB)

In Deutschland hat die soziale Gesetzgebung eine lange Tradition. So wurde bereits 1883 eine Gesetzliche Krankenversicherung für Arbeiter eingeführt, 1884 eine Unfallversicherung und 1889 ein Vorläufer der Rentenversicherung. Das Sozialstaatsprinzip ist im Grundgesetz in den Artikeln 20 und 28 enthalten, nach denen die Bundesrepublik Deutschland als „sozialer Bundesstaat" bzw. „sozialer Rechtsstaat" bezeichnet wird. Das **Sozialstaatsprinzip** ist indes nur ein Postulat, d. h. mangels konkreter Angaben zur Ausgestaltung enthält es kein einklagbares Recht. Der Gesetzgeber ist lediglich verpflichtet, die Rechtsordnung und die Verwaltung nach sozialen Gesichtspunkten zu gestalten. Über die detaillierte Ausgestaltung des Sozialstaats wiederum muss auf politischer Ebene entschieden werden.

Um die sozialpolitischen Felder in Deutschland inhaltlich zu strukturieren, wurde das **Sozialgesetzbuch (SGB)** geschaffen. Dieses Gesetz besteht aus zwölf Büchern, wobei die Bücher I, IV und X im Wesentlichen den allgemeinen Teil und Verwaltungsvorschriften umfassen, während in den anderen Büchern jeweils unterschiedliche sozialpolitische Bereiche geregelt sind.

Sozialgesetzbuch	Inhalt
SGB I, IV und X	Allgemeiner Teil, Verwaltungsvorschriften
SGB II	Grundsicherung für Arbeitssuchende
SGB III	Arbeitsförderung
SGB V	Gesetzliche Krankenversicherung
SGB VI	Gesetzliche Rentenversicherung
SGB VII	Gesetzliche Unfallversicherung
SGB VIII	Kinder- und Jugendhilfe (KJHG)
SGB IX	Rehabilitation und Teilhabe behinderter Menschen
SGB XI	Gesetzliche Pflegeversicherung
SGB XII	Sozialhilfe (früher Bundessozialhilfegesetz)

Die grundsätzliche **Ausrichtung des SGB** kommt im SGB I, Abs. 1 zum Ausdruck:

„Das Recht des Sozialgesetzbuchs soll zur Verwirklichung sozialer Gerechtigkeit und sozialer Sicherheit Sozialleistungen einschließlich sozialer und erzieherischer Hilfen gestalten. Es soll dazu beitragen,

- *ein menschenwürdiges Dasein zu sichern,*

- *gleiche Voraussetzungen für die freie Entfaltung der Persönlichkeit, insbesondere auch für junge Menschen, zu schaffen,*

- *die Familie zu schützen und zu fördern,*

- *den Erwerb des Lebensunterhalts durch eine frei gewählte Tätigkeit zu ermöglichen und*

► *besondere Belastungen des Lebens, auch durch Hilfe zur Selbsthilfe, abzuwenden oder auszugleichen."*

3.1.4 Sozialbudget und Sozialleistungsquote

Die Aufgaben des Sozialstaats sind damit sehr umfangreich beschrieben. Auch in der Praxis hat dies zu einer Vielzahl staatlicher Sozialmaßnahmen und den damit verbundenen Ausgaben geführt. Die Summe der Sozialleistungen, das **Sozialbudget**, betrug in Deutschland 1970 noch rund 73 Mrd. €, im Jahr 2015 waren es insgesamt 888 Mrd. €. Das **Bruttoinlandsprodukt (BIP)** ist ein Maß für die gesamte wirtschaftliche Leistung einer Volkswirtschaft; es umfasst die gesamte Produktion von Waren und Dienstleistungen im Inland.

 MERKE

Sozialleistungsquote: Setzt man die Sozialausgaben ins Verhältnis zum BIP, ergibt sich die Sozialleistungsquote. Diese betrug 2015 rund 29 % (ggü. 20 % in 1970). Das heißt, 29 % der wirtschaftlichen Leistung des Landes beansprucht der Staat für soziale Leistungen.

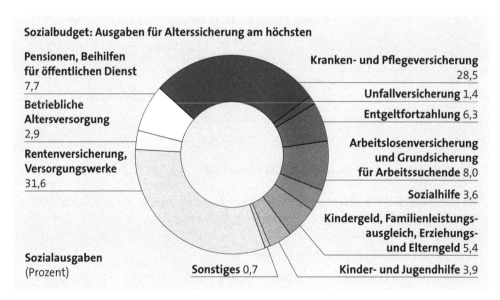

Abb. A7: Struktur des Sozialbudgets 2014
Quelle: *Bundesarbeitsministerium (2014)*

Finanziert wurden die Leistungen durch Sozialbeiträge der Arbeitgeber (35 %), Sozialbeiträge der Versicherten (30 %) und Zuschüsse des Staates (34 %). Die mit Abstand höchsten Ausgaben werden für die Altersvorsorge verwendet, was auch der **demografischen Entwicklung** geschuldet ist. Die Gesellschaft in Deutschland altert sehr stark und wird schrumpfen, da seit den 70er-Jahren zu wenige Kinder geboren werden, um die Bevölkerungszahl dauerhaft konstant zu halten. Mit hohem Alter steigt auch die Wahrscheinlichkeit, zu erkranken oder sogar multimorbid (mehrfacherkrankt) oder pflegebedürftig zu werden. Der zweitgrößte Ausgabenblock umfasst demgemäß die Kranken- und Pflegeversicherung.

Vom Sozialbudget nicht erfasst sind **sozialpolitisch indizierte Regulierungen**, wie der gesetzliche Mindestlohn, die Mietpreisbremse, Vorschriften zur Zeitarbeit und vieles mehr. Die Politikbereiche, in denen sich Felder der Sozialpolitik wiederfinden, sind insgesamt extrem umfangreich. So gibt es keinen Abschnitt im Leben eines Bürgers in Deutschland, in dem er nicht mit sozialpolitischen Leistungen in Berührung kommt.

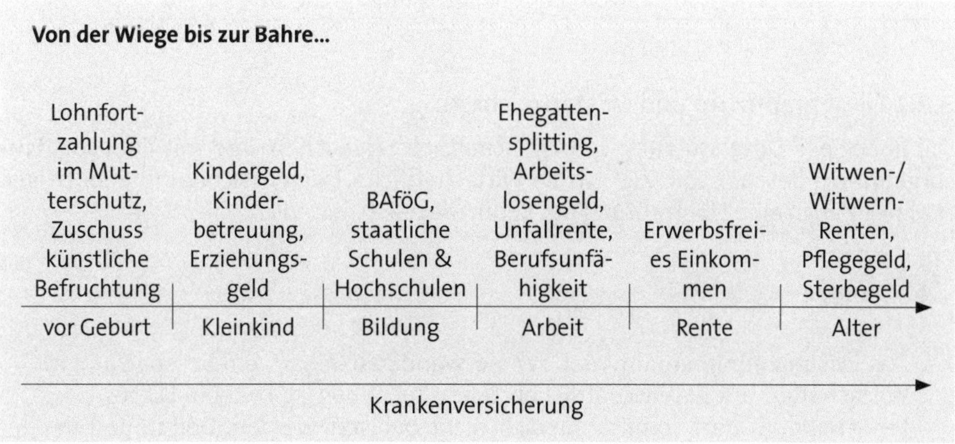

Von der Wiege bis zur Bahre...

Lohnfort- zahlung im Mut- terschutz, Zuschuss künstliche Befruchtung	Kindergeld, Kinder- betreuung, Erziehungs- geld	BAföG, staatliche Schulen & Hochschulen	Ehegatten- splitting, Arbeits- losengeld, Unfallrente, Berufsunfä- higkeit	Erwerbsfrei- es Einkom- men	Witwen-/ Witwern- Renten, Pflegegeld, Sterbegeld
vor Geburt	Kleinkind	Bildung	Arbeit	Rente	Alter

Krankenversicherung

Abb. A8: Relevante Bereiche der Sozialpolitik

3.2 Instrumente der Sozialpolitik

Die Möglichkeiten des Staates, sozialpolitisch aktiv zu werden, sind extrem vielfältig. Sie reichen von der regulierenden Gestaltung der jeweiligen Marktbedingungen (Ordnungspolitik), die direkte Einflussnahme auf das Marktgeschehen (Prozesspolitik), über die Korrektur der Marktergebnisse (Umverteilung) bis hin zu einer rein staatlichen Bereitstellung von Gütern. Aufgrund der Vielfalt sozialpolitischer Maßnahmen ist eine Systematisierung schwierig und kann am besten zunächst allgemein über die primäre sozialpolitische Ausrichtung erfolgen:

Primäre Ausrichtung	Beschreibung	Instrumente
Soziale Hilfe	Hilfe in Notlagen und Sicherung des Existenzminimums	Sozialhilfe, Grundsicherung
Soziale Vorsorge	Versicherungsschutz in den essenziellen Lebenslagen	Gesetzliche Kranken-, Pflege-, Renten-, Arbeitslosen- und Unfallversicherung
Soziale Förderung	Entfaltungshilfen zur Verbesserung der sozialen Chancengleichheit	Ausbildungs-/Berufsförderung, Kinder- und Jugendhilfe, Altenhilfe, Wohngeld, Behinderte u. a.
Soziale Entschädigung	Schadensausgleich aus öff. Mitteln für Gesundheitsschäden bei besonderer Verantwortung der Allgemeinheit	Wehrdienstschäden, Kriegsfolgenentschädigung, SED-Opferentschädigung

3.2.1 Fürsorgeprinzip und Existenzsicherung

Die finanzielle Unterstützung von wirtschaftlich Schwachen wird mit dem sog. **Fürsorgeprinzip** beschrieben. Ziel ist die wirtschaftliche Existenzsicherung Bedürftiger. Hierzu ist auch eine Überprüfung der Bedürftigkeit erforderlich.

 MERKE

Das **Existenzminimum** umfasst den notwendigen Bedarf, um bei sparsamem Wirtschaften am gesellschaftlichen Leben teilhaben zu können. Dieses Existenzminimum darf somit steuerlich nicht belastet werden. Der steuerliche Freibetrag beträgt 2018 für einen Alleinstehenden 9.000 € und für ein Kind 4.788 €.

Die staatlichen Transfers erfolgen ohne individuelle Gegenleistung. Finanziert werden sie durch eine **Umverteilung** der am Markt erzielten Einkünfte (Primäreinkommen). Dies ist auch deshalb notwendig, weil eine zu große Ungleichheit der Einkommensverteilung von einem großen Teil der Gesellschaft nicht akzeptiert wird. Vor allem über die **Einkommensbesteuerung** findet ein Ausgleich statt, wobei die Steuerlast steigt, je höher das Einkommen und damit die wirtschaftliche Leistungsfähigkeit ist. Bis zu einer Grenze findet sogar eine progressive Besteuerung statt, d. h. mit steigendem Einkommen steigen auch die zu zahlenden Steuersätze an. Begünstigt werden die Empfänger durch Transfereinkommen (Sozialhilfe, Wohngeld, Kindergeld u. a.).

Der Katalog der **Instrumente zur sozialen Mindestsicherung** reicht von der reinen Information und Beratung über die sozialpädagogische Betreuung (Soziale Arbeit) bis hin zu finanziellen Transfers und der Bereitstellung von lebensnotwendigen Gütern (Realtransfers). Zu den Grundbedürfnissen eines Menschen zählt z. B. die Nutzung eines Wohnraumes, eine medizinische Versorgung oder Pflege im Alter. Die Nichtakzeptanz des Ausschlussprinzips des Marktes, also dass jemand beispielsweise keine Wohnung oder medizinische Versorgung hat, weil er sich diese infolge zu geringen Einkommens nicht leisten kann, führt somit zu sozialpolitischem Handeln.

3.2.2 Subjektförderung und Objektförderung

Hierbei ist es nun wichtig, zwei wesentliche Interventionsarten zu unterscheiden: die Subjektförderung und die Objektförderung. **Subjektförderung** bedeutet, der Staat fördert den bedürftigen Menschen direkt durch finanzielle Unterstützung. Durch die **Objektförderung** subventioniert der Staat die benötigen Güter oder stellt sie selbst zur Verfügung.

Beispiel

Kann sich ein Bürger Altenpflege in einem Heim nicht leisten, kann ihn der Staat finanziell unterstützen durch die Pflegekasse und ggf. zusätzlich mit der „Hilfe zur Pflege" (Subjektförderung). Eine andere Art der Förderung wäre die Subventionierung von privaten Pflegeheimen oder die Errichtung staatlicher Pflegeheime, in die die Pflegebedürftigen dann für geringeres Entgelt oder ohne eigenen finanziellen Beitrag unterkommen können.

Der **Vorteil der Subjektförderung** besteht in dem Vorteil für den Bedürftigen, dass er mit der ihm zur Verfügung gestellten Kaufkraft selbst entscheiden kann, welches private Angebot er annimmt. **Nachteil der Objektförderung** ist, dass die Wahlfreiheit der Bedürftigen eingeschränkt ist. Der Staat (und damit die Steuern zahlenden Bürger) trägt zudem das Auslastungsrisiko für die geförderten Objekte, und es kommt häufig zu Fehlbelegungen (z. B. Sozialwohnungen für nicht Bedürftige). Die Subjektförderung entspricht damit mehr dem Kriterium der Systemkonformität.

 ACHTUNG

Systemkonformität bedeutet, dass eine wirtschaftspolitische Maßnahme mit der zugrunde liegenden Wirtschaftsordnung kompatibel ist. Daraus folgt bei der Auswahl der sozialpolitischen Instrumente im Rahmen der sozialen Marktwirtschaft eine Präferenz für indirekte (Setzen von Anreizen) gegenüber direkten Interventionen (Festlegung von Mengen und Preisen) sowie weniger intensive (Information und Beratung) gegenüber intensiveren Mitteln (Gebote, Verbote). **Zielkonformität** bedeutet, dass eine wirtschaftspolitische Maßnahme geeignet ist, das mit ihr verfolgte Ziel auch zu erreichen.

3.2.3 Die Sozialversicherungen

Die **gesetzlichen Sozialversicherungen** wurden geschaffen, um den negativen finanziellen Folgen von existenziellen Risiken (Renten-, Unfall-, Kranken-, Arbeitslosen- und Pflegeversicherung) vorzubeugen. Anders als bei dem Fürsorgeprinzip beruht eine Leistungsgewährung durch die gesetzlichen Sozialversicherungen auf individuellen Gegenleistungen, der Zahlung von Beiträgen.

 MERKE

> Teilziel der Sozialpolitik ist es, die Bürger vor den Folgen existenzieller Risiken zu schützen. Folglich ist die Gesundheitspolitik ein Teil der Sozialpolitik.

Die Sozialversicherungen verbinden die Versicherungskomponente mit der Sozialkomponente. Es besteht durch die Versicherungskomponente ein Rechtsanspruch auf Leistungen, wobei das sog. **Kausalprinzip** gilt. Das heißt, die Leistung wird gewährt, wenn die Ansprüche vorliegen, unabhängig von Bedürftigkeit oder ob die empfangene Leistung ausreicht. Die Sozialkomponente kommt durch den Versorgungsumfang (Mitversicherung der Familie) und die Kalkulation genereller Beiträge zum Tragen. Die zu zahlenden Beiträge sind unabhängig von individuellen Risiken. Es gibt keinen Risiko- oder Leistungsausschluss. Dafür sind die Beiträge gekoppelt an der Einkommenshöhe, d. h. es erfolgt eine Einkommensumverteilung, denn die Beiträge steigen mit zunehmendem Einkommen. Dies nennt man auch **Finanzierung nach Leistungsfähigkeit**.

Damit erfordert die Sozialkomponente eine gesetzliche Zwangsmitgliedschaft, da ansonsten Bezieher hoher Einkommen die Versicherung verlassen würden. Begünstigte der Sozialversicherung sind Bezieher niedriger Einkommen und Menschen mit hohen Risiken (Krankheit, Arbeitslosigkeit). Somit kommt es in den Sozialversicherungen zu einer beabsichtigten Verletzung des **Äquivalenzprinzips**.

 MERKE

> Das **Äquivalenzprinzip** ist ein grundlegendes Kalkulationsprinzip, das die Gleichheit von Leistung und Gegenleistung fordert. In der Privaten Krankenversicherung wird dieses Prinzip verfolgt. Die Beiträge sind hier unabhängig von der Einkommenshöhe; sie richten sich vielmehr nach dem individuellen Risiko von Erkrankungen und damit der wahrscheinlichen Leistungsinanspruchnahme.

3.2.4 Prinzipien der Sozialversicherung

Prinzipien der Sozialversicherungen	
Prinzip der Versicherungspflicht	Die Sozialversicherungen sind für abhängig Beschäftigte Zwangsversicherungen.
Prinzip der Beitragsfinanzierung	Die Sozialversicherungen werden überwiegend aus Beiträgen der Arbeitnehmer und Arbeitgeber finanziert (paritätische Finanzierung). Die Höhe der Beiträge ist abhängig vom Gehalt, sodass es zu einer Umverteilung kommt. Die Beitragshöhe ist aber durch eine Beitragsbemessungsgrenze begrenzt.
Prinzip der Solidarität	Die zu versichernden Risiken in der Kranken- und Pflegeversicherung sind unabhängig von der Beitragshöhe und werden von allen Versicherten gemeinsam getragen. Es erfolgt ein solidarischer Ausgleich zwischen Gesunden und Kranken, Jungen und Alten, besser und weniger gut Verdienenden, Familien und Singles.
Prinzip der Äquivalenz	Das Äquivalenzprinzip gilt in der Deutschen Sozialversicherung für die Renten- und Arbeitslosenversicherung. Hier besteht ein (eingeschränktes) Verhältnis zwischen der Höhe der gezahlten Beiträge und der Leistungshöhe, die ein Versicherter erhält.
Prinzip der Selbstverwaltung	Der Staat delegiert Aufgaben und Verantwortungsbereiche an öffentlich-rechtliche Körperschaften (z. B. Bundesrentenanstalt, Bundesagentur für Arbeit, Kassenärztliche Vereinigung), die Steuerungsaufgaben in Eigenverantwortung erfüllen, unter Rechtsaufsicht des Staates. Sie sind organisatorisch und finanziell selbstständig. Arbeitnehmer und Arbeitgeber sind unmittelbar an der Selbstverwaltung beteiligt.
Prinzip des Umlageverfahrens	Die gezahlten Beiträge werden sogleich für die gesetzlich vorgeschriebenen Leistungen verwendet. Das heißt, die Einnahmen/Beiträge einer Periode sind so bemessen, dass sie die anfallenden Ausgaben der Periode decken. Auch in der Rentenversicherung wird also kein Kapitalstock aufgebaut, der künftig verwendet werden könnte.

Im Sinne des Versorgungsprinzips kann es sich der Staat auch zur Aufgabe machen, die **Chancengleichheit** zu fördern. Instrumente sind hierbei eine kostenlose Schuldbildung und Studium, BaföG, Behinderten-Förderung u. a. **Soziale Entschädigung** kommt schließlich zum Tragen, wenn durch öffentliches Handeln entstandene Schäden zu ersetzen sind (z. B. Wehrdienstbeschädigung).

Es ist ersichtlich, dass die Sozialpolitik zahlreiche wirtschaftspolitische Felder berührt; sie ist damit quasi ein Querschnittsbereich innerhalb der allgemeinen Wirtschaftspolitik.

Beispiel

Allein die Familienpolitik umfasst über 150 ehe- und familienbezogene Einzelleistungen und Maßnahmen mit einem Gesamtfinanzierungsvolumen von über 200 Mrd. €. Damit umfasst die Familienpolitik eine Instrumentenvielfalt, die eine empirische Überprüfung bzgl. der Wirksamkeit der Maßnahmen nahezu unmöglich macht. Das originäre Ziel, eine Steigerung der Geburtenrate, wurde bislang jedenfalls nicht erreicht.

3.3 Umverteilung und soziale Gerechtigkeit

Die Verwirklichung **„sozialer Gerechtigkeit"** ist im Sozialgesetzbuch explizit genannt. Zugleich ist es wohl der Begriff, der in der politischen Diskussion am häufigsten verwendet wird und zentraler Maßstab, wenn es um die Bewertung politischer Maßnahmen geht. Bei genauer Betrachtung wird man indes feststellen, dass der Begriff im Konkreten inhaltsleer ist. Was „sozial" ist, ist genauso vielschichtig und umstritten, wie die Frage nach „Gerechtigkeit". Was unter Gerechtigkeit verstanden wird, hängt wesentlich vom Standpunkt des Betrachters ab. Daher unterscheidet man gemeinhin zwischen **subjektiver Gerechtigkeit**, also was der Einzelne als gerecht empfindet, und **objektiver Gerechtigkeit**. Letztere liegt der Rechtsordnung des Staates zugrunde. Sie wird auch als „prozedurale Gerechtigkeit" bezeichnet.

 MERKE

Subjektive Gerechtigkeit bezeichnet das, was jeder Einzelne bzgl. eines bestimmten Sachverhalts als gerecht empfindet. Sie ist normativ, wertend. Prozedurale Gerechtigkeit im Sinne einer objektiven Gerechtigkeit meint gleiche Behandlung der Bürger durch ein für alle gleiches Recht und eine unabhängige und unparteiische Rechtsprechung.

Auch im Gesundheitswesen kommt es zu vielfältigen, teils unsystematischen Umverteilungseffekten, die insbesondere aus dem System der Finanzierung resultieren.

3.3.1 Gerechtigkeit und Diskriminierung

Legt man gleiche gesetzliche Rahmenbedingungen für alle Bürger bei der Erzielung von Einkommen auf Märkten zugrunde, dann wird die Gleichbehandlung durch die Verschiedenartigkeit der Menschen zwingend zu einer ungleichen primären Einkommensverteilung führen. Die Forderung nach sozialer Gerechtigkeit setzt nun bei der ungleichen marktmäßigen Einkommensverteilung an. Einen **Maßstab für eine gerechte Einkommensverteilung** kann es aber nicht geben, denn die am Markt erzielten Einkommen wurden nicht von irgendjemandem verteilt, sondern individuell erwirtschaftet. Sozialpolitische Umverteilung bedeutet sogar zwingend, dass von der Gleichbehandlung aller Bürger abgewichen wird.

Beispiel

Ein Bürger erhält Wohngeld, ein anderer nicht. Ein Bürger zahlt infolge seiner Einkommenshöhe einen Einkommenssteuersatz von 40 %, ein anderer nur 25 %.

Gerechtigkeit im Sinne einer vollständig gleichen Einkommensverteilung der gesamten Bevölkerung kann somit kein Ziel sein, denn für eine **Begrenzung der Umverteilung** in einer freien Wirtschaftsordnung sprechen:

1. Es bestehen Unterschiede in der Begabung der Menschen, den unterschiedlichen Interessenlagen, der Bereitschaft, Zeit und Geld in eine langwierige und schwierige Ausbildung zu investieren (Investition in die Zukunft).

2. Die Bereitschaft von Menschen, Verantwortung zu übernehmen, damit häufig auf Freizeit zugunsten von Arbeitszeit zu verzichten, gerade um ein höheres Einkommen zu generieren und Vermögen zu bilden, ist unterschiedlich ausgeprägt.

3. Eine nivellierende Einkommensverteilung würde auch dem marktwirtschaftlichen Prinzip der individuellen Freiheit mit der Möglichkeit, durch unternehmerische Initiative Gewinne zu erzielen, widersprechen. Es würde sich eine Motivations-/ Anreizproblematik gleichsam der in Zentralverwaltungswirtschaften ergeben.

4. Schlussendlich würde das Subsidiaritätsprinzip, welches eine Stärkung der Eigenverantwortungs-Befähigung vorsieht, ausgehöhlt.

Auch das Bundesverfassungsgericht hat der Besteuerung eine Grenze gesetzt, indem es festgelegt hat, dass die Hälfte der Erträge der eigenen Arbeit bei demjenigen verbleiben muss, der diese erwirtschaftet hat (sog. **Halbteilungsgrundsatz**). Soziale Gerechtigkeit sollte mithin im Sinne gleicher Aufstiegsmöglichkeiten für alle bestehen. Eine solche Chancengleichheit kann der Staat z. B. fördern durch eine freie Schul-/ Hochschulbildung, Ausbildungsförderung oder die Schaffung gleichwertiger Verdienstmöglichkeiten.

 MERKE

Fazit: „Soziale Gerechtigkeit" ist eine Worthülse ohne oder mit beliebigem Inhalt. In einem Sozialstaat ist eine Einkommensumverteilung im Sinne des Fürsorgeprinzips und der sozialen Sicherheit zwingend erforderlich. Umverteilung führt aber zur Ungleichbehandlung der Bürger. Das Maß der Umverteilung ist willkürlich.

3.3.2 Begrenzung der Eigenverantwortung

Ein grundlegendes Problem sozialstaatlich ausgerichteter Volkswirtschaften liegt ferner in der Tendenz, durch politische Entscheidungen in immer mehr Bereiche des Lebens der Bürger einzugreifen. Den Bürgern wird immer mehr Verantwortung für ihre individuelle Lebensführung entzogen. Es kommt zu einer stetig zunehmenden **Sozialisierung** ursächlich individueller Verantwortungen.

Die Folge ist, dass die Bürger zur **Unselbstständigkeit** angehalten sind. Zugleich werden sie immer unkritischer gegenüber staatlichen Eingriffen, und es steigt das Anspruchsdenken gegenüber dem Staat, dem nun auch immer mehr Verantwortung von den Bürgern zugeschoben wird („Der Staat muss/sollte…"). Eigenständiges Denken, Planen und Handeln wird zurückgedrängt. Auch der Wille, unternehmerisch tätig zu werden, nimmt ab. Innovative unternehmerische Tätigkeiten verlieren an Dynamik. Wenn die marktwirtschaftliche Basis des Sozialstaates dadurch jedoch insgesamt an Wachstum einbüßt, wird die Grundlage dessen, was der Staat umverteilen kann, immer kleiner.

Beispiel

Im Bereich der ambulanten Versorgung waren die Ärzte als selbstständig Tätige die dominierende Versorgungsform. Seit Jahren steigt indes der Anteil der angestellten Ärzte, vor allem in Medizinischen Versorgungszentren (MVZ), überproportional stark an. Grund hierfür ist u. a., dass junge Ärzte das berufliche Risiko und die Verantwortung der Selbstständigkeit meiden wollen und zudem Wert auf eine geregelte Arbeitszeit legen, auch unter bewusster Inkaufnahme eines geringeren Einkommens.

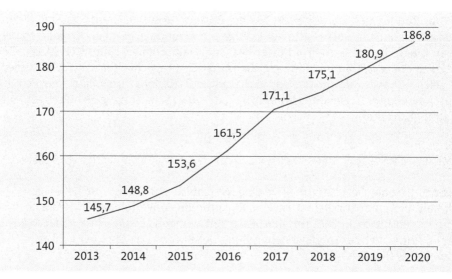

Abb. A9: Sozialausgaben des Bundes in Mrd. Euro
Quelle: *Bundesministerium der Finanzen (2017)*

Die Ausweitung der staatlichen Aufgaben und damit auch Ausgaben erfolgt häufig zunächst als vermeintliches „Geschenk" vor Wahlen. Für die Regierungen geht es dabei um bessere Chancen, wieder gewählt zu werden, wenn der Bevölkerung soziale Wohltaten versprochen werden. Diese Politik der **„Wohltaten gegen Wählerstimmen"** funktioniert dann am besten, wenn den Bürgern die Kosten der sozialen Leistungen nicht direkt ersichtlich sind.

Beispiel

Eine Erhöhung der Renten verursacht zwar auch im ersten Jahr der Zahlung höhere Kosten. Da die erhöhten Leistungen aber auch für kommende Jahre gelten, sind die Folgekosten häufig extrem hoch, vor allem wenn man das demografische Problem mitberücksichtigt.

Auch wenn es für **kollektive Entscheidungsfindungen** kein besseres als das demokratische Verfahren gibt, weist es doch eklatante Mängel auf. Während Marktprozesse auf individuellen, freiwilligen Entscheidungen beruhen, handelt es sich bei demokratischen um Gruppenentscheidungen, die mit **Zwang** durchgesetzt werden müssen. Da die einzelne Stimme in der Massendemokratie kaum Gewicht hat, ist der individuelle Anreize zur Partizipation und Information gering. Schließlich kann man auch im Gesundheitswesen beobachten, dass es politisch einfacher ist, umzuverteilen, als Effizienz steigernde Maßnahmen umzusetzen. Mithin spricht vieles dafür, staatliche Eingriffe hinsichtlich ihrer Begründung sowie ihrer Ziel- und Systemkonformität zu prüfen.

3.3.3 Leistungsunabhängiges Grundeinkommen

Dem Bürger stehen indes nicht nur Rechte in Form von staatlichen Transfers zu, er hat auch Pflichten. Dazu zählt zuvorderst, dass er bestrebt sein soll, die für seine eigene Lebensführung erforderlichen Mittel selbst zu erwirtschaften. Aus dem Anspruch auf individuelle Freiheit folgt notwendigerweise eine **subsidiäre Rolle des Staates**. Nur wenn die individuellen Möglichkeiten nicht ausreichen, sollen kollektive Lösungen greifen.

Ein **leistungsunabhängiges Grundeinkommen**, welches teilweise auch von Parteien in Deutschland gefordert wird, wäre also mit dem Subsidiaritätsprinzip nicht vereinbar. Es würde gegen diesen Grundsatz verstoßen und hätte leistungsbeschränkende Anreizwirkungen. Denn die Aufnahme einer beruflichen Tätigkeit ist ökonomisch nur sinnvoll, wenn die Erträge der Arbeit spürbar höher sind als das leistungsunabhängige Grundeinkommen. Insgesamt würde das Streben nach Qualifikation und Fortbildung negativ beeinflusst. In vielen Bereichen, in denen bereits heute Arbeitskräftemangel herrscht, würde dies zu einer weiteren Reduzierung des Arbeitsangebots führen, den Arbeitskräftemangel verstärken. Zudem ist in den meisten Konzepten zum Grundeinkommen ungeklärt, was mit bestehenden Sozialleistungen, wie der gesetzlichen Rentenversicherung, geschehen soll.

Nachhaltigkeit in der Sozialpolitik bedeutet, dass gegenwärtige Generationen ihre Bedürfnisse befriedigen, indes ohne die Fähigkeit der zukünftigen Generationen zu gefährden, ihre eigenen Bedürfnisse zu befriedigen. Schlussendlich sollte eine nachhaltige Sozialpolitik bestrebt sein, die ökonomische Grundlage für staatliche Sozialtransfers aufrecht zu erhalten und zu stärken. Wenn das auf Märkten erwirtschaftete BIP sinkt, werden die Verteilungskonflikte innerhalb der Gesellschaft zunehmen.

Schließlich gilt es, dass **Subsidiaritätsprinzip** zu beachten, nach dem durch die Möglichkeiten der freien Entfaltung und Selbstbestimmung des Einzelnen soziale Verantwortung zunächst Selbstverantwortung bedeutet.

3.4 Finanzierung staatlicher Aufgaben

Die Erhaltung des sozialen Friedens, die Absicherung wesentlicher Lebensrisiken für den Einzelnen, ein hohes Bildungsniveau, eine gute medizinische Versorgung und die Qualifikation von Arbeitskräften stiften einen erheblichen Beitrag zur positiven Entwicklung einer Volkswirtschaft. Indes, soziale Leistungen verursachen auch Kosten, die einer Gegenfinanzierung bedürfen und u. U. negative Auswirkungen haben. So bedarf die Finanzierung des Gesundheits- und Sozialwesens erheblicher staatlicher Einnahmen. Hierzu stehen grundsätzlich die Formen der **Steuern, Abgaben, Gebühren und Beiträge** zur Verfügung.

Steuern	Sonstige Abgaben	Beiträge	Gebühren
Steuern sind öffentlich-rechtliche Zwangsabgaben, die Bürger aufgrund von Rechtsvorschriften an den Staat abführen müssen. Sie sind i. d. R. nicht zweckgebunden und dienen gesamtgesellschaftlichen Zwecken.	Eine Sonderabgabe dient einem bestimmten Zweck und setzt eine Beziehung zwischen den Abgabepflichtigen und dem mit der Abgabenerhebung verfolgten Zweck voraus.	Beiträge werden für die Bereitstellung einer Leistung, also für die Möglichkeit der Nutzung, erhoben. Sie sind unabhängig von der tatsächlichen Inanspruchnahme der Leistung.	Eine Gebühr ist ein Entgelt für eine tatsächlich in Anspruch genommene Leistung einer Behörde oder öffentlichen Anstalt (Äquivalenzprinzip).
Beispiele: Einkommenssteuer, Umsatzsteuer, Mineralölsteuer	Beispiele: Schwerbehindertenausgleichsabgabe, Ausbildungszuschlag	Beispiele: Beiträge zur Pflege-, Renten-, Kranken-, Arbeitslosenversicherung	Beispiele: Benutzungs- und Verwaltungsgebühren

Reichen die Einnahmen des Staates nicht aus, die Ausgaben zu decken, muss sich der Staat verschulden. Eine zunehmende **staatliche Verschuldung** ist ein Indiz dafür, dass die Leistungsfähigkeit des Staatsystems und die finanziellen Belastungen auseinanderdriften. In fast allen westeuropäischen Ländern lassen sich in den vergangenen Jahrzehnten stark steigende Ausgaben für Soziales bei gleichzeitig starkem Anstieg der Staatsverschuldung beobachten. So liegt mit wenigen Ausnahmen die Staatsverschuldung in den Ländern des Euroraumes höher als die im Maastricht-Vertrag geforderten 60 % Verschuldung im Verhältnis zum BIP.

Eine steigende Staatsverschuldung bedeutet auch einen wachsenden Anteil der Staatseinnahmen für den **Schuldendienst** (Zinsen/Tilgung). Dies engt den finanzpolitischen Spielraum der öffentlichen Hände ein und belastet nachkommende Generationen, die diese Schuldenlast tragen müssen. Erforderliche Sparprogramme setzen wiederum zunächst bei den staatlichen Investitionen an, nicht bei den Sozialausgaben. Führt eine zunehmende staatliche Verschuldung zu steigenden Zinssätzen, wie bis vor der Finanzkrise zu beobachten, dann verteuert sich auch die Finanzierung der Unternehmen am Kapitalmarkt.

3.4.1 Folgen für die Unternehmen

Die Unternehmen sind in vielfacher Art durch Abgaben belastet. Dadurch sinken die zu erzielenden Gewinne und die **Rentabilität**. Für Letzteres sind schlussendlich die Gewinne nach Steuern maßgeblich, sodass die Rentabilität durch die Besteuerung von Gewinnen weiter sinkt und ggf. geplante Investitionen unterbleiben. Die Umsatzsteuer verteuert Produkte und Dienstleistungen, was ggf. zu einer geringeren Nachfrage führt.

Die Sozialversicherungen werden überwiegend aus Beiträgen der Arbeitnehmer und Arbeitgeber finanziert (paritätische Finanzierung). Das heißt, dass sich mit steigenden Beiträgen zur Sozialversicherung auch die Arbeitskosten in Form der **Lohnnebenkosten** insgesamt erhöhen. Je höher die Arbeitskosten sind, desto attraktiver ist es für Unternehmen, in Arbeit sparende Technologien zu investieren oder Betriebsstätten in das Ausland zu verlegen. Beides hat vor allem Auswirkungen auf gering qualifizierte Arbeitskräfte. So befinden sich Staaten schlussendlich auch in einem Wettbewerb um die Arbeit schaffenden Investitionen internationaler Unternehmen, und eine hohe Steuer- und Abgabenbelastung wirkt hier negativ.

Beispiel

In der Krankenversicherung hat der Gesetzgeber auf die steigenden Lohnnebenkosten reagiert. Führten bis dahin steigende Gesundheitsausgaben auch über steigende Beiträge zu höheren Arbeitskosten, wurde der allgemeine Beitragssatz auf 14,6 % fixiert (7,3 % Arbeitgeber, 7,3 % Arbeitnehmer). Steigende Kosten im Gesundheitswesen müssen nunmehr allein durch die Beitragszahler über höhere Zusatzbeiträge finanziert werden. Die paritätische Finanzierung ist damit nur noch eingeschränkt gültig.

Eine sehr hohe Steuer- und Abgabenbelastung kann auch dazu führen, dass Menschen, die nur einen geringen Verdienst erlangen würden, ggf. erst gar keine Tätigkeit aufnehmen. Dies gilt insbesondere dann, wenn die Sozialleistungen im Fall, dass man keiner Tätigkeit nachgeht, sehr hoch sind. Denkbar ist, dass Leistungsträger der Gesellschaft abwandern. Beides macht es für Unternehmen schwieriger, **geeignete Arbeitskräfte am Arbeitsmarkt** zu finden. Auch ist es möglich, dass die genannten Ausweichreaktionen die finanziellen Quellen des Staates langfristig insgesamt schwächen.

3.4.2 Folgen für die privaten Haushalte

Eine **hohe Abgabenbelastung** der Haushalte führt ebenfalls zu einer reduzierten Nachfrage, denn vom vertraglich vereinbarten Bruttolohn steht ihnen immer weniger für Konsumzwecke zur Verfügung. Bei einem durchschnittlichen Bruttoeinkommen übersteigen die Arbeitskosten den Nettolohn fast um das Doppelte.

Werte in Euro	Nettolohn	Arbeitskosten	
Bruttolohn:	2.500,00	2.500,00	
Steuern:			
- Lohnsteuer	300,00		- Durchschnittssteuersatz = 12,0 %
- Solidaritätszuschlag	16,50		- 5,5 % der Lohnsteuer
- Kirchensteuer	27,00		- 9 % der Lohnsteuer
Sozialabgaben:			
- Rentenversicherung	232,50	232,50	- je 9,3 % für AN und AG
- Arbeitslosenversicherung	37,50	37,50	- je 1,5 % für AN und AG
- Krankenversicherung	210,00	182,50	- 7,3 % plus 1,1 % ZB für AN, 7,3 % für AG
- Pflegeversicherung	31,88	31,88	- je 1,275 % für AN und AG
Gesamtsumme:	**1.644,62**	**2.984,38**	
	= 66 %	= 119 %	
AN: Arbeitnehmer, AG: Arbeitgeber, ZB: Zusatzbeitrag			

Nettolohn und Arbeitskosten, Beitragssätze 2018

Die **Folgen der sozialen Absicherung** sind für den Bürger, dass er über einen erheblichen Teil seines Einkommens nicht mehr frei entscheiden kann. Über einen immer größeren Anteil verfügt der Staat. Eingezahlte Beiträge, vermeintliche Vorsorgeleistungen, wie die Zahlungen in die Renten- oder Krankenversicherung, begründen einen grundsätzlichen Anspruch auf künftige Leistungen. Beiträge geben den Versicherten die Fiktion individueller Ersparnisbildung, sie behindern aber auch eine weitere individuelle Ersparnis. Problematisch ist indes, dass volkswirtschaftlich keine Vorsorge getroffen wird, denn Gelder, die heute in die Sozialversicherungssysteme eingezahlt werden, werden direkt für aktuelle Leistungen verwendet. Infolge der demografischen Entwicklung ergeben sich dadurch erhebliche Finanzierungsprobleme, gerade für die gesetzliche Kranken- und Pflegeversicherung.

3.4.3 Finanzierung im Gesundheitswesen

Im Gesundheitswesen werden die Leistungen im Wesentlichen durch die Beiträge der Versicherten finanziert. Dadurch fallen Kostenträger und Leistungsempfänger auseinander; es entsteht ein Dreiecksverhältnis, auch **„sozialversicherungsrechtliches Dreiecksverhältnis"** genannt. Im Unterschied zur marktwirtschaftlichen Finanzierung von Gütern zahlt der Patient durch die Versicherungslösung nicht für die in Anspruch genommenen Leistungen. Seine Präferenzen und damit die Zahlungswilligkeit spielen keine Rolle. Das **Kernproblem der Finanzierung im Gesundheitswesen** ist es nun, eine angemessene Vergütung der Leistungserbringer zu finden und zugleich die Anreize zu beachten, die mit unterschiedlichen Vergütungsformen einhergehen. Erschwert wird dies durch folgende Faktoren:

- ► Es ist schwierig, den Wert von Gesundheitsdienstleistungen zu erfassen, zu messen und zu bewerten (Kosten-Nutzen-Bewertung).
- ► Es bestehen asymmetrische Informationen zwischen Patienten und den Leistungserbringern.
- ► Versicherte haben bei Vollversicherungsschutz keine Sparanreize. Das Gleiche gilt für die Leistungserbringer.
- ► Die Preisfindung erfolgt zum Großteil zwischen Krankenkassen- und Anbieterverbänden (bilaterales Monopol).

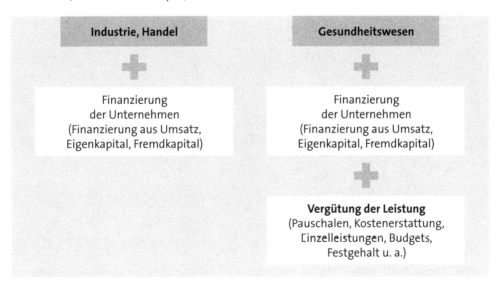

Abb. A10: Finanzierung im Gesundheitswesen

So besteht die Finanzierung im Gesundheitswesen faktisch aus **zwei Ebenen**:

1. Wie in jedem anderen Wirtschaftsbereich auch nutzen die Anbieter von Gesundheitsleistungen (Ärzte, Krankenhäuser etc.) die unterschiedlichen Instrumente zur Finanzierung ihrer Investitionen und des laufenden Leistungserstellungsprozesses (**Unternehmensfinanzierung**).

2. Hinzu kommt im Gesundheitswesen aber der Aspekt der **Vergütung der erbrachten Leistungen**. Diese beinhaltet wiederum zwei Perspektiven: Einerseits stellt sich die volkswirtschaftlich bedeutende Frage, welche Gesamtsumme für gesundheitswirtschaftliche Leistungen verausgabt und durch welche Finanzierungsträger getragen werden soll. Andererseits gilt es, die Leistungserbringer für die erbrachten Gesundheitsleistungen angemessen zu vergüten.

Daher werden im Folgenden zunächst die Grundlagen der Finanzierung der Kranken- und Pflegeversicherung und daran anschließend die Vergütung der von den Anbietern erbrachten Leistungen im Gesundheits- und Pflegesektor dargestellt, analysiert und beurteilt. Dies wiederum erfolgt jeweils auf Basis der Erläuterung der maßgeblichen Strukturen und Institutionen.

Zu diesem Kapitel finden Sie auch die folgenden Übungsaufgaben:

Aufgabe 1 - 3 > Seite 335

Lösung

1.	Wie ist das Verhältnis zwischen Bedürfnis, Bedarf und Nachfrage?	>> Kap. A.1.2
2.	Geben Sie je ein Beispiel für die Anwendung des ökonomischen Maximal- und Minimalprinzips aus dem Gesundheitswesen.	>> Kap. A.1.1
3.	Erläutern Sie den Unterschied zwischen Effektivität und Effizienz sowie den Begriff der Opportunitätskosten.	>> Kap. A.1.1
4.	Welche Transaktionskosten können entstehen, wenn Sie freiverkäufliche Arzneimittel in der Apotheke erwerben möchten?	>> Kap. A.1.3
5.	Was bedeutet das Subsidiaritätsprinzip im Hinblick auf die Gestaltung eines föderalen Staates und der Sozialpolitik?	>> Kap. A.1.4
6.	Erläutern Sie den Unterschied zwischen der Ordnungs- und der Prozesspolitik. Geben Sie jeweils Beispiele für ordnungs- und prozesspolitischen Maßnahmen aus dem Gesundheitswesen.	>> Kap. A.1.5
7.	Nennen und erläutern Sie die Voraussetzungen für eine funktionsfähige Marktwirtschaft.	>> Kap. A.2.1
8.	Was ist an der Annahme kritisch zu sehen, dass sich die Menschen gleichsam eines Homo oeconomicus ausschließlich eigeninteressiert und rational verhalten?	>> Kap. A.2.2.1
9.	Was sind die wesentlichen Einflussfaktoren auf die Nachfrage der Haushalte nach frei verkäuflichen Arzneimitteln?	>> Kap. A.2.2.2
10.	Von welchen Einflussfaktoren ist die Preiselastizität der Nachfrage im Wesentlichen abhängig? Wie wird diese berechnet? Nennen Sie Beispiele aus dem Gesundheitswesen, bei dem die Nachfrageelastizität sehr gering ist.	>> Kap. A.2.2.3
11.	Welche Produktionsfaktoren werden zum Betrieb eines Krankenhauses benötigt, und welche Aufwendungen verursachen diese in der Gewinn- und Verlustrechnung?	>> Kap. A.2.3.1
12.	Erläutern Sie den Zusammenhang zwischen Ersatzinvestitionen, Nettoinvestitionen, Bruttoinvestitionen und Abschreibungen.	>> Kap. A.2.3.2
13.	Wie kommt es in der Marktwirtschaft zum Ausgleich, wenn eine Überschussnachfrage herrscht?	>> Kap. A.2.4.1
14.	Nennen und erläutern Sie die Funktionen des Wettbewerbs.	>> Kap. A.2.4.3
15.	Mit welchen Problemen sehen sich marktwirtschaftliche Systeme konfrontiert, die ein staatliches Eingreifen erforderlich machen?	>> Kap. A.2.4.4

Lösung

16.	Mit welchen Problemen sehen sich Planwirtschaften konfrontiert?	>> Kap. A.2.5
17.	Was ist der Unterschied zwischen den konstituierenden und den regulierenden Prinzipien der Sozialen Marktwirtschaft?	>> Kap. A.3.1
18.	Nennen und erläutern Sie Gründe für sozialpolitische Eingriffe des Staates.	>> Kap. A.3.1.2
19.	Was versteht man unter der Prinzipal-Agent-Problematik?	>> Kap. A.3.1.2
20.	Beschreiben Sie, was unter Sozialbudget und Sozialleistungsquote zu verstehen ist.	>> Kap. A.3.1.4
21.	Nennen Sie drei zentrale Ausrichtungen sozialpolitischer Maßnahmen in Deutschland.	>> Kap. A.3.2
22.	Erläutern Sie das Fürsorgeprinzip.	>> Kap. A.3.2.1
23.	Was bedeuten Subjekt- und Objektförderung im Gesundheitswesen? Welche Vorteile hat die Subjektförderung?	>> Kap. A.3.2.2
24.	Erläutern Sie das Äquivalenzprinzip und das Kausalprinzip der Sozialversicherungen.	>> Kap. A.3.2.3
25.	Was sind die wesentlichen Prinzipien der Sozialversicherungen in Deutschland?	>> Kap. A.3.2.4
26.	Beurteilen Sie das Maß der Einkommensumverteilung unter dem Aspekt der subjektiven, der objektiven und der sozialen Gerechtigkeit.	>> Kap. A.3.3.1
27.	Erläutern Sie die möglichen Finanzierungsformen staatlicher Aufgaben.	>> Kap. A.3.4
28.	Erläutern Sie Beispiele für positive und negative Auswirkungen sozialpolitischer Maßnahmen für die Unternehmen und privaten Haushalte.	>> Kap. 3.4.1/ 3.4.2
29.	Warum ist es schwierig, Gesundheitsleistungen, die durch Versicherungen erstattet werden, angemessen zu vergüten?	>> Kap. A.3.4.3
30.	Welche Ebenen der Finanzierung im Gesundheitswesen lassen sich faktisch unterscheiden?	>> Kap. A.3.4.3

B. Ordnungsrahmen des Gesundheitssystems

1. Besonderheiten von gesundheitswirtschaftlichen Gütern

Das Gesundheitswesen in Deutschland stellt einen zentralen Wirtschafts- und Wachstumsfaktor dar. So beträgt der Anteil der Gesundheitsausgaben am Bruttoinlandsprodukte über 11 %, mit wachsender Tendenz. Damit liegt Deutschland in der Spitzengruppe Europas, lediglich in den USA ist der BIP-Anteil mit knapp 17 % deutlich höher. Neben dem unmittelbaren Anteil am BIP tragen Gesundheitsleistungen auch mittelbar zum Wachstum bei, denn die Leistungsfähigkeit des Humankapitals ist wesentlich auch von der körperlichen und psychischen Gesundheit abhängig.

Waren im Jahr 2000 circa 4,1 Mio. Menschen im Gesundheitswesen beschäftigt, sind es aktuell rund 5,5 Mio. Der Frauenanteil ist mit rund drei Viertel weit überdurchschnittlich. Auch wenn von den Beschäftigten rund die Hälfte in Teilzeit arbeitet, ist das Gesundheitswesen der mit Abstand bedeutendste Wirtschaftszweig.

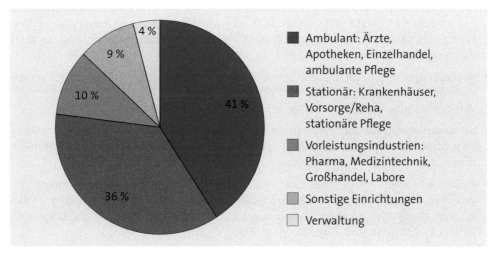

Abb. B1: Beschäftige im Gesundheitswesen nach Sektoren in Prozent
Quelle: *Statistisches Bundesamt (2017)*

Der **Begriff Gesundheitswesen** beschreibt ein äußerst komplexes System, im Rahmen dessen Leistungen erbracht werden, die auf die Förderung und Erhaltung der Gesundheit (Prävention), die Behandlung von Krankheiten und Verletzungen sowie die Rehabilitation abzielen. Je nach Abgrenzung variieren die Beteiligten und das Finanzierungsvolumen. In sehr enger Abgrenzung kann vom **GKV-Markt** gesprochen werden, sodass nur Leistungen und Umsätze berücksichtigt werden, die zulasten der gesetzlichen Krankenkassen gehen. In sehr weiter Abgrenzung werden der Altenpflegebereich inkludiert und – losgelöst vom Träger – auch sämtliche Maßnahmen, die grundsätzlich der Gesundheit dienen. Gemäß dieser **weiten Abgrenzung** zählen folgende Beteiligte zum Gesundheitswesen:

▸ Der **Staat** ist qua Grundgesetz verpflichtet, die Gesundheit und „körperliche Unversehrtheit" der Bürger zu gewährleisten (Artikel 2 GG). Er wirkt regulierend und gestaltend auf die gesundheitswirtschaftliche Versorgung durch seine gesetzgebenden Körperschaften und seine Regulierungs- und Überwachungsstellen (u. a. Gesundheitsämter). Das Bundesgesundheitsministerium verfolgt mithilfe von Gesetzen, Rechtsverordnungen und Verwaltungsvorschriften sowie der reformatorischen Weiterentwicklung des Gesundheitssystems Ziele wie Qualitätssicherung, Gewährleistung der Wirtschaftlichkeit, Gesundheitsschutz und Krankheitsbekämpfung – und dies unter der Prämisse der Beitragssatzstabilität.

▸ **Öffentlich-rechtliche Institutionen:** Die unmittelbare Gestaltung des Gesundheitswesens hat der Gesetzgeber selbstverwaltenden Körperschaften und Verbänden übertragen, insbesondere den Gesetzlichen Krankenkassen, den Kassenärztlichen Vereinigungen und den Verbänden der Krankenhausträger.

▸ **Anbieter/Leistungserbringer** sind Krankenhäuser und Rehabilitationseinrichtungen, Pflegeheime, Ärzte und Zahnärzte, Apotheken, Therapeuten, Anbieter von Heil- und Hilfsmittelleistungen, Hersteller von Arzneimitteln, Hebammen, Anbieter häuslicher Pflegeleistungen, Rettungsdienste und Krankentransportunternehmen, Reformhäuser, Fitnesszentren u. a. Unterschieden wird **in enger Abgrenzung** zwischen der ambulanten (Ärzte und Zahnärzte) und stationären Leistungserbringung (Krankenhäuser, Vorsorge- und Rehabilitationskliniken). Die Arzneimittelversorgung stellt einen eigenen Bereich dar.

▸ **Kostenträger** sind gesetzliche Kranken- und Pflegekassen, die zugleich in der Selbstverwaltung eingebunden sind, und private Kranken und Pflegeversicherungen, private Selbstzahler und die öffentliche Hand, mithin der Steuerzahler.

▸ **Interessenverbände:** Kassenärztliche Vereinigungen und die Verbände der Krankenhausträger vertreten zugleich die Interessen ihrer Mitglieder, wie auch Patientenverbände oder Selbsthilfeorganisationen.

▸ **Patienten** fragen Leistungen nach und werden auch als Leistungsempfänger bezeichnet. Ihr zentrales Motiv ist grundsätzlich die Erhaltung ihrer Gesundheit. Dem können aber widrige Rahmenbedingungen (z. B. Stress am Arbeitsplatz) oder auch eigene Bedürfnisse (z. B. Alkohol, Tabak, Drogen) entgegenstehen.

Das zentrale Motiv der an der Gesundheitsversorgung Beteiligten ist auf das Wohl der Patienten ausgerichtet. Gleichwohl erfolgt die Leistungserbringung fast durchgängig mittels privater Anbieter, die immer auch ein **wirtschaftliches Interesse** verfolgen. Dies gilt es auch bei der Gestaltung und hier insbesondere bei der Vergütung von Leistungen zu beachten.

Beispiel

Haben niedergelassene Ärzte die Möglichkeit, jede am Patienten erbrachte Leistung abzurechnen, haben sie ein Eigeninteresse an einer Mengenausweitung, die eine Einkommenserhöhung nach sich zieht.

Nach der folgenden Darlegung der Begründungen, warum der Staat regulierend in das Gesundheitswesen eingreift, wird auf die Besonderheiten von Angebot und Nachfrage im Gesundheitswesen eingegangen, um konkrete Ausgestaltungsmerkmale der Finanzierung besser einordnen zu können. Anschließend werden die Krankenversicherungen als wesentliche Finanzierungsquellen dargestellt und analysiert, bevor die einzelnen Sektoren eingehend erläutert werden.

1.1 Begründungen für staatliche Regulierungen

Das Gesundheitswesen in Deutschland ist extrem vielfältig staatlich reguliert. Dabei beruhen das **staatliche Eingreifen** und die damit verbundene Regulierungsintensität im Gesundheitswesen auf folgenden **Begründungen**:

- Gesundheit ist ein **besonderes Gut**, denn ohne Gesundheit ist eine gesellschaftliche Teilhabe nur eingeschränkt möglich.

- Das **konstitutive Ausschlussprinzip** des Marktes, also Ausschluss derjenigen, die keine ausreichende Zahlungsfähigkeit für medizinische Güter haben, ist deshalb gesellschaftlich nicht erwünscht.

- Weil die erbrachten Leistungen existenzielle Auswirkungen haben können, greift der Staat in die **Qualitätssicherung** ein, um ein bestimmtes Niveau an Qualität zu gewährleisten.

- Gesundheit produziert positive **externe Effekte**, wie z. B. ein geringerer Ausfall von Arbeitsleistung. Zugleich sind Impfungen und andere Präventionsmaßnahmen **meritorische Güter**. Negative externe Effekte, z. B. durch Epidemien oder Medikamentenmissbrauch, sollen verhindert werden.

- Bei der Nachfrage nach Gesundheitsleistungen ist die **Konsumentensouveränität** häufig sehr eingeschränkt. So besteht eine Informationsasymmetrie zwischen Patienten und Ärzten. Nur Letztere können zumeist die Wirkung von unterschiedlichen Therapien richtig beurteilen, sodass der Arzt gegenüber dem Patienten einen Informationsvorteil hat. Geistige Erkrankungen können insgesamt die Urteilskraft eines Menschen reduzieren oder auslöschen.

- Gesundheitliche Risiken lassen sich nicht vollständig durch private Versicherungen abdecken. Sind die Risikoeintrittswahrscheinlichkeit und die zu erwartende Schadenshöhe extrem hoch, besteht ein **privatwirtschaftlich nicht versicherbares Risiko**. Es würde zu einer Negativselektion kommen, was dazu führt, dass der Gesetzgeber für bestimmte Risiken eine Versicherungspflicht mit einem **Kontrahierungszwang** erlässt, also der rechtlichen Verpflichtung, mit einem anderen einen Vertrag zu schließen.

Beispiel

Wird ein behindertes Kind geboren, ist das Risiko bereits eingetreten und je nach Gesundheitszustand sind die Folgeschäden absehbar hoch. Ein Kontrahierungszwang besteht z. B. für Private Krankenversicherungen, denn diese müssen Kinder von Versicherten bei Geburt ohne Ausschlüsse und Zuschläge in einen Tarif aufnehmen, der dem des versicherten Elternteils entspricht.

► **Myopische Präferenzen** führen dazu, dass Risiken einer Erkrankung und der künftige Aufwand für Gesundheit im Alter häufig unterschätzt werden. Eine freiwillige Eigenvorsorge würde bei vielen Menschen ungenügend ausfallen. Dies kombiniert mit der gesellschaftlichen Nichtakzeptanz des Ausschlussprinzips für gesundheitswirtschaftliche Leistungen rechtfertigt einen staatlichen Versicherungszwang, da bei ungenügender privater Vorsorge die Versichertengemeinschaft wieder einspringen müsste.

Bei genauer Betrachtung ist letzteres Argument indes nicht ohne **Widerspruch**. So ist in der Praxis zu beobachten, dass eine Gegenwartsvorliebe nicht nur dem einzelnen Bürger zu eigen ist, sondern auch der Prozess demokratischer Willensbildung von kurzfristigem Denken mit Blick auf die nächsten Wahltermine geprägt ist. Gerade dies hat dazu geführt, dass erforderliche Sozialreformen jahrelang unterblieben sind bzw. nicht ausreichten. Der verbindlich vorgeschriebene Versicherungszwang muss zudem keine staatliche Krankenkasse implizieren, sondern könnte auch in dem Zwang bestehen, eine Private Krankenversicherung abzuschließen.

In der Konsequenz wurde in Deutschland eine **gesetzliche Zwangsversicherung** geschaffen, die finanzielle Risiken bei Eintritt von Krankheiten absichern soll. Ergänzt wird dieses gesetzliche System durch die Möglichkeit, ab einer bestimmten Einkommenshöhe zu einer Privaten Krankenversicherung zu wechseln. Zudem greift der Staat mit einer hohen staatlichen Regulierungsintensität auf vielfältige Weise in die Steuerung und Qualitätssicherung des Angebotes ein. Dies gilt auch bei der Vergütung der Leistungen, die je nach Sektor völlig unterschiedlich erfolgt. Dabei haben sich wesentliche Rahmenbedingungen bzgl. der Vergütungen durch Reformen in den vergangenen Jahren erheblich verändert, worauf bei der Analyse der einzelnen Sektoren in den folgenden Hauptkapiteln im Detail eingegangen wird.

1.2 Angebot an Gesundheitsleistungen

Die **Anbieterstruktur** ist infolge des breiten Leistungsspektrums mit Ärzten, Krankenhäusern, Apotheken, Hospizen, Sanitätshäusern etc. sehr heterogen. Und obwohl es im gesamten Gesundheitssystem extrem umfangreiche staatliche Regulierungen gibt und der Gesetzgeber auch in die Leistungsstrukturen durch Bedarfsplanung eingreift, werden die Versorgungsleistungen – anders als in staatlichen Gesundheitssystemen – weitestgehend privat erbracht. Lediglich im Krankenhaussektor ist mit 30 % ein nennenswerter Anteil der Anbieter in öffentlicher Trägerschaft.

Beispiel

Die Gesetzgebungshoheit und der Sicherstellungsauftrag hinsichtlich der Krankenhausversorgung liegen zwar bei den Ländern, aber die konkrete Umsetzung erfolgt durch die Kommunen, wenn sie ein Krankenhaus betreiben, oder durch externe Dritte. Dies können private Klinikbetreiber oder freigemeinnützige (kirchliche oder soziale) Betreiber sein. Sofern die jeweiligen möglichen Anbieter im Landeskrankenhausplan aufgenommen wurden, ist das Land verpflichtet, die Investitionen der Betreiber zu fördern.

Zentrale Voraussetzungen des Marktmodells gelten in den meisten Bereichen des Gesundheitswesens nicht oder nur sehr eingeschränkt. So ist das Angebot in wesentlichen **Aktionsparametern**, wie der Preissetzung, der Distribution, der Kommunikation und der Leistungsgestaltung, staatlich reguliert. **Nicht-marktwirtschaftliche Strukturen**, wie die Selbstverwaltung durch Körperschaften öffentlichen Rechts (z. B. Kassenärztliche Vereinigung), bestimmen maßgeblich die durch die gesetzlichen Krankenkassen finanzierten Leistungen und deren Preise.

 MERKE

Körperschaften öffentlichen Rechts sind juristische Personen, die mitgliedschaftlich organisiert sind, für den Staat hoheitliche Aufgaben übernehmen und staatlicher Rechtsaufsicht unterliegen. Die hoheitlichen Aufgaben müsste der Staat ansonsten selbst wahrnehmen, z. B. durch Ministerien.

Eine Besonderheit bei Gesundheitsleistungen ist die Möglichkeit zur **angebotsinduzierten Nachfrage**, d. h. der Anbieter legt fest, welche Leistung der Patient nachfragt. So könnten Leistungsanbieter wie Krankenhäuser und Ärzte die Leistungsinanspruchnahme beeinflussen und Maximalversorgung betreiben. Begünstigt wird dies durch Informationsdefizite der Patienten, deren Nachfrage zudem völlig preisunelastisch ist, da Krankenkassen die Kosten übernehmen.

Beispiel

Kommt ein Patient mit akuten Beschwerden ins Krankenhaus, werden die Ärzte die Diagnose stellen und die Therapie vorgeben oder zumindest durch ihre Empfehlung die Entscheidung des Patienten für diese Therapie beeinflussen. Die Ärzte entscheiden damit zugleich über das Angebot und die Nachfrage des Patienten hinsichtlich der Diagnoseverfahren (z. B. Röntgenuntersuchung) und der therapeutischen Maßnahmen (z. B. neues Hüftgelenk). Die Patienten werden einer sehr kostenintensiven Therapie nicht widersprechen, denn ihnen fehlt das medizinische Wissen und sie tragen nicht die entstehenden Kosten. Es besteht zwischen Arzt und Patient die Prinzipal-Agent-Problematik.

Anders als bei Suchgütern, deren Eigenschaften die Nachfrager vor dem Kauf kennen und beurteilen können (z. B. Kaltgetränk, PC), handelt es sich bei der medizinischen Behandlung um ein **Vertrauensgut**. Die tatsächlichen Eigenschaften, wie die Angemessenheit und Qualität, sind häufig kaum oder gar nicht durch den Patienten zu beurteilen.

Immaterielle Dienstleistungen, wie Prävention, Diagnose, Therapie, Rehabilitation und Pflege, sind zudem nicht lagerfähig. Um dennoch lieferfähig zu sein, müssen die Anbieter ein ausreichendes Leistungserstellungspotenzial bereitstellen. Es gilt das Uno-actu-Prinzip.

 MERKE

Das **Uno-actu-Prinzip** bedeutet, dass Produktion bzw. Leistungserstellung und Absatz simultan erfolgen. Die Absatzleistung eines Krankenhauses oder Arztes besteht zugleich in der Behandlung der Patienten, also der Leistungserstellung.

Abb. B2: Gesundheitsbetrieb Krankenhaus

Der primär eingesetzte **Produktionsfaktor** in Unternehmen der Gesundheitsbranche ist das Personal (in Krankenhäusern z. B. 60 - 80 % Personalkostenanteil). Anders als in der Industrie ist die Substitution von Produktionsfaktoren (z. B. menschliche Arbeit durch Maschinen) nur sehr begrenzt möglich. Bei der Leistungserstellung handelt es sich um einen mehrstufigen Prozess und – da jeder Patient letztlich einmalig ist – um

Einzelfertigung. Leitlinien und Qualitätsstandards sorgen wiederum für eine Vereinheitlichung der Leistungsprozesse.

Die Anbieter sind schließlich i. d. R. an ihren **Standort gebunden**, was bedeutet, dass sie der Beschaffungs- und Wettbewerbssituation vor Ort kaum ausweichen können. Gleichzeitig haben einige Anbieter regionale Monopolstellungen, was aus ihrer Sicht gerade im Gesundheitswesen vorteilhaft ist, da regionale Nähe einen zentralen Einflussfaktor auf die Nachfrage darstellt.

1.3 Nachfrage nach Gesundheitsleistungen

Auch die Nachfrage nach medizinischen Leistungen weist Besonderheiten auf. Als potenzielle Nachfrager nach Gesundheitsleistungen kommt grundsätzlich die komplette Population infrage. Erkrankungen sind häufig nicht vorhersehbar. Bei der Inanspruchnahme von Gesundheitsleistungen handelt es sich somit i. d. R. um seltene Entscheidungen, die ggf. irreversibel sein und die individuelle Zahlungsfähigkeit übersteigen können. Auch entscheidet der Patient in den meisten Bereichen nicht direkt über seine Nachfrage. Bei ihm liegt zwar das primäre Bedürfnis nach Heilung oder Schmerzlinderung. Der Arzt, vor allem der Hausarzt, hat aber die Stellung eines **„Gate-Keepers"**. Er entscheidet über die weitere Nachfrage nach Leistungen von Fachärzten, Krankenhäusern oder Arzneimitteln und hat damit quasi die Stellung eines „Vormundes" (Vertrauensgut) des Patienten.

Die unter marktwirtschaftlichen Verhältnissen üblichen Voraussetzungen von Zahlungsbereitschaft und Zahlungsfähigkeit als Kriterien der Nachfrage entfallen. Die **Finanzierung** des GKV-Systems erfolgt **nach Leistungsfähigkeit**, je höher also das Einkommen, desto höher der finanzielle Beitrag, den der Einzelne im Rahmen der GKV zu zahlen hat. Losgelöst von der Beitragshöhe gilt das Prinzip der **Zugangsgleichheit** bei der Inanspruchnahme, d. h. dass jeder Mensch unabhängig von der Höhe seines Beitrags Zugang zu Gesundheitsleistungen hat.

Ist eine hochentwickelte Volkswirtschaft wie die deutsche durch zumeist gesättigte Märkte und ein nur noch geringes Wirtschaftswachstum geprägt, so steigt hingegen die Nachfrage nach Gesundheitsleistungen stetig an, auch ohne dass hierfür staatliche Impulse erforderlich wären. **Gründe für das Nachfragewachstum** sind:

- ► **Demografischer Wandel:** Die Bevölkerungszahl wird zwar insgesamt in den kommenden Dekaden sinken, der entscheidende Faktor wird aber die zunehmende Alterung der Bevölkerung sein. Mit zunehmendem Alter nimmt auch die Wahrscheinlichkeit von Erkrankungen und Multimorbidität sowie Behinderungen überproportional zu.

- ► **Medizinisch-technischer Fortschritt:** Die Behandlungsmöglichkeiten werden durch innovative Diagnose- und Therapieverfahren weiter verbessert. Zugleich werden dadurch bei immer mehr Patienten neue Krankheiten diagnostiziert und therapiert, was auch mit zunehmenden Kosten verbunden ist.

▸ **Ausprägungen von Zivilisationskrankheiten:** Diabetes, Herz-Kreislauf- und Krebs-erkrankungen oder psychische Leiden verzeichnen in hoch entwickelten Volkswirt-schaften überdurchschnittliche Zuwachsraten.

▸ **Zunehmendes Gesundheitsbewusstsein:** In immer breiteren Schichten der Bevölke-rung sorgt ein zunehmendes Gesundheitsbewusstsein für eine steigende Nachfrage nach Präventionsmaßnahmen.

Bereits in den vergangenen Jahren war eine steigende Nachfrage in allen Sektoren des Gesundheitswesens zu verzeichnen.

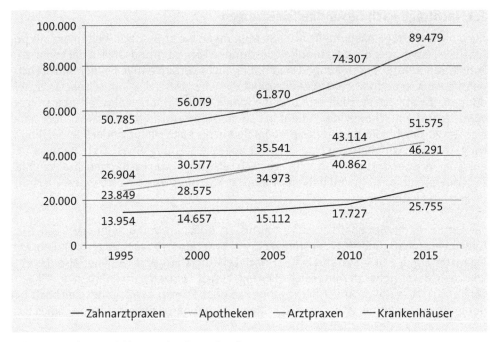

Abb. B3: Ausgabenentwicklung nach Sektoren in Mio. Euro
Quelle: *Statistisches Bundesamt (2017)*

Gesundheit ist zwar ein **besonderes Gut** und wird oftmals als „das höchste Gut" be-zeichnet, weil sie für soziale Teilhabe eine maßgebliche Voraussetzung ist. Gleichwohl sind Menschen bereit, Einschränkungen ihrer Gesundheit bewusst in Kauf zu nehmen, wenn sie sich z. B. für eine ungesunde Ernährung, Alkohol- und Tabakkonsum oder gefährliche Freizeitaktivitäten entscheiden. Sie werten den Nutzen des aktuellen Kon-sums höher als die statistische Wahrscheinlichkeit einer Erkrankung. Begünstigt wird solches Verhalten dadurch, dass die Gesundheitsbeeinträchtigung oftmals ein schlei-chender, kaum merklicher Prozess ist.

Die mit einer Krankheit verbundenen Kosten werden in direkte, indirekt und intangible Kosten unterschieden. **Direkte Kosten** entstehen durch den unmittelbaren Verbrauch von Ressourcen, die für medizinische Leistungen zur Behandlung von Krankheiten auf-gewendet werden (Medikamentenkosten, Personalkosten, Laborkosten u. a.). **Indirekte**

Kosten sind volkswirtschaftliche Kosten. Sie lassen sich quantifizieren und resultieren aus dem gesamtwirtschaftlichen Produktivitätsverlust (Arbeitsausfall/Lohnfortzahlung, Reduzierung der Arbeitsleistung, Invalidität/Pflegekosten, vorzeitiger Tod). **Intangible Kosten** hingegen sind nicht objektivierbare, nicht monetäre Kosten. Es sind individuell empfundene Kosten (Schmerz/Leid, Behinderung der Mobilität, Angst/Depression, soziale Isolation) und führen zu einer Einschränkung der Lebensqualität.

1.4 Staatliche Eingriffe in die Preisbildung

Eine bedeutende Rolle spielen staatliche Eingriffe in die Preisbildung im Gesundheitswesen. Durch die Versicherungslösung kommt es nicht zu einer direkten Zahlung des Patienten für die in Anspruch genommene Leistung. Die Vergütung erfolgt vielmehr durch die Krankenkassen. So verhandeln für einen Großteil der Gesundheitsleistungen die Verbände der Kassen mit den Verbändern der Anbieter (bilaterales Monopol) einheitliche Vergütungen, einen **Einheitspreis**, für die erbrachten Leistungen.

Es handelt sich dabei um **Festpreise**. So sind die Preise für die Leistungen der Ärzte in Gebührenordnungen festgelegt. Auch die von Krankenhäusern erbrachten Leistungen sind staatlich reguliert und deshalb Festpreise, da sie nicht vom Anbieter frei gestaltet werden können. Gleiches gilt für die Abgabe von verschreibungspflichtigen Medikamenten. Die Arzneimittelpreisverordnung (AMPreisV) regelt die Preisbildung aller verschreibungspflichtigen Arzneimittel. Die **Preisbindung** sorgt dafür, dass an Patienten das gleiche verschreibungspflichtige Arzneimittel in jeder Apotheke zum gleichen Preis abgegeben wird.

Faktisch haben solche Einheitspreise immer die Wirkung eines Mindestpreises oder eines Höchstpreises.

 MERKE

Der **Mindestpreis** ist größer als der Marktpreis. => Die Anbieter weiten die Produktion aus, da die Vergütung über den Kosten liegt.

Der **Höchstpreis** ist kleiner als der Marktpreis. => Die Anbieter reduzieren die Produktion, da sie nicht kostendeckend anbieten können.

Beispiel

Wenn die Vergütung einer ambulanten Therapie geringer ist als die entstehenden Kosten, werden Ärzte die Leistung nur noch anbieten, wenn sie für den Patienten zwingend erforderlich ist und es keine Alternative gibt. Es entstehen Wartelisten. Ist die Vergütung einer Operation dagegen höher als die damit verbundenen Kosten, werden

Krankenhäuser versuchen, die Leistungen auszuweiten, ggf. über das medizinisch gebotene Maß hinaus.

Neben diesen **direkten Eingriffen** des Staates in die Preisbildung gibt es aber auch Formen indirekter Maßnahmen (Preislenkung). **Indirekte Preismaßnahmen** des Staates beeinflussen den Preis, legen ihn aber nicht fest. Die bedeutendsten indirekten Preiseingriffe sind die Verbrauchsteuern. **Verbrauchsteuern** sind Abgaben, die den Verbrauch oder Gebrauch bestimmter Güter belasten. Die Steuerlast soll den Verbraucher treffen. Aus Gründen der Zweckmäßigkeit wird die Steuer aber beim Hersteller oder beim Handel erhoben. Die wichtigste Verbrauchssteuer ist die Umsatzsteuer. Die meisten gesundheitswirtschaftlichen Leistungen sind indes von der Umsatzsteuer befreit.

Wiederum im Gesundheitswesen von besonderer Bedeutung sind sog. **Festbeträge**, durch die der Staat die Preise indirekt beeinflusst. Ein Festbetrag ist der Betrag, den die gesetzlichen Krankenkassen den Versicherten für in Anspruch genommene Leistungen maximal erstatten. Fragen sie Leistungen nach, die einen höheren Preis haben, müssen sie die Differenz selbst zahlen. Festbeträge haben damit faktisch Einfluss auf die Gestaltung der Abgabepreise.

Beispiel

Der Festbetrag eines Arzneimittels ist der maximale Betrag, den die gesetzlichen Krankenkassen für dieses Arzneimittel bezahlen. Beträgt der Festbetrag 80 € und der Verkaufspreis 120 €, tragen die Patienten die Differenz zum Festbetrag entweder selbst oder sie erhalten ein anderes, therapeutisch gleichwertiges Arzneimittel ohne Zuzahlung. Möchte der Hersteller vermeiden, dass sein Arzneimittel durch andere substituiert wird, wird er den Preis am Festbetrag orientieren.

2. Finanzierung der Gesundheitsausgaben

Die **Gesamtausgaben** für gesundheitswirtschaftliche Leistungen (inkl. des Altenpflegebereichs) betrugen in Deutschland 2015 rund 344 Mrd. €. Sie sind seit dem Jahr 2000 um über 60 % gewachsen, deutlich stärker als das Bruttoinlandsprodukt (+43 %). Hinsichtlich der Gesundheitseinrichtungen entfällt mit 26 % der größte Anteil auf die Krankenhäuser, gefolgt von den Ärzten/Zahnärzten (22 %) und den Apotheken (13 %) sowie der stationären Pflege (9 %).

2.1 Finanzierungsträger

Das Aufkommen der benötigten Finanzmittel verteilt sich auf unterschiedliche Träger. Den mit Abstand größten Anteil haben die **gesetzlichen Krankenkassen** mit gut 200 Mrd. €. Dieser Anteil ist mit 58 % seit dem Jahr 2000 relativ konstant. Die 1995 eingeführte **gesetzliche Pflegeversicherung (SPV)** trägt die Kosten für die pflegerische Betreuung und medizinische Behandlung von schwer Pflegebedürftigen, insgesamt rund 28 Mrd. €. Einen relativ geringen Anteil haben die **Rentenversicherung**, die die medizinische und berufliche Rehabilitation finanziert, und die **Unfallversicherung**, welche die Behandlungskosten bei Arbeitsunfällen trägt.

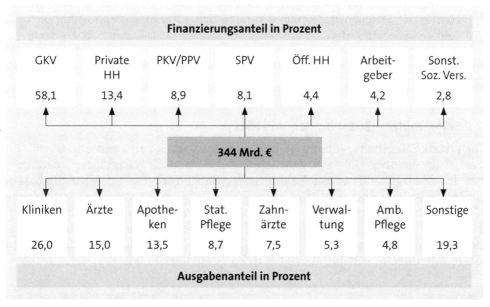

Abb. B4: Gesundheitsausgaben nach Finanzierungsträgern
Quelle: *Statistisches Bundesamt (2017)*

Deutliche Ausgabenzuwächse haben die **Privaten Krankenversicherungen (PKV) und Pflegeversicherungen (PPV)** zu verzeichnen, deren Anteil knapp 9 % beträgt, wodurch sie drittgrößter Finanzier sind. Dabei beruhen ihre Ausgabensteigerungen weniger auf einer steigenden Anzahl von Versicherten als vielmehr auf zunehmenden Ausgaben pro Versichertem, vor allem für die ambulante privatärztliche Versorgung. Auf Basis des **Kostenerstattungsprinzips** erstatten sie die von den Versicherten verauslagten Beträge anhand der eingereichten Rechnungen.

Die Ausgaben der **öffentlichen Hand** setzen sich vor allem aus der Finanzierung der öffentlichen Verwaltung (Ministerien, Gesundheitsämter u. a.), der Investitionsförderung der Krankenhäuser und Pflegeeinrichtungen, den Kosten für medizinische Ausbildungskapazitäten und der „Hilfe zur Pflege" zusammen. Letztere ist eine Form der Sozialhilfe und mit Einführung der Pflegeversicherung deutlich gesunken, sodass der Anteil der öffentlichen Haushalte insgesamt stark rückläufig war, von 11 % in 1995 auf nunmehr rund 4 %.

Die Aufwendungen der **Arbeitgeber** umfassen vor allem betriebliche Gesundheitsdienste und Beihilfeausgaben der öffentlichen Arbeitgeber für Beamte. Der hälftige
Anteil zum allgemeinen Beitrag der GKV ist in den GKV-Ausgaben enthalten.

 MERKE

> Nach den Grundsätzen des Berufsbeamtentums ist die Beihilfe Teil des Ali-
> mentationsprinzips (Artikel 33 Abs. 5 GG). Sie stellt für Beamte eine finanzielle
> Unterstützung in Krankheits-, Pflege- und Geburtsfällen dar und ergänzt die
> gesundheitliche Eigenvorsorge. Erstattet werden 50 % - 80 % der Aufwendun-
> gen, je nach Familiensituation und Bundes- bzw. Landesrecht. Der nicht durch
> Beihilfe gedeckte Anteil der Krankheitskosten wird i. d. R. durch eine private
> Kranken- und Pflegeversicherung abgedeckt.

2.2 Selbstzahler – Zuzahlungen und IGeL

Die **privaten Haushalte** sind mit 46 Mrd. € der zweitgrößte Finanzierungsträger. Um
zusätzliche finanzielle Mittel zu generieren, aber auch um die Nachfrage einzugrenzen,
hat der Gesetzgeber einerseits für diverse Regelleistungen privat zu leistende **Zuzahlungen** festgelegt. Andererseits nehmen Bürger nicht erstattungsfähige **Individuelle
Gesundheitsleistungen (IGeL)** in Anspruch, wie freiverkäufliche Arzneimittel, Schönheitsoperationen u. a. So hat eine im Laufe der vergangenen Jahrzehnte zunehmende
Begrenzung erstattungsfähiger Leistungen dazu geführt, dass der Finanzierungsanteil
der Privaten, der im Jahr 2000 noch bei 10 % lag, auf über 13 % gestiegen ist.

Leistungen	Zuzahlung seit dem 1. Januar 2004
Arzneimittel	10 % des Apothekenabgabepreises, mindes-tens 5 € und maximal 10 €[1]
Verbandmittel	10 % des Apothekenabgabepreises, mindes-tens 5 € und maximal 10 €[1]
Fahrtkosten	10 % der Fahrkosten, mindestens 5 € und maximal 10 € je Fahrt[1]
Heilmittel	10 % des Abgabepreises zzgl. 10 € je Verord-nung[1]
Hilfsmittel	10 % der Kosten des Hilfsmittels, mindestens 5 €und maximal 10 €[1]
Zum Verbrauch bestimmte Hilfsmittel	10 % der Kosten und maximal 10 € pro Monat
Krankenhausbehandlung	10 € pro Kalendertag für längstens 28 Tage

---

[1] Jeweils nicht mehr als die Kosten des Mittels

Leistungen	Zuzahlung seit dem 1. Januar 2004
Ambulante Rehabilitations-Maßnahmen	10 € pro Kalendertag
Stationäre Vorsorge- und Rehamaßnahmen	10 € pro Kalendertag
Anschlussrehabilitation	10 € pro Kalendertag für längstens 28 Tage
Vorsorge- und Reha für Mütter und Väter	10 € pro Kalendertag

Abb. B5: Zuzahlungen
Quelle: *Bundesministerium für Gesundheit (2017)*

Beispiel

Die Zuzahlungen zu einem Arzneimittel mit einem Preis bis zu 50 € betragen mindestens 5 €. Liegt der Preis über 100 € sind maximal 10 € Zuzahlung fällig. Kostet das Arzneimittel hingegen 72 €, sind 7,20 € zuzuzahlen.

Die Summe der Zuzahlungen betrug 2016 knapp 3,6 Mrd. €, von denen mit 2,2 Mrd. € der größte Anteil auf Arznei-, Verbands- und Hilfsmittel aus Apotheken entfiel. Für die selbst zu tragenden Krankheitskosten gibt es indes eine **Belastungsgrenze**. Diese beträgt grundsätzlich 2 % der jährlichen **Bruttoeinnahmen zum Lebensunterhalt** und für chronisch Erkrankte und Teilnehmer an **strukturierten Behandlungsprogrammen (DMP)** 1 % (§ 62 SGB V).

 MERKE

Zu den **Bruttoeinnahmen zum Lebensunterhalt** gehören alle Einnahmen, ohne Rücksicht auf ihre steuerliche Behandlung. Hierzu zählen grundsätzlich alle wiederkehrenden (z. B. Arbeitsentgelt, Einkünfte aus Geschäftsbetrieb, Einnahmen aus Kapitalvermögen) oder einmaligen Bezüge (z. B. Abfindungen, Rentennachzahlungen).

Bei **Disease-Management-Programmen (DMP)** wird die Behandlung dauerhaft Erkrankter mit einem gezielten Versorgungsmanagement arzt- und sektorenübergreifend koordiniert. Ziel ist es, Versorgungsdefizite (Über-, Unter- und Fehlversorgung) abzubauen und die Qualität und die Wirtschaftlichkeit der Versorgung zu verbessern. DMP gibt es u. a. für Diabetes mellitus Typ I & II, Koronare Herzkrankheit (KHK), Herzinsuffizienz, Asthma bronchiale, Brustkrebserkrankungen, Chronisch obstruktive Lungenerkrankung (COPD).

›tzahler wird nun nach Dringlichkeit, Kaufkraft und -willigkeit Gesundheits-gen nachfragen. Darüber hinaus können Wahlleistungen, wie z. B. ein Anspruch ,ehandlung durch den Chefarzt oder ein Einzelzimmer im Krankenhaus, privat fi-,iziert werden oder man schließt eine private Zusatzversicherung hierfür ab. Somit ,t der Grundgedanke bei **Regelleistungen**, die von der Krankenkasse übernommen werden, dass sie zumindest alle Existenz bedrohenden Risiken der Versicherten ab-decken sollen (Solidarprinzip), während **Wahlleistungen** darüber hinausgehende Ser-viceleistungen darstellen, die durch freiwilligen Versicherungsschutz oder individuelle Bezahlung finanziert werden.

2.3 Formen der Nachfragesteuerung

Werden entstehende Kosten für die Inanspruchnahme gesundheitswirtschaftlicher Güter vollständig von einer Krankenversicherung übernommen, so ist die Nachfrage der Versicherten vollständig preisunelastisch. Handlung (ungesunder Lebensstil) und Haftung (Behandlungskosten) fallen auseinander. Ein Anreiz zur **Eigenvorsorge** besteht nicht und auch kein Anreiz, unnötige Leistungsinanspruchnahmen zu vermeiden.

Soll in einem solchen System steuernd auf die Nachfrage Einfluss genommen werden, so kann dies durch **Förderung von Prävention** oder die finanzielle Beteiligung der Nach-frager geschehen.

2.3.1 Differenzierung von Präventionsmaßnahmen

Das **Ziel** von Maßnahmen der Krankheitsprävention besteht darin, Faktoren, die Krank-heiten verursachen können, zu reduzieren oder gänzlich zu beseitigen. Die Idee da-hinter ist, ethisch motiviert, individuelles Leiden oder eingeschränkte Lebensqualität zu vermeiden. Aus ökonomischer Perspektive geht es darum, mögliche Krankheiten und die damit verbundenen Kosten der Diagnose und Therapie zu vermeiden und so individuelle und gesamtgesellschaftliche Lasten von Krankheitsbehandlungen zu ver-ringern.

Gerade die zunehmende Ausweitung **chronischer Erkrankungen** und die damit ver-bundenen extremen finanziellen Belastungen haben die Notwendigkeit präventiver Maßnahmen manifestiert. Mögliche chronische **Krankheiten auslösende Faktoren** sind vielfältig. Sie ergeben sich aus dem individuellen Lebensstil, der Arbeitswelt und Umwelteinflüssen und können im Konkreten zurückzuführen sein auf ungesunde Nahrungsaufnahme, mangelnde Bewegung, Stress bei der Arbeit bis hin zu risikorei-chem Freizeitverhalten und Umweltverschmutzung. Diese Faktoren sind beeinfluss-bar, und Erkrankungen können verhütet oder deren Auftreten verzögert werden. Sind chronische Erkrankungen hingegen aufgetreten, ist eine Heilung zumeist nicht mehr möglich.

MERKE

Gemäß der Chroniker-Richtlinie des Gemeinsamen Bundesausschusses gilt als schwerwiegend chronisch krank, wer sich wegen derselben Krankheit seit wenigstens einem Jahr in ärztlicher Dauerbehandlung befindet und eines der folgenden Kriterien erfüllt:

- Pflegebedürftigkeit der Pflegestufe II oder III oder

- es liegt ein Grad der Behinderung oder eine Minderung der Erwerbsfähigkeit von jeweils min. 60 % vor oder

- es ist eine kontinuierliche medizinische Versorgung erforderlich, ohne die nach ärztlicher Einschätzung eine lebensbedrohliche Verschlimmerung, eine Verminderung der Lebenserwartung oder eine dauerhafte Beeinträchtigung der Lebensqualität zu erwarten ist.

Ansätze möglicher Präventionsmethoden lassen sich bzgl. der **Eingriffsintensität** unterscheiden:

- Stärkung der Motivation und Gesundheitskompetenz durch **Aufklärung und Informationen** mit dem Ziel, gesundheitsschädliches Verhalten auf freiwilliger Basis zu reduzieren und gesundheitsförderliches Verhalten zu stärken.

- Eine freiwillige Verhaltensbeeinflussung kann auch durch **ökonomische Anreizsysteme** impliziert werden. So könnten präventive Untersuchungen kostenlos angeboten oder deren Wahrnehmung mit Beitragsnachlässen bedacht werden. Gesundheitsschädigendes Verhalten hingegen könnte z. B. zu höheren Beitragszahlungen führen.

- Eine erzwungene Verhaltensbeeinflussung kann durch **gesetzgeberische Maßnahmen**, wie Vorschriften und Verbote sowie den entsprechenden Sanktionsmaßnahmen, hervorgerufen werden.

Hinsichtlich des Anknüpfungspunktes wird die Verhaltens- von der Verhältnisprävention abgegrenzt. Während die **Verhaltensprävention** beim Individuum ansetzt (personale Prävention) und Einfluss auf das Gesundheitsverhalten ausüben will, setzt die **Verhältnisprävention** (strukturelle Prävention) bei den Lebensbedingungen der Menschen an. So soll die Gesundheit positiv durch Veränderungen der Arbeits- und Umweltbedingungen, aber auch Freizeitgestaltung (z. B. Rauchverbot in Gaststätten) beeinflusst werden.

Durch das **Risikofaktorenmodell** sollen Einflussgrößen aufgedeckt werden, die in einem Zusammenhang mit einer bestimmten Erkrankung stehen. Als primäre Risikofaktoren gelten physiologische (z. B. Blutwerte, Gewicht, muskuläre Dysbalance), psychologische (z. B. Emotionen, Stress) sowie verhaltensabhängige (habituelle) Faktoren (z. B. Bewegungsmangel, Fehlernährung, Rauchen). Sekundäre Risikofaktoren sind ökologische (z. B. Ozon, Schadstoffgehalt der Luft) und Faktoren der Lebenssituation (z. B. Wohnung, Beruf).

 ACHTUNG

Pathogenese beschreibt die Entstehung und Entwicklung einer Krankheit mit allen daran beteiligten Faktoren. Nach dem Modell der **Salutogenese** nach *Antonovsky* dagegen ist der Mensch nicht schlicht gesund oder krank, sondern befindet sich auf einem Kontinuum von Gesundheit und Krankheit. Hierbei geht es mithin mehr um die Ursachen von Gesundheit.

Unterschieden nach dem **Zeitpunkt der Prävention** lassen sich gemäß WHO-Gliederung die primordiale, primäre, sekundäre und tertiäre Prävention abgrenzen. Die **Primordialprävention** bezieht sich insbesondere auf gesellschaftliche Risikofaktoren. Ihre Maßnahmen zielen primär auf die Verhältnisse, nicht auf das Verhalten des Individuums. Dagegen findet Verhaltensprävention überwiegend als **Primärprävention** statt, welche möglichst früh ansetzt und schon die Entstehung von Risikoverhalten vermeiden soll. Die primordiale und Primärprävention richten sich nicht nur an Risikogruppen, sondern auch an Gesunde.

Sekundärprävention zielt auf eine möglichst frühzeitige Erfassung und Eindämmung von Krankheiten. Zielgruppen sind Personen, die noch keine Krankheitssymptome aufweisen. Hintergrund sind zumeist statistische Erkrankungswahrscheinlichkeiten. Maßnahmen sind konkrete diagnostische Maßnahmen, wie die Darmkrebsvorsorgeuntersuchung oder Mammographie. Auch Impfungen können zur Sekundärprävention gezählt werden.

Die **Tertiärprävention** bezieht sich auf die Linderung und Rehabilitation nach erfolgter Krankheit. Komplikationen und Rückfälle sollen verhindert werden. Sie richtet sich an Patienten mit chronischen Beeinträchtigungen und an Rehabilitanden. Ein Beispiel ist hier die Verhinderung eines diabetischen Fußes infolge einer Diabeteserkrankung.

	Primordial-prävention	Primär-prävention	Sekundär-prävention	Tertiär-prävention
Zeitpunkt	vor Eintreten von Erkrankungen	vor Eintreten von Erkrankungen	Erkrankungen in Frühstadien	nach Eintritt/ Manifestation einer Krankheit
Zielgruppe	gesamte Population	gesamte Population	bestimmte Risikogruppen, latent Kranke	akut Erkrankte mit Gefahr einer Verschlechterung
Ziel der Intervention	Verhinderung der Entstehung von Risikofaktoren	Reduktion der Wahrscheinlichkeit einer Erkrankung	Erkennen von möglichen Erkrankungen im Frühstadium	Verhinderung von Folgeschäden, Komplikationen, Rückfällen

	Primordial-prävention	Primär-prävention	Sekundär-prävention	Tertiär-prävention
Beispiele für Interventionen	Anschnall-pflicht im Auto, Rauchverbote, Arbeitsschutz, Bauvorschriften	Aufklärungen, Förderung ge-sunder Ernäh-rung, Bewegung oder Stressbe-wältigung	konkrete diagnostische Maßnahmen (Darmkrebsvor-sorgeuntersu-chung, Mammo-graphie), auch Impfungen	Anschlussheil-behandlungen, Rehabilitation

2.3.2 Prävention aus ökonomischer Perspektive

Mit dem **Gesetz zur Stärkung der Gesundheitsförderung und der Prävention (Präventi-onsgesetz, PrävG)** stärkt der Gesetzgeber die Grundlagen für eine intensivere Zusam-menarbeit der Sozialversicherungsträger, Länder und Kommunen in den Bereichen Prävention und Gesundheitsförderung und dies für alle Altersgruppen und in vielen Lebensbereichen. Prävention und Gesundheitsförderung sollen dort greifen, wo Men-schen leben, lernen und arbeiten. Mithilfe des Gesetzes sollen außerdem die Früher-kennungsuntersuchungen bei Kindern, Jugendlichen und Erwachsenen weiterentwi-ckelt und wichtige Maßnahmen ergriffen werden, um Impflücken in allen Altersstufen zu schließen.

In § 20 Abs. 1 SGB V macht der Gesetzgeber die **Primärprävention und Gesundheits-förderung** mit einer Sollvorschrift zu einer **gesetzlichen Aufgabe der Krankenkassen**. In Absatz 3 des Paragrafen werden explizite Gesundheitsziele, teils diagnosebezogen, genannt:

1. Diabetes mellitus Typ 2: Erkrankungsrisiko senken, Erkrankte früh erkennen und behandeln

2. Brustkrebs: Mortalität vermindern, Lebensqualität erhöhen

3. Tabakkonsum reduzieren

4. gesund aufwachsen: Lebenskompetenz, Bewegung, Ernährung

5. gesundheitliche Kompetenz erhöhen, Souveränität der Patientinnen und Patien-ten stärken

6. depressive Erkrankungen: verhindern, früh erkennen, nachhaltig behandeln

7. gesund älter werden und

8. Alkoholkonsum reduzieren.

Weitere in §§ 20i und 21 - 26 SGB V vorgesehene **präventive Leistungen** sind Schutz-impfungen, Leistungen zur Verhütung von Zahnerkrankungen, medizinische Vorsorge-leistungen und Leistungen für die Früherkennung von Krankheiten, die vom Gemein-samen Bundesausschuss (GBA) festgelegt werden. Schließlich werden medizinisch rehabilitative Maßnahmen (§§ 40 ff. SGB V) übernommen und gesundheitsbewusstes Verhalten mit Boni belohnt (§ 65a SGB V).

Für den allgemeinen Gesundheitsschutz, die Gesundheitsförderung und die Früherkennung von Krankheiten verausgabte die GKV 2015 insgesamt 5,1 Mrd. €, rund 2,5 % ihrer **Gesamtausgaben**. In weiten Teilen der Bevölkerung hat sich das Verständnis durchgesetzt, dass Krankheit nicht ausschließlich etwas genetisch Unabänderliches ist. Das Bewusstsein für die Vielfältigkeit möglicher Risikofaktoren, unter Einbezug physischer, psychischer, sozialer, ökologischer und habitueller Faktoren ist gewachsen. Und im Bereich der sekundären Prävention gibt es nachweisbare Erfolge. Gleichwohl ist in einer Welt knapper Ressourcen auch eine ökonomische Bewertung erforderlich.

 ACHTUNG

Prävention und Gesundheitsförderung ergänzen sich. Auf dem Kontinuum zwischen Gesundheit und Krankheit zielt Prävention darauf ab, dass sich der Zustand des Individuums nicht in Richtung Krankheit verschiebt. Gesundheitsförderung hingegen hat das Ziel, den Zustand des Individuums in Richtung Gesundheit zu verschieben.

Die ökonomische Beurteilung der präventiven und gesundheitsfördernden Maßnahmen erfordert eine Analyse hinsichtlich der **Zielkonformität und Wirtschaftlichkeit**. Sind Prävention und Gesundheitsförderung geeignet, Eintrittswahrscheinlichkeit und Schadenshöhe von Erkrankungen zu reduzieren, sind sie zielkonform. Für Maßnahmen der primären Prävention ist dies zumindest zweifelhaft, denn der Anteil Übergewichtiger und zivilisatorisch bedingter Erkrankungen (Herz-Kreislauf, Krebs, Diabetes, psychische Störungen) nehmen ungebremst zu. Präventive Maßnahmen werden häufig vor allem von denen wahrgenommen, die sich ohnehin gesundheitsbewusst verhalten, sodass Mitnahmeeffekte entstehen.

Ob Prävention wirtschaftlich ist, hängt vom (relativen) **Kosten-Nutzen-Verhältnis** ab, mithin davon, ob sich für die Gesamtheit der Versicherten positive Effekte ergeben. Gerade dies ist aber häufig sehr schwierig zu beurteilen. Nur für eine geringe Anzahl von Erkrankungen lässt sich eine eindeutige Ursache-Wirkungs-Beziehung herstellen. Morbidität ist i. d. R. nicht monokausal zu erklären. Auch wird Prävention häufig lediglich einen Einfluss auf die Zeitspanne haben, bis eine Krankheit ausbricht, kann diese aber nicht gänzlich verhindern. Demgegenüber geht der Nutzen von Präventionsmaßnahmen im weiten Sinne oft über die reine Vermeidung von Krankheit hinaus, wie z. B. weitestgehend gefahrloses Arbeiten, saubere Umwelt, sichere Lebensmittel u. a.

In einer freiheitlichen Gesellschaftsordnung ist ferner relevant (und umstritten), wo die **Grenze zwischen staatlicher Bevormundung und individueller Freiheit** verläuft. Mithin stellt sich auch die Frage nach der Eingriffsintensität, denn es besteht eine Disharmonie: Je direkter der staatliche Eingriff ist, desto größer die Wirksamkeit, aber auch die Freiheitsbeschränkung. Verbote von Alkohol, Tabak oder Schokolade wären zweifelsohne nicht systemkonform. Sinnvoll wäre indes, den Einzelnen an den Folgekosten eines ungesunden Lebensstils zu beteiligen, z. B. durch erhöhte Sonderabgaben, die wiederum zweckgebunden in das Gesundheitssystem fließen könnten.

Die **gesundheitliche Eigenkompetenz** könnte zudem gesteigert werden, wenn die Nahrungsmittelindustrie zu einer optimierten Kennzeichnung hinsichtlich der Gesundheitsgefährdung, z. B. durch ein Ampelsystem auf Lebensmittelpackungen, gezwungen würde. Die **Eigenverantwortung** würde ferner durch hohe Selbstbehalte steigen, insbesondere bei gesundheitlichen Schadensfällen, deren Ursache in hohem Maße auf das Verhalten des Patienten zurückzuführen ist.

2.3.3 Steuerungs- und Finanzierungsinstrument Selbstbeteiligung

Selbstbeteiligungen haben das **Ziel**, entstehende Kosten für die Krankenversicherungen zu senken, wodurch die Versicherungsbeiträge sinken (**Finanzierungseffekt**). Zugleich soll das Verhalten der Versicherten beeinflusst, also Moral Hazard verringert oder vermieden werden (**Steuerungseffekt**). Je höher die Selbstbeteiligung und damit das Eigenrisiko, desto größer ist der Steuerungs- und Finanzierungseffekt. Selbstbeteiligungen sind vor allem dann sinnvoll, wenn Versicherte mögliche Risiken, Schäden und damit entstehende Kosten beeinflussen können.

 MERKE

Moral Hazard kann auch beschrieben werden als „moralische Versuchung" oder „Rationalitätenfalle". Allgemein bedeutet es, dass Individuen sich infolge ökonomischer Fehlanreize verantwortungslos oder leichtsinnig verhalten. Ein Beispiel wäre eine Person, die krankenversichert ist, deren Krankheitskosten somit von der Versichertengemeinschaft getragen werden und die sich infolge dessen ungesund verhält.

Beispiel

Ein an Diabetes melitus Erkrankter benötigt Insulin einer bestimmten Menge pro Tag. Seine Nachfrage ist völlig preisunelastisch. Die Einführung einer Selbstbeteiligung hätte zwar einen maximalen Finanzierungseffekt, da er zwingend auf Insulin angewiesen ist, ein Steuerungseffekt ist indes nicht gegeben.

Den **Vorteilen** von Selbstbehalten stehen indes auch **Nachteile** gegenüber:

Vorteile	Nachteile
Geringere Beiträge zur Krankenversicherung	Finanzielle Überforderung von wirtschaftlich Schwachen
Verursachungsgerechtere Finanzierung der Leistungsinanspruchnahme	**Lösung:** einkommensabhängige Belastungs- grenze
Stärkere Verknüpfung von „Handlung und Haftung"	Relativ stärkere Belastung von chronisch Erkrankten
Erhöhte Kostensensibilität der Versicherten	**Lösung:** morbiditäts-differenzierte einkom- mensabhängige Belastungsgrenze

Ob begrenzte Zuzahlungen oder Selbstbehalte mit dem **Solidarprinzip** vereinbar sind, ist letztlich nur normativ zu beantworten. So lässt sich auch die normative Frage auf- werfen, ob durch bewusst gesundheitsschädliches Verhalten induzierte Behandlungs- kosten durch die Versichertengemeinschaft getragen werden sollten.

2.3.4 Mögliche Arten der Selbstbeteiligung

Bei den Formen der Selbstbeteiligung wird zwischen direkter und indirekter Selbstbe- teiligung unterschieden. Eine **indirekte Selbstbeteiligung** liegt vor, wenn Leistungen nicht durch eine Krankenversicherung abgedeckt sind, weil sie grundsätzlich nicht übernommen werden (z. B. Schönheitsoperationen) oder weil sie aus dem Regelleis- tungskatalog ausgeschlossen wurden. Es handelt sich um Leistungen, die nicht exis- tenziell sind. Die Nachfragefunktion verläuft dann preiselastisch.

Als Formen der **direkten Selbstbeteiligung** werden unterschieden die absolute Selbst- beteiligung, die prozentuale Selbstbeteiligung und das Indemnitätsmodell.

Bei der **absoluten Selbstbeteiligung** zahlt der Versicherte für in Anspruch genomme- ne Leistungen bis zu einem vorab vereinbarten Höchstbetrag selbst. Dieser kann sich wie bei einem Teil der Zuzahlungen der GKV auf eine bestimmte Leistung oder als Ge- samtsumme auf einen bestimmten Zeitraum beziehen. Letzteres, ein Selbstbehalt als maximal zu zahlender Selbstbehalt pro Jahr, ist ein gängiges Steuerungsinstrument der Privaten Krankenversicherungen. In der Schweiz ist ein Selbstbehalt (Franchise i. H. v. mindestens 300 Franken) auch Bestandteil der obligatorischen Grundversiche- rung. Bis zur Höhe des Selbstbehalts werden die Versicherten sich kostenbewusst ver- halten und die Inanspruchnahme nicht wirklich erforderlicher Leistungen vermeiden. Bei einem Überschreiten des Selbstbehalts pro Jahr werden die Versicherten indes maximal Leistungen in Anspruch nehmen, da zusätzliche Nachfrage dann kostenfrei ist.

Bei der **prozentualen Selbstbeteiligung** zahlt der Versicherte für jede beanspruchte Leistung einen prozentuellen Anteil selbst. So ist ein Teil der Zuzahlungen für beanspruchte Leistungen als prozentueller Selbstbehalt ausgestaltet. Diese sind aber durch Mindest- und Höchstbeträge begrenzt, sodass sie faktisch eine Mischung aus absoluter und prozentueller Selbstbeteiligung sind.

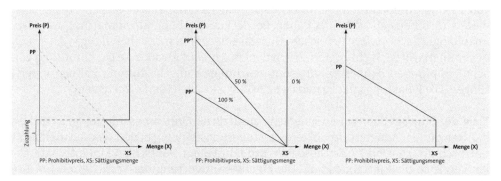

Abb. B6: Nachfragefunktionen: absolute, prozentuale Zuzahlung, Indemnitätsmodell

Bei der Variante der prozentualen Selbstbeteiligung ist der Selbstbehalt nicht von vornherein begrenzt. Vorteilhaft ist, dass eine Kostenbeteiligung durchgängig erfolgt. Dem steht aber der Nachteil gegenüber, dass diese bei schwerer Erkrankung extrem hoch ausfallen kann. Eine Begrenzung in Form einer einkommensabhängigen Belastungsgrenze ist folglich erforderlich.

Ein weiterer Ansatz der direkten Selbstbeteiligung besteht mit dem **Indemnitätsmodell**. Die gesetzlichen Krankenkassen definieren ex ante einen Betrag (**Festbetrag**) für eine genau spezifizierte Leistung, die sie maximal erstatten. Möchten Versicherte Leistungen in Anspruch nehmen, die im Umfang darüber hinausgehen oder vergleichbar, aber teurer sind, müssen sie die Preisdifferenz selbst zahlen. Üblich sind Festbeträge im Bereich der Arzneimittelversorgung. Hintergrund sind hier die bisweilen großen Preisunterschiede zwischen Original- und Nachahmerprodukten vergleichbarer Wirkung, Zusammensetzung und Qualität. Auch bei zahnärztlichen Leistungen gibt es eine Vielzahl von Leistungen, die einem Festbetrag unterliegen. Vorteil des Indemnitätsmodells ist, dass kein Ausgleich für wirtschaftlich Schwächere geschaffen werden muss, da die Grundleistungen von den Kassen finanziert werden. Lediglich Serviceleistungen oder spezielle Wünsche führen zu Zuzahlungen.

Beispiel

Für Zahnersatz besteht seit 2005 nur noch ein Anspruch auf einen **Festbetrag**, einen Zuschuss in Höhe von 50 % der sog. Regelversorgung. Was als Regelversorgung gilt, ist gesetzlich geregelt. Bei guter Zahnpflege und jährlicher zahnärztlicher Untersuchung kann der Zuschuss um 20 Prozentpunkte steigen.

2.3.5 Exkurs: Praxisgebühr

Die Praxisgebühr ist ein gutes Beispiel für eine ökonomische Fehlsteuerung im Gesundheitswesen. Mit dem GKV-Modernisierungsgesetz von 2004 wurde die **Praxisgebühr von 10 €** für ambulante Arzt- und Zahnarztbesuche erhoben. Für Versicherte der GKV, die das 18. Lebensjahr vollendet haben, fiel die Praxisgebühr nur einmal im Quartal an, unabhängig davon, wie oft in diesem Quartal eine ambulante Behandlung in Anspruch genommen wurde. Nicht betroffen von der Praxisgebühr waren die Durchführung von Schutzimpfungen, Früherkennungsuntersuchungen und bestimmte Zahnersatzleistungen. Die Belastungsgrenze nach § 62 SGB V galt auch für die Praxisgebühr.

Ziele der Praxisgebühr waren einerseits zusätzliche **Einnahmen** für die gesetzlichen Krankenkassen. Andererseits sollte eine Steuerungswirkung erzielt werden, denn mit durchschnittlich rund 17 Arztbesuchen pro Jahr belegt Deutschland im internationalen Vergleich die Spitzenposition. Die **Eigenverantwortung** der Versicherten für ihre Gesundheit sollte gestärkt werden, indem sie bei Bagatellfällen (z. B. leichte Erkältung) nicht unmittelbar einen Arzt aufsuchen. Auch sollte der Direktkontakt zum Facharzt („Selbstüberweisungen") reduziert werden.

So ging mit Einführung der Praxisgebühr auch die Anzahl der Arztbesuche zunächst deutlich zurück. Dies war indes lediglich ein vorübergehender Effekt. Nach und nach setzte sich bei den Versicherten die Erkenntnis durch, dass es sich um eine **Quartalspauschale** handelt. Wurde also einmal die Praxisgebühr gezahlt, war folglich sogar ein Anreiz damit verbunden, möglichst im gleichen Quartal den betreffenden Arzt mehrmals oder auch andere Ärzte zu konsultieren. Nicht erfüllt haben sich die Befürchtungen, dass Kranke infolge der zu zahlenden Gebühr auf Arztbesuche verzichten.

Den **Einnahmen** durch die Praxisgebühr von im Durchschnitt rund 1,9 Mrd. € waren die entstandenen Verwaltungsgebühren gegenzurechnen. Die Praxisgebühr wurde zunächst durch die Kassenärzte eingezogen. Bei ihnen entstanden folglich Kosten für Kassieren, Quittieren, Dokumentieren u. a., die nach Berechnung der Kassenärztlichen Vereinigung rund 2,20 € oder 22 % betrugen. Auf den vorhandenen positiven Finanzierungssaldo wurde indes verzichtet, denn die Praxisgebühr wurde zum Ende 2012 abgeschafft.

Schlussendlich bleibt hinsichtlich der **Zielkonformität** festzuhalten, dass:

1. ein positiver Steuerungseffekt infolge mangelhafter Ausgestaltung (Quartalspauschale) nicht nachweisbar war, sondern sogar inverse Anreize gegeben waren und

2. ein gewollter und erreichter direkter Finanzierungsbeitrag der Versicherten infolge politischer Erwägungen („Entlastung der Bürger") und einer (vorübergehend) positiven Finanzausstattung der GKV abgeschafft wurde.

Die Abschaffung der Praxisgebühr war indes aus folgenden **Gründen** ökonomisch kontraproduktiv:

▶ Die **Finanzsituation der GKV** wird sich insbesondere infolge der demografischen Entwicklung absehbar verschlechtern.

► Wenn Zuzahlungen grundsätzlich als ergänzende Einnahmenquelle als opportun angesehen werden, ist gerade die Abschaffung in einem Bereich, in dem offensichtlich eine **Fehlsteuerung** vorhanden ist, nicht zielführend. Der Arztbesuch ist wieder ein quasi freies Gut, welches bis zur Sättigungsmenge konsumiert wird.

► Um einen nachhaltigen **Steuerungseffekt** zu erzielen, wäre z. B. eine Gebühr von 10 € pro Arztbesuch sinnvoll (bei Beachtung der o. g. Belastungsgrenzen). Die Patienten merken, dass der Arztbesuch nicht kostenfrei ist und einen Wert hat.

► Um die Ärzte von **Verwaltungsaufwand** zu befreien, wäre schließlich auch eine direkte Erhebung durch die Krankenkassen möglich, denn ihnen sind die Arztbesuche ihrer Mitglieder bekannt.

2.4 Formen der Nachfragebegrenzung

Steigen die Gesundheitsausgaben dauerhaft stärker als die Einnahmen, bliebe neben der verstärkten Beteiligung der Patienten an den Kosten noch die Möglichkeit, Leistungen einzuschränken. Unterschieden wird zwischen **Priorisierung** und **Rationierung**.

2.4.1 Priorisierung und Rationierung

Priorisierung in der medizinischen Versorgung bedeutet, dass man bzgl. bestimmter Indikationen, Patientengruppen oder Diagnose- und Therapieverfahren eine Rangfolge festlegt. Die Kriterien anhand derer die Rangfolge gebildet wird, also z. B. Kosten, Nutzen oder Qualität, sind vielfältig. Eine Detaillierung erfolgt in vertikale und horizontale Priorisierung. Bei der vertikalen Priorisierung werden Rangbildungen nach Erkrankungen vorgenommen, wohingegen die horizontale Priorisierung nach Krankheitsgruppen differenziert.

Es handelt sich bei der Priorisierung somit auch um die Frage der Abgrenzung von absolut erforderlichen **Grundversorgungsleistungen** und **Wahlleistungen** für spezifische Qualitäts- oder Serviceniveaus. Hier hat es zwar im Gesundheitssektor in den vergangenen Jahren immer wieder Einschränkungen des Regelleistungskatalogs gegeben. Dennoch ist es unter Zugrundelegung ethischer und ökonomischer Maßstäbe sicher diskutabel, ob künstliche Befruchtungen, Mittel zur Empfängnisverhütung und Abtreibung oder Sterbegeld in den Leistungskatalog gehören.

In dem Moment, in dem priorisiert wird, findet indes zugleich eine Zurückstellung anderer Patienten oder Krankheitsgruppen statt. In der Konsequenz ergäbe sich durch eine offene Priorisierung eine Rangfolge, nach der die zur Verfügung stehenden Mittel gestuft auf Verwendungsoptionen verteilt werden. Auch bei der Priorisierung kommt es nun dazu, dass schlussendlich medizinisch mögliche Maßnahmen den Patienten entweder vorenthalten oder nicht durch die Versichertengemeinschaft finanziert werden. So folgt bei begrenzten öffentlichen Budgets der Priorisierung die **Rationierung**.

2.4.2 Arten der Rationierung

Ökonomisch liegt eine **Rationierung** vor, wenn das Angebot dauerhaft nicht ausreicht, die vorhandene Nachfrage zu befriedigen. Entsprechend wird es erforderlich, Zuteilungskriterien und -verfahren zu definieren. Im Gesundheitswesen ist die Definition von Rationierung vielschichtig. Sie liegt aber zweifelsfrei vor, wenn infolge begrenzter Ressourcen eine objektiv erforderliche Leistung einem Patienten vorenthalten wird. Bekannt ist ein solches Vorgehen aus dem Bereich der Transplantationsmedizin, bei der die Nachfrage das Angebot in vielen Bereichen deutlich übersteigt.

Bei der Umsetzung von Einschränkungen möglicher medizinischer Maßnahmen sind Rationierungen zunächst grundsätzlich hinsichtlich differenzierender Kriterien zu unterscheiden. Bezüglich der Ebene, auf der über Rationierungen entschieden wird, lassen sich **primäre** und **sekundäre Rationierung** unterscheiden. Erstere liegt vor, wenn infolge der Knappheit von finanziellen Mitteln entschieden wird, dass die Gesamtausgaben für den Gesundheits- oder Pflegebereich auf ein definiertes Volumen zu begrenzen sind. Es entsteht eine beabsichtigte Knappheit an Leistungskapazität, denn die Ausweitung von Gesundheitsausgaben bedeutet bei knappen Ressourcen, dass weniger Mittel für andere Bereiche, wie Kultur oder Bildung, zur Verfügung stehen. Das zur Verfügung stehende **Budget** ist begrenzt. Die Entscheidung hierüber wird auf Ebene der öffentlichen Verwaltung getroffen.

Die **sekundäre Rationierung** erfolgt innerhalb des Gesundheits- oder Pflegewesens. Dort ist nunmehr die Finanzzuteilung und damit Allokation der Leistungserbringung zu regeln. In diesem Kontext wird auch für das Gesundheitswesen zwischen der Makroebene (nationalstaatliche Ebene: Gesellschaft und Gesetzgeber), der Mesoebene (regionale, nicht gesetzgebende Ebene: Gesundheitswesen und Selbstverwaltung) und der Mikroebene (Gesundheitsversorgung: Verhalten der Patienten, Handeln der Leistungserbringer) unterschieden.

Eine Rationierung kann ferner **offen oder verdeckt** erfolgen. Es wird dementsprechend auch zwischen der **impliziten und expliziten Rationierung** unterschieden. Eine implizite Rationierung liegt vor, wenn auf der ausführenden Ebene den Leistungserbringern z. B. Budgets vorgegeben werden oder sie hinsichtlich der Anzahl der zu erbringenden spezifischen Leistungen beschränkt werden. Die Kernproblematik impliziter Rationierungen liegt darin, dass die Bewältigung der Mittelknappheit nunmehr der Versorgungspraxis überlassen ist. Die Steuerung der Leistungsvielfalt unter Einhaltung der Budgets erfolgt z. B. durch die Ärzte. Sie ist intransparent und dem Patienten zumeist nicht bewusst, hat quasi verdeckte Auswirkungen auf die Versorgungsqualität und belastet das Vertrauensverhältnis Arzt-Patient. Der Patient hat weiterhin die Fiktion, alles medizinisch Mögliche werde für ihn getan. So wird auch von einer „barmherzigen Lüge" gesprochen.

Offene und explizite Leistungsbeschränkungen sind somit zweifellos vorzuziehen. Die explizite Rationierung schließt bestimmte Leistungen vollständig aus oder beschränkt sie auf ausgewählte Personengruppen. Sie führt zu transparenten Allokationsentscheidungen nach festgelegten, für alle Patienten einheitlichen Kriterien; eine

Gleichbehandlung der Patienten ist gewährleistet, und die Zuteilung begrenzter Mittel erfolgt nicht im subjektiven Ermessen eines Arztes oder einer Pflegekraft. Explizite Rationierungen haben demgegenüber aber den Nachteil, dass sie politisch extrem unpopulär sind. So steht zu befürchten, dass es zu offen kommunizierten Rationierungen erst kommen wird, wenn die finanzielle Not nicht mehr zu kaschieren ist.

Bezüglich der Frage, wie konsequent die Rationierung hinsichtlich der gleichen Versorgung der Bürger ist, wird zwischen harter und weicher Rationierung differenziert. Bei einer **harten Rationierung** ist der Zukauf von rationierten Gesundheitsleistungen über das staatlich zur Verfügung gestellte Niveau hinaus nicht möglich. Es wäre dann gesetzlich untersagt, rationierte Leistungen mit eigenen finanziellen Mitteln zu erwerben. Sie bietet – anders als die weiche Rationierung – keine Grundlage für das Entstehen privater Zusatzmärkte.

Demgegenüber handelt es sich um eine **weiche Rationierung**, wenn ein Zukauf von Gesundheitsleistungen über das staatlich zur Verfügung gestellte bzw. finanzierte Niveau hinaus möglich ist. Sie bietet somit eine Grundlage für das Entstehen privater Zusatzmärkte, bei denen die individuelle Kaufkraft oder das Bestehen einer privaten Zusatzversicherung maßgeblich sind. Dies geht zwar häufig mit dem Vorwurf einer „Zweiklassenmedizin" einher. Gleichzeitig gilt es zu beachten, dass die Möglichkeiten einer harten Rationierung bei bestehen offener Grenzen ohnehin limitiert sind.

Bei der häufig angewandten, weiteren Differenzierung der Rationierung in direkte und indirekte handelt es sich faktisch bereits um die Frage nach Rationierungskriterien. So spricht man von **direkter Rationierung**, wenn sich diese auf bestimmte Personen oder Personengruppen auf der Mikroebene bezieht. Werden Rationierungsentscheidungen dagegen ressourcenbezogen nach statistischen Kriterien auf der Makroebene getroffen, wird von einer **indirekten Rationierung** gesprochen.

Beispiel

Würde das Alter als Kriterium herangezogen, würden also beispielsweise keine Hüftoperationen ab dem 75. Lebensjahr mehr durchgeführt, wäre die betroffene Personengruppe direkt benannt. Wäre dagegen eine Heilungswahrscheinlichkeit von 80 % Voraussetzung für eine Operation, handelte es sich um eine indirekte Rationierung.

2.4.3 Rationierungskriterien

Auf der **Ebene der Rationierungskriterien** sind formale Kriterien, die ein faires Verfahren der Leistungsbegrenzung gewährleisten sollen, und materielle Kriterien, anhand derer die tatsächliche Verteilung erfolgt, zu unterscheiden. Zu den **formalen Kriterien** gehören z. B. Transparenz, Konsistenz und Legitimität der Rationierung. Die Möglichkeiten, **materielle Rationierungskriterien** zu definieren, sind insgesamt sehr vielfältig und lassen sich wie folgt systematisieren:

- **medizinische Kriterien:** medizinische Dringlichkeit, erwartete medizinische Heilungswahrscheinlichkeit, Kosten-Nutzen-Verhältnis
- **ökonomisches Kriterium:** Kosten-Nutzen-Verhältnis
- **personenbezogene Kriterien:** Wartezeit, individuelle Lebensführung, Eigenverschulden, Alter, Kaufkraft/-willigkeit
- **soziale Kriterien:** Stellung in der Gesellschaft, z. B. Mutter kleiner Kinder versus Single, arbeitslos versus erwerbstätig
- **Zufallsprinzip:** z. B. Verlosung von begrenzten therapeutischen Maßnahmen.

Im wissenschaftlichen Diskurs besteht eine ausgeprägte Präferenz für die Anwendung von medizinischen Kriterien und zwar nicht einzelner, sondern die Kombination von mehreren. Dabei ist indes evident, dass die Entscheidung zugunsten bestimmter Rationierungskriterien oder Kombinationen von Kriterien am Ende immer **normativen Charakter** hat. Eine objektive Bewertung der Anwendung von Rationierungskriterien in der Kategorie „richtig oder falsch" ist mithin nicht möglich.

Bevor es jedoch zur bewussten Leistungseinschränkung kommt, sollten alle Möglichkeiten von **Rationalisierungen** weitestgehend ausgeschöpft sein. So wäre es ethisch problematisch, Patienten medizinische Leistungen aus Kostengründen vorzuenthalten, während gleichzeitig die Leistungserstellung unwirtschaftlich ist, mithin Ressourcen verschwendet würden.

 MERKE

Rationalisierung dient der Kostensenkung durch Optimierung der Wertschöpfungsprozesse. Das Verhältnis von Input an Produktionsfaktoren und Output und damit die Produktivität sowie Wirtschaftlichkeit werden verbessert. Rationalisierungsmöglichkeiten ergeben sich u. a. durch Prozessstandards oder auch Automatisierungen. Ziel ist ein möglichst effizienter Einsatz der Mittel.

Bei der Ausschöpfung von **Rationalisierungspotenzialen** ist insbesondere für das Gesundheitswesen davon auszugehen, dass hier noch erhebliches Potenzial vorhanden ist. Als Indizien mögen u. a. Überkapazitäten im Krankenhaussektor, eine hochgradig ineffiziente Arzneimitteldistribution auf Einzelhandelsebene oder Fehlallokationen im ambulanten Sektor dienen, die in den sektorbezogenen Kapiteln näher erläutert werden.

3. Gesetzliche Krankenversicherung (GKV)

Eine erste Gesetzliche Krankenversicherung wurde 1883 unter dem Reichskanzler *Bismarck* in Deutschland eingeführt. Das gültige **gesetzliche Rahmenwerk** ist das SGB V. Das grundsätzliche **Ziel der GKV** ist es, die Gesundheit der Versicherten zu erhalten, wiederherzustellen oder ihren Gesundheitszustand zu verbessern (§ 1 SGB V). Sie sichert damit die mit einer Erkrankung verbundenen finanziellen Risiken ab, finanziert aber auch Maßnahmen der Prävention. Seit 2009 gibt es eine allgemeine Krankenversicherungspflicht in Deutschland. Rund 87 % aller Versicherten sind in der GKV, 11 % in der privaten Krankenversicherung (PKV).

In der GKV waren 2016 rund 71,4 Mio. Menschen versichert. Pflichtversichert waren davon 32,6 Mio., inklusive Arbeitslosengeld II-Bezieher (3,3 Mio.). Hinzu kommen 16,2 Mio. beitragsfrei mitversicherte Ehegatten und Kinder sowie 16,8 Mio. Rentner (über die Krankenversicherung der Rentner, KVdR). Schließlich zählen zu den 5,8 Mio. freiwilligen Mitgliedern Arbeitnehmer mit einem Bruttojahreseinkommen oberhalb der Pflichtversicherungsgrenze, Landwirte und andere Selbstständige oder auch Künstler.

Die GKV ist mit über 200 Mrd. € **Leistungsausgaben** der größte Kostenträger des Gesundheitswesens. Die Ausgaben pro Versichertem betragen damit über 2.800 € p. a. Die größten Ausgabenzuwächse verzeichneten seit dem Jahr 2000 die Heil- und Hilfsmittel (+181 %), die Arzneimittel (+180 %), die ambulante ärztliche (+170 %) und die stationäre Versorgung (+164 %). Die Vergleichbarkeit leidet indes dadurch, dass diverse Zuzahlungen eingeführt und diverse Regelleistungen gestrichen wurden.

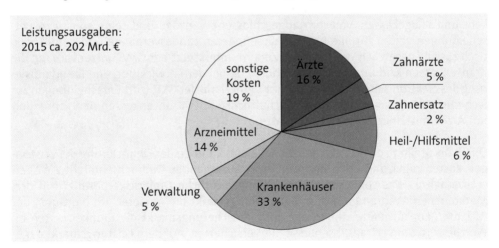

Abb. B7: Ausgabenverteilung der GKV
Quelle: *Statistisches Bundesamt (2017)*

3.1 Arten der gesetzlichen Krankenkassen

Gesetzliche Krankenkassen sind Körperschaften des öffentlichen Rechts mit Selbstverwaltung, d. h. sie regeln ihren Haushalt eigenverantwortlich. Die Zahl der Krankenkassen ist in den vergangenen Jahren drastisch zurückgegangen. Grund hierfür waren vor allem Fusionen, aber auch vereinzelte Schließungen infolge finanzieller Schieflagen. Gab es Mitte der 1990er-Jahre noch rund 1.000, ist die Zahl auf 112 in 2017 gesunken. Dabei wird zwischen folgenden **Kassenarten** unterschieden:

- ▶ 11 **Allgemeine Ortskrankenkassen (AOK)** bestehen für abgegrenzte Regionen, die sich auf verschiedene Bundesländer erstrecken können. Sie versichern 35 % der GKV-Versicherten.

- ▶ 6 **Ersatzkassen (EK)** sind entstanden aus Selbsthilfevereinigungen und organisiert im Dachverband der Ersatzkassen (vdek) (37 % der GKV-Versicherten).

- ▶ 87 **Betriebskrankenkassen (BKK)** können von Arbeitgebern mit mindestens 1.000 Versicherungspflichtigen gegründet werden (17 %).

- ▶ 6 **Innungskrankenkassen (IKK)** können von Handwerksinnungen mit mindestens 1.000 Versicherungspflichtigen gegründet werden. Die BKK und IKK sind teilweise für Betriebsfremde geöffnet (7 %).

- ▶ Eine **Landwirtschaftliche Krankenkasse (LKK)** für Landwirte und ihre Familien sowie Bezieher einer Rente aus der Alterssicherung der Landwirte (1 %).

- ▶ Eine **Knappschaft (KBS)** ursprünglich nur für Arbeitnehmer des Bergbaus, nunmehr auch allgemein geöffnet (2 %).

Der **GKV-Spitzenverband** ist die zentrale Interessenvertretung der gesetzlichen Kranken- und Pflegekassen. Von ihm abgeschlossene Verträge und seine sonstigen Entscheidungen gelten für alle Krankenkassen, deren Landesverbände und damit praktisch für alle gesetzlich Versicherten. Zudem unterstützt der GKV-Spitzenverband die Krankenkassen und ihre Landesverbände, z. B. bei der Entwicklung und Standardisierung des elektronischen Datenaustauschs innerhalb der GKV, trifft Entscheidungen zur Sicherung der Qualität und der Wirtschaftlichkeit der Krankenkassen und verhandelt mit Arzneimittelherstellern über Rabatte.

Durch die Stellung der Krankenkassen fallen im Rahmen der Finanzierung der Leistungen Kostenträger und Leistungsempfänger auseinander. Dadurch entsteht ein Dreiecksverhältnis, das sog. **„sozialversicherungsrechtliche Dreiecksverhältnis"** mit drei Marktebenen. Während auf dem **Behandlungsmarkt** die Anbieter um die Gunst der Patienten konkurrieren, stehen auf dem **Versicherungsmarkt** die Krankenkassen im Wettbewerb um Vertragsabschlüsse mit Versicherten. Auf dem **Leistungsmarkt** dagegen konkurrieren die Leistungserbringer um Leistungsverträge mit den Krankenkassen. Die Teilmärkte sind jedoch nicht unabhängig, sondern interdependent miteinander verflochten.

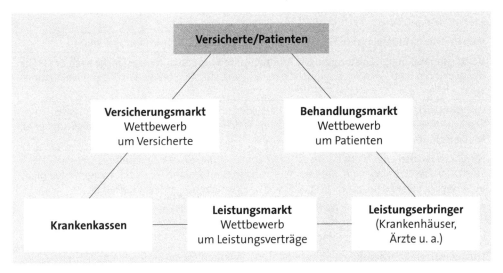

Abb. B8: Drei Märkte im Gesundheitswesen
Quelle: in Anlehnung an *Oberender/Zerth/Engelmann (2017)*

3.2 Zentrale Merkmale der GKV

Die Charakteristika und strukturellen Merkmale der GKV lassen sich anhand folgender Kriterien beschreiben:

Merkmale der GKV
Solidarprinzip: Mitglieder der Solidargemeinschaft der Versicherten unterstützen sich im Krankheitsfall gegenseitig; hierauf besteht ein Rechtsanspruch.
Berufsgruppenabgrenzung: Grundsätzlich werden Selbstständige und Beamte den Privaten Krankenversicherungen zugewiesen.
Einkommensabhängige Versicherungspflicht: Staatlicher Mitgliedszwang (Zwangsmitglied-schaft) ist abhängig von der Versicherungspflichtgrenze (§ 6 Abs. 6 SGB V, 2018: 59.400 € p. a.); wer mehr verdient, kann freiwillig in der GKV verbleiben oder in die PKV wechseln.
Kollektive, einkommensabhängige Beitragsfinanzierung: Es handelt sich um eine Arbeit-nehmerversicherung, aber mit der Möglichkeit einer freiwilligen Mitgliedschaft (Selbst-ständige u. a.); freiwillig Versicherte zahlen gemäß ihrer wirtschaftlichen Leistungsfähigkeit, also auch aus Einkünften selbstständiger Tätigkeit u. a.
Allgemeiner Beitragssatz und paritätische Finanzierung: Der Beitragssatz von 14,6 % wird jeweils hälftig durch Arbeitgeber und Arbeitnehmer finanziert. Die Finanzierung weiter stei-gender Gesundheitsausgaben erfolgt durch den **Zusatzbeitrag**, der allein vom Arbeitnehmer zu tragen ist und durchschnittlich 1,1 % vom Einkommen beträgt.
Beitragsbemessungsgrenze: Begrenzung der maximal zu zahlenden Beiträge; 2018: 4.425 € • 14,6 % = 646,05 € (plus Zusatzbeitrag). Verdient eine Person beispielsweise brutto 5.000 € pro Monat, dann sind 575 € beitragsfrei.
Staatliche Zuschüsse: Es fließen auch Steuergelder für versicherungsfremde Leistungen in die GKV.

Merkmale der GKV
Kein Preisausschlussverfahren: Jeder erhält Leistungen, auch ohne Beitragszahlung.
Beitragsunabhängige Leistungen: Die erbrachten Leistungen differieren nicht nach der Höhe der gezahlten Beiträge. Dies entspricht einem bewussten Verstoß gegen das Äquivalenzprinzip.
Grundsätzlich Sachleistungsprinzip: Die Versicherten erhalten Naturalleistungen, wie ärztliche Behandlung oder Arzneimittel, keine Geldleistungen (Ausnahme: Krankentagegeld, Mutterschaftsgeld).
Familienversicherung: Nicht berufstätige Ehepartner und Kinder sind beitragsfrei mitversichert. Voraussetzungen sind, dass der Wohnsitz in Deutschland ist und der Angehörige nicht anderweitig versicherungspflichtig oder von der Versicherungspflicht befreit ist.
Bedarfsdeckungsprinzip: Die Maßnahmen der medizinischen Behandlung müssen ausreichend und zweckmäßig sein, dürfen das Maß des Notwendigen aber nicht überschreiten und müssen wirtschaftlich erbracht werden (§ 2 SGB V).
Umlageverfahren: Laufende Beitragseinnahmen werden für die laufenden Ausgaben herangezogen, d. h. keine Kapitalakkumulation (kein Aufbau eines Kapitalstocks).
Kontrahierungszwang: Jeder muss versichert werden.   **Diskriminierungsverbot:** Es bestehen keine Unterschiede aufgrund Geschlecht, Vorerkrankungen u. a.

3.2.1 Beitragsbemessungs- und Sozialversicherungspflichtgrenze

 ACHTUNG

> Die **Beitragsbemessungsgrenze** ist der Betrag, bis zu dem der allgemeine Beitragssatz gezahlt werden muss. Die **Sozialversicherungspflichtgrenze** (auch als Jahresarbeitsentgeltgrenze bezeichnet) ist maßgeblich dafür, ob ein GKV-Versicherter in die PKV wechseln kann.

Die Beitragsbemessungsgrenze (BBG) hat letztlich eine **degressive Belastungsentwicklung** zur Folge: Je höher das Einkommen, welches über der BBG liegt, desto geringer ist die durchschnittliche Belastung des Einkommens.

Beispiel

Bei einem Einkommen bis zur BBG von 4.425 € entspricht auch die durchschnittliche Belastung des Einkommens dem Beitragssatz von 7,3 %. Verdient indes ein Arbeitnehmer 5.000 €, sinkt die durchschnittliche Belastung auf 6,5 % (323,03 : 5.000) und bei einem Bruttoeinkommen von 10.000 € auf 3,2 % (323,03 : 10.000).

Hintergrund einer BBG ist einerseits eine beabsichtigte Begrenzung der Umverteilung im System, andererseits würde ohne diese gerade für Bezieher sehr hoher Einkommen ein Wechsel in die PKV immer attraktiver. Ob das **Bestehen einer BBG** sinnvoll ist, ist strittig. Argumenten, die auf eine Abschaffung zielen und dies mit einer Verletzung des Solidarprinzips rechtfertigen, ist gemein, dass sie ein höheres Ausmaß an Einkommensumverteilung anstreben. Die Begründung einer größeren „Beitragsgerechtigkeit" impliziert hierbei, dass es ein „objektiv richtiges Maß" an Umverteilung gibt. Das Maß an Umverteilung in einer Gesellschaft ist indes genauso willkürlich, wie die Festlegung der Höhe einer Beitragsbemessungsgrenze.

Die **Einnahmen der GKV** sind wesentlich abhängig von folgenden Faktoren:

- die Grundlohnsumme (GLS) als die Summe der beitragspflichtigen Löhne und Gehälter, aus denen Krankenversicherungsbeiträge zu leisten sind, und die sie beeinflussende Arbeitsmarktsituation

- die Höhe des allgemeinen Beitragssatzes und der Beitragsbemessungsgrenze

- die Höhe des kassenindividuellen Zusatzbeitrages

- gesetzliche Möglichkeiten, Einkommensteile sozialversicherungsbefreit zur privaten Vorsorge zu nutzen

- die Höhe der Pauschale für Bezieher von ALG II und ihrer Angehörigen.

3.2.2 Wettbewerb in der GKV

Die Krankenkassen stehen grundsätzlich im Wettbewerb um Versicherte, denen seit 1996 ein Wechsel (**Krankenkassenwahlrecht**) möglich ist. Der Wettbewerb hat hier insbesondere zum Ziel, die Qualität und Wirtschaftlichkeit sowie die Präferenzorientierung der Gesundheitsversorgung zu verbessern. Da es jedoch keine risikoäquivalenten Beiträge gibt, sondern diese einkommensabhängig sind, würden die Krankenkassen **Risikoselektion** betreiben und sich vorrangig um junge, gesunde und einkommensstarke Mitglieder ohne Familienangehörige bemühen. Um dies zu verhindern, gibt es einen GKV-weiten Risikostrukturausgleich, durch den die Krankenkassen nach Morbidität differenzierte Zuweisungen aus dem Gesundheitsfonds erhalten (siehe ≫ Kap. B.3.2.6).

Eine weitere Einschränkung des Wettbewerbs kommt dadurch zum Tragen, dass die Krankenkassen auf dem Leistungsmarkt Versorgungsverträge mit den Leistungserbringern i. d. R. als **Kollektivverträge** abschließen (müssen). Das bedeutet, dass die Verträge für alle Kassen gemeinsam gelten. Mithin besteht für den größten Teil der Leistungspflicht der Kassen keine Möglichkeit zur wettbewerblichen Differenzierung. Lediglich im Bereich der integrierten Versorgung und der ambulanten ärztlichen Versorgung sind Einzelverträge (**Selektivverträge**) möglich.

 **ACHTUNG**

Selektivverträge werden zwischen den Krankenkassen und einzelnen Leistungserbringern geschlossen. Sie basieren auf § 73b SGB V und existieren parallel zu den **Kollektivverträgen**, die zwischen der Kassenärztlichen Vereinigung (KV) und den Krankenkassen für alle Ärzte vereinbart werden.

Da der Leistungsumfang der gesetzlichen Krankenkassen durch den Regelleistungskatalog weitestgehend normiert ist, findet der Wettbewerb im Wesentlichen über **Service, freiwillige Zusatzleistungen** und den **Preis** statt. In Abgrenzung zu den Regelleistungen gibt es **Satzungsleistungen**, deren zusätzliche Gewährung die jeweiligen Krankenkassen beschließen können, um sich ggf. von anderen Kassen leistungsmäßig abzugrenzen. Gesetzlich vorgeschrieben ist, dass alle Krankenkassen Leistungen der Primärprävention anbieten (§ 20 Abs. 1 SGB V). Zu den Satzungsleistungen zählen u. a. Bonusregelungen für gesundheitsbewusstes Verhalten, medizinische Vorsorgeleistungen, zusätzlich übernommene Impfungen, Häusliche Krankenpflege oder Haushaltshilfe. Für die Finanzierung dieser Satzungsleistungen erhalten die Krankenkassen pro Versichertem eine pauschale Zuweisung aus dem Gesundheitsfonds. Darüber hinaus ist es den Kassen seit 2012 möglich, ihren Versicherten Leistungen, wie z. B. homöopathische Mittel, Zahnbehandlungen oder künstliche Befruchtungen, zu erstatten. Hierfür indes erhalten Sie keine speziellen Zuweisungen.

Weil aber Servicequalität und freiwillige Leistungen eher intransparent und für die Versicherten nur schwer zu vergleichen sind, hat die Beitragshöhe den höchsten Stellenwert. Der **Preiswettbewerb** findet seit Anfang 2015 über den je nach Krankenkasse differierenden Zusatzbeitrag statt. Jede Krankenkasse kann einen kassenindividuellen **einkommensabhängigen Zusatzbeitrag** erheben. Wenn eine Krankenkasse einen Zusatzbeitrag erstmals erhebt oder anhebt, haben die Versicherten ein Sonderkündigungsrecht. Dabei nimmt die Wechselwilligkeit tendenziell mit zunehmendem Alter, schlechterem Gesundheitszustand und geringerer Bildung ab. Andersherum: Junge, gut ausgebildete Arbeitnehmer mit überdurchschnittlich hohem Einkommen reagieren am stärksten auf Änderungen des Zusatzbeitrages.

3.2.3 Selbstverwaltung

Die grundlegenden **Ziele der staatlichen Steuerung** sind die Beitragssatzstabilität (§ 71 SGB V), eine ausreichende, zweckmäßige und wirtschaftliche Versorgung sowie eine angemessene Honorierung der Leistungserbringer (§ 72 SGB V). Problematisch ist dabei, dass diese Ziele bei einer demografiebedingt steigenden Nachfrage zu Konflikten führen. Eine Ausweitung der medizinischen Versorgung bei gleichbleibend angemessener Vergütung der Leistungserbringer muss zu höheren Beitragssätzen führen.

Zur Erreichung der Ziele hat der Gesetzgeber wesentliche Aufgaben zur Gestaltung des Gesundheitswesens an öffentliche Körperschaften übertragen. Die **beitragsfinanzierte Selbstverwaltung** ist ein weiteres wesentliches Element im Gesundheitswesen. Die

Kassenärztliche und -zahnärztliche Bundesvereinigungen (KBV), der GKV-Spitzenverband und die Deutsche Krankenhausgesellschaft e. V. (KHG) sowie nicht stimmberechtigte Patientenvertreter bilden den **Gemeinsamen Bundesausschuss (GBA)**. Dem 2004 ins Leben gerufenen GBA als zentrale Institution der Selbstverwaltung wurden in den vergangenen Jahren sukzessive neue Aufgabenfelder zugewiesen. Darin spiegelt sich der Trend der Gesundheitspolitik, verstärkt durch bundeseinheitliche Regulierungen steuernd einzugreifen.

Der GBA hat u. a. folgende **Aufgaben**:

- Der GBA legt den **Regelleistungskatalog** der GKV fest. Regelleistungen sind Leistungen, die von der GKV übernommen werden müssen, deren Umfang im SGB V jeweils festgelegt ist. Sind nach Ansicht des GBA keine ausreichenden Belege für den Nutzen von medizinischen Leistungen gegeben oder werden Leistungen der privaten Lebensführung zugeschrieben, werden sie von den gesetzlichen Krankenkassen nicht gezahlt. Somit unterscheiden sich die einzelnen GKVen hinsichtlich ihres Leistungsspektrums kaum. Differenzierungsmöglichkeiten bieten sich ihnen nur über den Zusatzbeitrag und freiwillige Zusatzleistungen sowie den Service.

Beispiel

Frei verkäufliche Erkältungsmittel oder Mittel zur Empfängnisverhütung für Frauen ab 21 Jahren sind nicht im Regelleistungskatalog enthalten und sind somit aus Eigenmitteln zu finanzieren.

- Zentrale Aufgaben hat der GBA ferner im Bereich der **Qualitätssicherung**. So definiert er Vorgaben zu Behandlungsstandards, Strukturen und Abläufe für bestimmte Leistungsbereiche und legt Prüfkriterien und Qualitätssicherungsmaßnahmen fest.
- Er erarbeitet **Richtlinien** zur Ermittlung des Bedarfs für eine flächendeckende ambulante Versorgung.
- Im Rahmen der **Arzneimittelversorgung** entscheidet der GBA schließlich bzgl. des Zusatznutzens innovativer Arzneimittel und deren Vergütung sowie über die Bildung von Festbetragsgruppen.
- Über einen **Innovationsausschuss** ist der GBA für die Mittelverwendung des Innovationsfonds mit verantwortlich (siehe >> Kap. D.1.3.4).
- Schließlich werden **Vorgaben** bzgl. Schutzimpfungen oder der ambulanten Palliativversorgung vom GBA gemacht.

Zur Unterstützung des GBA wurde 2004 das **Institut für Qualität und Wirtschaftlichkeit im Gesundheitswesen (IQWiG)** gegründet. Neben allgemeinverständlichen Gesundheitsinformationen für alle Bürgerinnen und Bürger erstellt das Institut evidenzbasierte (durch Beleg gestützte) Gutachten u. a. zu:

- Arzneimitteln
- nichtmedikamentösen Behandlungsmethoden (z. B. Operationsmethoden)

- Verfahren der Diagnose und Früherkennung (Screening)
- Behandlungsleitlinien und Disease Management Programmen (DMP).

3.2.4 Umverteilungen in der GKV

Jede Versicherung hat einen impliziten originären Umverteilungszweck. In einer Krankenversicherung zahlen Gesunde für Kranke und damit biologisch bedingt auch junge Menschen für ältere. Durch die kollektive, einkommensabhängige Beitragsfinanzierung und Ausgestaltung der GKV als Familienversicherung ergeben sich indes weitere **sekundäre Umverteilungseffekte**:

- Bezieher hoher Einkommen zahlen für Bezieher geringer Einkommen oder Einkommensloser.
- Kinderlose zahlen für Familien, was zugleich ein Instrument der Familienförderung ist.
- Da die Beiträge im Wesentlichen aus dem „Einkommen aus abhängiger Beschäftigung" und „Renten" gezahlt werden, ergibt sich zudem eine Umverteilungswirkung zwischen den Einkommensarten, denn Einkommen aus „Vermietung und Verpachtung" oder „Kapitaleinkünften" sind beitragsfrei.

Dabei werden für die **Beitragsberechnung folgende Einnahmen** zugrunde gelegt:

- Bei Arbeitnehmern das Arbeitseinkommen aus der versicherungspflichtigen Beschäftigung bis zur Beitragsbemessungsgrenze.
- Bei Rentnern der Zahlbetrag der gesetzlichen Rentenversicherung oder vergleichbarer Versorgungsbezüge sowie das Arbeitseinkommen, das neben einer Rente oder Versorgungsbezügen erzielt wird.
- Bei Beziehern von Arbeitslosengeld zahlt die Bundesagentur für Arbeit als Höchstzuschuss maximal 80 % der Beitragsbemessungsgrenze, den Zusatzbeitrag muss der Arbeitslose selbst zahlen.
- Für Bezieher von Arbeitslosengeld II und deren Haushaltsmitglieder, sofern diese nicht selbst versichert sind, wird eine Pauschale in Höhe von 90 € als Zuweisung des Bundes gezahlt.
- Für versicherungspflichtige Studentinnen und Studenten dient der BAföG-Bedarfssatz als Bemessungsgrundlage. Auf diesen Betrag werden 70 % des allgemeinen gesetzlichen Beitragssatzes berechnet. Hinzu kommt noch der kassenindividuelle Zusatzbeitrag.

Beispiel

Der BAföG-Bedarfssatz 2017 beträgt 649,00 €. 70 % des allgemeinen gesetzlichen Beitragssatzes (14,6 % • 0,7 =) 10,22 % plus der durchschnittliche Zusatzbeitrag von 1,1 %, ergibt einen Gesamtbeitragssatz von 11,32 %. So sind in Summe 73,47 € zu zahlen.

Wollte man die sekundären Umverteilungseffekte vermeiden, müsste die Ausgestaltung der Beitragserhebung in eine **einkommens*un*abhängige Kopfpauschale** geändert werden. Die Einkommensumverteilung wäre dann dem Steuer- und Transfersystem überlassen.

3.2.5 Finanzierung nach Leistungsfähigkeit

Ein Kernelement der GKV, die Finanzierung nach Leistungsfähigkeit, gilt faktisch nur eingeschränkt. So werden z. B. Einkünfte aus Vermietung und Verpachtung oder aus Kapitalvermögen nicht zur Beitragsbemessung herangezogen. Dies ist lediglich bei freiwillig in der GKV Versicherten der Fall. Hier wird die Beitragsbemessung durch den GKV-Spitzenverband festgelegt, und dabei soll die Beitragsbemessung die gesamte wirtschaftliche Leistungsfähigkeit des freiwilligen Mitglieds berücksichtigen, also auch andere Einkunftsarten als die Einkünfte aus abhängiger Beschäftigung.

So besteht eine einseitige **Diskriminierung einer spezifischen Einkunftsart** bzw. die Privilegierung von Nicht-Arbeitseinkünften. Arbeitseinkünfte sind kein hinreichender Indikator für die wirtschaftliche Leistungsfähigkeit. Maßgeblich sind das Gesamteinkommen und damit auch die Vermögenssituation, die z. B. zu Einkünften aus Vermietung und Verpachtung oder aus Kapitalvermögen führt. Hieraus wird häufig die Forderung abgeleitet, auch andere Einkunftsarten in die Beitragsfinanzierung mit einzubeziehen. Möchte man auf die Summe aller Einkünfte als Basis für die Beitragserhebung abstellen, ergeben sich indes erhebliche Probleme.

Durch die beitragslimitierende Wirkung der Beitragsbemessungsgrenze würden Bezieher hoher Einkommen nicht zusätzlich belastet, Bezieher von Einkommen unterhalb dieser Grenze mit ergänzenden Einkunftsquellen indes wohl. Als Lösung dieser verteilungspolitischen Problematik werden sodann **„Säulenmodelle"** ins Feld geführt, bei denen die unterschiedlichen Einkunftsarten je für sich zur Beitragserhebung herangezogen werden. Insgesamt würde die Komplexität des Finanzierungssystems extrem zunehmen – allein wenn man die steuerliche Problematik der Festsetzung der Einkommen aus Gewerbebetrieb oder selbstständiger Arbeit sowie die Möglichkeiten steuerlicher Verlustverrechnungen bedenkt. Bereits heute sind die Verteilungswirkungen der Sozialversicherungssysteme extrem intransparent.

Eine andere Lösung wäre die Erhebung **einkommensunabhängiger Beiträge**. Diese hätten die Vorteile einer von externen Faktoren (Konjunktur etc.) unabhängigen Finanzierungsbasis und einer konsequenten Loslösung der Gesundheitskosten von den Arbeitskosten. Ferner würde eine Gleichbehandlung aller Einkommensquellen erfolgen und die Beitragserhebung wäre administrativ denkbar einfach.

Einkommensunabhängige Beiträge werden zumeist als **Prämienmodell oder Kopfpauschalen** bezeichnet, wobei es sich dem Charakter nach weiterhin um Beiträge handelt. Die gängigsten Ausgestaltungsvorschläge sehen einheitliche Prämien pro Versicherten vor, deren Höhe durch die durchschnittlichen Ausgaben pro Kopf determiniert wird, ergänzt um einen steuerfinanzierten Sozialausgleich, um eine finanzielle Überforderung von Versicherten mit geringem Einkommen zu vermeiden.

Einer Verlagerung der **Umverteilung** aus der Sozialversicherung in das Steuersystem wird häufig entgegengehalten, dass das Steuersystem nicht gerecht sei mit seiner Komplexität und zahlreichen Gestaltungsmöglichkeiten. Dies ist zwar richtig, da die Komplexität des Steuersystems per se keine einheitliche, willkürfreie Besteuerung mehr gewährleistet und die Komplexität als solche über die Jahre hinweg der Bedienung diverser Partikularinteressen geschuldet ist. Die ordnungspolitische Schlussfolgerung müsste gleichwohl eine umfassende Steuerrechtsreform sein. Dann könnte der erforderliche Ausgleich der wirtschaftlichen Belastung zwischen einkommensstarken und -schwachen Haushalten bei entsprechender Ausgestaltung zielgenauer durch das Steuer- und Transfersystem geregelt werden.

3.2.6 Gesundheitsfonds und Risikostrukturausgleich

Auch über den 2009 eingeführten **Gesundheitsfonds** werden Gelder umverteilt. Die Beiträge zu den gesetzlichen Sozialversicherungen werden von den Arbeitgebern direkt eingezogen und an die Krankenkassen als Einzugsstelle gezahlt. Diese wiederum leiten die Gelder zunächst weiter an den Gesundheitsfonds, der als Geldsammel- und -verteilungsstelle fungiert. Zusätzlich zu den Beitragseinnahmen zahlt der Staat Steuergelder zum Ausgleich für versicherungsfremde Leistungen (z. B. beitragsfreie Mitversicherung von Ehegatten und Kindern, Gesundheitsbehandlung von Migranten) in den Fonds. Relativ geringere Bedeutung haben weitere Zahlungen durch andere Sozialversicherungen oder Sozialämter.

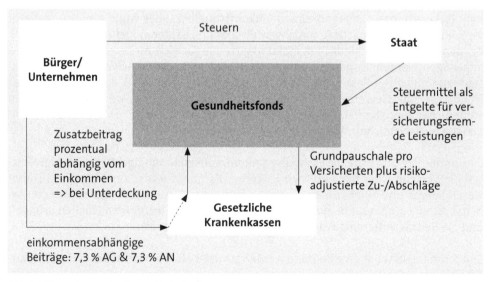

Abb. B9: Finanzierung des Gesundheitsfonds

Die Gesamtsumme der Einnahmen des Fonds wird nun wiederum auf die gesetzlichen Kassen verteilt. Diese erhalten Pauschalen pro Versichertem, eine morbiditätsorientierte Zuweisung, durch die der **Risikostrukturausgleich (Morbi-RSA)** erfolgt.

 MERKE

Risikostrukturausgleich: Um Krankenkassen, die dem Kontrahierungszwang unterliegen, nicht finanziell zu benachteiligen, weil sie überdurchschnittlich viele alte und multimorbide Versicherte („schlechte Risiken") und damit höhere Ausgaben haben, bekommen diese je nach Altersstruktur und Morbidität der Versicherten zusätzliche finanzielle Zuweisungen. Es werden also Unterschiede in der Versichertenstruktur zwischen einzelnen Kassen ausgeglichen, d. h. Krankenkassen mit kränkeren Versicherten bekommen mehr Geld als die mit gesünderen.

Faktisch ist der Risikostrukturausgleich der Versuch, eine **Risikoäquivalenz** bei der Verteilung der Finanzmittel herzustellen, die es infolge der nur einkommensabhängigen Beiträge auf der Einnahmenseite nicht gibt. Durch den Risikostrukturausgleich wird dem Anreiz der Krankenkassen zur Risikoselektion entgegengewirkt. Ein quasi perfekter Risikostrukturausgleich, durch den das Ausgabenrisiko vollständig ausgeglichen wäre, hätte zur Folge, dass es keine „guten" und „schlechten" Risiken mehr gäbe.

Die **Zuweisungen** an die Krankenkassen bestehen aus folgenden **Komponenten**:

▸ eine einheitliche Grundpauschale für alle Versicherten in Höhe der durchschnittlichen Pro-Kopf-Ausgaben in der GKV; in 2017 waren dies 249,08 € pro Monat

▸ eine einheitliche Pauschale für alle Versicherten für Verwaltungsausgaben

▸ eine Pauschale für Versicherte, die an einem strukturierten Behandlungsprogramm (DMP) teilnehmen

▸ Zuweisungen mit unterschiedlichen Zu- oder Abschlägen in Abhängigkeit von Alter, Geschlecht, Bezug einer Erwerbsminderungsrente und Erkrankungen der Versicherten.

Letztere Zuweisungen werden anhand von 80 ausgewählten, besonders schwerwiegenden und kostenintensiven Krankheiten und deren gemessene Krankheitslast berücksichtigt. So betrug der Zuschlag für einen HIV-Infizierten mit Dauermedikation 2016 rund 1.392 €, für Patienten mit Dialysestatus 3.700 € monatlich.

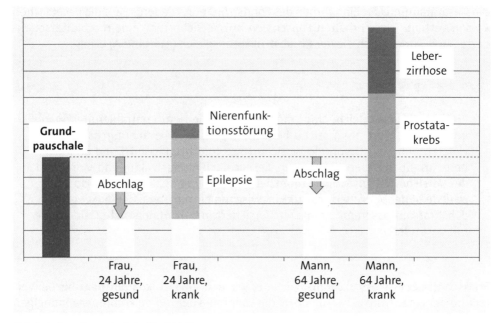

Abb. B10: Zuweisungslogik im Morbi-RSA
Quelle: *BVA (2010)*

Ein vollumfänglicher Risikostrukturausgleich kann infolge der eher **groben Parameter** nicht gelingen. So ist z. B. eine unterschiedliche regionale Inanspruchnahme von Leistungen nicht abgedeckt, denn bisher richten sich die Ausgleichszahlungen nur nach bundesweiten durchschnittlichen Behandlungskosten. Kassen mit vielen Versicherten in Ballungszentren sind dadurch benachteiligt, denn dort sind die Behandlungskosten überdurchschnittlich wegen des höheren Angebots an Krankenhäusern und Arztpraxen. Auch bietet der so gestaltete RSA einen Anreiz für Krankenkassen, die Ärzte zu motivieren, dass sie ihre Versicherten kränker darstellen, als sie tatsächlich sind.

3.2.7 Paritätische Finanzierung

Seit Erlass des „Gesetzes betreffend die Krankenversicherung der Arbeiter" unter Reichskanzler *Otto von Bismarck* im Jahr 1883 sollen die Beiträge zur Krankenversicherung von Arbeitnehmern und Arbeitgebern gemeinsam bezahlt werden. Die **paritätisch getragene Beitragsfinanzierung** gehört zu den Grundprinzipien der Sozialversicherungen insgesamt. Ihr liegt die Idee der Kostenteilung zugrunde. Bei genauer ökonomischer Betrachtung indes ist die Parität eine Schimäre.

Für Arbeitgeber sind die gesamten Arbeitskosten und nicht der Bruttolohn relevant, denn der Arbeitgeberbeitrag schlägt sich voll als Aufwand in der Gewinn- und Verlustrechnung nieder. Er ist damit **kalkulatorisch Lohnbestandteil** und muss durch die Produktivität der Angestellten selbst erwirtschaftet werden. Wäre dies nicht der Fall, würde sich die Beschäftigung nicht lohnen, mithin würden Arbeitsplätze abgebaut.

Hinzu kommt, dass 2005 ein **Sonderbeitrag** der Versicherten in Höhe von 0,9 % eingeführt wurde. Dies erfolgte explizit auch mit dem Bestreben, die Lohnnebenkosten nicht weiter steigen zu lassen und negative Auswirkungen auf den Arbeitsmarkt zu vermeiden. Dieser Sonderbeitrag wurde in seiner Ausgestaltung durch mehrere Reformen geändert und ist nunmehr seit Anfang 2015 der prozentuell vom Einkommen zu erhebende **Zusatzbeitrag**. Dieser ist weiterhin allein von den Arbeitnehmern zu zahlen und wird von den Krankenkassen erhöht, sofern die Zuweisungen aus dem Gesundheitsfonds nicht Kosten deckend sind. Sie sind damit quasi das Element des Preiswettbewerbs zwischen den Kassen.

Von steigenden Gesundheitsausgaben sind die Arbeitgeber somit nur noch durch die Erhöhungen der **Beitragsbemessungsgrenze** betroffen, jedoch nur bei jenen Mitarbeitern, die mehr als diese verdienen. Und **höhere Gehälter** führen zu steigenden Lohnnebenkosten, sofern die Beschäftigten weniger als die Beitragsbemessungsgrenze verdienen.

Beispiel

	2016	2017	2016	2017
Gehalt	5.000	5.200	4.000	4.200
AG-Anteil KV	7,3 %	7,3 %	7,3 %	7,3 %
BBG	4.237,50	4.350,00	4.237,50	4.350,00
Lohnnebenkosten KV	**309,34**	**317,55**	**292,00**	**306,60**

Schließlich ist die Parität auch deshalb eine Fiktion, weil der **Staat** in erheblichem Maße an der Finanzierung der GKV beteiligt ist. So stammt ein nicht unerheblicher Teil der Beiträge aus öffentlichen Kassen, denn diese zahlen für Empfänger von Arbeitslosengeld und Sozialhilfe. Seit 2004 leistet der Bund einen Zuschuss an den Gesundheitsfonds zur pauschalen Abgeltung von versicherungsfremden Leistungen. 2017 betrug der **Bundeszuschuss** 14,5 Mrd. €, knapp 7 % der Leistungsausgaben. Als ein Element zur Vermeidung eines Lohnkostenanstiegs wird er weiter ansteigen, auch wenn er infolge der guten Einnahmesituation der GKV zwischenzeitlich gesenkt wurde.

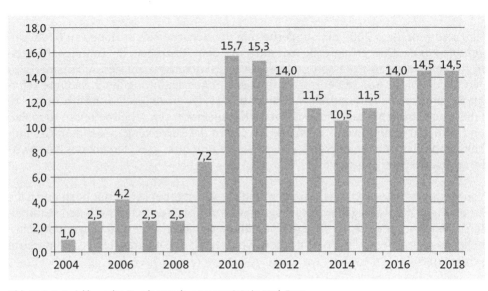

Abb. B11: Entwicklung des Bundeszuschusses zur GKV in Mrd. Euro
Quelle: *Bundesgesundheitsministerium (2017)*

3.3 Reformnotwendigkeit aus ökonomischer Perspektive

Unter kritischem ökonomischem Blickwinkel offenbaren sich erhebliche Schwachstellen der GKV, die einerseits erhebliche Ineffizienzen und damit Ressourcenverschwendung zur Folge haben, andererseits die Finanzierungsgrundlagen direkt gefährden. So liegt der GKV faktisch eine **Flatrate-Finanzierung** zugrunde, was zu einer **versicherungsinduzierten Nachfrage führt**. Der (zwangs-)versicherte Bürger zahlt Beiträge und nimmt nun Gesundheitsleistungen bis zur Sättigungsmenge in Anspruch, z. B. beim Aufsuchen eines Arztes. Er erwartet infolge seiner Beitragszahlungen die beste Leistung quasi zum „Nulltarif" (**Anspruchsdenken**). Ein Nachfrage-Begrenzungsfaktor ist häufig lediglich die Zeit der Patienten.

Auch wenn es im SGB V § 1 Satz 2 heißt: *„Die Versicherten sind für ihre Gesundheit mitverantwortlich; sie sollen durch eine gesundheitsbewusste Lebensführung, durch frühzeitige Beteiligung an gesundheitlichen Vorsorgemaßnahmen sowie durch aktive Mitwirkung an Krankenbehandlung und Rehabilitation dazu beitragen, den Eintritt von Krankheit und Behinderung zu vermeiden oder ihre Folgen zu überwinden."* Es entsteht trotzdem **„Moral-Hazard-Verhalten"**, denn eine ungesunde Lebensweise oder andere gesundheitsgefährdende Gesundheitsrisiken werden nicht spürbar sanktioniert.

Die Herstellung von **„Handlung und Haftung"** geschieht lediglich **in Ausnahmefällen**. Entsteht z. B. ein Behandlungsbedarf infolge von ästhetischen Eingriffen (Piercing, Tätowierung), sind die Kosten vom Patienten zu übernehmen. Bei Lebertransplantationen wird bei der Auswahl der Empfänger negativ berücksichtigt, wenn die Leber durch Alkohol geschädigt wurde. Bei chronisch Erkrankten gilt die Reduzierung der Belastungsgrenze auf 1 % nicht, wenn an hierfür vorgesehenen Früherkennungsuntersuchungen nicht teilgenommen wird.

Auch bestehen diverse **Organisationsdefizite**:

- Die wirtschaftliche Leistungsfähigkeit eines Haushaltes ergibt sich aus der Summe der Einkünfte. Eine tatsächliche **Finanzierung nach Leistungsfähigkeit** ist mithin nicht gegeben, solange nicht alle Einkommensarten zur Finanzierung herangezogen werden.

- Das **Sachleistungsprinzip** führt dazu, dass der Bürger keinerlei Transparenz bzgl. der tatsächlichen Kosten der Leistungen und dem, was abgerechnet wurde, erhält. Dies beinhaltet Anreize zu Falschabrechnungen der Leistungserbringer. Zugleich setzt dieses Prinzip eine erhebliche Regelungsintensität voraus, denn Art, Inhalt, Qualität und Vergütung der Leistungen müssen zwischen Versicherungsträger und Leistungserbringer ausgehandelt werden.

- Infolge der **nicht durchgängigen Versicherungspflicht** erfolgt eine „adverse (negative) Selektion" zulasten der GKV. In die PKV wechseln systembedingt Mitglieder, die ansonsten in der GKV den Maximalbeitrag zahlen würden, die tendenziell weniger Kinder haben und die überdurchschnittlich gesund sind.

- Die Möglichkeit der **angebotsinduzierten Nachfrage** wird dadurch optimiert, dass die Patienten infolge der vollständigen Kostenübernahme absolut preisunelastisch bzgl. der Leistungsinanspruchnahme sind. Es entsteht ein zweiter Moral-Hazard-Effekt: Ärzte werden weniger Bedenken haben, unnötige Leistungen zu erbringen, da der Patient sie nicht selbst zahlen muss.

- **Sektorspezifische Regulierungen und Vergütungen** erschweren eine Integrierte Versorgung (§§ 140a ff. SGB V), also die Verknüpfung von Wertschöpfungsstufen im Gesundheitswesen. Sektorale Budgetierungen hingegen bieten Anreize, besonders komplexe Patienten in ein anderes Finanzierungssystem zu überweisen.

Schließlich bleibt festzuhalten, dass die **beitragspflichtigen Einnahmen** der GKV-Mitglieder im Verhältnis zum BIP unterproportional ansteigen. Wesentliche Gründe sind einerseits niedrige Tarifabschlüsse und die Zunahme von Teilzeit- oder geringfügen Beschäftigungsverhältnissen, bei gleichem Leistungsanspruch. Andererseits entstehen durch Einkommenserhöhungen oberhalb der Bemessungsgrenze keine zusätzlichen Einnahmen.

3.4 Umlageverfahren und Demografie

Ein Kernproblem der absehbaren **demografischen Entwicklung**, also das Altern der Bevölkerung bei gleichzeitigem Bevölkerungsrückgang, liegt in der einkommensabhängigen **Umlagefinanzierung** der Sozialversicherungen. Heutige Ausgaben werden durch die aktuellen Einnahmen finanziert. So ist absehbar, dass die Beiträge bei einer schrumpfenden Anzahl der Beitragszahler (Berufstätige) und steigenden Anzahl der Leistungsempfänger (Rentner, altersbedingt mehr Kranke und Pflegebedürftige) steigen werden.

Basiert die Finanzierung auf einem Umlageverfahren, ist offenbar, dass die nachkommenden jungen Generationen stärker belastet werden. Sie werden höhere Beiträge zahlen müssen, jedoch im Alter selbst ein geringeres Leistungsniveau bekommen. Dies ist eine Entwicklung, die auch vor dem Hintergrund der **Generationengerechtigkeit** sehr kritisch zu sehen ist.

 MERKE

Generationengerechtigkeit ist ein (unbestimmtes!) ethisches Konzept. Aus allgemeiner ökonomische Perspektive ließe es sich interpretieren als nachhaltiges wirtschaftliches Handeln. Leistungen und Gegenleistungen sollten über Generationen hinweg ausgeglichen sein, was der Fall wäre, wenn künftige Generationen bei gleicher Abgabenlast dieselben Leistungen von der staatlichen Gemeinschaft erhalten könnten wie die heute lebenden Generationen.

Das **Problem einer Umlagefinanzierung** im Fall einer massiven Alterung der Gesellschaft trifft somit auch die Gesetzliche Krankenversicherung doppelt. Die Zahl der Beitragszahler nimmt stetig ab, und in einer alternden Gesellschaft wird die Nachfrage nach Gesundheitsleistungen ansteigen. So steigt Schätzungen zur Folge die Zahl der über 65-Järigen um über 30 % bis 2060, während der Anteil der 20- bis 64-Jährigen um 30 % sinkt.

Die zunehmende Zahl von Rentnern ist auch problematisch, da ihre Beiträge deutlich geringer sind als die der Beschäftigten. Sie decken im Durchschnitt weniger als die Hälfte der für sie entstehenden Kosten. Jüngere Erwerbstätige leisten über den Lebenszyklus betrachtet einen Nettotransfer zugunsten älterer Kohorten. Es besteht eine **intergenerative Umverteilung**, eine Nachhaltigkeitslücke.

 MERKE

Steigt die Nachfrage demografiebedingt weiter an, sind die mittelfristigen Folgen entweder steigende Beitragssätze und/oder erhöhte Beitragsbemessungsgrenzen und/oder ein reduziertes Leistungsniveau durch Ausdünnung des Regelleistungskatalogs und/oder Rationierung.

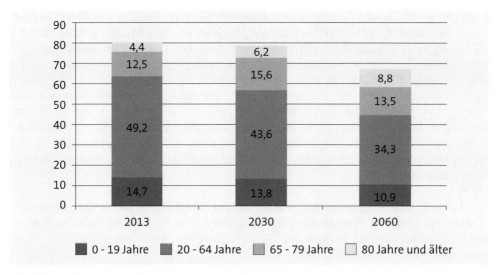

Abb. B12: Bevölkerungsentwicklung Deutschland in Mio.
Quelle: *Statistisches Bundesamt (2015)*

Dabei ist zu konstatieren, dass die demografische Situation mit Blick auf die aktuelle Finanzausstattung der Sozialversicherungen geradezu ideal ist. Die geburtenstarken Jahrgänge sind noch Beitragszahler und in einem Alter, in dem sie – über den Lebenszyklus betrachtet – die höchsten Einkommen erzielen. Dies und die im internationalen Vergleich außergewöhnlich gute Arbeitsmarktlage sind schlussendlich für die aktuellen **Überschüsse der Sozialversicherungen** ursächlich.

Auch wenn das erste Kostendämpfungsgesetz bereits 1977 verabschiedet wurde, haben die **Reformansätze** der vergangenen Jahrzehnte die genannten Ursachen der Finanzprobleme der GKV nicht beseitigt. Sie waren vorwiegend darauf gerichtet, Einnahmen auszuweiten, z. B. durch Anheben des Beitragssatzes und der Beitragsbemessungsgrenze, oder Ausgaben zu beschränken, z. B. durch eine weitere Begrenzung erstattungsfähiger Leistungen oder Ausweitung von Zuzahlungen und Budgetierungen.

 MERKE

Budgetierung: Eine interne Budgetierung bedeutet, dass innerhalb eines Unternehmens finanzielle Mittel für einen bestimmten Zeitraum auf Abteilungen oder Projekte verteilt werden. Das dient u. a. der Kostenkontrolle, was auch für externe Budgets gilt. Eine externe Budgetierung liegt z. B. vor, wenn Kliniken gezwungen sind, mit den Kassen ein Budget über die maximalen Kosten ihrer zu erbringenden Leistungen abzuschließen.

Auch **externe Budgets** werden die Nachfrage nach Gesundheitsleistungen dauerhaft nicht bremsen. Die demografiebedingte Alterung der Gesellschaft und der medizinische Fortschritt führen zu einem überproportionalen Wachstum; der Anteil der Gesundheitsausgaben am BIP wird weiter steigen. Dies dürfte auch der Präferenz der Bevölkerung für eine qualitativ hochwertige medizinische Versorgung entsprechen.

Das Ziel der Beitragsstabilität und eine Orientierung am Wachstum der beitragspflichtigen Einnahmen der GKV implizieren einen **Zwang zu Kostenbegrenzungen** und führen schließlich zu einer Unterversorgung der Bevölkerung mit Gesundheitsdienstleistungen. Erfolgt keine Orientierung an der Morbiditätsentwicklung liegt das Risiko steigender morbiditätsbedingter Ausgaben bei den Leistungsanbietern. Diese indes haben kaum Möglichkeiten durch Arbeitskräfte sparenden technischen Fortschritt zu rationalisieren.

Betrachtet man die Ausgestaltungsmerkmale der PKV, dann ist sie ziemlich genau das marktwirtschaftliche **Gegenmodell der GKV**. Bei einem ökonomischen Vergleich der beiden Systeme werden Vorteile der PKV sichtbar, die zugleich als Ansätze für Reformoptionen der GKV dienen könnten.

4. Private Krankenversicherung (PKV)

Personen, die nicht der gesetzlichen Versicherungspflicht unterliegen, sind seit 01.01.2009 verpflichtet, eine private Krankenvollversicherung abzuschließen. Diese muss mindestens die Kosten der ambulanten und stationären Behandlung abdecken. Die Privaten Krankenversicherungen hatten 2015 rund **8,8 Mio. Vollversicherte**. Unter den Vollversicherten waren rund 49 % mit Anspruch auf Beihilfe und 51 % ohne, also Selbstständige und abhängig Beschäftigte mit einem Einkommen oberhalb der Versicherungspflichtgrenze.

Zudem besteht die Möglichkeit, private Kranken-Zusatzversicherungen abzuschließen, z. B. für Leistungen, die nicht im GKV-Regelleistungskatalog enthalten sind oder ergänzende Serviceleistungen (z. B. Chefarztbehandlung). Rund 18,9 Mio. GKV-Versicherte haben **Zusatzversicherungen zum GKV-Schutz** bei Privaten Krankenversicherungen abgeschlossen. Davon entfallen rund 52 % auf Zahntarife, 27 % auf ambulante Tarife und 21 % auf Tarife für Wahlleistungen im Krankenhaus.

Die wichtigsten Privaten Krankenversicherungen sind im **Verband der Privaten Krankenversicherung** zusammengeschlossen. Er hat 41 ordentliche und sieben außerordentliche Mitglieder (Versicherungsunternehmen, die die Krankenversicherungen zusammen mit einem anderen Versicherungszweig betreiben). Zudem gibt es zwei verbundene Einrichtungen (Krankenversorgung der Bundesbahnbeamten, Postbeamtenkrankenkasse).

Die einzelnen PKV-Versicherten sind direkt Vertragspartner der jeweiligen Leistungserbringer (Ärzte, Krankenhäuser). **Versorgungsverträge** zwischen den Krankenversicherungen und den Leistungserbringern gibt es nicht; die Regulierungsintensität ist gering. Dies führt indes dazu, dass abgerechnete ambulante Leistungen i. d. R. teurer sind als die für gesetzlich Versicherte. Die Versicherungen müssen jedes Honorar erstatten, das durch die Gebührenordnung für Ärzte (GoÄ) gedeckt ist.

In der PKV herrscht das **Individualprinzip** vor. Auch wird auf individuelle Vorsorge abgestellt. Das für den Einzelnen unkalkulierbare Krankheitsrisiko und deren finanzielle Folgen, werden anhand statistischer Daten für die Versichertengemeinschaft kalkulierbar. Entscheidend für die zu zahlende Prämie sind der gewählte Versicherungsumfang, das individuelle Krankheits- und damit Kostenrisiko sowie das Alter. Soziale Aspekt und die Einkommenshöhe bleiben unberücksichtigt. Schlussendlich muss die Beitragssumme der Versicherungsmitglieder eines bestimmten Tarifs (Kohorte) für die entstehenden Gesamtkosten ausreichen.

Grundsätzlich besteht **kein Kontrahierungszwang**. Übersteigt das Einkommen die Versicherungspflichtgrenze, kann ein Antrag bei einer Privaten Krankenversicherung gestellt werden. Es erfolgt jedoch zunächst eine gesundheitliche Überprüfung. Sind die Kostenrisiken für die Versicherung zu hoch, kann die Versicherung einen Vertragsabschluss ablehnen. Es bestehen indes **zwei Ausnahmen**. So besteht ein Kontrahierungszwang bzgl. der **Kindernachversicherung**. Ist bei Geburt ein Elternteil privat krankenversichert, ist auch das Neugeborene zu versichern.

Mit Einführung der Versicherungspflicht wurde den Privaten Krankenversicherungen ferner auferlegt, einen **Basistarif** einzuführen, dessen Beitragshöhe nicht den GKV-Höchstbeitrag übersteigen darf und dessen Leistungsspektrum dem der GKV entspricht. Risikozuschläge und Leistungsausschlüsse sind in diesem Tarif nicht zulässig und auch für diesen besteht ein Kontrahierungszwang. Auch beim **Standardtarif** sind die Leistungen mit denen der GKV vergleichbar. Er ist vor allem für ältere Versicherte gedacht, die vorher bereits seit vielen Jahren privat versichert waren, denen aber der Beitrag zu hoch geworden ist. Die meisten Versicherten im Standardtarif zahlen durch die Anrechnung ihrer Alterungsrückstellungen einen geringeren als den Höchstbeitrag. Von den privat Krankenversicherten sind lediglich 0,5 % im Standardtarif und 0,3 % im Basistarif.

Das Nebeneinander einer staatlichen, kollektiven Zwangsversicherung und einer Privaten Krankenversicherung ist ökonomisch oder ethisch nicht zu begründen. Faktisch haben Bürger ab einem bestimmten Einkommen die Möglichkeit, sich von der Solidargemeinschaft zu verabschieden.

4.1 Zentrale Merkmale der PKV

Merkmale der PKV
Versicherungsmathematische Äquivalenz von Beitrag und Leistungen: Die zu zahlende Versicherungsprämie ist umso höher, je höher die Wahrscheinlichkeit einer Leistungsinanspruchnahme. Vor der Aufnahme in die PKV erfolgt eine gesundheitliche Prüfung. Wer Vorerkrankungen hat oder Risikosportarten betreibt, muss mehr zahlen. Künftige Preissteigerungen im Gesundheitswesen werden nicht einkalkuliert.

Merkmale der PKV
Wahlfreiheit: Anders als in der GKV herrscht auf Basis der vorgeschriebenen Mindestabsicherung Wahlfreiheit zwischen einer Vielzahl von Tarifen.
„Beitrags-Diskriminierung": Die Versicherungsprämie variiert nach gewähltem Leistungsumfang, individuellen Krankheitsrisiken und Alter, darf aber nicht mehr nach Geschlecht variieren (Unisex-Tarife). Nach Versicherungseintritt auftretende Erkrankungen haben keinen direkten Einfluss auf die Beitragshöhe.
Einkommen*un*spezifische Versicherungsprämie: Die Versicherungsprämie ist an keine bestimmte Einkunftsart gekoppelt.
Selbstbehalt: In der Regel besteht ein Selbstbehalt, d. h. bis zu einer vorher festgelegten Summe p. a. muss der Versicherte in Anspruch genommene Leistungen selbst bezahlen. Der Selbstbehalt darf 5.000 € pro Jahr nicht übersteigen.
Beitragsrückgewähr: In der Regel wird vertraglich vereinbart, dass der Versicherte einen Teil seiner Beiträge zurückerhält, wenn er innerhalb eines Jahres keine Leistungen in Anspruch nimmt oder für in Anspruch genommene Leistungen keine Rechnungen einreicht.
Arbeitgeberzuschuss: Privat Krankenversicherte erhalten von ihrem Arbeitgeber einen Beitragszuschuss in Höhe des hälftigen allgemeinen Beitragssatzes der GKV, höchstens jedoch in Höhe der Hälfte des Betrages, den der Beschäftigte für seine Krankenversicherung zu zahlen hat.
Wartezeiten: Tritt ein Versicherter einer Privaten Krankenversicherung bei, gelten mit Beginn allgemeine (drei Monate) und für bestimmte Leistungen (Zahnersatz) ggf. vom Tarif abhängige Wartezeiten, in denen noch keine Leistungspflicht des Versicherers besteht.
Grundsätzliches Kostenerstattungsprinzip: Die Versicherten zahlen die in Anspruch genommenen Leistungen direkt an den Leistungserbringer, danach reichen sie die Rechnungen bei ihrer Privaten Krankenversicherung ein und erhalten eine Kostenerstattung. Direktabrechnungen sind ggf. bei aufwändigen Krankenhausbehandlungen möglich.
Individualversicherung: Der Versicherungsschutz bezieht sich nur auf den Versicherten. Kinder und ggf. nicht berufstätige Ehegatten müssen separat versichert werden.
Kapitaldeckungsverfahren: Für jeden Versicherten wird ein Kapitalstock aufgebaut.

 MERKE

Unisex-Tarife: Die Behandlungskosten von Frauen liegen zwar im Durchschnitt über denen von Männern. Infolge eines Urteils des Europäischen Gerichtshofs muss die Beitragsberechnung der Privaten Krankenversicherung aber seit Ende 2012 geschlechtsneutral erfolgen.

4.2 Ökonomischer Vergleich PKV versus GKV

Ein wesentliches Merkmal ist das **Kapitaldeckungsverfahren**, denn anders als die GKV ist die PKV nicht über ein Umlageverfahren finanziert. Es wird ein individueller Kapitalstock für die Versicherten angespart. In jungen Jahren zahlen die Versicherten mehr, als durchschnittliche Kosten entstehen. Der Kapitalstock wird ab dem 65. Lebensjahr abgebaut, wenn die Leistungsinanspruchnahmen steigen. Dadurch wird die zu zahlende Beitragshöhe über den Lebensverlauf geglättet. Deutlich wird dies auch daran, dass sich die Beitragseinnahmen der PKV 2015 für Vollversicherungen auf 25,8 Mrd. € beliefen; die Zuführungen zu Altersrückstellungen betrugen 11,3 Mrd. €. Die Summe der Alterungsrückstellungen betrug 189 Mrd. €. Ein wesentlicher Teil der Einnahmen der PKV sind mithin Kapitalerträge (8,8 Mrd. €).

Abb. B13: Einnahmen und Ausgabensystematik der PKV
Quelle: *PKV (2015)*

Durch die **Bildung und Auflösung von Rückstellungen** unterscheiden sich auch die Gesamtaufwendungen und -leistungen der Privaten Krankenversicherungen. Die Bildung von Rückstellungen stellt Aufwand in der Gewinn- und Verlustrechnung dar. Ausschüttungen aus Rückstellungen indes gehören zu den Leistungen. Mittel zur Beitragslimitierung sind indirekte Leistungen, da sie nicht an die Versicherten ausgezahlt werden.

Durch die Bildung eines Kapitalstocks ist die PKV weniger anfällig für die entstehenden Lasten aus der **demografischen Entwicklung**. Weitere zentrale Vorteile sind:

► In der Regel ist eine Vollversicherung der PKV mit einem **Selbstbehalt** verbunden. Dies führt zu einem sparsameren Verhalten; unnötige Arztbesuche werden vermieden.

► Die gleiche Wirkung hat die Möglichkeit der **Beitragsrückgewähr**.

► In begrenztem Rahmen findet das Prinzip von **„Handlung und Haftung"** seinen Niederschlag, da gesundheitsgefährdendes Verhalten (z. B. Risikosportarten) durch höhere Beitragszahlungen sanktioniert wird.

▸ Das **Kostenerstattungsprinzip** hat den Vorteil, dass der Versicherte Transparenz über die erbrachten Leistungen und deren Kosten erhält. Dies ermöglicht eine direkte Kontrolle und führt zu einer Sensibilität hinsichtlich der Kosten bzw. des Wertes der erbrachten Leistungen. Anders als beim **Sachleistungsprinzip** ist es aber mit mehr Verwaltungsaufwand für die Versicherten verbunden, die zudem i. d. R. die Rechnungsbeträge vorauszahlen müssen.

▸ Die Vollversicherten der PKV haben einen definierten Mindestschutz, können aber bzgl. der **detaillierten Ausgestaltung des Leistungsspektrums** frei wählen.

Abb. B14: GKV und PKV im Vergleich

Der Wettbewerb innerhalb der PKV ist indes eingeschränkt. Bis zum 01.01.2009 konnten Versicherte die gebildeten Altersrückstellungen bei einem Versicherungswechsel nicht mitnehmen. Ein Wechsel war für sie mit zunehmender Versicherungsdauer immer unattraktiver. Der Wettbewerb um Versicherte fand weitestgehend auf der Ebene der neu zu Versichernden statt. Für ab 2009 abgeschlossene Verträge besteht nunmehr eine eingeschränkte **Portabilität der Altersrückstellungen**. Sie dürfen zu einem anderen Versicherungsunternehmen mitgenommen werden, allerdings nur in dem Umfang, wie er dem Basistarif entspricht. Es ist eine kurios anmutende Situation, dass faktisch der Wettbewerb um bereits Versicherte in der GKV intensiver ist als in der PKV.

4.3 Bürgerversicherung und Kopfpauschale

Immer wieder diskutierte und von einzelnen Parteien vertretende Reformansätze für das Gesundheitswesen werden häufig unter den Begriffen **Bürgerversicherung** oder **Kopfpauschale** subsumiert. Bei genauer Betrachtung geht es bei der Kopfpauschale um eine Finanzierungsentscheidung (wie?), während es bei der Bürgerversicherung um eine Beteiligungsentscheidung geht (wer?). Beide Konzepte ließen sich mithin kombinieren. Dass die Kopfpauschale und Bürgerversicherung in der politischen Diskussion fast durchweg als Kontrapunkte dargestellt werden, ist bei objektiver Betrachtung nicht nachvollziehbar.

Während das Konzept einer Finanzierung via Kopfpauschale in der politischen Diskussion faktisch keine Relevanz mehr besitzt, genießen die Reformansätze, die in Richtung einer Bürgerversicherung gehen, ungebrochen Anziehungskraft. Sie beruhen zumeist argumentativ auf folgenden beklagten **Gerechtigkeitsdefiziten**:

▸ Die GKV-Versicherten würden gegenüber privat Versicherten bei der Terminvergabe durch die Ärzte benachteiligt. Auch erhielten Letztere umfangreichere Behandlungen.

▸ Schließlich ergibt sich durch die Möglichkeit zum Wechsel in die PKV eine adverse Selektion in Richtung einer ungleichen Verteilung von Risiken und Lasten zu Ungunsten der GKV.

Eine Bevorzugung von privaten gegenüber gesetzlichen Patienten liegt an den unterschiedlichen Möglichkeiten des abrechenbaren Leistungsvolumens und der Höhe der jeweiligen Leistungsvergütung. Damit verbunden ist im Übrigen bisweilen eine gesundheitlich kontraproduktive Überversorgung privat Versicherter. Eine **Vereinheitlichung der Vergütungssysteme** würde dieses Problem indes lösen, ohne dass dafür die PKV abgeschafft werden müsste (ausführliche hierzu siehe ≫ Kap. D.2.4).

Unstrittig ist, dass das Bestehen einer PKV eine **negative Selektion** zulasten der GKV zur Folge hat. Die Mitglieder der PKV verfügen systembedingt über höhere Einkommen und haben zudem im Durchschnitt weniger mitzuversichernde Familienmitglieder und ein geringeres Krankheitsrisiko. Eine Trennung in eine Soziale und Private Krankenversicherung war bereits mit der Einführung weder ordnungstheoretisch, noch ökonomisch oder ethisch zu begründen.

Der Konstruktion, einer Bevölkerungsgruppe aufgrund der Höhe ihrer Einkommen die Nichtteilnahme bzw. einen Austritt aus der Sozialversicherung zu ermöglichen, basiert auf dem **Grundgedanken**, dass die Bürger ab einer bestimmten Einkommenshöhe in der Lage sind, für sich selbst zu sorgen. Die Konsequenz wäre demnach eine Versicherungsplicht bis zu einer bestimmten – immer willkürlichen – Einkommenshöhe. Dies vernachlässigt jedoch, dass ein bestimmtes durch fiskalische Erwägungen festgelegtes Mindest-Einkommensniveau nicht automatisch in ausreichende Vorsorgeleistungen mündet. So müsste im Fall einer Bedürftigkeit bzw. mangelnden Krankheitsvorsorge im Alter, trotz hoher Einkommen in jungen Jahren, wieder die Allgemeinheit finanziell aufkommen. Eine allgemeine Versicherungspflicht indes widerspricht dem Grundgedanken der Selbstvorsorge diametral. Das bestehende System ist inkonsistent.

Damit läge eine Reform in Richtung einer alle Bürger umfassenden Krankenversicherung nahe, jedoch bestehen erhebliche **rechtliche und ökonomische Probleme**:

- **Vertrauens-/Bestandsschutz für Altverträge:** Bei der Einführung einer Bürgerversicherung stellt sich zwangsläufig die Frage, was mit den bestehenden Privatversicherungen geschieht. Juristisch nicht haltbar ist infolge eines Vertrauensschutzes von Altverträgen ein administrativ erzwungener Wechsel in die GKV. Beschränkt sich der Zwang zur GKV darauf, dass künftig niemand mehr der PKV beitreten darf, wäre die bestehende PKV infolge des fehlenden Nachwuchses aber nicht mehr finanzierbar, was dauerhaft faktisch auf ihre Abschaffung hinausliefe. Eine Krankenversicherung benötigt den Mix aus jungen und alten Versicherten zum Risiko- und Einnahmen-Kostenausgleich.

- Durch die im Grundgesetz separate Regelung des privatrechtlichen Versicherungswesens und der Sozialversicherung (GG Artikel 74 Abs. 1 Nr. 11 bzw. 12) dürfte eine **Verfassungsänderung erforderlich** sein. Rechtlich ist zudem die Berufsfreiheit von Anbietern Privater Krankenversicherungen tangiert.

- **Altersrückstellungen:** In der PKV wurden Altersrückstellungen in Höhe von rund 189 Mrd. € gebildet. Hier wird somit explizit dem Umstand Rechnung getragen, dass die Gesundheitsausgaben künftig weiter steigen werden. Juristisch unumstritten ist, dass diese Altersrückstellungen den privat Versicherten zustehen, mithin nicht als Verteilungsmasse der GKV zugeführt werden können. Somit stellt sich die Frage, was beim (erzwungenen) Übertritt von privat Versicherten in die GKV mit den Altersrückstellungen geschieht. Eine Ausschüttung wäre ökonomisch widersinnig.

- **Demografie-Problem:** Gerade weil in der Privaten Krankenversicherung ein Kapitalstock aufgebaut wird, ist diese deutlich unabhängiger von der demografischen Entwicklung. Ihre Auflösung zugunsten eines auf dem Umlageverfahren beruhenden Systems wäre ökonomisch kontraproduktiv.

- **Beamte/Pensionäre:** Wollte man die momentan privat (zusatz-)versicherten Beamten und Pensionäre in die GKV einbeziehen, bedingt das zunächst eine veränderte Fürsorgepflicht der Dienstherren. Diese müssten dann statt einer teilweisen Kostenübernahme (Beihilfe) im Krankheitsfall quasi einen Arbeitgeberanteil zahlen. Der Bund kann hier im Übrigen nur Regelungen für Bundesbeamte herbeiführen, nicht für diejenigen anderer Gebietskörperschaften.

- **Mehreinnahmen durch PKV:** Da die Vergütungen pro Fall für privat Versicherte deutlich höher liegen als für GKV-Versicherte, würden den Leistungserbringern mit Abschaffung der PKV erhebliche Mehreinnahmen fehlen. Dies gilt durch die Möglichkeit der (unbegrenzten) Einzelleistungsvergütung und höheren Vergütung von Leistungen insbesondere für ambulant tätige Ärzte, die Privatversicherte behandeln. Damit stellt sich die Frage, ob die Mehreinnahmen lediglich entfallen oder letztlich durch die GKV zu tragen wäre.

- **Umverteilungseffekte:** Schlussendlich würde das Umverteilungsvolumen durch die Bürgerversicherungsmodelle erheblich zunehmen. Ob dies dann gerechter oder ungerechter ist, ist letztlich nur normativ zu beantworten.

Als **Fazit** bleibt festzustellen, dass das Bürgerversicherungsmodell mit erheblichen rechtlichen Problemen behaftet wäre und dazu ökonomisch nicht sinnvoll ist.

4.4 Reformoptionen aus ökonomischer Perspektive

Vor dem Hintergrund einer wachsenden Nachfrage nach Gesundheitsleistungen und einer erodierenden Finanzierungsbasis müssten die Ziele von Reformen der GKV einerseits darin bestehen, **Ineffizienzen** und damit Verschwendung von Ressourcen zu vermeiden, mithin künftig erforderliche Rationierungen zu begrenzen. Andererseits sollte im Sinne einer ausgeglichenen intergenerativen Lastenverteilung die **Nachhaltigkeit** der Finanzierung befördert werden. Schließlich wäre es unter gesamtökonomischer Betrachtung einer ausgereiften, zur Stagnation neigenden Volkswirtschaft sinnvoll, **Wachstums- und Beschäftigungspotenziale** des Gesundheitswesens zu nutzen.

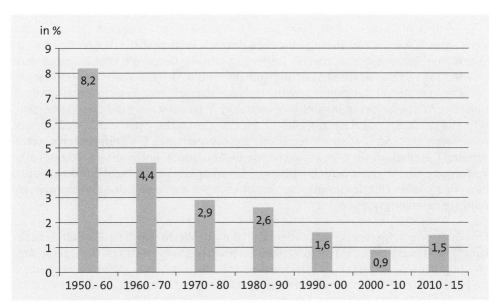

Abb. B15: Durchschnittliches BIP-Wachstum in Deutschland
Quelle: *Statistisches Bundesamt (2017)*

Gerade wenn der Fokus auf die Beseitigung von Ineffizienzen und Sicherung der Finanzierungsbasis gelegt wird, wird deutlich, dass bei einer Umgestaltung auf Elemente zurückgegriffen werden kann, die in der PKV bereits erfolgreich eingesetzt werden. Ökonomisch fundierte Reformbestrebungen zielen mithin eher in die Richtung einer **Optimierung der GKV**, um die Nachteile gegenüber der PKV zu nivellieren, nicht aber auf eine Abschaffung der PKV.

Bei den Bürgerversicherungsmodellen käme es zu einer Ausweitung des Umlageverfahrens. Das demografisch nachhaltigere Kapitaldeckungsverfahren würde an Bedeutung verlieren oder abgeschafft. Dabei führt eine Kapitaldeckung dazu, dass zumindest ein Teil der künftig auftretenden Krankheitskosten vorfinanziert wird. Jede **Ergänzung der**

GKV durch kapitalgedeckte Finanzierungselemente würde die rentennahen geburtenstarken Jahrgänge stärker an ihren eigenen Kosten beteiligen. Sie sind es schließlich, die zu wenige Kinder in die Welt gesetzt haben. Aus Sicht der jüngeren Generationen würde die negative intergenerative Lastenverteilung reduziert. Alternativ würde auch ein nach Alter steigender Beitragssatz bei gleichzeitiger Reduktion des Beitrages für jüngere Versicherte im Rahmen des Umlageverfahrens die Nachhaltigkeit der Finanzierungsbasis erhöhen. Eine politische Umsetzung derartiger Maßnahmen ist indes nicht zu erwarten, da die Generation „50 Plus" das größte Wählerpotenzial stellt.

Eine vollständig **risikoorientierte Prämie** wird in einer am Sozialprinzip manifestierten Krankenversicherung nicht möglich sein. Gleichwohl bleibt zu überlegen, ob eine Differenzierung der Beiträge hinsichtlich beeinflussbarer gesundheitlicher Risiken nicht sinnvoll wäre. Handlung und Haftung für eigenes Handeln würden an Bedeutung gewinnen.

Eine verursachungsgerechtere Finanzierung der Leistungsinanspruchnahme ergäbe sich ferner durch die **Einführung eines absoluten Selbstbehalts** (z. B. 500 € p. a.). Der allgemeine Beitragssatz würde im Gegenzug sinken. Durch die damit verbundene Umstellung auf das **Kostenerstattungsprinzip** erhöht sich die Kostensensibilität der Versicherten. Abrechnungsbetrug wird zumindest erschwert, Verschwendung durch unnötige Arztbesuche für Bagatellfälle reduziert. Insgesamt wäre das Gesundheitssystem stärker durch private Haushalte finanziert. Gesundheitspolitische Maßnahmen wären weniger rigide auf Kostenreduzierungen ausgerichtet. Die **Präferenzen einer alternden Gesellschaft** für eine ausreichende und qualitativ hochwertige Gesundheitsversorgung fänden mehr Berücksichtigung. Ein adäquates Instrument zur Vermeidung einer finanziellen Überforderung von ökonomisch Schwachen ist eine **einkommensabhängige Belastungsgrenze**.

Effizienzsteigerungen ließe sich zudem durch mehr **Wettbewerb im Bereich des Leistungsmarktes** erzielen, also beim Wettbewerb um Leistungsverträge. Durch eine Ausweitung der Möglichkeiten zu selektiven Verträgen zwischen Krankenversicherungen und Leistungserbringern wird die Heterogenität auch der Organisationsformen zunehmen; vielfältige Managed Care-Ansätze, wie in der Schweiz, wären möglich.

 MERKE

Managed Care bedeutet strukturiert geleitete Versorgung. Zumeist durch den Kostenträger arrangiert, erfolgt eine stärkere auf Selektivverträgen basierende horizontale wie vertikale Integration, was eine Einflussnahme auf den gesamten Prozess der Leistungserbringung impliziert. Leistungserbringer werden durch spezifische Vergütungsformen und finanzielle Anreize in Richtung einer kostengünstigen und gleichzeitig qualitativ hochwertigen Versorgung gesteuert. Patienten haben eine eingeschränkte Wahl bzgl. des Ortes und des Leistungserbringers, zahlen dafür aber geringere Beiträge.

Beispiel

In dem Versorgungsmodell **Hausarztzentrierte Versorgung (HzV)** ist der Hausarzt die erste Anlaufstelle für Patienten und koordiniert sämtliche Behandlungsschritte. Dazu schließen die Krankenkassen mit allen Hausärzten als Gemeinschaft besondere Verträge. Die Teilnahme an der HzV ist aber freiwillig. Nimmt ein Hausarzt teil, verpflichtet er sich, regelmäßig an Qualitätszirkeln und Fortbildungskursen teilzunehmen, ein anerkanntes Qualitätsmanagement-System in der Praxis einzusetzen und seine Behandlung an speziellen Leitlinien auszurichten. Schreibt sich ein Versicherter in der Praxis seines Hausarztes ein, verpflichtet er sich diesen als Erstes aufzusuchen. Für einen Facharztbesuch benötigt er eine Überweisung (Ausnahme: Frauenärzte, Augenärzte, Kinderärzte). Diagnose und Therapie einer Krankheit werden von Anfang bis zum Ende koordiniert.

Selektivverträge würden häufiger genutzt, wenn Mindestgrenzen bzgl. der teilnehmenden Arztgruppen aufgehoben würden. So können z. B. Hausarzttarifverträge mit den Verbänden nur abgeschlossen werden, wenn im Bezirk einer Kassenärztlichen Landesvereinigung mindestens 50 % der dort ansässigen Hausärzte Mitglieder sind. Die Kassen sollten vielmehr auch mit einzelnen Hausarztpraxen oder kleineren Zusammenschlüssen Verträge schließen können. Eine weitere Belebung des Wettbewerbs könnte aus der Weiterentwicklung von **Wahltarifen** für die Versicherten resultieren. Wahltarife mit einem gezielt ausgewählten Angebot von Ärzten und Kliniken könnten zusätzlich zu einer höheren Effizienz führen.

Sektorübergreifende Vergütungen ermöglichten eine Integrierte Versorgung. Kosteninduzierte Überweisungen zwischen den Sektoren würden ebenso uninteressant wie ausufernde Diagnose- und Therapiemaßnahmen. Strukturelle und ablauforganisatorische Änderungen würden so zu einem kostengünstigeren, sektorübergreifenden Versorgungssystem mit hohem Qualitätsniveau führen. Bislang sind diesbezüglich in Deutschland mit den DMP-Programmen nur erste Ansätze umgesetzt.

Auch für die **Privaten Krankenversicherungen** liegen Optimierungsmöglichkeiten auf der Hand. Sie sollten die Möglichkeit erhalten, im Sinne eines Managed Care Einfluss auf den gesamten Prozess der Leistungserbringung zu nehmen. Hierzu gehört auch, dass die privaten Versicherer wie die gesetzlichen Kassen das Recht erhalten, Honorare mit den Leistungsanbietern, vor allem den Ärzten, auszuhandeln und Wirtschaftlichkeitsprüfungen durchzuführen. Schließlich würde eine Ausweitung der Portabilität der Altersrückstellungen den Wettbewerb beleben.

Durch diverse weitere **sektorbezogene Optimierungen** ließe sich die Effizienz im Gesundheitswesen weiter steigern und Verschwendung von Ressourcen vermeiden. Hierauf wird in den folgenden Kapiteln jeweils sektorspezifisch eingegangen, wobei insbesondere die Form der Vergütung ökonomische Anreizwirkungen entfacht. Zu weiteren Formen der integrierten Versorgung siehe ≫ Kap. D.1.3.

5. Gesundheitssysteme im internationalen Vergleich

Die jeweiligen **Ausgestaltungen der Gesundheitssysteme** in den EU-Staaten sind hinsichtlich der Leistungserbringung und deren Finanzierung sehr different, der Umfang staatlicher Einflussnahme auf die Gesundheitsversorgung insgesamt sehr unterschiedlich. Hintergrund ist die historische Entwicklung. So ist das deutsche Versicherungssystem mit einer gesetzlichen Zwangsversicherung und einer diese substituierenden Privaten Krankenversicherung in Europa einmalig. Diese historisch gewachsene Differenzierung kann es z. B. in nordeuropäischen Ländern nicht geben, da dort jeder Wohnbürger automatisch Mitglied des gesundheitswirtschaftlichen Sicherungssystems ist.

5.1 Einflussnahme der EU und internationale Organisationen

Im **Vertrag über die Arbeitsweise der Europäischen Union** in Artikel 168, betreffend das Gesundheitswesen, sind zwar umfangreiche Aufgaben der EU zur Gesundheitspolitik aufgeführt. Gleichwohl hat die EU nur in sehr begrenztem Umfang unmittelbare Gesetzgebungsbefugnis, wie z. B. bei der Festlegung von Qualitäts- und Sicherheitsstandards für Arzneimittel und Medizinprodukte oder beim Gesundheitsschutz am Arbeitsplatz. Eine mittelbare Gesetzgebungsbefugnis besteht beispielsweise über den Umweltschutz. Faktisch liegt die Gestaltungshoheit über die Gesundheitssysteme weitestgehend bei den Nationalstaaten.

Wesentlich ist indes die **Anerkennung von beruflichen Qualifikationen** innerhalb der EU. So gilt für Staatsangehörige von Mitgliedstaaten (und Vertragsstaaten wie z. B. der Schweiz) in bestimmten Berufen eine automatische Anerkennung, d. h. ohne Prüfung der individuellen Ausbildungsinhalte der beruflichen Qualifikationen. Die gilt z. B. für Ärzte, Zahnärzte, Tierärzte, Apotheker, Krankenpfleger oder Hebammen. Eine automatische Anerkennung in diesen Berufen ist deshalb möglich, weil sich die Mitglieds-/Vertragsstaaten auf bestimmte Mindestanforderungen an die Ausbildung geeinigt haben und damit die Ausbildungen im Wesentlichen übereinstimmen.

Durch die **Europäische Krankenversicherungskarte** hat man während eines vorübergehenden Aufenthalts in einem der 28 EU-Länder sowie in Island, Liechtenstein, Norwegen und der Schweiz Anspruch auf medizinisch notwendige Leistungen des öffentlichen Gesundheitswesens und zwar zu denselben Bedingungen und Kosten wie die Versicherten des jeweiligen Landes. Die Karte wird von der GKV ausgestellt und ist kostenlos. Die Europäische Krankenversicherungskarte ist indes kein Ersatz für eine Reiseversicherung, denn weder sind Leistungen der privaten Gesundheitsversorgung noch andere Kosten (z. B. Rückflug ins Heimatland) abgedeckt. Auch kann es aufgrund der Vielfalt der Gesundheitssysteme der einzelnen Länder sein, dass im Inland kostenlose Leistungen in anderen Ländern kostenpflichtig sind.

Neben der EU sind auch weitere internationale Organisationen wichtig für das Gesundheitswesen eines Landes. 2001 wurden von der UNO, der Weltbank, dem IWF und der OECD die sog. **Millennium-Entwicklungsziele** verabschiedet. Das oberste Ziel ist die globale Zukunftssicherung, welche durch acht Entwicklungsziele bis zum Jahr

2015 erreicht werden sollten, wobei folgende Ziele insbesondere gesundheitswirtschaftlichen Bezug aufweisen:

▸ Bekämpfung von extremer Armut und Hunger

▸ Primärschulbildung für alle

▸ Senkung der Kindersterblichkeit

▸ Verbesserung der Gesundheitsversorgung der Mütter

▸ Bekämpfung von HIV/AIDS, Malaria und anderen schweren Krankheiten.

Kernproblem bei der Verfolgung von internationalen oder sogar globalen Zielen ist, dass Organisationen wie die UNO keine ausreichenden eigenen finanziellen Mittel zur Verfolgung der Ziele haben und die Durchgriffsmöglichkeiten auf die maßgeblichen Länder sehr begrenzt sind, denn ihre Entscheidungen haben faktisch keine bindende Wirkung.

Eine explizit auf den Bereich der Gesundheitsversorgung ausgerichtete internationale Organisation ist die **Weltgesundheitsorganisation (WHO)**. Sie ist eine Sonderorganisation der Vereinten Nationen mit Sitz in Genf, wurde 1948 gegründet und die Koordinationsbehörde der Vereinten Nationen für das internationale öffentliche Gesundheitswesen. Ihr Ziel ist die Verwirklichung des bestmöglichen Gesundheitsniveaus bei allen Menschen. Ihre Hauptaufgabe ist die Bekämpfung von Erkrankungen und die Förderung der allgemeinen Gesundheit aller Menschen weltweit. Zu den Aufgaben der WHO gehört u. a. die Unterstützung ihrer Mitgliedstaaten bei der fachlichen Umsetzung von Gesundheitsprogrammen. Sie überwacht und bewertet gesundheitliche Trends, fördert die medizinische Forschung und leistet Soforthilfe bei Katastrophen. Wesentliche Instrumente ihres Handelns sind die Entwicklung von Leitlinien, Standards und Methoden in gesundheitsbezogenen Bereichen, diese zu vereinheitlichen und weltweit durchzusetzen. **Wichtige Handlungsfelder** sind

▸ die weltweite Koordination von nationalen und internationalen Aktivitäten beim Kampf gegen übertragbare Krankheiten wie AIDS, Malaria, SARS und Grippe

▸ das Initiieren globaler Impfprogramme und Programme gegen gesundheitliche Risikofaktoren wie Rauchen oder Übergewicht

▸ die regelmäßige Erhebung und Analyse weltweiter Gesundheits- und Krankheitsdaten

▸ die Unterstützung beim Aufbau von möglichst wirksamen und kostengünstigen Gesundheitssystemen in Drittweltstaaten.

Neben internationalen überstaatlichen Organisationen gibt es ferner nichtstaatliche **Hilfsorganisationen (Non-Government-Health-Organisations, NGHOs)**. Hierzu zählen u. a. Ärzte ohne Grenzen, Brot für die Welt, die Malteser, MISEREOR Hilfswerk, UNICEF (weltweite Hilfe für Kinder), WHH-Welthungerhilfe oder World Vision International. Diese nichtstaatlichen Hilfsorganisationen haben es sich zur Aufgabe gemacht, mit Entwicklungsprojekten oder durch finanzielle Unterstützung Entwicklungshilfe zu leisten oder im Fall von Katastrophen den Menschen zu helfen.

5.2 Systematisierung von Gesundheitssystemen

Um unterschiedliche Gesundheitssysteme miteinander vergleichen zu können, bieten sich folgende **Kriterien** an:

- ▶ Wie erfolgt die Finanzierung der erbrachten Gesundheitsleistungen?
- ▶ Durch wen werden die Gesundheitsleistungen erbracht?
- ▶ Wie stark ist der regulierende staatliche Einfluss auf das Gesundheitssystem?

Diese Kriterien kombinierend lassen sich drei **Idealtypen** von Gesundheitssystemen unterscheiden.

Beveridge-Modell	Bismarck-Modell	Marktmodell
Nationaler Gesundheitsdienst	Soziales Pflichtversicherungssystem	Freiwillige Kranken-Privatversicherungen
Überwiegend staatliche Finanzierung durch Steuern	Finanziert durch einkommensabhängige Pflichtbeiträge der AG und AN	Finanziert durch private Versicherungen oder Selbstzahler
Hoher Anteil staatlicher Erbringung/Bereitstellung von Gesundheitsleistungen	Gesundheitsleistungen werden zumeist privat erbracht unter staatlicher Aufsicht/ Qualitätskontrolle.	Bereitstellung von Gesundheitsleistungen durch private Anbieter, relativ wenig staatliche Eingriffe und Kontrolle
Jeder Bürger des Landes hat Zugang, ohne Beiträge zu zahlen.	Zugang für jeden Bürger, losgelöst von der Beitragshöhe	Leistungen für nicht Versicherte/nicht Zahlungsfähige auf Notfallleistungen begrenzt
Beispiele: Großbritannien, Finnland, Dänemark, Schweden, Italien, Spanien	Beispiele: Deutschland, Frankreich, Österreich, Belgien, Niederlande	Beispiel: USA

Auch wenn sich die Gesundheitssysteme der Länder der EU aufgrund einer bestimmten Grundstruktur eher dem einen oder dem anderen Idealtypus zuordnen lassen, finden sich in der Realität **Mischsysteme**, in denen Elemente der verschiedenen Idealtypen miteinander kombiniert sind. Insgesamt überwiegen staatliche Gesundheitsdienste und Sozialversicherungssysteme in den Mitgliedsländern der EU.

Das **Beveridge-Modell** ist im Sinne eines Versorgungsstaates vorwiegend darauf ausgerichtet, allen Bürgern im Bedarfsfall ein angemessenes Minimum an Versorgung zur Verfügung zu stellen (Versorgungsprinzip). Die Organisation und Verwaltung obliegt staatlichen Institutionen. Damit einher geht eine staatliche Leistungserstellung. So gibt es einen staatlichen Gesundheitsdienst, Krankenhäuser sind staatlich, Ärzte und Pflegekräfte öffentlich Angestellte. Da die Gesundheitsversorgung als staatliche Aufgabe eingestuft wird, wird sie folgerichtig durch allgemeine Steuern finanziert. Dies hat gegenüber der zweckorientierten Sozialversicherung (GKV) den Nachteil, dass die Gesundheitsversorgung in den jährlichen Haushaltsberatungen der Regierung jeweils direkt konkurriert mit anderen Aufgaben des Staates (Infrastruktur, Bildung u. a.).

Das **Bismarck-Modell** ist stärker orientiert an der Sicherung des Lebensstandards. Grundsätzlich basiert ein Versicherungsanspruch auf Beitragszahlungen, zumeist gekoppelt an ein Arbeitsverhältnis (Versicherungsprinzip). Da in Deutschland auch Steuereinnahmen zur Finanzierung herangezogen und ein Teil der Leistungen privat finanziert werden, handelt es sich auch hier faktisch um ein Mischsystem. Die Organisation erfolgt in Selbstverwaltung durch dafür geschaffene Institutionen öffentlichen Rechts. Die Leistungserbringung erfolgt mit wenigen Ausnahmen privat; der Staat greift indes sehr stark regulierend und steuernd ein.

In Ländern wie der Schweiz und den Niederlanden wiederum besteht zwar auch ein Versicherungssystem, die Beiträge werden indes vorwiegend durch Pauschalen erhoben und die Nachfrage über erhebliche Selbstbehalte gesteuert. Damit sind sie zumindest dem **Marktmodell** ähnlicher. In diesem in den USA anzutreffenden Modell erstreckt sich die staatliche Verantwortung weitestgehend auf eine (Grund-)Versorgung von Alten, Kindern und Armen.

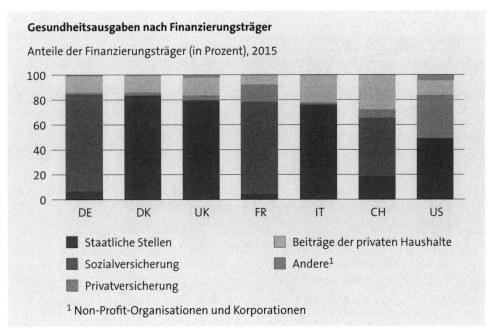

Abb. B16: Finanzierung des Gesundheitswesens international
Quelle: *OECD (2015)*

Zu diesem Kapitel finden Sie auch die folgenden Übungsaufgaben:

Aufgabe 4 - 5 > Seite 335

Lösung

1.	Nennen und erläutern Sie Gründe, warum der Staat regulierend in das Gesundheitswesen eingreift.	≫ Kap. B.1.1
2.	Was versteht man unter einer angebotsinduzierten Nachfrage?	≫ Kap. B.1.2
3.	Erläutern Sie das Uno-actu-Prinzip.	≫ Kap. B.1.2
4.	Was versteht man unter dem Gate-Keeper-Konzept in der gesundheitswirtschaftlichen Versorgung?	≫ Kap. B.1.3
5.	Aus welchen Gründen ist künftig mit einem überdurchschnittlichen Nachfrageanstieg nach Gesundheitsleistungen zu rechnen?	≫ Kap. B.1.3
6.	Erläutern Sie direkte, indirekte und intangible Kosten, die mit Erkrankungen verbunden sind.	≫ Kap. B.1.3
7.	Erläutern Sie die Möglichkeiten des Staates, in die Preisbildung der gesundheitswirtschaftlichen Unternehmen direkt und indirekt einzugreifen.	≫ Kap. B.1.4
8.	Erläutern Sie die Funktionsweise von Disease-Management-Programmen.	≫ Kap. B.2.2
9.	Differenzieren Sie Präventionsmaßnahmen hinsichtlich der Eingriffsintensität und dem Eingriffszeitpunkt.	≫ Kap. B.2.3.1
10.	Erläutern Sie die Begriffe Pathogenese und Salutogenese.	≫ Kap. B.2.3.1
11.	Welche Vor- und Nachteile sind mit einer Ausweitung der Selbstbeteiligung der Versicherten verbunden?	≫ Kap. B.2.3.3
12.	Stellen Sie den Verlauf der Nachfragekurven bei absoluter und prozentualer Selbstbeteiligung sowie dem Indemnitätsmodell dar.	≫ Kap. B.2.3.4
13.	Erläutern Sie die unterschiedlichen Arten der Rationierung.	≫ Kap. B.2.4.2
14.	Welche Vor- und Nachteile sind mit einzelnen Kriterien der Rationierung verbunden?	≫ Kap. B.2.4.3
15.	Was bedeutet paritätische Finanzierung, und wieso ist die Parität in der GKV nicht gegeben?	≫ Kap. B.3.2 und B.3.2.4
16.	Beschreiben Sie die GKV anhand der Merkmale Beitragsbemessungsgrenze, Versicherungspflichtgrenze, Sachleistungsprinzip und Umlageverfahren.	≫ Kap. B.3.2
17.	Welche Aufgaben hat der Gemeinsame Bundesausschuss und welche Mitglieder hat dieser?	≫ Kap. B.3.2.3
18.	Welche Umverteilungseffekte ergeben sich durch die Finanzierung der GKV?	≫ Kap. B.3.2.4
19.	Erläutern Sie schematisch die Funktionsweise des Gesundheitsfonds.	≫ Kap. B.3.2.6

Lösung

20.	Was sind Funktionsweise und Zweck des Risikostrukturausgleichs im Rahmen der GKV?	>> Kap. B.3.2.6
21.	Welche Einnahmequellen hat die GKV?	>> Kap. B.3.2.7
22.	Wie ist es möglich, dass die Arbeitskosten für die Arbeitgeber steigen, obwohl der Beitragssatz konstant bleibt?	>> Kap. B.3.2.7
23.	Erläutern Sie zentrale ökonomische Schwachstellen der GKV.	>> Kap. B.4.2
24.	Was versteht man unter einer internen und externen Budgetierung?	>> Kap. B.3.4
25.	Wie unterscheiden sich die GKV und die PKV hinsichtlich des Versicherungsumfangs, der Beitragsberechnung, dem Kontrahierungszwang, der Möglichkeiten der Nachfragebegrenzung und dem Abrechnungssystem?	>> Kap. B.3.2 und B.4.1
26.	Erläutern Sie Aspekte des Individualprinzips der PKV.	>> Kap. B.4
27.	Wie funktioniert das Kapitaldeckungsverfahren der PKV?	>> Kap. B.4.2
28.	Nennen Sie die Vor- und Nachteile des Sachleistungsprinzips gegenüber dem Kostenerstattungsprinzip.	>> Kap. B.4.2
29.	Erläutern Sie die negativen Selektionswirkungen der nicht durchgängigen Versicherungspflicht für die GKV.	>> Kap. B.4.3
30.	Welche ökonomischen und rechtlichen Probleme würden sich bei der Abschaffung der PKV zugunsten einer Bürgerversicherung ergeben?	>> Kap. B.4.3
31.	Erläutern Sie Optimierungsmöglichkeiten der GKV unter ökonomischer Perspektive.	>> Kap. B.4.4
32.	Welche Beziehung besteht zwischen Managed Care und Selektivverträgen?	>> Kap. B.4.4
33.	Erläutern Sie Unterschiede zwischen dem Bismarck- und Beverige-Modell bzgl. der Finanzierungssystematik und der Leistungserbringung.	>> Kap. B.5

C. Stationäre Versorgung

1. Strukturen und Institutionen

Neben den ambulant tätigen Ärzten in Praxen stehen die Krankenhäuser im Zentrum der Gesundheitsversorgung. Die maßgebliche Rechtsgrundlage ist das **Krankenhausfinanzierungsgesetz (KHG)** von 1972. In diesem sind Krankenhäuser nach § 2 KHG bezeichnet als *„Einrichtungen, in denen durch ärztliche und pflegerische Hilfeleistung Krankheiten, Leiden oder Körperschäden festgestellt, geheilt oder gelindert werden sollen oder Geburtshilfe geleistet wird und in denen die zu versorgenden Personen untergebracht und verpflegt werden können."*

Auch im SGB V § 107 sind Krankenhäuser definiert als *„Einrichtungen, die:*

- *der Krankenhausbehandlung oder Geburtshilfe dienen,*
- *fachlich-medizinisch unter ständiger ärztlicher Leitung stehen, über ausreichende, ihrem Versorgungsauftrag entsprechende diagnostische und therapeutische Möglichkeiten verfügen und nach wissenschaftlich anerkannten Methoden arbeiten,*
- *mit Hilfe von jederzeit verfügbarem ärztlichem, Pflege-, Funktions- und medizinisch-technischem Personal darauf eingerichtet sind, vorwiegend durch ärztliche und pflegerische Hilfeleistung Krankheiten der Patienten zu erkennen, zu heilen, ihre Verschlimmerung zu verhüten, Krankheitsbeschwerden zu lindern oder Geburtshilfe zu leisten, und*
- *in denen die Patienten untergebracht und verpflegt werden können."*

Die Kernleistungen der Kliniken bestehen mithin in der Aufnahme, Diagnose sowie der Therapie und Pflege der Patienten. Hinzu kommen indes zahlreiche Serviceleistungen und medizinisch erforderliche Ergänzungsleistungen. Gerade die sekundären Leistungen der Krankenhäuser, wie Wäscherei, Reinigung, Essensversorgung oder auch die Krankenhausapotheke, stehen häufig im Zentrum von Rationalisierungsbemühungen, was bisweilen auch zum Outsourcing führt.

 MERKE

Outsourcing ist die Abgabe von bislang unternehmensinternen Leistungen an zumeist externe, spezialisierte Dienstleister. Ein unternehmensinternes Outsourcing besteht dagegen in einer Auslagerung an ein dafür gegründetes Tochterunternehmen, z. B. einer Service GmbH.

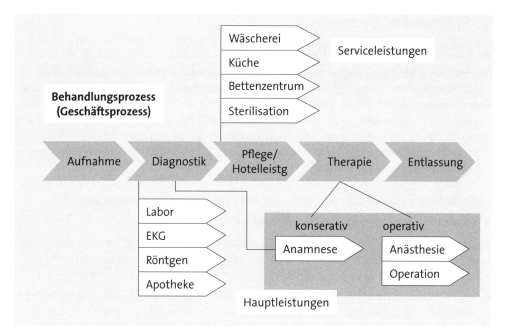

Abb. C1: Prozessstrukturen in Krankenhäusern

Neben einer wohnortnahen Versorgung haben Krankenhäuser eine erhebliche **ökonomische und gesellschaftliche Bedeutung** für die Städte und Regionen. Unmittelbar **direkte Effekte** ergeben sich aus der Wertschöpfung, also den stationär behandelten Fällen, dem Umsatzvolumen und der Förderung des Humankapitals. Beschäftigungseffekte führen zur Einkommensgenerierung, damit entsteht Kaufkraft vor Ort. Auch höhere Steuern und Sozialabgaben, wie die Vermeidung von Sozialausgaben (Arbeitslosengeld), sind die Folge.

Indirekte Effekte ergeben sich aus den laufenden Ausgaben und Investitionen der Kliniken, die zu Nachfrage und erhöhter Wertschöpfung bei Zulieferbranchen (Baufirmen, Reinigungsunternehmen, Wäschereien, Kantinen) führen, welche wiederum Vorleistungen beziehen. Eine abgeleitete Nachfrage entsteht auch bei Unternehmen wie Bäckereien, Blumenläden, Hotels, Fahrdiensten. Umgekehrt können Krankenhausleistungen extern angeboten werden (z. B. Kantine, Wäscherei). Schließlich entstehen positive **gesellschaftliche Effekte**, wie eine regionale Bindung von qualifiziertem Humankapital, eine hohe Attraktivität des Wohnstandortes, vor allem für Ältere. Und anders als industrielle Wirtschaftsbetriebe sind Kliniken konjunkturell unabhängige Institutionen.

Die geschilderten Effekte führen in Summe dazu, dass die Ansiedelung oder der Erhalt von Kliniken für die Kommunen hohe Priorität besitzen.

1.1 Krankenhaus-Klassifizierungen

Krankenhäuser lassen sich hinsichtlich verschiedener Kriterien differenzieren. So werden sie hinsichtlich des Leistungsspektrums zumeist in **vier unterschiedliche Versorgungsstufen** eingeteilt: **Grundversorgung, Regelversorgung, Schwerpunktversorgung und Maximalversorgung**. Diese Versorgungsstufen sind in den Landeskrankenhausgesetzen definiert, werden aber nicht durchgängig einheitlich verwendet. So werden bisweilen die ersten Versorgungsstufen zur Grund- und Regelversorgung zusammengefasst.

Beispiel

Grundversorgung umfasst mindestens eine der Fachrichtungen Innere Medizin oder Chirurgie; die Regelversorgung umfasst dagegen mindestens die beiden Abteilungen Innere Medizin und Chirurgie, teilweise auch noch die Fachrichtungen Gynäkologie und Geburtshilfe, Hals-, Nasen- und Ohrenheilkunde sowie Augenheilkunde. Bei der Schwerpunktversorgung sind zusätzlich die Pädiatrie, Neurologie sowie Mund-, Kiefer- und Gesichtschirurgie möglich. Als Maximalversorger sind Krankenhäuser definiert, deren Leistungsspektrum deutlich über das der Schwerpunktversorgung hinausgeht und die erforderliche medizinisch-technische Einrichtungen und Großgeräte vorhalten.

Für die medizinische **Ausbildung und Forschung** sind Universitätskrankenhäuser verantwortlich und akademische Lehrkrankenhäuser für die klinisch praktische Ausbildung von Ärzten. Eine Klassifizierung nach der **ärztlich-pflegerischen Zielsetzung** unterscheidet zwischen Allgemein-, Fach- und Sonderkrankenhäusern. **Allgemeinkrankenhäuser** verfügen über mehrere Fachabteilungen der allgemeinen ärztlichen Disziplinen und dienen zuvorderst der Versorgung akut Erkrankter. **Fachkrankenhäuser** sind hingegen auf eine Fachrichtung spezialisiert und versorgen durch Fachärzte bestimmte Krankheitsarten oder Gruppen von Erkrankungen (Fachkrankenhaus für Chirurgie, Orthopädie, Psychiatrie u. a.). **Sonderkrankenhäuser** sind hoch spezialisierte Einrichtungen für bestimmte Krankheiten oder Patientengruppen (z. B. Geriatrische Kliniken, Suchtkrankenhaus).

In Abgrenzung zu einer Tagesklinik oder einer Rehabilitationseinrichtung werden klassische Krankenhäuser mit Notfallambulanz als akut therapeutische Einrichtung, mithin auch als **Akutklinik**, bezeichnet. Des Weiteren wird bzgl. der **Durchführung der erbrachten Leistungen** zwischen Anstaltskrankenhäusern, bei denen die ärztliche Behandlung von fest angestellten Krankenhausärzten erbracht wird, und Belegkrankenhäusern unterschieden, bei denen die ärztliche Behandlung von niedergelassenen Ärzten (Belegärzte) erbracht wird.

Differenziert nach Trägerschaft werden schließlich freigemeinnützige (Wohlfahrts- und Sozialverbände), private (Unternehmen/Konzerne) und öffentliche (Bund, Land, Kreis, Kommune) Krankenhäuser. So ist der Bereich der stationären Versorgung in

Deutschland der einzige im Gesundheitswesen, in dem in bedeutendem Umfang Leistungen direkt durch staatliche Anbieter erbracht werden. In der ambulanten Krankenversorgung und im Pflegebereich spielen staatliche Anbieter nur eine untergeordnete Rolle. Es hat sich in den vergangenen Jahren indes ein starker Wandel vollzogen. Die Gesamtzahl der Kliniken ist gesunken und die Anteile zwischen den Trägern haben sich erheblich verschoben. Während die privaten Anbieter Marktanteile gewinnen, ist vor allem die Anzahl öffentlicher aber auch freigemeinnütziger Krankenhäuser gesunken.

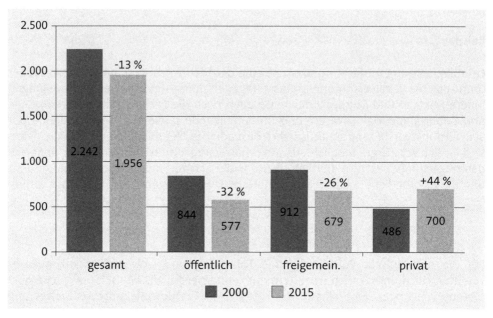

Abb. C2: Krankenhäuser nach Trägerschaft
Quelle: *Statistisches Bundesamt (2017)*

Auch die **Anzahl der aufgestellten Betten** hat sich seit 2000 von knapp 560.000 auf rund 499.000 (-11 %) reduziert. Der Anteil an der Anzahl der Krankenhäuser spiegelt jedoch nicht den Versorgungsanteil mit Betten wider. Obwohl der Anteil der öffentlichen Krankenhäuser nur 29 % beträgt, entfallen immer noch 48 % der Betten auf öffentliche, 34 % auf freigemeinnützige und nur 18 % auf private Kliniken. Staatliche Krankenhäuser haben im Durchschnitt 417, private Anbieter hingegen nur 130 Betten. Insgesamt sind 55 % aller Krankenhäuser Kleinst- und Kleinkrankenhäuser mit weniger als 200 Betten.

Aus der spezifischen Finanzierung von Krankenhäusern und der damit verbundenen staatlichen Planung resultiert eine weitere Unterscheidung.

1.2 Duale Finanzierung und staatliche Planung

Bis 1972 wurden Krankenhäuser, wie andere Bereiche des Gesundheitswesens auch, ausschließlich durch die Entgelte für die Behandlung von Patienten vergütet. Aus diesen mussten die laufenden Behandlungskosten und Investitionen finanziert werden. Diese Finanzierung aus einer Quelle wird auch als **monistische Finanzierung** bezeichnet. Da sich jedoch im Laufe der Jahre die wirtschaftliche Lage der Krankenhäuser zusehends verschlechterte, hat der Gesetzgeber mit Einführung des KHG die bedarfsgerechte Versorgung der Bevölkerung zu einer öffentlichen Aufgabe gemacht.

Ziel des KHG ist es, Krankenhäuser wirtschaftlich zu sichern, eine bedarfsgerechte Versorgung der Bevölkerung und Wirtschaftlichkeit zu gewährleisten, um zu sozial tragbaren Pflegesätzen und damit einer Beitragssatzstabilität der GKV beizutragen (§ 1 KHG). Die so definierte staatliche Aufgabe einer bedarfsgerechten Versorgung ist indes durch Steuergelder zu finanzieren. Daher besteht seither eine **duale Finanzierung**.

 ACHTUNG

Duale Finanzierung (§ 4 KHG): Die Investitionen der Krankenhäuser in Gebäude, technisches Gerät u. a. Sachanlagevermögen werden durch die Bundesländer in Form von Zuschüssen finanziert. Die mit der Behandlung der Patienten verbundenen laufenden Betriebsausgaben werden hingegen von den Krankenkassen oder Selbstzahlern finanziert.

Monistische Finanzierung: Investitionen und die laufend erbrachten Leistungen werden von einem Kostenträger finanziert.

Mit der Übertragung des Versorgungsauftrags an die Länder wurde zugleich eine staatliche Planung erforderlich. So werden von den Sozialministerien der Bundesländer **Krankenhausbedarfspläne (Landeskrankenhausplan)** aufgestellt, mit dem Ziel einer Bereitstellung von Krankenhäusern in zumutbarer Entfernung und angemessener Qualität. Ist ein Krankenhaus im Krankenhausplan aufgenommen, hat es Anspruch auf öffentliche Investitionsförderung und zugleich die Zulassung zur Behandlung von gesetzlich versicherten Patienten, also einer Finanzierung der Betriebskosten durch die GKV. Es besteht dadurch aber auch ein Kontrahierungszwang für GKV-Patienten.

Infolgedessen gibt es nach § 108 SGB V sog. **zugelassene Krankenhäuser**:

- ▸ **Plankrankenhäuser:** Krankenhäuser, die in den Krankenhausplan eines Landes aufgenommen sind (duale Finanzierung).
- ▸ **Krankenhäuser mit Versorgungsvertrag** (mit den Verbänden der GKV): Sie sind nicht im Krankenhausplan aufgenommen, haben aber einen Versorgungsvertrag, sodass sie an der medizinischen oder pflegerischen Versorgung der gesetzlich Versicherten teilnehmen dürfen (monistische Finanzierung).

- **Hochschulkliniken:** Sie sind automatisch im Landeskrankenhausplan aufgenommen (duale Finanzierung).
- **Bundeswehrkrankenhäuser** werden ausschließlich aus Steuermitteln finanziert.

 MERKE

Anspruch und Pflichten aus der Aufnahme in den Krankenhausplan: Anspruch besteht auf Investitionsförderung (Pauschalförderung, Einzelförderung, zusätzlich Aufnahme in das Investitionsprogramm des Bundeslandes), Zulassung zur Behandlung von gesetzlich versicherten Patienten, d. h. Anspruch zur Finanzierung der Betriebskosten gegenüber der GKV. Durch den nach SGB V § 108/109 abgeschlossenen Versorgungsvertrag ist geregelt, welche Leistungen Krankenhäuser erbringen dürfen. Leistungen außerhalb des Versorgungsauftrages dürfen i. d. R. nicht von der GKV übernommen werden.

Krankenhäuser ohne Zulassung sind reine **Privatkliniken**, die auch die Investitionen mit den erzielten Erlösen von Privatpatienten und Selbstzahlern verdienen müssen.

1.3 Wettbewerb im Krankenhaussektor

Krankenhäuser sind Dienstleistungsbetriebe, die Gesundheitsleistungen für Patienten erbringen, die i. d. R. mindestens eine Nacht dort verbringen. Anders als bei Produktionsunternehmen erfolgen die Leistungserstellung und der Absatz simultan, was auch als **Uno-actu-Prinzip** bezeichnet wird. Dienstleistungen sind ferner immateriell und nicht lagerfähig, d. h. dass Kliniken ein bestimmtes Potenzial an Leistungsfähigkeit bereitstellen müssen. Um auch maximale Belastungsspitzen bewältigen zu können, müssen sie teilweise Leerkapazitäten vorhalten (Vorhalteleistung/-kosten).

Die **Kernleistung der Kliniken** ist die voll- und teilstationäre Versorgung der Patienten, also ärztliche Behandlung, Krankenpflege, Versorgung mit Arznei-, Heil- und Hilfsmitteln, die für die Versorgung im Krankenhaus notwendig sind, sowie Unterkunft und Verpflegung. **Teilstationäre Einrichtungen** sind insbesondere für Patienten, die tagsüber in Kliniken betreut werden, aber die Nacht unter Aufsicht von Angehörigen daheim verbringen können. Die Fallzahl solcher Tageskliniken nimmt stetig zu. Sie sind zumeist an Krankenhäuser angeschlossen. Aber auch in die **ambulante Versorgung** sind Kliniken eingebunden, z. B. bei ambulanter Unterversorgung, ambulanten Operationen, hochspezialisierten Leistungen bei besonderen Krankheitsverläufen oder Disease Management-Programmen.

1.3.1 Nachfragetendenzen

Die Fallzahl in den Krankenhäusern steigt stetig. In den letzten zehn Jahren gab es einen Zuwachs von 14 % auf rund 19,2 Mio. in 2015. Dabei sind verschiedene Nachfragetendenzen zu beobachten. Als **Krankheitsursachen** verzeichnen Herz-Kreislauf- und Krebserkrankungen sowie psychische Leiden überdurchschnittliche Zuwachsraten. Bedingt durch den demografischen Wandel nimmt die Zahl der Patienten mit Mehrfacherkrankungen, chronischen Erkrankungen sowie Behinderungen überproportional zu. Damit steigen nicht nur die Gesamtkosten sondern auch die Kosten pro Behandlungsfall. Diese haben sich von knapp 3.000 € im Jahr 2000 auf rund 4.400 € erhöht (+46 %).

Da die Komplexität je Behandlungsfall im Durchschnitt zunimmt, aber die Verweildauer sinkt, kommt es in der Konsequenz zu einer **Arbeitsverdichtung**, aber auch einer verstärkten Interaktion zwischen ambulanter und stationärer Behandlung. So steigt die Bedeutung **ambulant durchgeführter Behandlungen** stetig, was sich z. B. auch an der steigenden Zahl durchgeführter ambulanter Operationen erkennen lässt.

Die **Nachfrage nach elektiven (planbaren) Eingriffen** konzentriert sich zusehends auf spezialisierte Anbieter. Auch wenn die regionale Nähe der bestimmende Einflussfaktor ist, entscheidet sich ein immer größerer Teil der Patienten für überregionale Anbieter mit entsprechender **Spezialisierung** und gutem Ruf sowie ggf. vorhandenen Rehabilitationsmöglichkeiten. Dies gilt auch für den zunehmenden Gesundheitstourismus, also der steigenden Nachfrage nach stationären Leistungen von ausländischen Bürgern. Der Trend zur Spezialisierung und Zentren-Bildung geht insgesamt zulasten der unspezifischen Angebote der Grund- und Regelversorgungskrankenhäuser.

Schließlich ist die Nachfrage aber auch die Angebotsgestaltung von einer **Vielzahl globaler Faktoren** abhängig, die die wirtschaftliche Situation der Kliniken beeinflussen, auf die sie aber kaum oder keinen Einfluss haben.

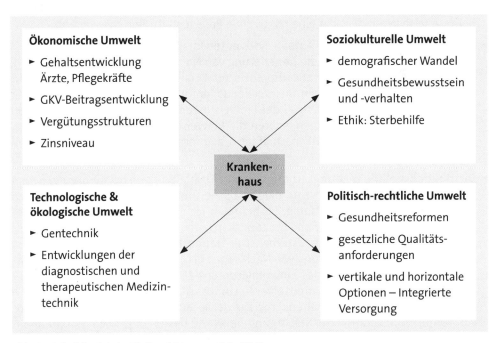

Abb. C3: Beispiele globaler Einflussfaktoren auf die Kliniken

1.3.2 Aktionsparametereinsatz

Unmittelbarer als die globalen Umweltfaktoren wirkt der **Wettbewerb innerhalb des Krankenhaussektors**. Die rückläufige Zahl an Betten und der Wandel in der Struktur der Trägerschaft deuten bereits darauf hin, dass der Wettbewerb zwischen den Kliniken zugenommen hat, auch wenn die Nachfrage weiterhin steigt. Das relative Preis-Leistungs-Verhältnis ist aus Sicht der Patienten zwar irrelevant, da die Krankenversicherungen zahlen. Dafür haben aber die gesetzlichen Kassen als maßgeblicher Kostenträger eine sehr große Verhandlungsmacht bei den Vergütungsverhandlungen und der Festlegung von Budgets. So kann zwischen **direkten und indirekten Kunden** der Kliniken unterschieden werden.

 ACHTUNG

Direkte Kunden sind die Patienten und ihre Angehörigen. Zu den **indirekten Kunden** zählen die Patienten einweisenden Ärzte (Einweiser) und die Kostenträger, also die Gesetzlichen und Privaten Krankenversicherungen.

Diese differenzierte Kundenstruktur und regulatorische Vorgaben haben erhebliche Auswirkungen auf den möglichen wettbewerblichen Einsatz von Aktionsparametern, wie dem **Marketing-Mix** eines Klinikums:

- **Preispolitik:** Für den größten Teil der Klinikleistungen ist die Vergütung staatlich reguliert durch bundeseinheitliche Vorgaben. Nur in geringem Umfang (ca. 10 % des Umsatzes) sind krankenhausindividuelle Preisverhandlungen vorgesehen. Lediglich bei Wahlleistungen herrscht eine relativ freie Preisgestaltung.

- **Kommunikationspolitik:** Der Aufbau eines guten Images in bestimmten Indikationsgebieten ist sehr wichtig für die Generierung von Nachfrage bei elektiven Eingriffen. Eine Spezialisierung und ein ausdifferenziertes Qualitätsmanagement sind hierfür ebenso Voraussetzung wie ein ansprechender Internet-Auftritt oder ein „Tag der offenen Tür". Da rund zwei Drittel der Einweisungen aufgrund von Empfehlungen niedergelassener Ärzte erfolgen, sollten die Einweiser über Änderungen des eigenen Leistungsspektrums, Stärken, Qualität u. a. informiert werden, z. B. durch regelmäßige Infobriefe.

- **Distributionspolitik:** Leistungserbringung und Absatz erfolgen bei Kliniken in einem Akt (Uno-actu-Prinzip). Auch sind diagnostische und therapeutische Maßnahmen weder lager- noch transportfähig. So befinden sich Krankenhäuser in dem Spannungsfeld, einerseits ausreichend Leistungskapazität vorhalten zu müssen, andererseits eine hohe Auslastung anzustreben. Der Standort ist zwar nicht veränderbar, ist aber wichtig für die Generierung von Nachfrage bei planbaren Eingriffen, denn maßgeblich sind ein ausreichendes Einwohnerpotenzial, die Anbindung an den ÖPNV und die Parkplatzsituation. Unmittelbaren Einfluss dagegen haben die Krankenhäuser auf Faktoren wie Wartezeiten, Effizienz der internen Abläufe und das Angebot von vor- und nachstationärer Versorgung. Teilweise bestehen je nach Marktabgrenzung regionale Monopole.

▶ **Leistungsdifferenzierung:** Das Leistungsspektrum ist durch den Versorgungsvertrag weitestgehend vorgegeben, gleichwohl bestehen Möglichkeiten zur Spezialisierung auf Krankheitsbilder (z. B. kardiologische Eingriffe) oder Patientengruppen (z. B. Kinder). Gleiches gilt für die Anwendung neuer Diagnose- und Behandlungsmethoden, dem Ausbau der Wahlleistungen oder die Ergänzung des Leistungsangebotes durch ambulante Tätigkeiten, Rehabilitationsmaßnahmen oder Serviceleistungen (Patienten-Café, Friseurdienst, kulturelle Angebote).

Der Standardisierungsgrad der erbrachten Leistungen ist gering; jeder Patient ist ein „Unikat". Möglichkeiten der Kostenreduzierung bestehen vor allem bei der Prozessstandardisierung. Ein wesentliches Element zur Prozesskostenreduzierung im Krankenhaus sind u. a. **klinische Behandlungspfade** (Clinical Pathways). Dabei handelt es sich um interdisziplinäre Behandlungspfade oder -pläne, die bei einer bestimmten Diagnose oder Fallgruppe die jeweiligen effektiven und evidenzbasierten Prozesse und Interventionen mit zeitlichen Vorgaben ergebnisorientiert festlegen. Ziel ist eine möglichst effiziente und qualitativ hochwertige Behandlung. Vorteile haben hierbei vor allem neue Einrichtungen durch eine flexible organisatorisch-räumliche Gestaltung.

Auf der **Beschaffungsseite** besteht bei Lieferanten für Medikamente, medizintechnische Geräte, Heil- und Hilfsmittel ein hoher Konzentrationsgrad. Dies zwingt auch einzelne Kliniken dazu, sich zu Einkaufsgemeinschaften zusammenzuschließen, um durch kumulierte Einkaufsvolumina Größenvorteile durchsetzen zu können. Hier sind die privaten Klinikkonzerne mit mehreren Häusern unmittelbar im Vorteil.

1.3.3 Größenvorteile – Economies of Scale

Private Klinikketten sind durchschnittlich deutlich profitabler als öffentliche oder auch freigemeinnützige Anbieter. Dies ist vor allem auf **Economies of Scale (Größenvorteile)** zurückzuführen:

▶ **Fixkostendegression:** Gerade in Wirtschaftsbereichen mit einem hohen Fixkostenanteil ist eine Ausweitung der Leistungsmenge durch den Stückkostendegressionseffekt besonders attraktiv. Die Kosten der Kliniken sind zu rund 75 % fix.

▶ **Lernkurveneffekte:** Je häufiger Leistungen erbracht werden, desto kostengünstiger und qualitativ hochwertiger ist dies möglich. Das gilt insbesondere für komplexe Patientenbehandlungen (Operationen). Schließlich besteht die Möglichkeit, Prozesse zu optimieren auf Basis von Erkenntnissen aus einem konzerninternen Benchmarking.

▶ **Zentrale Ressourcensteuerung:** Der Vorteil besteht hierbei in einer Planung über die Abteilungen und ggf. einzelne Häuser hinweg. So ist z. B. durch eine zentrale Planung der Operationssäle eine bessere Allokation von Vorhaltekapazitäten und Austauschfähigkeit vorhandener Kapazitäten möglich.

▶ **Spezialisierungen:** Bei größerer Fallzahl wird eher eine kritische Menge erreicht, bei der sich eine Spezialisierung für bestimmte Bereiche (Hygiene, Budgetverhandlungen, Medizincontrolling etc.) lohnt. Abteilungen werden infolge einer Konzentration der Fallzahl rentabel, wie z. B. Palliativstationen.

- **Ausschöpfen von Synergien:** Synergien entstehen durch Optimierung der Patienten-ströme in Richtung einer Spezialisierung und Zentren-Bildung, Bündelung administrativer Funktionen, gemeinsamer Einkauf und Logistik und gemeinsame Nutzung von Großgeräten. Eine lokale Schwerpunktbildung innerhalb eines Verbundes ist möglich.
- **Verhandlungsposition gegenüber den Kostenträgern:** Schaffung signifikanter Verhandlungsvolumina und die Möglichkeit innovativer Vertragsstrukturen.
- **Politischer Einfluss:** Betriebswirtschaftliche Entscheidungen können durch eine private Trägerschaft losgelöst von politischen Einflüssen erfolgen, sodass eine betriebliche Ausrichtung ausschließlich anhand ökonomischer Notwendigkeiten stattfindet. Dies ist bei kommunaler Trägerschaft häufig nur eingeschränkt möglich.
- **Hohe Finanzkraft:** Bei Klinikkonzernen besteht ein diversifizierter Zugang zu Finanzmitteln durch die Möglichkeit der Kapitalmarktfinanzierung mittels Aktien oder Anleihen. Dadurch kann ein Investitionsstau eher vermieden und in moderne Medizintechnik investiert werden.

Der Einsatz von **privatem Eigenkapital** und der damit verbundene **Anspruch auf Rendite** werden bisweilen kritisch gesehen. Dem ist indes entgegenzuhalten, dass eine Investition in Unternehmen und damit das Eingehen von Verlustrisiken ökonomisch nur sinnvoll ist, wenn damit eine Gegenleistung in Form einer Ausschüttung verbunden ist. Eine Mindestrendite ist also Voraussetzung, um privates Kapital akquirieren und die in dem Sektor notwendigen erheblichen Investitionsmittel generieren zu können. Staatliche Kliniken sind hingegen auf knappe öffentliche Finanzmittel der staatlichen Träger und Fremdkapital angewiesen. Schlussendlich werden private Investoren stärker auf eine effiziente Verwendung der eingesetzten Finanzmittel drängen als öffentliche.

1.3.4 Konzentrationsgrad und Überkapazitäten

Die Anzahl der Krankenhäuser sinkt zwar, und die Tendenz in Richtung Privatisierung ist offensichtlich. Gleichwohl ist der **Krankenhausmarkt noch stark fragmentiert**. Es gibt eine sehr große Anzahl von Einzelanbietern, vor allem im Bereich der kommunalen Häuser. Nur bei den privaten Anbietern gibt es bedeutende Klinikkonzerne, wie Helios oder Sana Kliniken, die über mehrere Häuser verfügen. Innerhalb der privaten Träger ist auch der Konzentrationsgrad relativ groß.

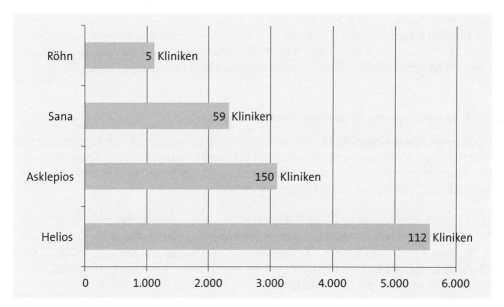

Abb. C4: Umsatz privater Klinikketten in Deutschland in Mio. Euro
Quelle: *Geschäftsberichte der Unternehmen (2017)*

Insgesamt sinkt zwar auch die Bettenzahl seit Jahren, die Auslastung ist aber mit gut 77 % relativ konstant. Die entscheidenden **Einflussfaktoren auf die Auslastung** haben sich seit 2000 erheblich verändert:

► Die Fallzahl ist zwar um 11 % gestiegen

► die Bettenzahl ist dagegen um 11 % gesunken und

► die Verweildauer hat sich sogar um 25 %, von 9,7 auf 7,3 Tage, reduziert.

Bezogen auf knapp 500.000 Betten errechnet sich aus der Auslastung ein Leerstand von über 110.000 Betten. Dass **Überkapazitäten** vorhanden sind, kann man auch anhand internationaler Vergleichszahlen erkennen. So weist Deutschland mit rund sechs Betten pro 1.000 Einwohner den höchsten Versorgungsgrad in Europa auf. In Ländern wie Dänemark, Schweden oder Irland liegt dieser Wert unter 3. Auch die Verweildauer liegt im EU-Durchschnitt unter der deutschen, sodass Effizienzreserven zu vermuten sind.

Überkapazitäten führen volkswirtschaftlich zur **Verschwendung knapper Ressourcen**. So resultiert ein Teil des Pflegekräftemangels auch daraus, dass diese auf zu viele Krankenhäuser mit zu geringer Auslastung verteilt sind, denn bezogen auf das Verhältnis von Pflegekräften pro belegtem Bett liegt Deutschland international im unteren Bereich. Zudem bestehen auch **einzelwirtschaftlich negative Anreize**. So ist es aus Sicht der Kliniken unter dem Aspekt der Kostendeckung sinnvoll, freie Kapazitäten zu nutzen, was in der Konsequenz zu Fehlbelegungen oder unnötigen Eingriffen führen könnte.

Auch wenn Auslastungsgrade von über 90 % eher unrealistisch sind, da die Kliniken **Reservekapazitäten** für Belastungsspitzen vorhalten müssen, stellt sich zwangsläufig die Frage, warum es nicht zu einer dynamischeren Anpassung der Kapazitäten kommt. Eine wesentliche Ursache sind die vorhandenen Marktaustrittsbarrieren.

1.3.5 Marktaustritts- und Markteintrittsbarrieren

Der **Rückgang von Kapazitäten** im Krankenhaussektor beruht nicht zwingend auf einer vollständigen Aufgabe einer Klinik und des Standortes. Ursächlich für den größten Teil des Rückgangs sind Krankenhausfusionen, Schließungen von einzelnen Abteilungen und Standort- oder Kapazitätsverlagerungen.

Viele – insbesondere öffentliche – Krankenhäuser erwirtschaften dauerhaft Verluste, weisen einen Investitionsstau auf und erbringen schließlich nur eine suboptimale Versorgung. Zudem ist die Versorgungsrelevanz vieler Häuser zweifelhaft. Hohe **Marktaustrittsbarrieren** hindern Anbieter jedoch daran, den Markt zu verlassen und ein unprofitables Angebot einzustellen:

- ▸ **Politischer Einfluss:** Soll ein kommunales Krankenhaus geschlossen werden, besteht häufig erheblicher Widerstand von Seiten der Bevölkerung. Die um ihre Wiederwahl besorgten Politiker werden also bestrebt sein, eine Schließung zu verhindern, auch wenn sie ökonomisch und unter der Perspektive einer optimalen Versorgung sinnvoll wäre.

- ▸ **Imageschaden:** Gerade für freigemeinnützige Träger bedeutet eine Schließung eines Hauses zumeist einen Imageverlust.

- ▸ **Staatliche Planung:** Eine Besonderheit des Krankenhaussektors besteht infolge der dualen Finanzierung und des öffentlichen Auftrags darin, eine flächendeckende Versorgung zu gewährleisten. Die Länder haben die Planungshoheit. Die Verantwortung der Finanzierung liegt indes beim Träger, der somit auch die Folgen einer Fehlplanung zu tragen hat.

- ▸ **Investitionsfinanzierung:** Ein Teil der Investitionsfinanzierung der Länder beruht auf Pauschalen, die in Abhängigkeit der Bettenzahl gewährt werden. Eine Bettenreduktion ist mithin gleichbedeutend mit einer Reduzierung der zugewiesenen Mittel und damit aus einzelwirtschaftlicher Sicht wenig sinnvoll.

- ▸ **„Sunk Costs":** Hohe Stilllegungskosten haben den Charakter von „Sunk Costs". Sie entstehen aufgrund von bereits geleisteten hohen Investitionen, die nicht mehr anders zu verwenden sind und die in der Zukunft nicht mehr beeinflusst werden können. Bei Krankenhäusern stellt sich bei Schließungen insbesondere die Frage nach der weiteren Verwendung der Gebäude. Eine Lösung hierfür könnte in staatlichen Anpassungszuschüssen bestehen.

- ▸ **Arbeitsrechtliche Hemmnisse:** Sollten mit einer Schließung eines Klinikums Entlassungen verbunden sein, entstehen Kosten für Abfindungen, eines Sozialplans u. a.

Angesichts der ökonomisch sinnvollen Entwicklung hin zu größeren Einheiten und Trägergruppen wirken die Marktaustrittsbarrieren strukturkonservierend und verhindern eine bessere Effizienz. Gleichfalls Wettbewerb beschränkend wirken auf der anderen Seite **Markteintrittsbarrieren**, welche den Eintritt von neuen Anbietern in einen Markt erschweren. Im Krankenhaussektor sind dies **betriebswirtschaftliche Marktzutritts-schranken**, wie

► hohe Investitionserfordernisse

► gute Standorte sind ggf. schon besetzt

► Schwierigkeiten bei der Akquisition von qualifiziertem Personal

► Kostenvorteile bestehender Anbieter infolge von Größenvorteilen.

Schließlich gibt es auch **rechtliche Hemmnisse**, wie Bauvorschriften, Qualifikations-anforderungen oder eine Aufnahme in den Landeskrankenhausplan (Versorgungsver-trag).

Faktisch sind **neue Markteintritte** fast nur für spezialisierte Privatkliniken möglich oder durch die Übernahme bestehender Anbieter (Privatisierung). Zusätzliche Konkurrenz werden Kliniken vor allem durch neue Versorgungskonzepte erhalten, wie Integrierte Versorgungsnetzwerke (siehe ≫ Kap. D.1.3).

1.4 Erlös- und Kostenmanagement

Eine Grundproblematik der Kliniken besteht darin, dass die zu erzielenden Erlöse größ-tenteils budgetiert sind, d. h. Mehrleistungen werden gekürzt und führen nur zu un-terproportionalem Umsatzanstieg. Lösungen bestehen in der Ausweitung weiterer Erlösquellen, die zu steuern sind, insbesondere auch ambulante Leistungen:

► Einrichtung einer Vor- und Nachsorgestation (§ 115a SGB V)

► ambulantes Operieren (§ 115b SGB V)

► stationsäquivalente psychiatrische Behandlung im häuslichen Umfeld (§ 115d SGB V)

► Ermächtigung zur ambulanten Behandlung durch Krankenhausärzte insbesondere bei besonderen Untersuchungs- und Behandlungsmethoden (§ 116 SGB V)

► ambulante Behandlung durch Krankenhäuser bei Unterversorgung (§ 116a SGB V)

► Ambulante Spezialfachärztliche Versorgung, hochspezialisierten Leistungen (§ 116b SGB V)

► strukturierte Behandlungsprogramme bei chronischen Krankheiten – Disease Ma-nagement Programme (§ 137f - g SGB V)

► Teilnahme an Formen der „Besonderen Versorgung" – Integrierte Versorgung (§ 140a SGB V)

► Einrichtung eines krankenhauseigenen Medizinischen Versorgungszentrums (MVZ)

► Wahlleistungen

► Einrichtung ergänzender Institutionen am Krankenhaus, wie Pflegeheime und/oder Pflegedienste

▸ Einrichten eines Belegarztsystems.

Da die Möglichkeiten, zusätzliche Erlöse zu erzielen, begrenzt sind, sind die Kliniken gezwungen, **Kosten zu reduzieren** und die Kostenstrukturen zu optimieren. Rund drei Viertel der Kosten sind Fixkosten, wodurch das Verlustrisiko bei Auslastungsschwankungen groß ist. Die möglichen **Ansätze zur Optimierung** von Strukturen und Prozessen sind vielfältig:

▸ Durch den Einsatz von Standards, Leitlinien, Behandlungspfaden können individuelle, aufwändigere Diagnostik- und Therapieverfahren vermieden werden.

▸ Verweildauerreduzierung durch prästationäre Diagnostik zur Verkürzung der präoperativen Verweildauer, poststationäre Therapie und Nachsorge zur Vermeidung von Wiederaufnahmen sowie Kooperationen mit Pflege- und Rehabilitationseinrichtungen.

▸ Optimierung der medizinischen Dokumentation durch zeitnahe Erfassung aller relevanten Diagnosen. Eine hohe Qualität der erfassten Daten (Kodierqualität) vermeidet berechtigte Reklamationen durch den Medizinischen Dienst der Kassen (MDK).

▸ Optimierung der Infrastruktur durch Einrichtung eines eigenen MVZ, einer Nachsorgestation und ggf. Umwidmung von stationären Betten in eine Tagesklinik.

▸ Optimierung eingesetzter Ressourcen durch Einrichtung eines Belegarztsystems, gemeinsame Nutzung der Leistungen von Labor, Küche, Wäscherei, Zentralsterilisation usw. mit anderen Einrichtungen, Anbieten von bestimmten Leistungen nach außen (z. B. Catering-Service der Küche usw.), Bildung von Einkaufsgemeinschaften.

▸ Alternativ zu den Möglichkeiten, Leistungen anderen Unternehmen anzubieten, sind viele Kliniken den Weg gegangen, sekundäre Servicetätigkeiten, wie Reinigung, Speisenzubereitung, Wäsche, Wachdienste oder Wartungs- und Technikdienste, an hierauf jeweils spezialisierte Anbieter mittels Outsourcing auszulagern. Die Kehrseite sind indes eine zunehmende Abhängigkeit von externen Anbietern und steigende Transaktionskosten, die manche Klinik schon zu einem Insourcing bewogen hat.

 MERKE

Insourcing ist die Wiedereingliederung zuvor ausgelagerter Prozesse und Funktionen in das Unternehmen, die Rücknahme von Outsourcing. Die Gründe bestehen zumeist in einer mangelnden Qualität externer Anbieter, nicht im geplanten Umfang realisierbare Einsparungen oder dem Ziel, entstandene Abhängigkeiten zu reduzieren.

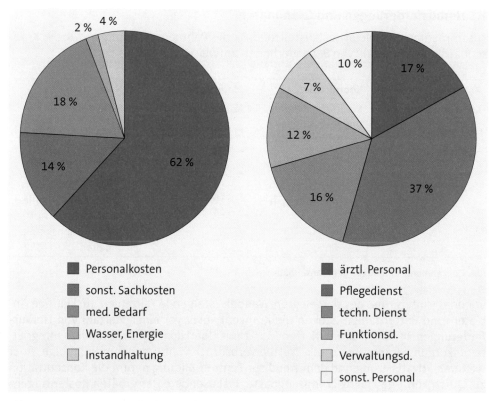

Abb. C5: Kostenarten im Krankenhaus und Personalverteilung
Quelle: *Statistisches Bundesamt (2017)*

Beispiel

Möchte ein Krankenhaus die Kosten für die Essensversorgung der Patienten reduzieren, kommen folgende Möglichkeiten in Betracht:

► Es könnten günstigere Lebensmittel eingekauft werden.

► Die Essensversorgung könnte künftig durch eine neu zu gründende Tochtergesellschaft erfolgen, in der die Löhne geringer sind.

► Die Essensversorgung könnte extern von anderen Unternehmen bezogen werden (Outsourcing).

► Man könnte versuchen, mit der eigenen Essensversorgung externe Erlöse zu erzielen, indem man die Essensversorgung auch für Externe anbietet.

Es ist offensichtlich, dass jede Lösung mit unterschiedlichen Folgen für die Mitarbeiter, Patienten und finanziellen Anforderungen verbunden ist.

1.5 Herausforderungen und Grunddaten

Zusammenfassend bleibt festzustellen, dass die Rahmenbedingungen für die Krankenhäuser eine Vielzahl von Besonderheiten aufweisen:

Angebotsseite	Koordination	Finanzierungsquellen	Nachfrage
Krankenhäuser ► öffentliche ► private ► freigemeinnützige	Staatliche Planung und Investitionslenkung und Qualitätskontrolle & staatlich regulierte Vergütung	Kostenträger ► GKV: Beiträge ► PKV: Beiträge ► Staat: Steuern ► Selbstzahler: Einkommen	Patienten ► Versicherungslösung: vollständig preisunelastisch ► Nachfragesteigerung: Demografie, techn. Fortschritt, Zivilisationskrankheiten

Abb. C6: Rahmenbedingungen der Krankenhäuser

Vor dem Hintergrund des dargelegten Wandels (steigende Fallzahlen, rückläufige Anbieter- und Bettenzahlen) stehen die Krankenhäuser vor einer **Vielzahl von Herausforderungen**. In dem fragmentierten Markt mit Überkapazitäten und durch Integrierte Versorgungsformen wird der Wettbewerbsdruck weiter zunehmen. Infolge einer weiteren Privatisierung und dem Trend zur Zentren-Bildung nimmt die Konzentration zu. Durch künftige Finanzierungsengpässe, insbesondere des größten Kostenträgers, der GKV, bleibt der Druck zur Prozessoptimierung und Kostensenkung konstant hoch. Zugleich führen Reformen der GKV zu einer unstetigen staatlichen Reglementierung, wodurch Planungssicherheit fehlt.

Ein **durchschnittliches Krankenhaus** in Deutschland

► versorgt eine Bevölkerung von knapp 42.000 Personen

► hat 255 Betten, von denen im Jahresdurchschnitt knapp 200 belegt sind

► beschäftigt 430 Vollzeitbeschäftigte (ca. 2,2 pro belegtem Bett), davon 73 Ärzte (ca. 0,4 pro belegtem Bett) und 160 Pflegekräfte (ca. 0,8 pro belegtem Bett)

► versorgt rund 9.800 stationäre Fälle, d. h. 38 pro Bett und Jahr (bei einer Verweildauer von 7,3 Tagen ist jedes Bett etwa 280 Tage belegt)

► erzielt einen jährlichen Umsatz von 30 Mio. €, d. h. 120.000 € pro Bett oder ca. 3.250 € pro Fall (zzgl. Investitionsmittel).

Betrachtet man Kennzahlen zur Krankenhausversorgung über einen längeren Zeitraum, sind folgende **Entwicklungen auffällig**:

► Während die Anzahl öffentlicher und freigemeinnütziger Anbieter rückläufig ist, gewinnen die privaten Anbieter zusehends Marktanteile. Diese Verschiebung spiegelt sich auch in den Bettenkapazitäten wider, gleichwohl dominieren die öffentlichen Anbieter hier noch das Angebot.

▸ Die Bettenzahl konnte reduziert werden, trotz steigender Fallzahlen, denn die Verweildauer sank erheblich. Gleichwohl bestehen nach wie vor Überkapazitäten.

▸ Die Beschäftigtenstruktur hat sich erheblich in Richtung mehr Ärzte und weniger Pflegekräfte verändert.

	2000	2005	2010	2015	Diff. 2015/2000
Anzahl der Krankenhäuser	2.242	2.139	2.064	1.956	-13 %
- öffentlicher Träger	844	751	630	577	-32 %
- freigemeinnütziger Träger	912	818	755	679	-26 %
- privater Träger	486	570	679	700	44 %
Aufgestellte Betten insgesamt	547.284[1]	523.824	502.749	499.351	-9 %
- in öffentlichen Krankenhäusern	298.034	273.721	244.254	240.653	-19 %
- in freigemeinsnützigen Krankenhäusern	200.635	184.752	173.457	167.566	-16 %
- in privaten Krankenhäusern	48.615	65.351	85.038	91.132	87 %
Fallzahl	17.262.929	16.873.885	18.032.903	19.239.574	11 %
Durchschnittliche Verweildauer in Tagen	9,7	8,6	7,9	7,3	-25 %
Auslastung	81,9 %	74,9 %	77,4 %	77,5 %	-5 %
Beschäftigte (in Vollzeitstellen)	834.585	796.098	816.258	868.044	4 %
- davon Ärzte	108.696	121.610	134.847	154.364	42 %
- davon nichtärztliches Personal	725.889	674.488	681.411	713.680	-2 %
KHG-Investitionsfördermittel in Mrd. Euro	3.378	2.697	2.826	2.794	-17 %

[1] Daten aus 2002

Kennzahlen zur Krankenhausversorgung in Deutschland
Quelle: *Statistisches Bundesamt (2017)*

2. Leistungsvergütung

Die für die Finanzierung der Kliniken besonders **relevanten Merkmale** sind der staatliche Sicherstellungauftrag und die damit verbundene staatliche Krankenhausplanung, öffentliche Versorgungsverträge und die duale Finanzierung. Ferner beruht die Vergütung der Leistungen auf diagnosebezogenen Fallpauschalen, sie ist aber zugleich budgetiert. In diesem Regulierungskomplex werden die Interessen der Kliniken durch die Landeskrankenhausgesellschaften (LKG) und die Deutsche Krankenhausgesellschaft (DKG) vertreten.

 MERKE

Landeskrankenhausgesellschaften werden durch die Träger der Kliniken eines Bundeslandes gebildet. Sie wiederum bilden die **Deutsche Krankenhausgesellschaft** als Dachorganisation. Rechtlich handelt es sich um private Vereine, anders als bei den Vertretungsorganen der ambulanten Ärzte, den **Kassenärztlichen Vereinigungen (KV)**. Diese sind Körperschaften öffentlichen Rechts, nicht zuletzt, da sie im Gegensatz zu den LKG staatliche Aufgaben, wie die Bedarfsplanung, wahrnehmen.

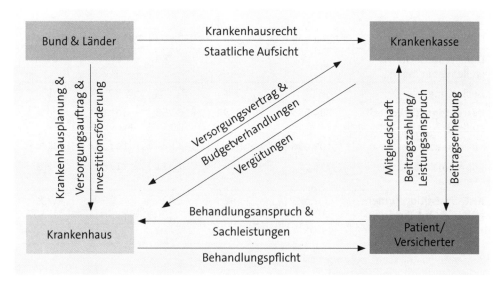

Abb. C7: Rechtsrahmen der Krankenhausfinanzierung

Die Regulierung der Leistungserstellung und Vergütung der Krankenhäuser ist extrem komplex. Neben dem SGB V gibt es eine **Vielzahl von Gesetzen und Verordnungen**, die hierauf Einfluss haben. Zu den wichtigsten zählen:

▶ **Krankenhausfinanzierungsgesetz (KHG):** insbesondere für die Regelung der Investitionsförderung

- **Krankenhausentgeltgesetz (KHEntgG):** insbesondere für die detaillierte Ausgestaltung des DRG-Systems

- **Fallpauschalenvereinbarung (FPV):** die Verordnungen für die jeweiligen Jahre: insbesondere für die konkrete Ausgestaltung des DRG-Katalogs und als Anhang den jeweils geltenden Fallpauschalenkatalog und Zusatzentgelte

- **Bundespflegesatzverordnung (BPflV):** insbesondere für die Vergütungen für stationäre und teilstationäre Pflegeleistungen, sofern sie nicht über DRG vergütet werden

- **Psychiatrie-Entgeltgesetz (PsychEntgG):** Als Artikelgesetz eingearbeitet in KHG, BPflV, SGB V, insbesondere für Einführung und Ausgestaltung des PEPP-Entgeltsystems

- **Vereinbarung zum pauschalierenden Entgeltsystem für psychiatrische und psychosomatische Einrichtungen (PEPP)** sowie der in den jeweiligen Jahren geltende PEPP-Entgeltkatalog

- **Landeskrankenhausgesetze (LKG).**

Zwischen einer marktwirtschaftlichen Finanzierung unternehmerischer Leistungen und dem Gesundheitswesen bestehen grundsätzliche Unterschiede. Der größte Teil der der Vergütung der Leistungserbringer zugrunde liegenden Preise sind **staatlich regulierte Preise**. Auch unterliegen die Vergütungen der Klinken staatlich vorgeschriebenen **Budgetbegrenzungen**; mithin führt ein Mehr an Leistungen nicht automatisch auch zu Mehreinnahmen in gleichem Umfang.

Das im Gesundheitswesen übliche **Vergütungsverfahren** bedeutet, dass der Patient nicht selbst für die in Anspruch genommenen Leistungen zahlt (Sachleistungsprinzip). Er ist gesetzlich oder privat versichert. Seine Präferenzen und damit die Zahlungswilligkeit spielen keine Rolle. Durch das sozialversicherungsrechtliche Dreiecksverhältnis führt Kundengewinnung nur mittelbar zu einer Finanzierung, denn die wird von Krankenversicherungen oder vom Staat übernommen.

Ein **Kernproblem der Finanzierung** in Gesundheitswesen ist somit eine **angemessene Vergütung** der Leistungserbringer zu finden und zugleich die Anreize, die mit unterschiedlichen Vergütungsformen einhergehen, zu beachten. Auch im Gesundheitswesen sind die Ressourcen knapp, und die Verwendung der eingesetzten Mittel muss effizient erfolgen

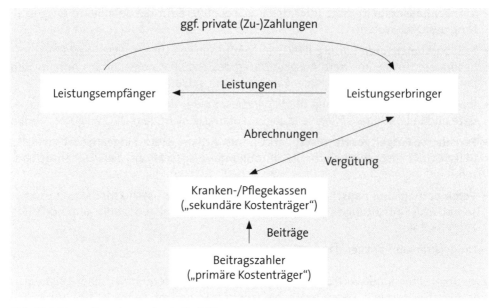

Abb. C8: Leistungsfinanzierung durch die GKV

2.1 Funktionen von Vergütungssystemen und Vergütungsformen

Seit 1972 gilt das Prinzip der **dualen Finanzierung**. Die Vorhaltung einer bedarfsgerechten stationären Versorgung der Bevölkerung ist eine öffentliche Aufgabe und aus Steuermitteln zu finanzieren. Laufende Betriebs- und Behandlungskosten sind durch die Gesetzlichen bzw. Privaten Krankenversicherungen oder Selbstzahler zu vergüten. Die Ausgestaltung eines solchen **Vergütungssystems** erfüllt verschiedene für die Versorgungssituation **relevante Funktionen**:

Die **Verteilungsfunktion** soll eine leistungsgerechte Einkommensverteilung der Leistungserbringer gewährleisten. Da es um die Behandlung von Patienten geht, würde „leistungsgerecht" idealerweise auch den Aspekt der Qualität und nicht nur der Menge beinhalten.

Die **Steuerungsfunktion** ergibt sich aus den Anreizwirkungen, die jedem Vergütungssystem inhärent sind. Dies impliziert, dass auch die Anbieter gesundheitswirtschaftlicher Güter neben dem reinen Berufsethos ein Interesse an einer Umsatz-, respektive Einkommensoptimierung haben. Idealerweise sind die Anreize so ausgestaltet, dass nur wirklich erforderliche Maßnahmen (bedarfsgerecht) und diese zugleich effizient (kostenoptimal und Verweildauer minimierend) sowie qualitativ hochwertig durchgeführt werden. Das bedingt eine Begrenzung der angebotsinduzierten Nachfrage, und daraus ergibt sich mithin eine möglichst geringe Belastung der Kostenträger. Zugleich sollte indes vermieden werden, dass es zu unerwünschten Selektionseffekten (z. B. nach Schweregrad) kommt.

Ein Vergütungssystem sollte ferner so ausgestaltet sein, dass innovative Diagnose- und Behandlungsmethoden zum Einsatz kommen können (**Innovationsfunktion**) bzw. dass deren Einsatz gefördert wird, sofern die Versorgungsqualität und Wirtschaftlichkeit besser ist als die von bestehenden Maßnahmen.

Schließlich sollte ein Vergütungssystem **administrativ praktikabel** sein, eine ausufernde Bürokratie für Verwaltung und Kontrolle vermeiden sowie **hinreichend flexibel** in der Anpassung an Veränderungen im Gesundheitswesen sein. Mit der administrativen Umsetzung ist auch die Frage verbunden, ob das Vergütungssystem eher prospektiver oder retrospektiver Natur ist. Bei einer **prospektiven Vergütung** steht die Vergütung weitestgehend vor Leistungserbringung fest. Das Kostenrisiko liegt somit beim Leistungserbringer. Wird dagegen **retrospektiv**, also im Nachhinein, der Ressourcenverbrauch vergütet, liegt das Kostenrisiko beim Kostenträger. Um dies zu vermeiden, sind Krankenhausleistungen in Deutschland prospektiv budgetiert.

Insgesamt hat damit die Konzeption eines **Vergütungssystems maßgeblichen Einfluss** auf die Einkommensverteilung zwischen den Leistungserbringern und Bedarfsgerechtigkeit, Qualität sowie Effizienz der Versorgung. Gleichzeitig ist indes die konkrete Ausgestaltung eines Vergütungssystems durch die verschiedenen Vergütungsverfahren, Vergütungsformen und Vergütungstarife äußerst komplex.

 MERKE

Durch das **Vergütungsverfahren** wird die Abwicklung der Honorierung geregelt. In der GKV gilt grundsätzlich das **Sachleistungsprinzip**. Der Leistungserbringer wird direkt durch die GKV vergütet. Dieses einstufige Vergütungsverfahren gilt z. B. für die Krankenhäuser. Bei der Vergütung der ambulanten Ärzte sind hingegen die Kassenärztlichen Vereinigungen in die Vergütung eingebunden. Sie verteilen einen von der GKV gezahlten Gesamtbetrag an die Ärzte (zweistufiges Verfahren). In der PKV gilt indes das **Kostenerstattungsprinzip**, in dem der Patient den Leistungserbringer vergütet und die Kosten bei seiner Krankenversicherung geltend macht.

Durch die **Vergütungsform** wird der Maßstab festgelegt, nach dem sich die Höhe der Vergütung richtet.

Der **Vergütungstarif** entspricht einem funktionalen Zusammenhang zwischen Vergütungsform und -höhe. So würde die Vergütung z. B. proportional ansteigen, wenn das Klinikum pro Patienten eine fixe Pauschale erhalten würde.

Geht es bei dem Vergütungsverfahren um die administrative Abwicklung der Vergütung, ergeben sich die zentralen Anreizwirkungen aus der jeweiligen **Vergütungsform**. Dabei sind eine Reihe **diverser Idealtypen**, die in der Praxis auch in Kombination eingesetzt werden, zu unterscheiden:

1. **Kostendeckungsprinzip:** Vergütung der durch den Faktoreinsatz entstandenen Kosten, damit Deckung der Selbstkosten eines wirtschaftlich arbeitenden Krankenhauses

2. **Tagespflegesätze:** pauschaler Betrag pro Pflegetag, in der Höhe differenziert nach Abteilungen

3. **Sonderentgelte:** zusätzliche Vergütung besonders aufwändiger Behandlungsmethoden

4. **Kopfpauschale:** pauschale Vergütung pro behandeltem Patienten

5. **festes Budget:** Vereinbarung eines prospektiv ausgehandelten Budgets pro Klinikum

6. **erfolgsabhängige Vergütung:** Bemessungsgrundlage für die Vergütung wäre der Erfolg einer Behandlung

7. **Fallpauschalen:** pauschale Vergütung pro Fall, differenziert nach Diagnosen und erbrachten Prozeduren.

Einige der genannten Vergütungsformen fanden vor Einführung der DRG in Deutschland Anwendung in der Vergütung von Krankenhausleistungen.

2.1.1 Krankenhausvergütung bis 2003/04

Die Krankenhausvergütung wurde 2003 freiwillig und dann ab 2004 verpflichtend auf eine diagnosebezogene Vergütung, DRG (Diagnosis Related Groups), umgestellt. Vor der Einführung bestand ein **Mischsystem** aus Tagespflegesätzen, Sonderentgelten und Fallpauschalen.

Krankenhausgesamtbudget					
Krankenhausindividuelles Budget				Pauschalierte Entgelte	
Abteilungspflegesätze				149 Sonderentgelte	96 Fallpauschalen
Innere Medizin	Gynäkologie	Orthopädie	Chirurgie	Komplexgebühr für chirurgische Leistungen	Vergütung der gesamten Behandlung, alle Kosten
Basispflegesatz: Unterkunft, Verpflegung, Verwaltung u. a.					

Abb. C9: Leistungsvergütungen bis 2003/04

In dem **Abteilungspflegesatz** waren sämtliche Personal- und Sachkosten der vollstationären Versorgung, einschließlich der für die Behandlung der Patienten entstehenden Kosten in den Funktions- und Leistungsbereichen enthalten. Es war das Entgelt für ärztliche und pflegerische Tätigkeiten und durch sie veranlasste Leistungen, die nicht mit Fallpauschalen oder Sonderentgelten vergütet wurden. **Wichtig** ist, es wurden nicht die tatsächlich in einem Krankenhaus entstehenden Ist-Kosten anerkannt, sondern die Kassen orientierten sich an vergleichbaren Abteilungspflegesätzen anderer Kliniken, also an Durchschnittskosten. Tagespflegesätze wurden vereinbart für jede organisatorisch selbstständige, bettenführende Abteilung, die von einem fachlich nicht weisungsgebundenen Arzt mit entsprechender Fachgebietsbezeichnung geleitet wurde. Bei der Vergütung pro Behandlungstag wurde der Entlassungs- oder Verlegungstag nicht gezählt. Gegebenenfalls gab es Abzüge, wenn neben den Tagespflegesätzen zusätzliche Sonderentgelte abgerechnet wurden.

Der **Basispflegesatz** wurde immer zusätzlich zum Abteilungspflegesatz berechnet. Er ist das Entgelt für nicht durch ärztliche oder pflegerische Tätigkeit veranlasste Leistungen, wie Unterbringung und Verpflegung (Hotelpflegesatz), Verwaltungsdienst, Technik u. a.

Innere	Chirurgie	Intensiv	Innere
Aufnahme			**Entlassung**
Tag 1, 2	Tag 3, 4	Tag 5	Tag 6 - Tag 11
Pflegesatz Innere	Pflegesatz Chirurgie	Pflegesatz Intensiv	Pflegesatz Innere
2 · 275,33 €	2 · 210,55 €	1 · 733,25 €	5 · 275,33 €
Basispflegesatz: 10 · 75,66 €			

Abb. C10: Beispiel für die Abrechnung von Abteilungspflegesätzen

Die 149 definierten **Sonderentgelte** waren eine pauschalierte Vergütung für aufwändige eigenständige Therapie- oder Diagnostikleistungen (grundsätzlich für Operationen). Sie deckten nicht die gesamte Behandlung des Patienten ab, sondern nur einen bestimmten Leistungskomplex (operative Leistungen). Ein Sonderentgeltkatalog mit Punktzahlen wurde bundesweit einheitlich festgelegt. Je Bundesland wurden die Punktwerte festgelegt, sodass die Punktzahl multipliziert mit dem Punktwert das zu zahlende Entgelt ergab. Zusätzlich zum Sonderentgelt erfolgte immer eine Berechnung von Abteilungspflegesätzen und dem Basispflegesatz.

Eine pauschalierte Vergütung aller Leistungskosten für einen bestimmten Behandlungsfall erfolgte durch **Fallpauschalen**. Mit der Fallpauschalen-Vergütung wurden alle ärztlichen und pflegerischen Leistungen sowie Basisleistungen für einen abgegrenzten Behandlungsfall abgegolten. Es war keine zusätzliche Abrechnung von Abteilungs- und Basispflegesatz möglich, außer bei Überschreiten einer definierten Grenzverweildauer. Sonderentgelte konnten ggf. zusätzlich abgerechnet werden. Auch für die Fallpauschalen wurden Punktzahlen bundesweit einheitlich und auf Ebene der

Bundesländer die Punktwerte festgelegt. Fallpauschalen wurden berechnet, wenn dies die Hauptleistung des Krankenhauses für den Patienten war.

DRG sind auch Fallpauschalen. Der wesentliche Unterschied besteht darin, dass die DRG deutlich differenzierter sind, als es die bis 2004 gültigen Fallpauschalen waren. Für diese 96 Fallpauschalen wurden im Wesentlichen die Hauptdiagnose und Prozeduren als Kriterien herangezogen. Die Abgrenzung der über 1.200 DRG beruht hingegen auf deutlich mehr Kriterien (siehe **>>** Kap. C.2.2).

2.1.2 Analyse unterschiedlicher Vergütungsformen

Im Folgenden werden die Vor- und Nachteile der unterschiedlichen Vergütungsformen unter ökonomischem und dem Blickwinkel einer optimalen Patientenversorgung analysiert.

Selbstkostendeckungsprinzip
Anwendung: bis Ende 1992 geltendes Prinzip für die Finanzierung der Krankenhauskosten
Vorteile: Ermöglicht umfangreiches Angebot und eine Leistungserbringung ohne Zeitdruck.
Nachteile: Kein Zwang zu wirtschaftlichem Handeln. So wird es tendenziell zu einer ineffizienten Leistungserbringung kommen. Es besteht ein Anreiz zur unnötigen Leistungsausweitung, und Abrechnungen nicht leistungsbezogener Kosten sind wahrscheinlich. Das Managementziel besteht darin, die entstandenen Kosten gegenüber dem Träger nachzuweisen und zu rechtfertigen. Dies gilt auch für ggf. entstandene Verluste. Es kommt zu einer **Überversorgung**.

Tagespflegesätze
Anwendung: Vergütung von Basis- und Abteilungspflegesätzen pro Tag in Kliniken bis 2003/04
Vorteile: Ermöglicht grundsätzlich eine zuwendungsorientierte Versorgung. Eine Anpassung an einen höheren Leistungsbedarf ist möglich. Es besteht ein Anreiz, die Kosten pro Tag gering zu halten; Verwaltungskosten und Dokumentationsaufwand sind gering.
Nachteile: Es besteht ein Anreiz zur Ausweitung von Fallzahl und Verweildauer infolge der Fixkostendegression und sinkender variabler Durchschnittskosten; ist der Patient fast genesen, verursacht er bei gleicher Tagesvergütung die geringsten Kosten. Es besteht ein Anreiz zur Selektion nach dem Schweregrad (Überweisung von aufwändigen Fällen). Es kommt zu einer **Fehlversorgung**.

Sonderentgelte
Anwendung: Teil der Vergütung von Kliniken bis 2003/04 z. B. für Operationen
Vorteile: Es erfolgt eine verursachungsgerechte Zuordnung von Kosten; Sonderentgelte werden dem erhöhten Aufwand von aufwändigen Prozeduren, Spezialbehandlungen oder der Behandlung von seltenen Erkrankungen gerecht. Es besteht ein Anreiz zur Wirtschaftlichkeit, um mit den Kosten unter den Sondervergütungen zu bleiben.

Sonderentgelte

Nachteile: Um Lernkurven- und Fixkostendegressionseffekte nutzen zu können, besteht eine Tendenz zur Leistungsausweitung. Bei den Prozeduren, die ein Klinikum dauerhaft nicht kostendeckend erbringen kann, wird es ggf. zur Nachfragereduzierung mittels Wartelisten kommen. Es bestehen keine Berücksichtigung der gesamten Erkrankung (Comorbiditäten) und kein Anreiz zur Verkürzung der Verweildauer.

Festes Budget und Kopfpauschalen

Anwendung: Häufig in staatlichen Gesundheitssystemen. Berechnungsbasis sind die voraussichtlich belegten Betten und die erwarteten durchschnittlichen Kosten pro zu versorgendem Patienten; hieraus kann ein Gesamtbudget pro Krankenhaus ermittelt werden oder eine pauschale Vergütung pro Patienten. Somit sind ein festes Budget und eine Kopfpauschalvergütung zwar nicht identisch, sie weisen aber die gleichen Vor- und Nachteile auf.

Vorteile: Es besteht ein Anreiz zu effizienter Leistungserbringung und die Verweildauer gering zu halten. Nur erforderliche Leistungen werden erbracht; es gibt also keinen Anreiz zur unnötigen Leistungsausweitung. Diese Vergütungsform ist administrativ einfach zu handhaben.

Nachteile: Das Morbiditätsrisiko liegt bei den Kliniken. Es gibt keine unmittelbare Verknüpfung von Leistung und Vergütung. Es bestehen Anreize zur schnellen Leistungserbringung und zur Selektion nach Schweregrad (Abweisung/Überweisung von komplexen Fällen); somit besteht eine Tendenz zur unzureichenden Behandlung von Patienten. Hieraus folgt ein Zwang zur staatlichen Qualitätssicherung.

Erfolgsabhängige Vergütung

Anwendung: Teilweise umgesetzt im Rahmen von Managed-Care-Konzepten in den USA; bislang keine Anwendung in Deutschland. Die Krankenhausvergütung soll indes künftig „qualitätsorientiert" ausgestaltet werden.

Vorteile: Es besteht eine Interessenharmonie zwischen Arzt und Patient. Da der Behandlungserfolg und damit die Qualität durch den Leistungserbringer im Vordergrund stehen, wird es zu einem Qualitätswettbewerb kommen. Es existiert kein Anreiz zur unnötigen Leistungsausweitung. Es handelt sich hierbei um die am stärksten **patientenorientierte Vergütung**.

Nachteile: Probleme bestehen zunächst bei der Definition von Behandlungserfolg, denn dies kann nur indikationsbezogen geschehen (Behandlungserfolg ist beispielsweise bei einer Krebserkrankung im Endstadium ein anderer als bei einer Blinddarmentzündung). Ein weiteres Problem ist die Messung/Kontrolle von Behandlungserfolgen/Qualität, denn es gibt kein einzig richtiges, für alle Krankheiten geeignetes Modell, zudem sind subjektive und objektive Kriterien maßgeblich. Des Weiteren besteht das Problem der Zuordnung des Erfolgs, wenn mehrere Leistungserbringer an der Behandlung beteiligt sind (ambulanter Arzt, Krankenhaus mit ggf. unterschiedlichen Abteilungen, Reha). Schließlich ist der Behandlungserfolg auch abhängig von der Compliance (Mitwirkung) der Patienten; das Kernproblem besteht mithin in der **praktischen Umsetzung**.

Auch **Fallpauschalen** und damit die aktuell relevante DRG-Vergütung sind mit einer Vielzahl von Vor-, aber auch Nachteilen verbunden. Eine ausführliche Erläuterung dieser erfolgt, nachdem im Folgenden zunächst die Grundlagen der DRG-Vergütung dargelegt werden.

2.2 Diagnosis Related Groups (DRG)

Mit dem GKV-Gesundheitsreformgesetz aus dem Jahr 2000 wurde beschlossen, im stationären Sektor in Deutschland schrittweise ein Fallpauschalensystem (DRG-System) einzuführen. Bis zur Einführung der Diagnosis Related Groups regelte die **Bundespflegesatzverordnung (BPflV)** die Details der pflegesatzfähigen Kosten zur Vergütung der Krankenhäuser. Die Geltung der BPflV erstreckt sich seither vor allem auf psychiatrische und psychosomatische Krankenhäuser, die nicht in das Vergütungssystem der diagnosebezogenen Fallgruppen einbezogen sind.

Seit 2004 werden die Betriebsausgaben der Kliniken verbindlich durch spezifische Fallpauschalen vergütet. Die gesamtwirtschaftlichen **Ziele der DRG-Einführung** waren:

- ▶ eine größere Transparenz der Leistungsstrukturen
- ▶ eine effizientere Verteilung begrenzter Mittel
- ▶ eine Veränderung der Versorgungsstrukturen (Abbau von Überkapazitäten)
- ▶ eine Verkürzung der Verweildauern
- ▶ und damit schlussendlich auch die Wahrung der Beitragssatzstabilität.

Bei den diagnosebezogene Fallgruppen handelt es sich um ein **Patientenklassifikationssystem**, in dem Patienten, anhand einer Vielzahl unterschiedlicher Diagnosen und Prozeduren und weiterer Parametern zu einer überschaubaren Anzahl von

1. medizinisch ähnlichen Fallgruppen mit
2. vergleichbarem ökonomischem Aufwand (Ressourcenverbrauch)

zusammenfasst werden. Sie bilden die Basis für die Leistungsabrechnung und umfassen rund 90 % der Leistungsvergütung der Kliniken.

Die DRG sind **leistungsorientiert**, d. h. die Krankenhausleistung wird nicht mehr überwiegend nach Verweildauer (wie vorher durch tagesgleiche Abteilungspflegesätze) vergütet, sondern nach erbrachtem Leistungsumfang. Sie sind aber zugleich **pauschalierend**, denn abgerechnet werden nicht die tatsächlichen, individuellen Kosten eines Falles, sondern die durchschnittlichen (mittleren) Fallkosten einer Fallgruppe.

Die Abbildung jedes medizinischen Einzelfalls kann und soll mit einem pauschalierenden Entgeltsystem nicht geleistet werden. Das KHG sieht gemäß § 17b KHG vor, sich auf einen praktikablen Differenzierungsgrad der Fallgruppen zu beschränken. Für die Ermittlung und Differenzierung der DRG ist das **Institut für das Entgeltsystem im Krankenhaus (InEK)** zuständig. Es entwickelt den bundesweit gültigen sog. **Fallpauschalen-Katalog** stetig weiter, denn das DRG-System wird jährlich anhand von Ist-Kostendaten von ca. 250 berichtenden Krankenhäusern in seiner Klassifikation und seinem Algorithmus überarbeitet sowie in Bezug auf die Bewertungen der DRG neu kalkuliert. Dabei werden stets die Kostendaten aus dem Vorjahr zur Kalkulation der DRG-Version des Folgejahres verwendet. So beruht die G-DRG-Version 2018 auf der Erhebung von Kosten- und Leistungsdaten aus dem Jahr 2016.

Alle Krankenhäuser erhalten für die Behandlung des gleichen Krankheitsbildes das gleiche Geld, unabhängig davon, welchen diagnostischen und therapeutischen Aufwand sie betreiben. Dies gilt für fast alle stationären Behandlungen (Ausnahmen: Psychiatrie, Psychosomatik). In der **Konsequenz** müssen die Kliniken das Krankheitsbild so schnell und eindeutig wie möglich identifizieren und den Patienten so preiswert, schnell und so gut wie möglich behandeln. Mit der Feststellung der Diagnosen und Prozeduren wird quasi die Rechnung geschrieben.

Das DRG-System ist ein **„lernendes System"**. Der Katalog und die Bewertung werden jedes Jahr neu angepasst. Gab es ursprünglich gut 600 DRG, sind es aktuell über 1.200. Ist eine Vergütung durch DRG praktisch nicht möglich oder unsachgerecht (z. B. bei Spezialisierung, erheblicher Komplexität oder neuen Untersuchungs- und Behandlungsmethoden), dann erfolgt eine Vergütung durch **Zusatzentgelte**, die i. d. R. zusätzlich zu einer DRG abgerechnet werden können.

2.2.1 DRG-Systematik

Das maßgebliche Kriterium für die Bildung einer DRG ist die **Hauptdiagnose**. Sie ist ursächlich für die Veranlassung des stationären Aufenthaltes. Berücksichtigt werden aber auch **Nebendiagnosen**, die gleichzeitig mit der Hauptdiagnose bestehen oder sich während des Aufenthaltes entwickelt haben, sowie Operationen und Prozeduren, Alter, Geschlecht, Geburtsgewicht, Beatmungsstunden und Entlassungsart. Dabei besteht die Code-Struktur der DRG immer aus vier Stellen, z. B. *B70C*.

- Im 1. Schritt wird die **Hauptdiagnosegruppe** gebildet. Die 23 Hauptgruppen sind nach Organsystemen und Krankheiten geordnet, z. B. *B*: *„Krankheiten und Störungen des Nervensystems"*. In der Gruppe A befinden sich Ausnahmefälle, sog. Prä MDC (Major Diagnostic Category), in denen keine Zuordnung und Vergütung durch das übliche Schema erfolgt (z. B. bei Transplantationen). Wurde falsch kodiert, erfolgt die Darstellung in einer Fehlergruppe, z. B. Kodierung von Prozeduren, die keinen Bezug zur Hauptdiagnose haben.

- Im 2. Schritt werden die Fälle in eine von drei differenzierten **Behandlungsarten, sog. Partitionen**, eingeteilt: chirurgische Operation im OP-Saal (Zahlencode 0-39), andere, nicht an einen Operationssaal gebundene Eingriffe (Zahlencode 40-59) und medizinische, konservative Behandlungen, kein Eingriff (Zahlencode 60-99). Die Kombination aus Hauptdiagnose und Behandlungsart ergibt eine sog. Basis-DRG. Die **Basis-DRG** spiegelt die primäre Behandlung wider, jedoch noch ohne eine differenzierende Schweregradeinteilung.

- Im 3. Schritt wird eine **Schweregradkategorie** zugewiesen, wobei A = Höchster Ressourcenverbrauch/Schweregrad/Erlös, B = Zweithöchster RV/SG/Erlös usw. Der Gesamtschweregrad **PCCL (Patient Complication & Comorbidity Level)** berechnet sich aus den kumulierten Schweregraden von Komplikationen und/oder Komorbiditäten (Nebendiagnosen) der einzelnen Diagnosen. Wird nicht nach Schwergraden unterschieden, endet die DRG mit dem Buchstaben „Z".

Voraussetzung für die Eingruppierung eines Patienten in eine DRG ist somit die Verschlüsselung einer Hauptdiagnose und ggf. von behandlungsrelevanten Nebendiagnosen sowie der wesentlichen, am Patienten durchgeführten Prozeduren. Basis hierfür ist einerseits die internationale statistische Klassifikation der Krankheiten, der **ICD-Code (International Statistical Classification of Diseases and Related Health Problems)**. Es ist das wichtigste, weltweit anerkannte Diagnoseklassifikationssystem der Medizin und wird von der Weltgesundheitsorganisation (WHO) herausgegeben. Andererseits werden Behandlungen gemäß dem **Operationen- und Prozedurenschlüssel (OPS-Code)** klassifiziert. Er ist die deutsche Modifikation der Internationalen Klassifikation der Prozeduren in der Medizin (ICPM).

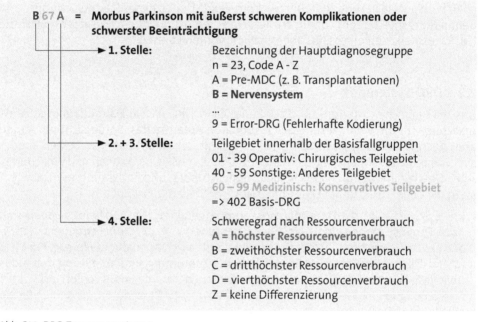

Abb. C11: DRG-Zusammensetzung

 MERKE

Bei genauer Betrachtung wird deutlich, dass es sich bei den DRG nicht um reine Fallpauschalen handelt. Da erbrachte Prozeduren implizit bei der Vergütung Berücksichtigung finden, sind auch Elemente einer Einzelleistungsvergütung enthalten. Je differenzierter das DRG-System ist, desto mehr gewinnt es den Charakter einer Einzelleistungsvergütung.

2.2.2 Berechnung der DRG

Um von der DRG zu einer Vergütung zu kommen, wird jeder DRG ein Relativgewicht bzw. eine **Bewertungsrelation (BWR)** zugeordnet. Diese BWR spiegelt den Aufwand/ die Kosten der Behandlung in Relation zu den Kosten eines Durchschnittsfalls wider. Ähnlich der **Äquivalenzziffernkalkulation** erhält die durchschnittliche DRG die BWR 1. Weist eine DRG also eine BWR von 1,500 aus, dann ist sie 1,5-mal so aufwändig – im Sinnes des Ressourcenverbrauchs – wie der Durchschnittsfall. Bei einer BWR von 0,500 ist sie nur halb so aufwändig.

Die BWR wird nun mit dem **Landesbasisfallwert (LBF)** multipliziert und ergibt dann die Summe der Vergütung. Der Landesbasisfallwert ist der Basispreis für die einzelnen DRG-Leistungen. Nach § 10 Abs. 1 KHEntgG vereinbaren die Vertragsparteien auf der Landesebene jährlich bis zum 30.11. den landesweiten Basisfallwert für das Folgejahr. Bis einschließlich 2012 war die Obergrenze nach § 10 Abs. 4 KHEntgG über die Anwendung der **Veränderungsrate** (§ 71 SGB V) ausschließlich an die Einnahmeseite der GKV, der Grundlohnsumme, geknüpft. Mit dem Krankenhausfinanzierungsreformgesetz (KHRG) wurde der **Orientierungswert** eingeführt, der eine bessere Berücksichtigung der Kostenstrukturen und -entwicklungen auf Krankenhausseite vorsieht. Diesen ermittelt das Statistische Bundesamt. Auf dieser Grundlage wird nunmehr ein **Veränderungswert** vereinbart:

▸ Der Verhandlungskorridor für den Veränderungswert sieht die Grundlohnrate als neue Untergrenze in den Fällen vor, in denen der ermittelte Orientierungswert oberhalb der Grundlohnrate liegt.

▸ Die Grundlohnrate plus ein Drittel der Differenz von Orientierungswert und Grundlohnrate stellt die Verhandlungs- bzw. Korridorobergrenze dar.

▸ Liegt der Orientierungswert unterhalb der Grundlohnrate, so entfällt die Verhandlung und der Veränderungswert entspricht dem Orientierungswert.

Einen **Bundesbasisfallwert** vereinbaren die Vertragsparteien, der GKV-Spitzenverband, der Verband der Privaten Krankenversicherung und die Deutsche Krankenhausgesellschaft, auf Bundesebene. Durch die Orientierung an diesem sollen stark abweichende LBF an einen Korridor heranführen. Der Bundesbasisfallwert dient zur Orientierung. Ihm sollen die LBF sukzessive angepasst werden, entsprechend werden jedes Jahr Korridorgrenzen definiert. 2017 beträgt der Bundesbasisfallwert 3.376,11 €, die obere Korridorgrenze 3.460,51 € (+2,5 %) und die untere Korridorgrenze 3.341,67 € (-1,02 %). Aktuell liegen die LBF mit Ausnahme von Rheinland-Pfalz in diesem Korridor. Ab 2020 soll ein bundesweiter Basisfallwert gelten.

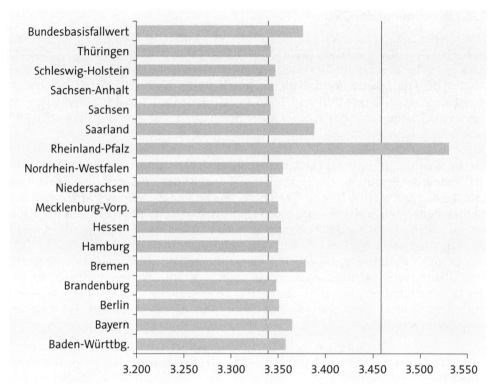

Abb. C12: Landesbasisfallwerte 2017
Quelle: *GKV-Spitzenverband (2017)*

Die Summe der BWR multipliziert mit der Fallzahl der jeweils abgerechneten DRG, ergibt den **Case-Mix (Fallmix)**, auch als Summe aller Kostengewichte bezeichnet. Der sog. **Case-Mix-Index (CMI)** ist dann die mittlere ökonomische Fallschwere aller im Krankenhaus behandelten Fälle einer Periode.

Beispiel

In einem Klinikum wurden 300 Fälle der DRG G09Z (BWR = 0,982) und 100 Fälle der DRG G02A (BWR = 4,683) behandelt. Der Case-Mix errechnet sich dann folgendermaßen:

$$
\begin{aligned}
300 \cdot 0,982 &= 294,60 \\
\underline{100 \cdot 4,683} &= \underline{468,30} \\
\text{Case-Mix:} \quad\; &\;\; 762,90
\end{aligned}
$$

Case-Mix-Index = 762,90 : 400 Fälle = 1,907

Das bedeutet, dass die Fälle der Klinik um 1,907-mal aufwändiger sind als der Durchschnittsfall.

MERKE

Katalogeffekte: Ein hinsichtlich der Kodierung und weiterer administrativer Daten (Verweildauer, Alter, Beatmungszeiten etc.) identischer Fall wird in unterschiedlichen DRG-Versionen i. d. R. eine unterschiedliche Bewertung im Sinne einer effektiven Bewertungsrelation bzw. Case-Mix-Punkte erhalten. Die veränderte Bewertung identischer Fälle in unterschiedlichen DRG-Versionen wird als Katalogeffekt bezeichnet. Die Bedeutung von Katalogeffekten nimmt durch die zunehmende Ausdifferenzierung des DRG-Systems ab.

2.2.3 Relevanz der Grenzverweildauern

Die Vergütung durch DRG ist eine **pauschale Einmalzahlung**, losgelöst von den tatsächlichen Behandlungskosten. Damit hat das Krankenhaus einerseits einen Anreiz zur schnellen und damit kostengünstigen Behandlung, trägt aber andererseits ausschließlich das Behandlungskostenrisiko bei sehr komplexen Fällen. Aus diesem Grund wurden **Grenzverweildauern (GVD)** in die Vergütung eingeführt.

► **Mittlere GVD:** Sie gibt an, für wie viele Belegungstage die Fallpauschale durchschnittlich kalkuliert ist und basiert auf medizinischen Erkenntnissen bzw. statistischen Daten.

► **Untere GVD:** Wird diese unterschritten, erfolgt ein tagesbezogener Abschlag bei der Vergütung. Sie ist orientiert an einer medizinisch sinnvollen Mindestverweildauer und soll verhindern, dass Kliniken die Patienten zu schnell entlassen, nur um Kosten zu sparen.

► **Obere GVD:** Wird diese überschritten, erhält das Krankenhaus neben der Fallpauschale für jeden weiteren Belegungstag als Zuschlag ein tagesbezogenes Entgelt. Damit erfolgt faktisch eine Kostenteilung zwischen Klinikum und Krankenkassen bei sehr komplexen Fällen.

Die Abschläge bei Unterschreiten der unteren Grenzverweildauer sind deutlich höher als die Zuschläge bei Überschreiten der oberen Grenzverweildauer (siehe Abb. C13).

 MERKE

Ob ein Klinikum tatsächlich kostendeckend arbeitet, wenn ein Patient vor Überschreiten der mittleren Verweildauer das Krankenhaus verlässt, hängt von den jeweils individuellen Kostenstrukturen ab.

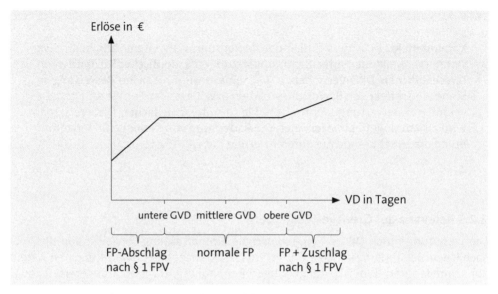

Abb. C13: DRG-Erlöshöhe in Abhängigkeit der Verweildauer

In dem jährlich durch die InEK aktualisierten **Fallpauschalen-Katalog** sind nun sämtliche Bewertungsrelationen für die einzelnen DRG sowie die Grenzverweildauern und die damit verbundenen Abschlag- oder Zuschlagrelationen getrennt nach Hauptabteilungen und Belegabteilungen verzeichnet. Die Informationen sind wie folgt aufbereitet, z. B. für DRG F12D für 2017:

▸ Beschreibung: Implantation eines Herzschrittmachers, Zwei-Kammersystem, Alter > 15 Jahre, mit komplexem Eingriff

▸ Bewertungsrelation (BWR): 2,793

▸ mittlere Verweildauer: 9,5 Tage

▸ erster Tag mit Abschlag: 2 – die untere Grenzverweildauer beträgt 3 Tage, Abschlag-BWR pro Tag = 0,429

▸ erster Tag mit Zuschlag: 19 – die obere Grenzverweildauer beträgt 18 Tage, Zuschlag-BWR pro Tag = 0,095

▸ externe Verlegung: Abschlag BWR pro Tag = 0,123.

Beispiel

Ein Patient wird in einem niedersächsischen Krankenhaus behandelt und der DRG F12D zugeordnet. Ist die Verweildauer des Patienten drei oder 18 Tage bzw. liegt dazwischen, ist die Vergütung jeweils identisch:

BWR · LBF = Rechnungssumme/Vergütung = 2,793 · 3.343,25 = **9.337,70 €**

Wird der Patient aber nach nur einem Tag Verweildauer entlassen, dann wurde die untere Grenzverweildauer um zwei Tage unterschritten:

BWR • LBF	= 2,793 • 3.343,25 = 9.337,70 €
- Abschlag-BWR • LBF • Tage	= 0,429 • 3.343,25 • 2 = 2.868,51 €
= Rechnungssumme/Vergütung	= **6.469,19 €**

Wird der Patient nach 23 Tagen Verweildauer entlassen, dann wurde die obere Grenzverweildauer um fünf Tage überschritten:

BWR • LBF	= 2,793 • 3.343,25 = 9.337,70 €
+ Zuschlag-BWR • LBF • Tage	= 0,095 • 3.343,25 • 5 = 1.588,04 €
= Rechnungssumme/Vergütung	= **10.925,74 €**

2.2.4 Wiederaufnahme, Verlegung und Verbringung

Zur Vermeidung von Fallsplitting (Abrechnung mehrerer DRG bei einem Fall) und einer zu schnellen Entlassung der Patienten kann i. d. R. nur einmal die gleiche DRG abgerechnet werden, wenn es zu **Wiederaufnahmen** kommt. Die rechtliche Grundlage ist § 2 FPV, wonach eine Fallzusammenführung vorzunehmen ist:

▸ bei **gleicher Basis-DRG**: Eine Fallzusammenführung wird durchgeführt, wenn ein wiederaufgenommener Patient in die gleiche Basis-DRG eingestuft wird und die Wiederaufnahme innerhalb der oberen Grenzverweildauer geschieht.

▸ bei **gleicher Hauptdiagnose**: Wird ein Patient in der gleichen Hauptdiagnose wieder aufgenommen und das innerhalb von 30 Tagen (ab dem Aufnahmetag des ersten Aufenthalts) und ist die zuvor abrechenbare Fallpauschale in die „medizinische Partition" oder die „andere Partition" und die anschließende Fallpauschale in die „operative Partition" einzugruppieren.

▸ bei **Komplikationen**: Wird ein Patient wegen Komplikationen, für die das KH verantwortlich ist, wieder aufgenommen, und geschieht dies innerhalb der oberen Grenzverweildauer.

▸ § 3 Abs. 3 FPV – **Rückverlegung**: Wenn ein Patient innerhalb von 30 Tagen von einem zweiten Krankenhaus zum ersten zurückverlegt wird, muss eine Fallzusammenführung ebenfalls vollzogen werden.

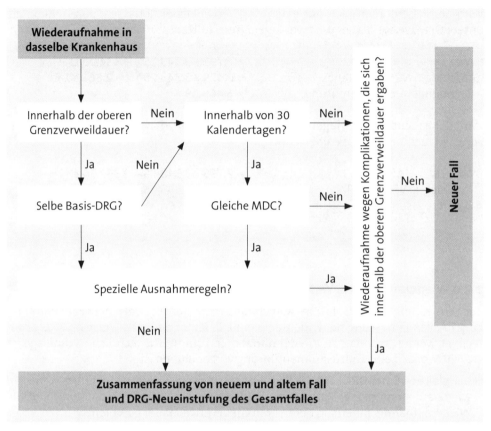

Abb. C14: Wiederaufnahmen – schematischer Ablauf

Bei der **Verlegung** überträgt das Entsendekrankenhaus dem aufnehmenden Kranken-haus die Gesamtverantwortung für den Patienten. Im Fall der Verlegung in ein ande-res Krankenhaus rechnet zwar jedes beteiligte Krankenhaus eine Fallpauschale ab (§ 1 Abs. 2, Satz 2 FPV). Es sind aber i. d. R. Abschläge vorzunehmen. Vom **aufnehmenden Krankenhaus** ist ein Abschlag vorzunehmen, wenn die mittlere GVD unterschritten wurde. Unterschreitet das aufnehmende KH auch die untere GVD, ist zusätzlich ein für diesen Fall vorgesehener Abschlag vorzunehmen.

Ob beim **abgebenden Krankenhaus** ein Abschlag vorzunehmen ist, ist davon abhängig, ob für die jeweilige DGR eine Verlegungspauschale vorgesehen ist (erkennbar durch ein Kreuz in Spalte 12 im Fallpauschalen-Katalog) oder nicht:

1. **Mit Verlegungspauschale:** Erfolgt die Verlegung oberhalb der unteren GVD, wird eine normale Fallpauschale abgerechnet. Erfolgt die Verlegung unterhalb der un-teren GVD, erfolgt ein Abschlag nach § 1 Abs. 3 FPV.

2. **Ohne Verlegungspauschale:** Erfolgt die Verlegung oberhalb der mittleren GVD, wird eine normale Fallpauschale abgerechnet. Erfolgt die Verlegung unterhalb der mittleren GVD, erfolgt ein Abschlag nach § 3 FPV.

Eine **Verbringung** liegt vor, wenn der Patient während des stationären Aufenthaltes zur Mitbehandlung in ein anderes Krankenhaus verbracht wird und er an demselben Tag wieder in ersteres zurückkehrt. Bei der Verbringung verbleibt der Patient weiterhin in der verantwortlichen Zuständigkeit des ersteren Krankenhauses. Ursächlich für die Verbringung sind i. d. R. Leistungen, die das Krankenhaus nicht selbst erbringen kann und somit einen weiteren Leistungserbringer mit der Durchführung beauftragt. Es handelt sich um **konsiliarische ärztliche Leistungen**.

2.2.5 Krankenhausindividuelle Entgelte

Das DRG-System soll zwar ein durchgängiges pauschalierendes Vergütungssystem sein, aber es gilt der Vorrang des „Prinzips der leistungsgerechten Vergütung", d. h. in Ausnahmefällen sind Entgelte krankenhausindividuell zu vereinbaren (§ 6 Abs. 1 Satz 1 KHEntgG). So gibt es vollstationäre Leistungen, die nicht mit dem Fallpauschalen-Katalog vergütet werden. Gegen eine pauschale Vergütung dieser **Prä MDC** sprechen eine große Kostenvariabilität, zu inhomogene Patientengruppen oder zu unterschiedliche Behandlungskonzepte. Dabei handelt es sich z. B. um Transplantationen, schwere Verbrennungen, Knochenmarkentnahme u. a. (Anlage 3a Fallpauschalen-Katalog).

Zusatzentgelte können zusätzlich zu einer DRG abgerechnet werden. Sie gelten für eng begrenzte Ausnahmen. Unterschieden werden **bewertete und unbewertete Zusatzentgelte**. Bei den bewerteten ist der Eurobetrag bundesweit vorgegeben. Sie werden in Anlage 2 und 5 des Fallpauschalen-Katalogs gelistet. Es handelt sich vor allem um die Gabe von kostenintensiven Arzneien. Die Entgelthöhe für unbewertete Zusatzentgelte wird nach § 6 Abs. 1 KHEntgG lokal zwischen Krankenhaus und Kostenträgern verhandelt. Sie sind in Anlage 4 des Fallpauschalen-Katalogs gelistet. 2017 gab es 56 unbewertete und 95 bewertete Zusatzentgelte

Sind die im Gesetz (§ 6 Abs. 2a KHEntgG) definierten speziellen Voraussetzungen, wie z. B. Spezialisierung, hohe Komplexität u. a., erfüllt, können für **„Besondere Leistungen"** ebenfalls lokal zwischen Krankenhaus und Kostenträgern Zusatzentgelte verhandelt werden. Das gilt auch für **Neue Untersuchungs- und Behandlungsverfahren (NUB)**. Voraussetzung ist, dass diese innovativen Leistungen rechtzeitig beantragt und vom InEK als NUB-Leistung anerkannt wurden. Die grundsätzliche Problematik bei NUB ist die Nutzenbewertung, da ein Evidenznachweis aufgrund von Erfahrungswerten fehlt. Gleichwohl sollen gemäß § 6 Abs. 2 KHEntgG Innovationen gefördert werden und frühzeitig zur Anwendung kommen, auch wenn die Wirtschaftlichkeit und der Nutzen noch nicht sicher belegt sind.

Schließlich erfolgt die Finanzierung **ambulanter Leistungen**, wie vor- und nachstationäre Behandlungen, ambulantes Operieren, ambulante Behandlung durch Krankenhausärzte oder ambulante Behandlung durch das Klinikum bei Unterversorgung, aus der kassenärztlichen Gesamtvergütung, also nicht über DRG, sondern auf Basis von Gebührenordnungen. Spezialärztliche Leistungen, Hochschulambulanzen und psychiatrische Institutsambulanzen werden direkt von den Krankenkassen vergütet.

Die Vergütung der **belegärztlichen Versorgung** in Krankenhäusern, die von niedergelassenen Vertragsärzten durchgeführt wird, erfolgt ebenfalls aus der vertragsärztlichen Gesamtvergütung. Die Leistungsbemessung erfolgt durch die Vergütungsform der DRG, allerdings ist hierfür der Fallpauschalen-Katalog „bei Versorgung durch Belegabteilungen" maßgeblich.

Erbringt ein Krankenhaus ambulante Leistungen für andere Krankenhäuser oder einen liquidationsberechtigten Krankenhausarzt, erfolgt die Vergütung auf Basis eines Verzeichnisses, dem **Deutschen Krankenhausgesellschaft Normaltarif (DKG-NT)**. Es kann sich hierbei um die Liquidation (Abrechnung) konsiliar-ärztlicher Leistungen des Krankenhauses für ein anderes oder um ambulante Leistungen des Krankenhauses handeln, z. B. Institutsleistungen.

Neben der Vergütung über die Fallpauschalen sieht das deutsche Finanzierungssystem auch verschiedene **Zu- und Abschläge** vor. Dazu zählen u. a. Sicherstellungszuschläge (siehe >> Kap. C.2.2.6) oder Zuschläge für das Hygieneförderprogramm. Auch die Kosten der **Ausbildungsstätten und der Ausbildungsvergütungen** sind laut Gesetz durch Zuschläge zu finanzieren (§ 17a KHG). Der Ausbildungszuschlag ist für jeden voll- und teilstationären Fall von allen Krankenhäusern zu erheben und an einen **Ausgleichsfonds** abzuführen. Von diesem Ausgleichsfonds werden monatliche Raten an die ausbildenden Krankenhäuser gezahlt. Durch diesen Finanzierungsansatz soll ein Wettbewerbsnachteil ausbildender KH gegenüber nicht ausbildenden vermieden werden.

Abschläge müssen Krankenhäuser hinnehmen, wenn sie beispielsweise an der Notfallversorgung nicht teilnehmen oder im Rahmen der Mengensteuerung, wenn sie Mehrerlöse erzielen. Je nachdem um welche Zu- und Abschläge es sich handelt, werden sie entweder jährlich für alle Krankenhäuser einheitlich oder krankenhausindividuell vereinbart.

2.2.6 Vor- und Nachteile der DRG-Vergütung

Durch die Systematik der DRG-Vergütung entsteht eine Art Yardstick-Wettbewerb im Sinne *Shleifers*. Die Durchschnittskosten der berichtenden Krankenhäuser werden zum Maßstab für die Vergütung. Anbieter, deren Kostenstrukturen schlechter sind als die des Durchschnitts, werden Verluste erzielen. Daraus ergeben sich diverse **Vorteile**:

▸ Obwohl nicht Ist-Kosten, sondern Pauschalen gezahlt werden, besteht ein unmittelbarer **Zusammenhang zwischen Vergütung und Leistung**.

▸ Es resultieren diverse positive **Steuerungseffekte**. Die Kliniken haben Anreize zu effizienter, schneller Behandlung und Kostenoptimierungen. Sie werden Standardisierung, Einsatz von Behandlungspfaden und Spezialisierungen sowie eine Vernetzung mit anderen Anbietern (z. B. Einkaufsgemeinschaften) nutzen, um die Kosten zu reduzieren. Durch den Anreiz, die Fallkosten zu reduzieren, werden unnötige Diagnose- oder Therapieverfahren vermieden.

- Auch die **Verteilungseffekte** werden tendenziell positiv sein, da leistungsfähige Anbieter in diesem System eher in der Lage sein werden, die Kosten zu decken, mithin Gewinne zu erzielen.

- Zudem begünstigt das Finanzierungssystem die Einführung medizinischer **Innovationen**, sofern diese aus Sicht der Krankenhäuser wirtschaftlich sind.

- Durch die stark differenzierte Vergütung ergibt sich der **administrative Vorteil** einer verbesserten Leistungstransparenz.

Den dargelegten Vorteilen der DRG-Vergütung stehen indes auch ganz erhebliche **Nachteile** gegenüber:

- Es bestehen zwar Anreize, die Fallkosten zu senken, indes ergeben sich auch eine Reihe **negativer Steuerungseffekte**. So resultiert aus der Pauschalvergütung ein ökonomischer Zwang zur Fallzahlausweitung, um Kostendegressionseffekte zu erzielen. Dem wirkt der Gesetzgeber entgegen, indem für die Kliniken ein aufwändiges Budgetierungsverfahren installiert wurde (siehe >> Kap. C.2.4).

- Ein Nachteil besteht des Weiteren darin, dass es sich um ein **Festpreissystem** handelt. Weist das Controlling eines Klinikums nach, dass bestimmte DRG nicht kostendeckend erbracht werden können, wird das Krankenhaus versuchen, die Fallzahl zu reduzieren, z. B. durch Wartelisten bei elektiven Eingriffen. Liegt die Vergütung indes über den Kosten, besteht die Gefahr, dass es zu einer Fallzahlausweitung kommt, die nicht nur medizinisch induziert ist.

- Die Festpreise, zugleich Einheitspreise, weisen ferner keine Differenzierung hinsichtlich **regionaler Kosten- und Versorgungsunterschiede** auf. Dabei ist evident, dass die Leistungserbringung in München kostenintensiver sein wird als z. B. in der Oberpfalz. Kleine Kliniken in dünn besiedelten Regionen werden häufig nicht auf die kritischen Fallzahlen kommen, um Kosten deckend arbeiten zu können. Dies spricht gegen die Annahme einer zumindest durchgehend leistungsgerechten Vergütung. Als Korrektiv hierfür hat der Gesetzgeber Sicherstellungszuschläge eingeführt.

 MERKE

Für die Sicherstellung der bedarfsgerechten stationären Versorgung in der Fläche ist die Gewährung eines **Sicherstellungszuschlages** (§ 17b KHG) möglich. Mithilfe dieses Instrumentes soll sichergestellt werden, dass auch in dünn besiedelten ländlichen Gebieten die Krankenhäuser alle zur stationären Versorgung der Bevölkerung erforderlichen Einrichtungen bzw. Leistungen vorhalten, auch wenn diese durch zu geringe Fallzahlen nicht wirtschaftlich über die DRG erbracht werden können. Hauptziel ist somit die Versorgungssicherheit der Bevölkerung.

- Das DRG-System ist **administrativ extrem aufwändig** und bürokratisch, was sich auch in dem Aufwand für Rechnungsüberprüfungen widerspiegelt. Der Tendenz zu Diagnose-Verschiebungen, um Mehreinnahmen zu generieren („Up-Coding"), stehen sehr umfangreiche Kontrollen von den Krankenkassen durch den Medizinischen

Dienst der Kassen (MDK) entgegen. Die **Prüfquote** liegt bei rund 11 %, mithin werden über 2,1 Mio. Fälle jährlich überprüft, mit Aufwand für den MDK und die Kliniken.

 MERKE

Die **Medizinischen Dienste der Kassen** sind Körperschaften öffentlichen Rechts und eine Gemeinschaftseinrichtung der GKV. Sie unterstützen die Kassen bei medizinischen oder pflegerischen Fragestellungen und werden über eine Umlage der Kassen finanziert. Zu den Aufgaben gehören u. a. die Beratung der GKV bei Einzelfallbegutachtungen und in Versorgungsfragen, aber auch die Einstufung von Pflegebedürftigen in Pflegegrade und die Überwachung von Pflegequalität.

► Schließlich erfolgt (noch) keine Vergütungsdifferenzierung nach **Qualität**. Ein Problem war, dass viele Kliniken nach Einführung der DRG vor allem Pflegepersonal abgebaut haben, um Kosten zu sparen. Dadurch entstand eine Leistungsverdichtung für das verbliebene Personal. Ein weiteres Problem ist ggf. die Tendenz einer mangelnden qualitativen Leistungserbringung bei schweren Fällen („Skimping"). Durch den Anreiz zur schnellen Behandlung, um die Verweildauer zu reduzieren, entsteht schließlich insgesamt die **Notwendigkeit einer staatlichen Qualitätssicherung**.

Hierauf hat der Gesetzgeber mit drei **Maßnahmen** reagiert:

► Der GBA bestimmt für zugelassene Krankenhäuser verpflichtende Maßnahmen der Qualitätssicherung sowie die grundsätzlichen Anforderungen an ein einrichtungsinternes **Qualitätsmanagement**.

► Zu schnelle Entlassungen sollen durch die Vorgabe einer unteren Grenzverweildauer mit der Konsequenz von Vergütungsabschlägen vermieden werden.

► Die Regelungen zur Fallzusammenlegung bei Wiederaufnahmen führen zu entsprechend negativen wirtschaftlichen Konsequenzen bei einer medizinisch unangemessenen frühen Entlassung.

Abschließend bleibt festzustellen, dass die **Fallzahl** einen erheblichen Einfluss auf die Versorgung hat. Aus Sicht der Krankenhäuser sinken mit zunehmender Fallzahl die Kosten pro Fall. Zugleich besteht ein Zusammenhang zwischen steigender Fallzahl und zunehmender Qualität durch Lernkurveneffekte. Der Zusammenhang dürfte vor allem bei komplexen therapeutischen Eingriffen nachzuweisen sein. Er kann sich indes auch in sein Gegenteil verkehren, wenn die Leistungsmenge in Richtung Kapazitätsgrenze geht.

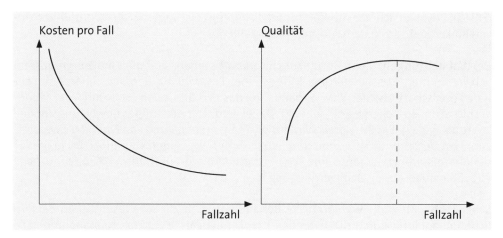

Abb. C15: Fallkosten und Qualität in Abhängigkeit der Fallzahl

Mit einer Vielzahl von Maßnahmen hat der Gesetzgeber in den vergangenen Jahren versucht, die teils offensichtlichen Mängel des Finanzierungssystems zu korrigieren. Erhebliche Änderungen werden sich durch das **Krankenhausstrukturgesetz** ergeben (siehe >> Kap. C.2.3).

2.2.7 Vergütung von Privatpatienten

Hinsichtlich der **Abrechnungssystematik** ist der Privatpatient zur Zahlung der entstehenden Krankenhauskosten verpflichtet. Die PKV erstattet sodann die Kosten im tariflichen Umfang. Bei hohen Kosten können die Versicherten aber auch eine Kostenübernahmeerklärung oder ihre Karte für Privatversicherte der Krankenhausverwaltung vorlegen, sodass das Klinikum dann direkt mit der Privaten Krankenversicherung abrechnet.

Bei der **Leistungsvergütung von Privatpatienten** ist zu unterscheiden zwischen der allgemeinen Krankenhausleistung und Wahlleistungen. Die Vergütung allgemeiner Krankenhausleistungen erfolgt, wie bei GKV-Versicherten auch, über die diagnoseorientierten Fallpauschalen. Wird ein Privatpatient indes in einer **reinen Privatklinik** behandelt, die eine rechtlich und wirtschaftlich selbstständige Einrichtung ist, also außerhalb der staatlichen Krankenhausförderung steht und den Patienten eigenständig stationäre Leistungen anbietet, wird ggf. ein deutlich höheres Entgelt abgerechnet. Hier empfiehlt es sich für die Versicherten, sich vorab bei ihrer privaten Krankenkasse zu erkundigen, ob sie diese Kosten vollumfänglich übernimmt.

Einige öffentliche Krankenhäuser indes haben eigene **„Privatkliniken"** aus ihrem Betrieb **ausgegründet** und betreiben diese parallel zum öffentlichen Krankenhaus. Ziel war es, höhere Entgelte von Privatpatienten zu vereinnahmen. Dies hat der Gesetzgeber jedoch unterbunden. So können seit 2012 Einrichtungen, die in räumlicher Nähe zu einem öffentlichen Krankenhaus liegen und mit diesem organisatorisch verbunden sind, nur auf Basis des Krankenhausentgeltgesetzes abrechnen (§ 17 Abs. 1 Satz 5 und

6 KHG). Privatversicherte müssen für medizinische Leistungen in ausgegründeten Privatkliniken seitdem keinen Aufpreis mehr zahlen.

Bei **Wahlleistungen**, die in Bezug zur **Unterkunft** stehen, sind die Kliniken grundsätzlich frei in ihrer Preisgestaltung. Mittels einer Empfehlung der Deutschen Krankenhausgesellschaft und des PKV-Verbands soll das Verhältnis von Preis und Qualität der Wahlleistungen sichergestellt werden. Dabei wird ein zweistufiges Bewertungsmodell zugrunde gelegt. Ein Basispreis wird für die Inanspruchnahme von Ein- oder Zweibettzimmern berechnet. Ergänzend gibt es Preisempfehlungen für Komfortzuschläge für definierte Komfortelemente, wie Komfortbett, Kühlschrank, Internet, Größe und Lage (z. B. Balkon/Terrasse), Wahlverpflegung u. a.

Schließlich gibt es die **wahlärztliche Behandlung**, d. h. die im Wesentlichen persönliche Behandlung durch die leitenden Krankenhausärzte (Chefarztbehandlung). Die Chefärzte im Krankenhaus liquidieren nach der Gebührenordnung für Ärzte (GOÄ). Je nach Vertragsgestaltung zwischen liquidationsberechtigtem Chefarzt und Klinikum rechnet nun der Chefarzt seine Leistungen direkt mit den Privatpatienten ab oder das Krankenhaus rechnet die gesamten Leistungen ab und beteiligt die Ärzte an den Wahlleistungseinnahmen.

2.3 Krankenhausstrukturgesetz (KHSG)

Das Gesetz zur Reform der Strukturen der Krankenhausversorgung (Krankenhausstrukturgesetz) wurde im Dezember 2015 vom Deutschen Bundestag verabschiedet. Es handelt sich um ein **Artikelgesetz**, welches also in mehreren bestehenden Gesetzen zu Änderungen führt. Einige Maßnahmen wurden schon ab 2016 umgesetzt, andere wirken erst ab 2018. Kernziele sind eine Optimierung der qualitativen Versorgung, der Krankenhausstrukturen und der Krankenhausfinanzierung, wobei die Maßnahmen hinsichtlich der Ziele vielfach interdependent verbunden sind.

2.3.1 Optimierung der qualitativen Versorgung

Das Ziel einer „qualitativ hochwertigen und patientengerechten Versorgung" wurde explizit in § 1 Abs. 1 des Krankenhausfinanzierungsgesetzes (KHG) aufgenommen. Auf Basis von Vorarbeiten des Instituts für Qualitätssicherung und Transparenz im Gesundheitswesen (IQTIG) soll der GBA **Planungsrelevante Qualitätsindikatoren** festlegen, die für qualitätsorientierte Entscheidungen der Länder bei der **Krankenhausplanung** geeignet sind. Somit geht es nicht um eine prospektive Krankenhausplanung, sondern um eine ggf. notwendige Intervention der Planungsbehörden.

Sind Kliniken dauerhaft nicht in der Lage, die Qualitätsanforderungen zu erfüllen, sind sie ganz oder teilweise aus dem Krankenhausplan herauszunehmen. Der Ansatz, **Qualitätskriterien** schon bei der Krankenhausplanung zu berücksichtigen, ist zweifelsfrei sinnvoll. Kriterien wurden aber zunächst nur für ausgewählte Bereiche (Gynäkologische Operationen, Geburtshilfe, Mammachirurgie) entwickelt. Da zudem die Umsetzung insbesondere von den Ländern kritisch gesehen wird, ist eine abschließende Bewertung an dieser Stelle nicht möglich.

 MERKE

Auf Grundlage der §§ 136 und 137a SGB V entwickelt das 2015 gegründete **IQTIG** als fachlich unabhängiges, wissenschaftliches Institut Konzepte und Instrumente zur externen Qualitätssicherung und beteiligt sich an der Umsetzung der Verfahren. Das Institut erarbeitet im Auftrag des GBA Maßnahmen zur Qualitätssicherung und zur Darstellung der Versorgungsqualität im Gesundheitswesen.

Dem in Abb. C15 dargestellten Zusammenhang zwischen steigender Fallzahl und zunehmender Qualität (Lernkurveneffekt) bei komplexen therapeutischen Eingriffen wird durch die Vorgaben von **Mindestmengen** für bestimmte Eingriffe Rechnung getragen. Zur Weiterentwicklung der Mindestmengen legt der GBA einen **Katalog von planbaren Leistungen** fest, bei denen die Qualität der Leistung insbesondere von der Menge abhängig ist. Krankenhäuser, die Leistungen erbringen, ohne die Mindestmengen zu erreichen, erhalten keine Vergütung. In der Folge wird es zu einer Abwanderung und damit Konzentration der Leistungen auf weniger Krankenhäuser kommen. Dies entspricht auch der Intention des Gesetzgebers zur Bildung von Versorgungs-Zentren. Ausnahmen sind indes möglich, wenn eine flächendeckende Versorgung gefährdet ist.

Leistungen	Jährliche Mindestmenge pro Krankenhaus
Lebertransplantation	20
Stammzellentransplantation	25
Nierentransplantation	25
Kniegelenk-Totalendoprothesen	50
Komplexe Eingriffe am Organsystem Pankreas	10
Komplexe Eingriffe am Organsystem Ösophagus	10
Koronarchirurgische Eingriffe	noch keine Festlegung
Versorgung Früh-Neugeborener, Gewicht < 1.250 g	14

Mindestmengenvorgaben 2017
Quelle: *GBA (2016)*

Um die Ausstattung der Krankenhäuser mit Pflegekräften und damit auch die qualitative Versorgung zu stärken, wird seit 2017 ein **Pflegesatzzuschlag** (davor Versorgungszuschlag) gezahlt. Die Höhe des Pflegezuschlags ist jährlich krankenhausindividuell zu ermitteln und abhängig von der Höhe der Personalkosten für das Pflegepersonal. Dazu wird der Anteil der Pflegepersonalkosten eines Krankenhauses an den Personalkosten für das Pflegepersonal aller allgemeinen Krankenhäuser errechnet und dieser krankenhausindividuelle Anteil auf die jährlich bundesweit zur Verfügung stehende Fördersumme von 500 Mio. € bezogen. Der Zuschlag je Fall errechnet sich, indem die krankenhausindividuelle Fördersumme durch die Fallzahl des Krankenhauses dividiert wird. Damit erhalten Krankenhäuser einen Anreiz, eine angemessene Pflegeausstattung vorzuhalten.

Beispiel

Die durchschnittlichen jährlichen Personalkosten je Pflegevollkraft belaufen sich in Niedersachsen auf rund 55.000 €. Die gesamten Pflegepersonalkosten aller allgemeinen Krankenhäuser betragen rund 16 Mrd. €. Hat ein Klinikum 200 Pflegevollzeitkräfte, erhält es eine Fördersumme von:

(200 · 55.000) : 16.000.000.000 · 500.000.000 = 343.750 €.

Hat das Klinikum 7.500 Fälle p. a., beträgt der Zuschlag pro Fall 343.750 : 7.500 = 45,83 €.

Zur Stärkung der Pflege am Bett wurde ferner ein **Pflegestellen-Förderprogramm** eingerichtet. In den Jahren 2016 - 2018 belaufen sich die Fördermittel auf insgesamt bis zu 660 Mio. €, ab 2019 stehen dauerhaft bis zu 330 Mio. € p. a. zur Verfügung. Gefördert werden Neueinstellungen oder Aufstockungen vorhandener Teilzeitstellen von ausgebildetem Pflegepersonal, die in der unmittelbaren Patientenversorgung auf bettenführenden Stationen eingesetzt werden.

Auch die Vergütungssystematik soll qualitätsorientiert in Richtung eines **„Pay for Performance"** ausgestaltet werden. Allerdings gibt es bereits bestehende Elemente einer Qualitätsorientierung im DRG-System:

▶ Die Definition von **unteren Grenzverweildauern** und die bei Unterschreitung fälligen Vergütungsabschläge sollen eine zu schnelle Entlassung von Patienten vermeiden.

▶ Gleiches gilt für die **Fallzusammenführungen** bei Wiederaufnahmen z. B. im Fall auftretender Komplikationen.

▶ Ein Teil der den DRG zugrunde liegenden **OPS-Codes** enthält bereits spezifische Vorgaben zur Strukturqualität, also z. B. Strukturvorgaben bzgl. der Ausstattung, Verfügbarkeit und Qualifikation des Personals. Bei Komplexbehandlungen, die dementsprechend mit zusätzlichen Komplexziffern im OPS-Code erkenntlich gemacht werden, werden auch Kriterien der Prozessqualität vorgegeben, z. B. einzusetzende diagnostische und therapeutische Verfahren oder Zeitangaben für Monitoring.

▶ Die **Zentrumszuschläge** nach § 5 Abs. 3 KHEntgG betreffen hauptsächlich Vorgaben des GBA zur Struktur- und Prozessqualität von speziellen Fachgebieten, die über die Standardversorgung hinausgehen.

2.3.2 Pay for Performance

Ein weiterer qualitätsbezogener Aspekt des KHSG besteht darin, dass die **Qualität der stationären Versorgung** künftig auch Einfluss auf die Krankenhausvergütung haben soll (§ 5 Abs. 3a KHEntgG). Für „außerordentlich gute Qualität" sollen Zuschläge gezahlt werden, „normale Qualität" soll wie bisher vergütet werden, für „unzureichende Qualität" sind Abschläge vorgesehen. Der GBA hatte einen Katalog geeigneter Leistungen oder Leistungsbereiche zu definieren und jährlich Bewertungskriterien für außerordentlich gute, respektive unzureichende Qualität und aktuelle einrichtungsbezogene Auswertungen der Qualitätsdaten bis zum 31.12.2017 zu liefern (§ 136b Abs. 1 Nr. 5 und Abs. 9 SGB V).

Um einrichtungsbezogene Besonderheiten bei der Entscheidung über die Anwendung der Qualitätszu- und -abschläge berücksichtigen zu können, entscheiden die Vertragspartner vor Ort. Wird eine **unzureichende Qualität** bei einem Krankenhaus festgestellt, hat dieses zunächst ein Jahr Zeit, um die Mängel zu beheben, bevor der Abschlag (dann in doppelter Höhe) erhoben wird. Gelingt es einem Klinikum nicht, die Mängel innerhalb von drei Jahren zu beseitigen, erfolgt ein Vergütungsausschluss (§ 5 Abs. 3a KHEntgG) und planungsrechtliche Konsequenzen durch das Bundesland bzw. Kündigung des Versorgungsvertrages durch die Krankenkassen. Die Qualitätsmessung soll durch das IQTiG erfolgen, die Qualitätskontrolle durch den MDK.

Wie aus der Analyse einer erfolgsorientierten Vergütung (siehe ≫ Kap. C.2.1.2) ersichtlich, bestehen indes erhebliche Umsetzungsschwierigkeiten. Inhaltlich markiert eine qualitätsorientierte Vergütung den Übergang von einem Dienst- zu einem Werkvertrag. Dies bedingt, dass Qualität eindeutig definiert und messbar ist. Qualität ist indes nicht direkt messbar, vielmehr sind Indikatoren notwendig, die Qualität indirekt erfassen. Nach dem **Modell von *Donabedian*** werden die Qualitätsdimensionen Struktur-, Prozess- und Ergebnisqualität unterschieden, zugleich beeinflussen sie einander. So sind eine verbesserte Struktur- und Prozessqualität anzustreben, die finale Zielgröße aber ist die Ergebnisqualität.

Beispiel

Eine Verbesserung der Strukturen, z. B. durch zusätzliches qualifiziertes Personal oder innovative Medizintechnik, führt zu einer verbesserten prozessualen Umsetzung von Therapien, was wiederum in einer gesteigerten Ergebnisqualität mündet.

Qualitätsdimensionen der Patientenversorgung	
Strukturqualität	Personelle Ausstattung, wie Anzahl und Qualifikation der Ärzte und Pflegekräfte, Bettenanzahl je Abteilung, Ausstattung und Abnutzungsgrad der Räume, technische Geräte/Apparaturen, organisatorische (Infrastruktur) und finanzielle Gegebenheiten, Zugangs- und Nutzungsmöglichkeiten, Erreichbarkeit

Qualitätsdimensionen der Patientenversorgung	
Prozessqualität	Aufnahmeverfahren, Indikationsstellung und Beratungen, Ablauf der medizinischen Versorgung mittels der Einhaltung von Pflege- und Behandlungsstandards sowie QM-Vorschriften, Therapieauswahl, Betreuungsplanung und -umsetzung, spezifische Behandlungspfade, Serviceleistungen, Wartezeiten
Ergebnisqualität	Objektive Parameter: Mortalitäts- und Letalitätsraten, Anzahl Infektionen, Dehydrationen, Dekubitus, Verweildauer, Grad der Zielerreichung medizinischer Behandlungen Subjektive Parameter: Patientenzufriedenheit, Lebensqualität nach einer Behandlung

 ACHTUNG

Eine erfolgsorientierte Vergütung bezieht sich lediglich auf das Behandlungsergebnis, mithin die Ergebnisqualität. Eine qualitätsorientierte Vergütung kann sich auf alle oder einzelne Dimensionen der Qualität beziehen.

Bei der Umsetzung einer **qualitätsorientierten Vergütung** besteht faktisch ein **Umsetzungskonflikt**. Setzt diese lediglich bei Kriterien der Strukturqualität an, ist sie einfach zu messen, eine Steuerung ist relativ unkompliziert. Dafür ist das Erreichen einer hohen Ergebnisqualität nicht zwingend. Wird als Maßstab für eine differenzierende Vergütung indes auf die Ergebnisqualität abgestellt, ergibt sich das Problem der objektiven Messung.

Die **inhaltlichen Voraussetzungen** einer qualitätsorientierten Vergütung sind sehr hoch: Es müssen anerkannte Qualitätskriterien festgelegt werden, eine objektive Messung dieser muss möglich sein, eine hohe medizinische Relevanz muss vorliegen und die betroffenen Kliniken müssen diese auch beeinflussen können. Die Qualitätskriterien müssen justiziabel sein, damit die Ergebnisse der Qualitätsmessung auch vor Gericht standhalten, sie müssen somit auch sicher vor Manipulationen sein und schließlich muss ein angemessener Erhebungsaufwand vorliegen. In der Konsequenz müssen losgelöst von den **Problemen der Compliance der Patienten** und dem **Beitrag von Leistungen Dritter** (Reha, Physiotherapie etc.) auch Risiken für negative Qualitätsergebnisse durch eine spezifische Krankheitssituation von Patienten (z. B. Komorbiditäten, Komplikationen) ausgeschlossen sein (keine Zufälle).

Die Schwierigkeit der Umsetzung wird auch vor dem Hintergrund der **erforderlichen justiziablen Bewertungen** deutlich, denn im Ergebnis müssen **Risiken abzugrenzen** sein, die vom Patienten ausgehen (Compliance, Komorbiditäten), die ein Behandlungsrisiko darstellen oder die ein klinikbezogenes Risiko darstellen:

► In welcher Prognose wurde der Patient in das KH aufgenommen und welche Komorbiditäten und Komplikationen lagen bereits vor?

► Bestand eine statistisch signifikante Kausalität zwischen Behandlungen und Behandlungsergebnis?

► Wie hoch war der statistische Erwartungswert für ein bestimmtes medizinisches Ergebnis vor dem Hintergrund der jeweils individuellen Morbiditätslage der Patienten?

► Haben strukturelle Gegebenheiten (Sachmittel und/oder personelle Ausstattung) einen nachweisbaren Einfluss auf das Behandlungsergebnis ausgeübt?

Bliebe ein qualitätsorientiertes Erlössystem in der Summe „kostenneutral", dann würden in der Konsequenz „Minderleister" für qualitativ hochwertige Anbieter zahlen. Ob eine reduzierte Vergütung indes ein probates Mittel ist, um Qualitätsmängel zu beseitigen, muss bezweifelt werden. Schlussendlich stellt sich die Frage nach der konkreten **Umsetzung in Kombination mit dem DRG-System**. Bei bereits über 1.200 DRG und über 2 Mio. Fällen, die durch den MDK überprüft werden, wird das System nicht administrativ einfacher, wenn es noch um Qualitätsstufen ergänzt würde.

Im Ergebnis ist zu erwarten, dass durch das KHSG kein durchgängiges Pay-for-Performance-Modell eingeführt wird, sondern dass der GBA lediglich einen Katalog von Leistungen und Leistungsbereichen definiert, die sich für eine qualitätsabhängige Vergütung eignen.

2.3.3 Einrichtung eines Krankenhausstrukturfonds

Zur Verbesserung der Versorgungsstrukturen wird ein **Strukturfonds** eingerichtet (§ 12 KHG). Dazu werden in den Jahren 2016 - 2018 einmalig Mittel in Höhe von 500 Mio. € aus der Liquiditätsreserve des Gesundheitsfonds zur Verfügung gestellt. Mit diesen Mitteln werden Vorhaben der Länder gefördert, wenn diese sich mit einem gleich hohen Betrag beteiligen. Damit die Länder nicht Landes- durch Bundesmittel ersetzen, ist Voraussetzung, dass diese ihre Investitionsförderung in Höhe des Durchschnitts der Jahre 2012 - 2014 beibehalten.

Das **Ziel** ist die Beseitigung von Überkapazitäten und eine zunehmende Konzentration von Versorgungsangeboten, also eine Standortoptimierung (**Zentren-Bildung**) bei gleichzeitiger Sicherstellung der Versorgungssicherheit. Auch sollen Krankenhäuser in nicht akutstationäre lokale Versorgungseinrichtungen (z. B. Gesundheits- oder Pflegezentren, stationäre Hospize) umgewandelt werden. Die duale Finanzierung indes wird aufrechterhalten.

Auch im Bereich der **ambulanten Notfallversorgung** sind Änderungen vorgesehen. Die Kassenärztlichen Vereinigungen sollen zur Sicherstellung des Notdienstes entweder vertragsärztliche Notdienstpraxen (sog. Portalpraxen) in oder an Krankenhäusern als erste Anlaufstelle einrichten oder Notfallambulanzen der Krankenhäuser unmittelbar in den Notdienst einbinden. Diese Maßnahme hat die Deutschen Krankenhausgesellschaft durchgesetzt, da die Kliniken immer stärker an der ambulanten Notfallversorgung teilnehmen, die Kosten aber nicht adäquat refinanziert wurden.

Maßnahmen zur Mengenreduzierung, wie die Einführung eines Fixkostendegressionsabschlags oder das Zweitmeinungsverfahren, werden im Rahmen der Budgetierung erläutert (siehe >> Kap. C.2.4).

2.3.4 KHSG – ökonomische Beurteilung

Das KHSG ändert zunächst nichts an dem grundlegenden Ordnungsrahmen für Kliniken. Staatliche Bedarfsplanung, duale Finanzierung und Vergütung via Fallpauschalen bleiben bestehen. Die offensichtlichen, sich daraus ergebenden Mängel, sollen durch weiter steigende Regulierungsintensität gelöst werden.

Eine Ausweitung der Mindestmengenregelung und Aufstockung von Pflegepersonal sind sicher geeignete Instrumente, um die Qualität zu sichern bzw. zu verbessern. Insgesamt besteht indes ein offensichtlicher **Widerspruch** zwischen dem Ziel einer **Qualitätsoffensive** bei gleichzeitig weitgehend **budgetierten Leistungen** und steigenden Fallzahlen. Da absehbar die Steigerung elektiver, medizinisch erforderlicher Leistungen für immer mehr Kliniken unrentabel wird, wird es vermehrt zu einer Steuerung durch Wartelisten kommen.

Die **Einrichtung eines Strukturfonds** zum Kapazitätsabbau und zur Optimierung der Versorgung ist grundsätzlich positiv zu sehen, sofern er nicht am Ende doch faktisch dazu genutzt wird, als zusätzliche Finanzierungsquelle ineffiziente Kliniken am Markt zu halten. Die Finanzierung ist in jedem Fall kritisch zu betrachten. Faktisch werden infolge der konjunkturell guten Finanzausstattung des Gesundheitsfonds 500 Mio. € aus Versichertenbeiträgen für Investitionen „umgelenkt". Dies ist eine Zweckentfremdung von Beitragsgeldern. Korrekt wäre eine Steuerfinanzierung aus Mitteln der Länder gewesen.

Die Umsetzung einer objektiven **qualitätsorientierten Vergütung** ist extrem ambitioniert und komplex. Die faktische Umsetzung ist noch ungewiss. Die Regulierungsdichte wird weiter zunehmen, die Leistungsvergütung wird noch komplexer und der damit verbundene administrative Aufwand steigt. Dabei stellen qualitätsabhängige Vergütungszuschläge sowie -abschläge Möglichkeiten zur Etablierung und Förderung eines Qualitätswettbewerbs dar, um der vorhandenen Fehlallokation von Krankenhausressourcen entgegenzuwirken. Dies ist durch Leistungsausschlüsse infolge von dauerhaften Qualitätsmängeln realisierbar. Erfolg versprechend sind darüber hinaus die Anreize zur Qualitätsverbesserung durch Vergütungszuschläge für Kliniken.

Offensichtlich ist aber, dass das Ziel einer **qualitätsorientierten Vergütung**, die zu einer Ausdünnung der Krankenhauslandschaft führt, mit dem Ziel einer **flächendeckenden Versorgung in Konflikt** steht. Gerade kleinere regionale Kliniken werden infolge zu geringer Fallzahlen (mangelnde Routine, fehlende Verbundeffekte) Qualitätsanforderungen bisweilen nur ungenügend erfüllen können, sind aber ggf. für eine wohnortnahe Versorgung unabdingbar. Schließlich spricht die patientenindividuelle Fallbetrachtung im DRG-System eher für eine kleinere Bezugseinheit (z. B. Fachbereiche/Stationen) einer qualitätsorientierten Vergütung als gesamte Kliniken.

2.4 Budgetierung

Der Versorgungsvertrag der Kliniken ist zugleich Maß und Grenze der Leistungserbringung. Erfolgt die Leistungsvergütung durch Fallpauschalen, wie den DRG ist eine Ausweitung der Fallzahlen ökonomisch sinnvoll, denn es lassen sich dadurch **Fixkostendegressionseffekte** erzielen, die Kosten pro Fall sinken. So weisen im internationalen Vergleich überdurchschnittlich hohe Fallzahlen bei bestimmten Indikationen bereits darauf hin, dass diese nicht allein medizinisch indiziert sind.

Ein Instrument zur Reduzierung medizinisch unangemessener Leistungssteigerungen ist das im Rahmen des KHSG eingeführte **Zweitmeinungsverfahren**. Hintergrund hierfür sind beobachtbare, deutliche, hochselektive Steigerungen der Leistungszahlen ohne erkennbaren demografischen oder epidemiologischen Hintergrund und eine bisweilen nicht erklärbare Varianz in der regionalen Verteilung der Leistungserbringung. Beispiele hierfür sind Operationen an Knie- oder Hüftgelenk oder an der Wirbelsäule. Es geht mithin darum, **unnötige operative Eingriffe** zu vermeiden. Durch die mögliche Zweitmeinung steigen die Patientensicherheit durch eine hohe Qualität der Indikationsstellung und die Patientensouveränität bei der Therapieentscheidung. Einen regelhaften Anspruch auf die Einholung einer zweiten ärztlichen Meinung haben Patienten bei durch den GBA festgelegten planbaren (elektiven) Eingriffen.

Dem Anreiz einer Leistungsausweitung der Krankenhäuser begegnet der Gesetzgeber ferner durch **Budgetierungen**.

2.4.1 DRG-Einführung – Konvergenzphase

Mit Einführung der DRG-Systematik gab es zunächst eine **Konvergenzphase**. In dieser wurden individuelle Krankenhausbasisfallwerte ermittelt und sukzessive den Landesbasisfallwerten angepasst. Die Krankenhäuser sollten so in die Lage versetzt werden, ihre Kostenstruktur schrittweise auf den Zielwert anzupassen. So sollte u. a. verhindert werden, dass der Sicherstellungsauftrag nicht mehr gewährleistet werden kann.

Die **Anpassungsschritte** wurden durch das KHEntgG geregelt. Rechnerisch wurde zunächst die Differenz zwischen einem individuellen Ausgangswert und einem bei Anwendung des Landesbasisfallwertes sich ergebenden Zielwert ermittelt. Die vorgegebenen **Konvergenzquoten** betrugen zunächst 2005: 15 %, 2006: 20 %, 2007: 20 %, 2008: 20 %, 2009: 25 %, sodass kumulativ Ende 2009 eine 100 %-ige Konvergenz erreicht wurde. Die Konvergenzphase wurde indes um ein Jahr verlängert. Um die budgetären Anpassungen nicht zu hoch ausfallen zu lassen, wurden auch **Kappungsgrenzen** vereinbart. So wurden im Rahmen der Konvergenzphase eine Budgetabsenkung aufgrund einer Angleichung des Krankenhausbudgets an den Landesbasisfallwert stufenweise begrenzt: 2005 auf 1,0 %, 2006 auf 1,5 %, 2007 auf 2,0 %, 2008 auf 2,5 %. Eine vollständige Übernahme der Landesbasisfallwerte erfolgte dann im Jahr 2010.

Beispiele

Beispiel 1:

Zielwert des Krankenhauses 2005:	9.500.000 €
Krankenhausindividuelles Budget:	10.000.000 €
Zielabweichung:	+500.000 €
Konvergenzschritt 2005 (15 %):	-75.000 €
Maximale Kappungsgrenze (1 %):	-100.000 €
Vereinbartes Krankenhausbudget:	9.925.000 €

Beispiel 2:

Zielwert des Krankenhauses 2006:	9.000.000 €
Krankenhausindividuelles Budget:	10.000.000 €
Zielabweichung:	+1.000.000 €
Konvergenzschritt 2006 (35 %):	-350.000 €
Maximale Kappungsgrenze (1,5 %):	-150.000 €
Vereinbartes Krankenhausbudget:	9.850.000 €

2.4.2 Erlösbudget und Erlössumme

Budgets sind prospektiv, d. h. für das folgende Jahr im Voraus und für das ganze Haus, nicht für einzelne Fachrichtungen, mit den Krankenkassen zu vereinbaren. Es verhandelt der einzelne Krankenhausträger mit den Verbänden der Kassen, d. h. nach Kassenarten differierende Verträge sind nicht möglich. Vereinbart wird dabei eine bestimmte Menge an Bewertungsrelationen, die zu einem bestimmten Preis (Landesbasisfallwert) erbracht werden sollen. Die Budgetvereinbarung darf keine Leistungen vorsehen, die außerhalb des Versorgungsvertrages des Klinikums liegen. Das heißt, auch bei der Absatzplanung und daraus resultierenden Investitionen sind die Krankenhäuser reglementiert.

 MERKE

Wichtig: Da die Krankenhäuser budgetiert sind, sind die DRG-Fallpauschalen ökonomisch betrachtet quasi Abschlagzahlungen auf das Budget!

 ACHTUNG

Jedes Krankenhaus verhandelt mit den Krankenkassen ein Budget. Es handelt sich mithin um Individualbudgets (§ 18 Abs. 1 KHG). In der ambulanten Versorgung hingegen gibt es eine Gesamtvergütung für alle Leistungserbringer, also faktisch ein Gesamtbudget.

Das **verhandlungsrelevante Budget** besteht aus zwei Teilbudgets. Die Vergütung der Krankenhausleistungen erfolgt einerseits über bundeseinheitliche Entgelte, insbesondere den DRG und bewerteten Zusatzentgelten. Hierfür wird ein **Erlösbudget** krankenhausindividuell verhandelt. Das Erlösbudget ist somit die Summe, die das Klinikum für seine vereinbarten Leistungen verlangen kann, vergütet durch bundeseinheitliche DRG-Fallpauschalen und Zusatzentgelte.

Darüber hinaus gibt es Vergütungen aus krankenhausindividuell vereinbarten Entgelten. Für diese Leistungen ist krankenhausindividuell ein separates Budget, die **Erlössumme**, mit den Kassen zu vereinbaren. Die Pflegesatzparteien können für diese Leistungen fall- oder tagesbezogene Entgelte vereinbaren. Die der Erlössumme zugrunde liegenden Leistungen ergeben sich im Wesentlichen aus § 6 Abs. 1 und 3 KHEntgG. Es sind also Leistungen, die (noch) nicht mit den DRG-Fallpauschalen oder bundeseinheitlichen Zusatzentgelten vergütet werden.

Erlössumme nach § 6 Abs. 1 und 3 KHEntgG
► nicht mit Fallpauschalen vergütete Leistungen der Anlage 3a und 3b FPV
► krankenhausindividuelle Zusatzentgelte nach Anlage 4 und 6 FPV
► Zusatzentgelte für hochspezialisierte Leistungen und sehr komplexe Fälle nach § 6 Abs. 2a KHEntgG
► sonstige teilstationäre Leistungen nach § 6 und 7 Abs. 1 FPV
► krankenhausindividuelle Entgelte für besondere Einrichtungen nach § 17b Abs. 1, Satz 10 KHG

Für die Vergütung **neuer Untersuchungs- und Behandlungsmethoden** sind fallbezogene Entgelte oder Zusatzentgelte **außerhalb** des Erlösbudgets und der Erlössumme zwischen den Krankenhäusern und Kassen zu verhandeln (§ 6 Abs. 2 KHEntgG).

2.4.3 Starre und flexible Budgetierung

Bei der Budgetierung selbst handelt es sich um eine **flexible Budgetierung**. Weichen die gesamten tatsächlich erzielten Erträge vom Gesamtbudget ab, sind also die geleisteten Abschlagzahlungen (Pauschalentgelte und Zusatzentgelte) zu hoch oder zu gering, wird das Budget über- oder unterschritten. Es werden **Mehrerlöse oder Mindererlöse** erzielt.

Betriebswirtschaftlich attraktiv für eine Fallzahlausweitung sind für Kliniken insbesondere solche Indikationen, die einen hohen Fixkostenanteil aufweisen, da diese mit steigender Menge konstant bleiben. Gleiches gilt für Behandlungen, bei denen es den

Kliniken gut gelingt, die variablen Kosten zu senken, z. B. durch bessere Einkaufkonditionen bei Medizinprodukten infolge gestiegener Menge.

Verblieben die Mehrerlöse nun vollständig beim Krankenhaus, erzielte es höhere Einnahmen als zur Kostendeckung erforderlich, weil nur die variablen Kosten steigen. Würden Mindererlöse voll zulasten der Krankenhäuser gehen, könnten sie i. d. R. die Fixkosten nicht decken. Daher ist die Budgetierung nicht starr, sondern es kommt zum **abgestuften Ausgleich**, sodass es sich faktisch um ein flexibles Budget handelt.

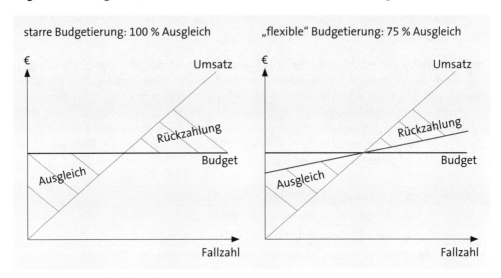

Abb. C16: Starre und flexible Budgetierung

Beispiel

Die durchschnittliche DRG-Vergütung in der Abteilung eines Akut-Krankenhauses beträgt 4.000 € pro Fall. Die variablen Kosten pro behandeltem Fall betragen 1.000 € und die Fixkosten der Abteilung belaufen sich auf 7.500.000 € p. a. Das verhandelte Budget sieht 2.500 Fälle vor und führt zu einem die Kosten deckenden Ergebnis.

    a) Wie hoch ist das Betriebsergebnis, wenn die Abteilung 500 Fälle mehr als budgetiert behandelt und der Mehrerlösausgleich 75 % beträgt?

    b) Wie hoch ist das Betriebsergebnis, wenn die Abteilung 500 Fälle weniger als budgetiert behandelt und der Mindererlösausgleich 75 % beträgt?

Lösung: Das Gesamtbudget beträgt 10.000.000 €. Werden 500 Fälle mehr behandelt, dann steigen nur der Umsatz und die variablen Kosten; das Klinikum macht Gewinn. Werden aber infolge der flexiblen Budgetierung 75 % der Mehrerlöse (2.000.000 €) nicht vergütet, schlagen sich die Mehrleistungen nicht in einem verbesserten Betriebsergebnis nieder. Werden 500 Fälle weniger behandelt, dann sinken nur der Umsatz und die variablen Kosten; das Klinikum macht Verlust. Werden aber infolge der flexiblen Budgetierung 75 % der Mindererlöse ausgeglichen, werden die Verluste neutralisiert.

	Budget	Mehrerlös	Ausgleich 75 %	Minder-erlös	Ausgleich 75 %
Vergütung	4.000	4.000		4.000	
var. Kosten pro Fall	1.000	1.000		1.000	
Fixkosten	7.500.000	7.500.000		7.500.000	
Fallzahl	2.500	3.000		2.000	
Umsatz	10.000.000	12.000.000	10.500.000	8.000.000	9.500.000
var. Gesamtkosten	2.500.000	3.000.000	3.000.000	2.000.000	2.000.000
Fixkosten	7.500.000	7.500.000	7.500.000	7.500.000	7.500.000
Betriebsergebnis	0	1.500.000	0	-1.500.000	0

2.4.4 Mehr- und Mindererlösausgleiche

Die Annahme eines 75 %-igen Fixkostenanteils in Kliniken ist realistisch. Gleichwohl wurden die Ausgleichssätze in der Vergangenheit mehrfach verändert und betragen nunmehr grundsätzlich 65 % für Mehrerlöse und 20 % für Mindererlöse. Es gibt aber auch **Ausnahmen nach § 4 Abs. 3 KHEntgG**:

▸ Für die Behandlung von Blutern ist kein Ausgleich vorgesehen.

▸ Gleiches gilt für neue Untersuchungs- und Behandlungsmethoden, da sie nicht Budgetbestandteil sind.

▸ Auch die Behandlung ausländischer Patienten erfolgt außerhalb des Erlösbudgets.

▸ Für Fallpauschalen für die Behandlung von Schwerverletzten gelten ein 20 %-iger Mindererlösausgleich, aber nur ein 25 %-iger Mehrerlösausgleich.

▸ Für Zusatzentgelte für Arzneimittel und Medikalprodukte gibt es keinen Ausgleich für Mindererlöse und 25 % für Mehrerlöse.

▸ Für Fallpauschalen mit sehr hohem Sachkostenanteil und bei sehr teuren Fallpauschalen mit schwierig zu planender Leistungsmenge (z. B. Transplantationen, Langzeitbeatmung) ist eine individuelle Vereinbarung der Vertragsparteien vorgesehen.

Der Erlösausgleich erfolgt nicht mehr über das Budget des Folgejahres, sondern gesondert über einen prozentualen Zu- oder Abschlag auf die Entgelte des Folgejahres (§ 5 Abs. 4 KHEntgG). Unter der Bezeichnung **„Zu- oder Abschlag für Erlösausgleiche"** sind sie in der Rechnung gesondert auszuweisen.

Die Budgetierung ist zwar ein probates Mittel zur **Kostenbegrenzung**. Sind Budgets indes zu gering bemessen, entstehen bei den Leistungserbringern durch Mindererlöse ggf. Verluste, was dazu führen kann, dass sie defizitäre Leistungen nur mit zeitlicher

Verzögerung (Wartelisten) anbieten, oder es kommt faktisch zu einer internen **Rationierung**. Ärzte entscheiden dann ohne öffentliche Kontrolle, wer knappe Leistungen erhält und wer nicht.

2.4.5 Fixkostendegressionsabschlag

Die Mehr- und Mindererlösausgleiche beziehen sich auf Über- bzw. Unterschreitungen bereits prospektiv vereinbarter Budgets. Planen die Krankenhäuser, Leistungen im Vergleich zum jeweiligen Vorjahr auszuweiten und mit den Kassen eine Budgeterhöhung zu vereinbaren, so hatte der Gesetzgeber mit dem GKV-Finanzierungsgesetz auch für diese Mehrleistungen Abschläge, den **Mehrleistungsabschlag**, vorgesehen (Mehrleistungen = Steigerung des Erlösbudgets). Der Abschlag sollte einen Anreiz setzen, dass in den Krankenhäusern keine unbegründete Ausweitung der Leistungsmenge erfolgt.

Dieser Mehrleistungsabschlag wurde im Rahmen des KHSG ab 2017 durch einen sog. **Fixkostendegressionsabschlag (FDA)** (§ 4 Abs. 2b KHEntgG) abgelöst. Das Ziel ist, Abschläge für Mehrleistungen krankenhausspezifischer als bisher zu gestalten. So vereinbaren die Vertragsparteien für zusätzliche Leistungen einen Abschlag in Höhe des geschätzten durchschnittlichen Anteils der fixen Kosten an den Fallpauschalen. Der Abschlag wird jeweils mindestens drei Jahre erhoben.

Es gibt indes auch hier einen Katalog mit Leistungen, die vom FDA ausgenommen sind. **Ausnahmetatbestände** sind gemäß § 4 Abs. 2b KHEntgG:

▸ bestimmte Leistungsbereiche, wie Transplantationen, Polytraumata, Frühgeborene, Schwerbrandverletzte

▸ Leistungen, bei denen der Sachkostenanteil größer als 2/3 ist (z. B. Defibrillatoren, Herzschrittmacher)

▸ Leistungssteigerungen durch Zentrenbildung (wenn krankenhausplanerisch ausgewiesen)

▸ Leistungen aufgrund eines zusätzlichen Versorgungsauftrages (qualitative Änderung)

▸ Leistungen mit abgesenkten oder abgestuften Bewertungsrelationen.

Zudem gibt es noch **weitere Sondertatbestände**. So sind höhere Abschläge oder eine längere Geltungsdauer für Leistungen mit höherer Fixkostendegression zu vereinbaren und für Leistungen, bei denen bereits in erhöhtem Maße wirtschaftlich begründete Fallzahlsteigerungen eingetreten oder zu erwarten sind. Bei Mehrleistungen infolge einer Verlagerung von Leistungen zwischen Krankenhäusern erfolgt der FDA dagegen in halber Höhe. Gleiches gilt für „nicht mengenanfällige Leistungen". Diese sind in einem Katalog mit 89 DRG festgelegt und umfassen Leistungen wie z. B. Geburten (vaginale Entbindung), Schlaganfall- und Herzinfarktbehandlungen, Bypass-Operationen.

Entstehen Mehrleistungen infolge zusätzlicher Kapazitäten sind diese von Abschlägen ausgenommen, sofern sie im Krankenhausplan oder Investitionsprogramm des Landes verankert sind (§ 4 Abs. 2b KHEntgG). Dabei entspricht eine quantitative **Kapazitätser-weiterung** einer Aufstockung der Planbettenzahl, einer Erweiterung des Versorgungs-auftrages oder einer Zuordnung zu höherer Versorgungsstufe. Eine qualitative Kapazi-tätserweiterung liegt z. B. bei Umwidmung von Normal- in Intensivpflegebetten oder der Einrichtung einer Station für die besonderen Belange psychisch Kranker vor.

Den Vertragsparteien vor Ort obliegt nunmehr die Aufgabe, die vereinbarten Leis-tungssteigerungen nach der vermeintlichen Ursache zu differenzieren. Das **Konflikt-potenzial** bei den Budgetverhandlungen dürfte dadurch nicht geringer geworden sein.

2.5 Leistungsvergütung für psychische Erkrankungen

Es gibt in Deutschland **790 Fachabteilungen**, davon 409 Psychiatrie und Psychothe-rapie, 237 Psychotherapeutische Medizin/Psychosomatik und 144 Kinder-/Jugend-psychiatrie und -psychotherapie. 274 Kliniken sind reine psychiatrische und/oder psychosomatische Fachkrankenhäuser. Wie bei den Allgemeinen Krankenhäusern stei-gen hier zwar auch die Fallzahlen stetig an, anders verhält es sich aber bei den Betten-zahlen. Während diese bei den Allgemeinen Krankenhäusern stetig abgebaut werden, ist die Anzahl im Bereich der Psychiatrie und Psychosomatik seit 2002 kontinuierlich angestiegen und beträgt nunmehr rund 72.000. Die **Auslastung** von rund 92 % in 2015 (ggü. 76 % in 2002) hat sich deutlich erhöht. Seit 2008 ist aber die **Verweildauer relativ konstant** bei durchschnittlich rund 25 Tagen.

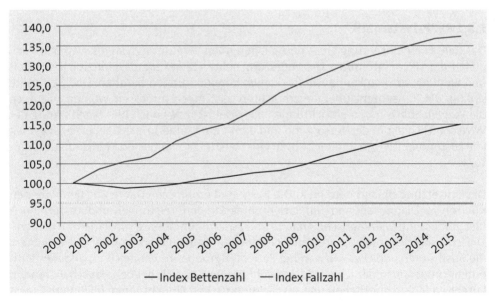

Abb. C17: Entwicklung Betten- und Fallzahl, psychische Behandlungen
Quelle: *Statistisches Bundesamt (2017)*

Für **psychiatrische und psychosomatische Erkrankungen** findet die DRG-Vergütung keine Anwendung. Psychische Erkrankungen weisen häufig einen chronischen Verlauf

auf. Die Behandlung erfordert zumeist einen engen und kontinuierlichen Kontakt des Patienten mit dem therapeutischen Team, wobei dem Faktor Zeit eine zentrale Rolle bei der Behandlung zukommt. Infolgedessen liegen eine geringe Planbarkeit und wenig Möglichkeiten einer Standardisierung vor. Eine Finanzierung durch Fallpauschalierung ist nicht adäquat.

Bis 2012 erfolgte die Vergütung ausschließlich durch **Abteilungs- und Basispflegesätze**. Der Abteilungspflegesatz war das Entgelt für ärztliche und pflegerische Tätigkeiten und durch sie veranlasste Leistungen. In diesem waren sämtliche Personal- und Sachkosten enthalten, einschließlich der für die Behandlung der Patienten entstehenden Kosten in den Funktions- und Leistungsbereichen. Der Basispflegesatz war ein einheitliches Entgelt pro Tag für nicht durch ärztliche oder pflegerische Tätigkeit veranlasste Leistungen, wie Unterbringung und Verpflegung (Hotelpflegesatz), Verwaltungsdienst, Technik und Versorgung. Es gab folglich eine gleiche Vergütung pro Behandlungstag, unabhängig von der Verweildauer. Der Entlassungs- oder Verlegungstag wurde nicht mit gerechnet.

Geht man auch für den psychiatrischen und psychosomatischen Bereich davon aus, dass die Behandlungsintensität mit zunehmender Behandlungsdauer abnimmt, ist ein tagesgleicher Pflegesatz ökonomisch nicht gerechtfertigt. So hat der Gesetzgeber auch hier die sukzessive **Einführung eines pauschalierenden Vergütungssystems (§ 17d KHG)** vorgesehen.

2.5.1 PEPP-Systematik

Die **Ziele einer Einführung** eines pauschalierenden Vergütungssystems waren ähnlich denen der DRG-Einführung. Die Vergütung sollte stärker bundeseinheitlich geregelt und weniger auf krankenhausindividuellen Vereinbarungen beruhen. Dadurch sollte sodann die Transparenz über die erbrachten Leistungen verbessert werden, wie auch die Vergleichbarkeit von Einrichtungen. Kernziel ist indes auch hier die Stärkung der Wirtschaftlichkeit in der Versorgung und damit eine Änderung der Finanzierung, weg von kostenorientierten Budgets, hin zu einer leistungsorientierten Krankenhausvergütung.

Die Umsetzung obliegt dem InEK. Die Basis sind empirische Daten aus berichtenden Kliniken zu Diagnosen, anderen Patientenmerkmalen, Leistungen und Kosten. Auch hier gibt es eine systematische Analyse und Zusammenfassung von Patienten in medizinisch ähnliche „kosten-homogene" Gruppen und eine Bildung von Relativgewichten, die ausdrücken, welcher Aufwand je Patientengruppe im Vergleich zu anderen Patientengruppen erforderlich ist. Gleichwohl handelt es sich bei den **Pauschalierenden Entgelten in psychiatrischen und psychosomatischen Einrichtungen (PEPP)** um Tagespauschalen, nicht um Fallpauschalen.

 ACHTUNG

Die **PEPP-Entgelte** sind kein fallbezogenes Abrechnungssystem wie das DRG-System, sondern auf Patientengruppen bezogene Vergütungspauschalen pro Behandlungstag.

Der **Entwicklung der PEPP** liegt folgende Vorgehensweise zugrunde:

1. **Definition bzw. Unterteilung von Strukturkategorien (SK):** Die erste Gliederungsebene der PEPP-Klassifikation wird als Strukturkategorie bezeichnet. Diese wird primär über die Wahl der Fachabteilung sowie über die Behandlungsart definiert. Während die erste Stelle nach vollstationär (P) oder teilstationär (T) differenziert, gibt die zweite Stelle an, ob der Behandlungsfall der (Allgemein-)Psychiatrie (A), der Kinder- und Jugendpsychiatrie (K) oder der Psychosomatik (P) zuzuordnen ist. Die Kombination PA steht also beispielsweise für „Psychiatrie, vollstationär"; TP steht hingegen für „Psychosomatik, teilstationär". Ähnlich wie bei den DRG gibt es auch hier eine Prä-PEPP für besonders aufwändige Fallkonstellationen und eine Fehler-PEPP.

Präfix	Strukturkategorie	Anteil Fälle
P0	Prä-PEPP	2 %
PA	Psychiatrie, vollstationär	73,4 %
PK	Kinder- und Jugendpsychiatrie, vollstationär	4,9 %
PP	Psychosomatik, vollstationär	5,7 %
TA	Psychiatrie, teilstationär	11,5 %
TK	Kinder- und Jugendpsychiatrie, teilstationär	1,6 %
TP	Psychosomatik, teilstationär	1 %
PF	Fehler-PEPP und sonstige PEPP	0 %
	Gesamt	100 %

Systematik der PEPP-Strukturkategorien

2. **Bildung von Diagnosegruppen:** Die Hauptdiagnose stellt auch für die PEPP das maßgebliche Kriterium für die Eingruppierung dar. Dabei ist die Definition von Diagnosegruppen angelehnt an den ICD-10-GM-Code. Innerhalb der einzelnen Strukturkategorien werden Diagnosegruppen bei der Entwicklung der PEPP-Klassifikation in inhalts- und aufwandsähnliche Klassen zusammengefasst. Diese werden als „Basis-PEPP" bezeichnet.

Nr.	Diagnosegruppe
01	Intelligenzstörungen, tief greifende Entwicklungsstörungen, Tic-Störungen oder andere Störungen mit Beginn in der Kindheit und Jugend
02	Psychische und Verhaltensstörungen durch psychotrope Substanzen
03	Schizophrenie, schizotype und wahnhafte Störungen oder andere psychotische Störungen

Nr.	Diagnosegruppe
04	Affektive, neurotische, Belastungs-, somatoforme und Schlafstörungen
05	Ess- oder Fütter-Störungen
06 - 18	...

Systematik der PEPP-Diagnosegruppen

3. Innerhalb der Basis-PEPP erfolgt dann ggf. eine weitere Analyse und Differenzierung nach identifizierten Faktoren, die zu unterschiedlichen Kosten führen, wie Haupt- und/oder Nebendiagnosen, Prozeduren-Codes, Geschlecht, Alter u. a. Das Ergebnis ist eine Zuordnung zu „komplizierenden Konstellationen". So ist die letzte Stelle der PEPP ein Buchstabe und steht für den **durchschnittlichen Ressourcenverbrauch** einer Fallgruppe (A = höchster Ressourcenaufwand, B = zweihöchster Ressourcenverbrauch, C = dritthöchster Ressourcenverbrauch, D = vierthöchster Ressourcenverbrauch, Z = keine Unterteilung der Basis-PEPP).

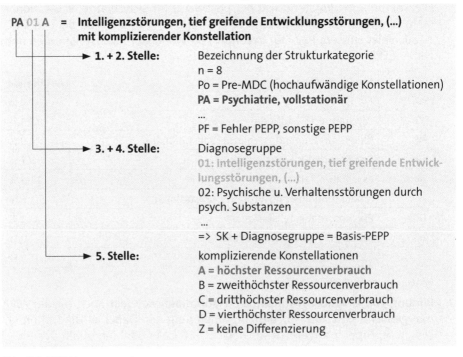

Abb. C18: PEPP-Zusammensetzung

2.5.2 Berechnung der PEPP

Die PEPP werden ähnlich wie die DRG über Bewertungsrelationen vergütet. Diese finden sich in dem **bundesweit einheitlichen PEPP-Entgeltkatalog**, welcher insgesamt in sieben Anlagen unterteilt ist. Maßgeblich sind die Anlagen:

► **Anlage 1a:** bundeseinheitlich bewertete PEPP-Entgelte für die vollstationäre Versorgung

- **Anlage 1b:** unbewertete PEPP-Entgelte für die vollstationäre Versorgung, die im Rahmen der Budgetverhandlungen zwischen den Verhandlungspartnern krankenhausindividuell zu vereinbaren sind

- **Anlage 2a:** bundeseinheitlich bewertete PEPP-Entgelte für die teilstationäre Versorgung

- **Anlage 2b:** unbewertete PEPP-Entgelte für die teilstationäre Versorgung, die im Rahmen der Budgetverhandlungen zwischen den Verhandlungspartnern krankenhausindividuell zu vereinbaren sind

- **Anlage 3 und 4:** Zusätzlich zu den Fallpauschalen können auch für den Bereich der Psychiatrie und Psychosomatik Zusatzentgelte für bestimmte spezialisierte Leistungen abgerechnet werden. In Anlage 3 sind die bundeseinheitlich bewerteten Zusatzentgelte für die vollstationäre Versorgung, in Anlage 4 die unbewerteten Zusatzentgelte für die vollstationäre Versorgung, die krankenhausindividuell zu vereinbaren sind, enthalten.

- **Anlage 5:** Katalog mit den Ergänzenden Tagesentgelten.

Bewertungsrelationen sind wiederum relative Punktwerte (z. B. 1,1325), die gemessen am Basiswert 1,0 die durchschnittlichen relativen Tageskosten in Abhängigkeit von Fallgruppe und Anzahl der Berechnungstage abbilden. Die Höhe der Bewertungsrelationen hängt demnach primär von der Summe der Berechnungstage eines Falles ab. Alle Berechnungstage werden mit derselben BWR bewertet. Mit zunehmender Anzahl der Behandlungstage sinken indes die Bewertungsrelationen. Es kommt zu einer **degressiven Vergütung** in Abhängigkeit der Verweildauer, d. h. die durchschnittliche tagesbezogene Vergütung – ausgedrückt in Bewertungsrelationen – sinkt mit zunehmender Verweildauer.

Den degressiven Entgelten pro Tag liegt die **empirische Erkenntnis** zugrunde, dass die Behandlungskosten der stationären Behandlung von psychisch Kranken in Abhängigkeit von der Anzahl der Behandlungstage sinken. Dies lässt sich u. a. dadurch erklären, dass sich die Patienten mit fortschreitender Behandlung stabilisieren, wodurch degressive BWR gerechtfertigt sind. Trifft die empirische Erkenntnis zu, wäre die Vergütung bei **einheitlichen Tagespauschalen** für Kurzlieger zu gering, während Langlieger zu hoch vergütet würden. Es bestünde für das Klinikum ein Anreiz zu längeren Verweildauern.

 MERKE

PEPP-Entgelt = Anzahl Berechnungstage · BWR · Basisentgeltwert

Es gibt jedoch einen **Degressionsendpunkt**. Übersteigt die Anzahl der Berechnungstage nun die letzte ausgewiesene Vergütungsklasse, ist die Bewertungsrelation der letzten Vergütungsklasse anzuwenden. Dabei ist der Entlassungstag seit 2015 auch abrechenbar.

Beispiel

PEPP-Berechnung auf Basis Katalog 2017

PEPP	Bezeichnung	Anzahl Tage	BWR je Tag
PA01A	Intelligenzstörungen, tief greifende	1	1,2981
	Entwicklungsstörungen, Ticstörungen und andere	2	1,2698
	Störungen mit Beginn in der Kindheit und Jugend,	3	1,2440
	mit komplizierender Konstellation	4	1,2183
		5	1,1925
		6	1,1668
		7	1,1410

Angenommen, der Basisentgeltwert beträgt 250 €, dann würde die Vergütung in Abhängigkeit der Verweildauer wie folgt berechnet:

► 3 Tage VWD: 3 • 1,2440 • 250 = 933,00 €
durchschnittlicher Erlös pro Tag: 311,00 €

► 6 Tage VWD: 6 • 1,1668 • 250 = 1.750,20 €
durchschnittlicher Erlös pro Tag: 291,70 €

► 15 Tage VWD: 15 • 1,1410 • 250 = 4.278,75 €
durchschnittlicher Erlös pro Tag: 285,25 €

► 30 Tage VWD: 30 • 1,1410 • 250 = 8.557,50 €
durchschnittlicher Erlös pro Tag: 285,25 €

Ökonomisch interessant ist die Entwicklung der durchschnittlichen und der zusätzlich pro Tag zu erzielenden BWR. Die durchschnittliche, tagesbezogene Vergütung entspricht den vorgegebenen Bewertungsrelationen und sinkt mit zunehmender Verweildauer bis zum Degressionsendpunkt. Die zusätzlich zu erzielende Bewertungsrelation sinkt überproportional. Am Degressionsendpunkt kommt es aber zu einem Tageserlösanstieg. Ökonomisch entscheidend ist indes die Differenz zwischen zusätzlich zu erzielenden Entgelten und zusätzlich anfallenden Kosten.

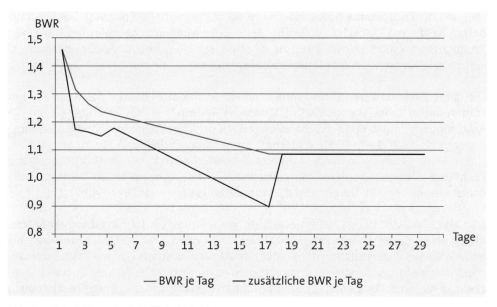

Abb. C19: Entwicklung der BWR für PA02A, 2017

Ergänzende Tagesentgelte (ET) wurden 2015 zusätzlich zu den PEPP eingeführt. Besonders aufwändige und kostenintensive Behandlungsformen werden seither aus den klassischen PEPP-Entgelten herausgelöst und in Form von ET ausgewiesen. Damit ist auch eine bessere Berücksichtigung wechselnden Aufwands während der gesamten Behandlungsdauer möglich. Die ET können sowohl in Verbindung mit unterschiedlichen (voll- und teilstationären) PEPP-Entgelten als auch wiederholt im zeitlichen Ablauf abgerechnet werden. Sie sind regulärer Bestandteil der Tagespauschalen (anders als Zusatzentgelte). Budgettechnisch sind ET wie PEPP umzusetzen. Auch die ET werden in Form von tagesbezogenen Bewertungsrelationen in Anlage 5 ausgewiesen und mit dem Basisentgeltwert multipliziert. Die ET werden additiv zu den PEPP-Tagespauschalen vergütet.

2.5.3 Zeitliche Umsetzung und Budgetierung

Nach dem im Jahr 2012 beschlossenen Gesetz zur Einführung eines pauschalierenden Entgeltsystems (Psychiatrie-Entgeltgesetz) wird das neue Entgeltsystem als **lernendes System** stufenweise seit 2013 eingeführt. In den Jahren 2013 - 2017 konnten die betroffenen Einrichtungen entscheiden, ob sie schon nach dem neuen Entgeltsystem ihre Leistungen abrechnen wollen (Optionsjahre). Seit 2018 ist die Anwendung für alle Einrichtungen verpflichtend, aber bis einschließlich 2019 budgetneutral. Ab 2020 wird die Anwendung auch hinsichtlich der Budgetierung wirksam.

Auch die Erlöse für psychiatrische und psychosomatische Behandlungen sind budgetiert. Die Vorgehensweise ist ähnlich wie bei den Erlösen aus DRG. Der Gesamtbetrag eines Psych-Krankenhauses ist aufzuteilen in das **Erlösbudget** (Summe der Erlöse aus den bundeseinheitlich bewerteten Entgelten und bundeseinheitlichen Zusatzentgelten) und die **Erlössumme** (krankenhausindividuell vereinbarte Entgelte). Der Gesamtbetrag ist die maßgebliche Größe für Mehr- oder Mindererlösausgleiche. Um einen Anreiz zur freiwilligen Umstellung zu schaffen, erhielten freiwillige „Optionshäuser" verbesserte Mehrerlös- und Mindererlösausgleiche.

Die lange Ein- und Überführungsphase wurde auch dazu genutzt, das neue System kontinuierlich weiterzuentwickeln (**„lernendes System"**). Hieraus resultiert auch die Bestimmung, dass in **Budgetverhandlungen** auf örtlicher Ebene sowohl die Leistungsmengen als auch die Entgelte **dauerhaft krankenhausindividuell** vereinbart werden. Damit kann regionalen oder strukturellen Besonderheiten in der Leistungserbringung Rechnung getragen werden. Eine zuvor vorgesehene Konvergenz zu landeseinheitlichen Preisen entfällt. Damit wird die Verhandlungsebene vor Ort gestärkt.

Mit Abschluss der budgetneutralen Phase greift indes ein **leistungsbezogener Vergleich** als zentrales Element der Budgetverhandlungen. Das InEK ist beauftragt, bis Ende 2019 zur Unterstützung der Krankenhäuser und Kostenträger vor Ort bei der Verhandlung leistungsorientierter Budgets einen leistungsbezogenen Vergleich zu entwickeln. In diesen sollen dann bis dahin vereinbarte Leistungen und Entgelte, aber auch regionale und strukturelle Besonderheiten einfließen.

Des Weiteren wurde der GBA beauftragt, verbindliche **Mindestvorgaben für die personelle Ausstattung** festzulegen. Diese Mindestvorgaben sind mit Beginn 2020 verbindlich anzuwenden. Und schließlich: Um eine sektorübergreifende Versorgung zu stärken, soll eine komplexe, psychiatrische Akut-Behandlung im häuslichen Umfeld eingeführt werden. Diese **stationsäquivalente psychiatrische Behandlung** („Home Treatment") umfasst Kombinationsmöglichkeiten von stationärer und häuslicher Behandlung, auch durch spezialisierte multiprofessionelle Behandlungsteams für Menschen mit schweren psychischen Erkrankungen. Das Ziel ist die Vermeidung, respektive Verkürzung stationärer Aufenthalte und für die Betroffenen geringere Einschnitte in das tägliche Leben. Die Vergütung hierfür ist auf Bundesebene zu regeln.

2.5.4 PEPP – ökonomische Bewertung

Auch in der vorherigen Psychiatrie-Personalverordnung (Psych-PV) wurden alle Patienten in aufwandshomogene Gruppen eingeteilt. Die Einteilung der Behandlungsbereiche und die **Eingruppierung in die verschiedenen Gruppen** erfolgten aber eher subjektiv und folgten keinem sachlichen Algorithmus anhand von Diagnosen oder Leistungen.

Es wird — wie bisher auch — jeder Tag vergütet, den ein Patient im Krankenhaus verbringt. Aber die neuen Tagespauschalen unterscheiden sich von den **bisherigen Tagespflegesätzen** darin, dass sie — je nach Aufwand — unterschiedlich hoch sein können. So ist es möglich, besonders aufwändige, hochkomplexe Behandlungen, deren Kosten weit über den üblichen Tagespflegesätzen liegen, angemessen zu vergüten. Andererseits wird durch eine **degressive Vergütung** dem Umstand Rechnung getragen, dass mit zunehmender Behandlungsdauer die Behandlungsintensität tendenziell abnimmt.

Vergleicht man DRG und PEPP, ist der wesentliche Unterschied zunächst, dass bei den PEPP jeder einzelne Behandlungstag vergütet wird. Es handelt sich um Tagespauschalen, nicht um Fallpauschalen, d. h. die PEPP-Entgelte sind kein fallbezogenes Abrechnungssystem wie das DRG-System. Bei den PEPP-Entgelten handelt es sich nicht um Behandlungspauschalen, sondern um Tagespauschalen.

Insgesamt weisen die PEPP folgende **Vorteile** auf:

▸ Es kommt zu einer deutlichen Verbesserung der Leistungstransparenz.

▸ Es erfolgt eine systematische Eingruppierung der Patienten in ähnliche Gruppen anhand von Diagnosen, Leistungen und anderen Kriterien.

▸ Die degressiven Tagespauschalen bieten Anreize für eine effiziente Behandlung und damit für Maßnahmen der Kostenoptimierung, Spezialisierung, Vernetzung und Leistungssteuerung.

▸ Zugleich finden Intensivbehandlungen in Form höherer Erlöse mittels der Ergänzenden Tagesentgelte Berücksichtigung.

▸ Ein Anreiz zur unnötigen Verweildauerausweitung wurde reduziert.

Den Vorteilen stehen auch bei den PEPP **nachteilige Auswirkungen** entgegen:

▸ Wenn auch nicht ganz so aufwändig wie das DRG-System, handelt es sich um ein administrativ aufwändiges und bürokratisches System.

▸ Es besteht eine staatliche Einheitsvergütung pro Tag. Diese hat wiederum die Wirkung eines Höchst- oder Mindestpreises mit entsprechenden Folgen.

▸ Bislang erfolgt keine Berücksichtigung von regionalen Kostenunterschieden, Versorgungsunterschieden oder Qualitätsunterschieden in der Vergütung.

▸ Auch gibt es keine Differenzierung von Krisen-, Regel- und Langzeitbehandlung.

▸ Ob es zu einer Verschiebung von Fällen hin zu ambulanter Betreuung kommt, ist ungewiss.

3. Investitionsfinanzierung der Krankenhäuser

3.1 Flächendeckende Versorgung

Die Investitionsplanungen und Entscheidungen von Krankenhäusern weichen gleich in mehrfacher Hinsicht von denen in einem rein marktwirtschaftlichen Umfeld agierenden Unternehmen ab. So sind die Kliniken selbst Teil von **Bedarfs- und damit Investitionsplanungen** der Länder, sofern sie im Landeskrankenhausplan sind. Ziel der staatlichen Bedarfsplanung ist eine flächendeckende (zumutbare Entfernung) stationäre Versorgung der Bevölkerung in angemessener Qualität.

Hinsichtlich einer flächendeckenden Versorgung besteht indes ein **Zielkonflikt**. Eine möglichst wohnortnahe Versorgung lässt sich am besten durch eine Vielzahl an kleinen, regional verteilten Krankenhäusern erreichen. Dies steht indes im Widerspruch zu den Anforderungen an eine moderne, hochkomplexe Versorgung der Patienten, die kleine Häuser infolge mangelnder Ausstattung und Erfahrung nicht erfüllen können.

Beispiel

Ein Viertel der deutschen Krankenhäuser verfügt nicht über einen Computer-Tomographen, ein Fünftel hat keine eigenen Intensivbetten.

Eine stärkere **Konzentration der Krankenhausversorgung** in Richtung Zentrenbildung hat zwar eine bessere Ausstattung und Behandlungsbreite sowie eine höhere Qualität der Häuser zur Folge, dadurch würde indes die Entfernung zum nächstgelegenen Krankenhaus für die Bevölkerung im Durchschnitt zunehmen. Dass jedoch noch erhebliches Potenzial hinsichtlich einer weiteren Reduzierung der Anzahl an Krankenhäusern besteht, wird an folgendem Vergleich deutlich: Bei ähnlicher Bevölkerungszahl verfügen die Niederlande über rund 130 Krankenhäuser; in Nordrhein-Westfalen sind es etwa 400.

In einem **marktwirtschaftlichen System** würde eine Überversorgung zu sinkenden Preisen für Gesundheitsleistungen führen und eine Unterversorgung zu steigenden. Da aber die Preise für Gesundheitsleistungen faktisch staatlich vereinheitlicht sind, kann eine Anpassung nur direkt über Mengen erfolgen.

3.2 Staatliche Krankenhausbedarfsplanung

Ausgangspunkt der **Krankenhausplanung** ist eine Bedarfsanalyse, wobei zunächst räumlich abgegrenzte Versorgungsgebiete definiert werden müssen. Die Gewährleistung eines adäquaten Zugangs zu Gesundheitsleistungen erfordert sodann die Definition des qualitativen und quantitativen Leistungsangebots und der Kriterien zur Messung (Zeitdauer, Entfernung) sowie eine (vorwiegend normative) Festlegung der Werte.

Beispiel

Ziel einer Bedarfsplanung könnte es sein, dass 95 % der Bevölkerung eine Klinik in weniger als 20 Min. erreichen können oder dass die Entfernung weniger als 30 km betragen soll.

Um sodann zu einer Krankenhauszielplanung zu gelangen, gibt es verschiedene Verfahren; die **Hill-Burton-Formel** ist eines davon. Zur Ermittlung des Bettenbedarfs sind folgende Determinanten erforderlich:

► Einwohnerzahl (EW): Entwicklung der Einwohnerzahl des Versorgungsgebietes

► Verweildauer (VWD): durchschnittliche Anzahl der Tage, die Patienten im Kranken-haus verbringen (Pflegetage : Fallzahl)

► Krankenhaushäufigkeit (KHH): Anteil der Bevölkerung, die im Laufe eines Jahres sta-tionär behandelt werden (Fallzahl : Einwohnerzahl)

► Bettennutzungsgrad (BNG): geplanter durchschnittlicher Auslastungsgrad der Kli-nikbetten (Pflegetage : Betten : 365).

Beispiel

Für die Versorgungsregion „Unteralb" liegen folgende Daten vor:

► Einwohnerzahl: 150.000

► Verweildauer: 7,4 Tage

► Krankenhaushäufigkeit: 23 %

► angestrebte Bettenauslastung: 80 %.

Hill-Burton Formel: $\dfrac{EW \cdot KHH \cdot VWD}{BNG \cdot 365 \text{ Tage}} = \dfrac{150.000 \cdot 0,23 \cdot 7,4}{0,80 \cdot 365} = \textbf{874 Betten}$

Ist ein Krankenhaus im Landeskrankenhausplan aufgenommen, was als Versorgungs-vertrag gilt, werden in einem **Feststellungsbescheid** die wesentlichen Leistungsvorga-ben, wie z. B. vorzuhaltende Fachabteilungen und Fachrichtungen, das Versorgungsge-biet und die Versorgungsstufe, Bettenzahl, Großgeräteausstattung oder die Teilnahme an der Not- und Unfallversorgung dokumentiert. Der Investitionsbedarf eines Klini-kums ergibt sich damit wesentlich aus diesen **Strukturvorgaben**. Dafür hat das Klini-kum die Zulassung zur Behandlung gesetzlich versicherter Patienten, mithin Anspruch auf Finanzierung der Betriebskosten durch die GKV, und Anspruch auf Investitionsför-derung (Einzelförderung, Pauschalförderung).

Mit der staatlichen Investitionsförderung ist eine weitere Problematik verbunden, denn es ist eine **Abgrenzung** notwendig zwischen förderfähigen Investitionskosten und laufenden Betriebsausgaben, die der Leistungsvergütung zuzurechnen sind. Da-her gibt es eine **Abgrenzungsverordnung (AbgrV)**. Grundsätzlich förderfähig sind:

► Kosten der Errichtung (Neubau, Umbau, Erweiterungsbau) von Krankenhäusern, aber nicht Grundstücke und damit zusammenhängende Kosten (Erwerb, Erschlie-ßung, Finanzierung); diese sind vom Betreiber zu übernehmen

► Kosten der Erstanschaffung der zum Krankenhaus gehörenden Wirtschaftsgüter mit einer Nutzungsdauer von mehr als drei Jahren

► Kosten der Wiederbeschaffung von Anlagevermögen, sofern die Nutzungsdauer mehr als drei Jahre beträgt

- Anlauf- und Umstellungskosten bei innerbetrieblichen Änderungen, wenn eine Existenzgefährdung vorliegt
- Umstellung auf andere Aufgaben (z. B. Umwidmung in Pflegeeinrichtung).

Nicht förderfähig und damit durch die Leistungsvergütung zu finanzieren sind die Aufwendungen für Verbrauchsgüter und die Wiederbeschaffung von Gebrauchsgütern mit einer Nutzungsdauer kleiner als drei Jahre.

3.3 Einzel- und Pauschalförderung

Die Investitionsförderung selbst kann über den Weg der Einzelförderung und der Pauschalförderung erfolgen. **Einzelförderung** für größere Investitionen erfolgt auf Antrag des Krankenhausträgers (§ 9 Abs. 1 und 2 KHG). Die Finanzministerien der Länder entscheiden über die Höhe der zur Verfügung stehenden Mittel. Das Ergebnis ist ein Krankenhausinvestitionsprogramm.

Beispiel

Niedersächsisches Krankenhausinvestitionsprogramm 2016 – Auszug			
Nr.	**Krankenhaus**	**Maßnahme**	**Förderbetrag**
1.	Städtisches Klinikum, Braunschweig	Betriebsstellenzusammenführung von 3 auf 2 Standorte	20.000.000 €
2.	Städtisches Klinikum, Wolfsburg	Neustrukturierung der Kinder- und Jugendmedizin	1.000.000 €
3.	Nephrologisches Zentrum Hann.-Münden	Einhäusigkeit NZN und Vereinskrankenhaus	6.000.000 €
4.	AWO Psychiatriezentrum, Königslutter	Neubau einer Tagesklinik in Wolfenbüttel	1.100.000 €

Häufig sind die Fördermittel aber geringer als das beantragte finanzielle Gesamtvolumen. So ist es in den vergangen Jahren in den meisten Bundesländern zu einem **Investitionsstau** gekommen. Über die gezahlten Fördermittel müssen die begünstigten Kliniken Verwendungsnachweise zur Dokumentation erstellen.

Durch **pauschale Fördermittel** werden die Wiederbeschaffung kurzfristiger Anlagegüter (Nutzungsdauer größer als drei, aber kleiner als 15 Jahre) und kleine bauliche Maßnahmen finanziert. Sie setzen sich zusammen aus einer **Grundpauschale**, deren Höhe sich nach der Zahl der Planbetten und der teilstationären Plätze richtet. Sie kann ggf. bei besonders hohen Vorhaltekosten erhöht werden. Hinzu kommt eine **Leistungspauschale**, bei der insbesondere die Zahl der stationär behandelten Personen und der Werteverzehr des Anlagevermögens berücksichtigt werden. Auch können Kliniken, die ausbilden, einen Zuschlag zur Förderung der für Ausbildungsstätten notwendigen Investitionen beantragen.

Beispiel

Die Grundpauschale für jedes Planbett und teilstationären Platz beträgt in Niedersachsen 2.260 € für Krankenhäuser mit weniger als 231 Betten. Der Betrag steigt gestaffelt mit zunehmender Bettenzahl und erhöht sich auch für Betten in besonders kostenintensiven Abteilungen, z. B. im Bereich der Neurochirurgie um 800 €. Hat ein Krankenhaus 200 Betten, davon 20 im Bereich der Neurochirurgie, erhält es eine pauschale Förderung von

$200 \cdot 2.260 + 20 \cdot 800 = 468.000$ €.

Mit dem Krankenhausfinanzierungsreformgesetz (KHRG) im Jahr 2009 hat der Gesetzgeber eine Weiterentwicklung der Förderung beschlossen. Statt Einzel- und Pauschalförderung können die Länder Investitionen auch über **leistungsorientierte Investitionspauschalen** fördern. Dies geschieht in Analogie zu der Vergütung von DRG-Leistungen. Dabei ergeben sich die Fördermittel als Produkt aus leistungsorientierter **Investitionsbewertungsrelation (IBR)** und landesspezifischem **Investitionsbasisfallwert**. In diesem System ist die Höhe der Fördergelder für das einzelne Krankenhaus maßgeblich abhängig von der Zahl der Krankenhausfälle, dem durchschnittlichen Schweregrad der Behandlungen und dem vom Land gestellten Volumen der Fördergelder.

Wie bei den DRG auch wurde wiederum das InEK von den Selbstverwaltungspartnern beauftragt, die **bundeseinheitlichen Investitionsbewertungsrelationen** zu entwickeln und zu kalkulieren. Der Katalog für 2017 weist jeder vollstationären DRG eine Bewertungsrelation je Fall und eine Bewertungsrelation je Tag zu. Zudem sind Bewertungsrelationen für teilstationäre DRG und bestimmte Zusatzentgelte ausgewiesen. Die Anwendung der IBR ist indes freiwillig, sodass diese bisher nur die Länder Berlin und Hessen anwenden.

Vorteile der IBR liegen in der Leistungsorientierung und der besseren Planungssicherheit für die Kliniken. Das **Problem** des Investitionsstaus in vielen Bundesländern wird allerdings durch die IBR nicht gelöst, denn maßgeblich ist – wie bisher auch – die Gesamtfördersumme, die von dem jeweiligen Land bereitgestellt wird. Zudem dürften an Fallpauschalen ausgerichtete Investitionsgelder den Anreiz zur Leistungsausweitung weiter begünstigen.

3.4 Folgen einer Unterfinanzierung

Vom Grundsatz her ist das Anlagevermögen durch Investitionszuschüsse der Länder zu finanzieren. Darlehen oder Eigenmittel wären folglich nicht erforderlich. In der Praxis indes kommen viele Länder ihrem Versorgungsauftrag nur ungenügend nach. Viele Einzelprojekte, wie die Sanierung des Gebäudes oder Anschaffung von medizinischen Großgeräten, werden nur teilfinanziert. Neben einem entstehenden **Investitionsstau** sind auch die finanziellen Konsequenzen daraus erheblich, wie das folgende Beispiel verdeutlicht:

Beispiel

Ein Krankenhaus benötigt für die Sanierung der Außenfassade des Gebäudes 3.000.000 €. Das Land fördert die Investition mit 2.000.000 €; der Rest wird durch ein Tilgungsdarlehen mit einer Laufzeit von 10 Jahren und einer Verzinsung von 10 % finanziert. Wie verändern sich die betroffenen Aktiv-, Passiv- und GuV-Positionen im ersten Jahr, wenn der Zuschuss erfolgsneutral verbucht wird und für die sanierte Außenfassade eine Nutzungsdauer von 25 Jahren unterstellt wird?

Lösung: Um den Zuschuss erfolgsneutral zu verbuchen, wird zunächst ein Sonderposten (SoPo) in Höhe von 2.000.000 € gebildet. Dieser wird über die Nutzungsdauer aufgelöst, also mit 80.000 € p. a. als sonst. betr. Ertrag. Das Anlagevermögen erhöht sich zunächst um 3.000.000 €, die AfA p. a. beträgt 120.000 €. Es wird deutlich, dass AfA und sonst. betr. Ertrag sich entsprechen würden, wenn der Zuschuss in voller Höhe erfolgt wäre. Durch die Aufnahme des Darlehens sind zusätzlich Zinsen zu zahlen. Aus der teils über Darlehen finanzierten Investition heraus entsteht ein Verlust von 140.000 €. Da die AfA und die Auflösung des Sonderpostens nicht zahlungswirksam sind, der Kredit aber i. H. v. 100.000 € getilgt werden muss, ergibt sich ferner ein negativer Cashflow von 200.000 €.

GuV		Bilanz		Cashflow-Rechnung	
s.b. Ertrag	80.000	AV	2.880.000	JÜ	-140.000
AfA	120.000	Bank	-200.000	+AfA	120.000
Zinsen	100.000	**Bilanzsumme**	**2.680.000**	- sonst. betr. Ertrag	-80.000
JÜ	**-140.000**	Eigenkapital	-140.000	Cashflow operativ	-100.000
		FK	900.000	Tilgung	100.000
		SoPo	1.920.000	**Cashflow effektiv**	**-200.000**
		Bilanzsumme	**2.680.000**		

Die **Folgen** einer zu geringen Investitionsförderung für die Klinken sind gravierend. Sie müssen das Ertrags- und Cash-Defizit durch die laufenden Betriebseinnahmen ausgleichen, obwohl dies nicht vorgesehen ist und sie diesbezüglich budgetiert sind. Es entsteht eine zweckentfremdete Querfinanzierung. Verbleiben dennoch Defizite, muss der Krankenhausträger diese finanzieren.

Um weitere Defizite zu vermeiden, haben viele Kliniken die Option der **Personalkostenreduktion** ergriffen, insbesondere durch Abbau von Pflegekräften. Zudem haben

steigende, vom Träger auszugleichende Verluste nicht unerheblich zu dem **Privatisie-
rungsschub** beigetragen.

3.5 Duale versus monistische Finanzierung

Dass die Bundesländer ihren Investitionsverpflichtungen nur ungenügend nachkom-
men, wird auch deutlich, wenn man die Entwicklung der **KHG-Fördermittel** betrachtet.
Diese sind seit dem Jahr 2000 erheblich gesunken. Ihr Anteil an den Gesamtausgaben
für Krankenhäuser ist von 6,0 % auf 3,1 % in 2015 zurückgegangen. Auch ist der Anteil
der Fördermittel am BIP stetig rückläufig.

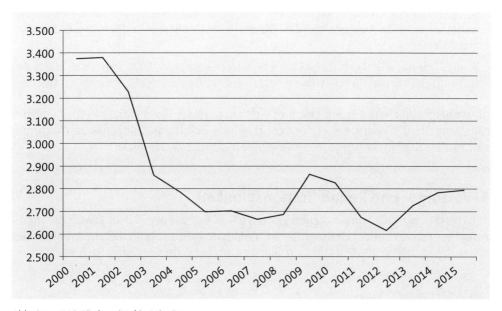

Abb. C20: KHG-Fördermittel in Mio. Euro
Quelle: *Deutsche Krankenhausgesellschaft (2017)*

Die **Steuerungsmängel der dualen Finanzierung** sind somit evident; es besteht ein
erheblicher Investitionsstau, der je nach Bundesland in seiner Ausprägung differiert.
Gegen die duale Finanzierung sprechen weitere Argumente:

▶ Faktisch besteht eine künstliche Trennung wirtschaftlich zusammenhängender
Sachverhalte, denn Planungsträger und Träger der Planungskonsequenzen sind nicht
identisch. Die Planungszuständigkeit liegt bei den Ländern, die einzelwirtschaftliche
Entscheidungs- und Finanzierungsverantwortung bei den Trägern der Kliniken.

▶ Es besteht eine Einschränkung der betrieblichen Autonomie und des eigenständigen
wirtschaftlichen Handelns der Krankenhäuser.

▶ Die Abhängigkeit der pauschalen Fördermittel von der Bettenzahl führt dazu, dass
die Krankenhäuser Überkapazitäten im Bettenbereich aufrecht halten.

▶ Im Bereich der ambulanten ärztlichen Versorgung bzw. der stationären Rehabilitation basiert die Finanzierung auf der Monistik und funktioniert.

So wird seit Jahren über eine mögliche Umstellung der Finanzierung auf ein **monistisches System** diskutiert. Eine solche Umstellung wäre indes auch mit erheblichen Problemen verbunden:

▶ Eine Übernahme der Investitionskosten im Krankenhausbereich durch die Krankenkassen führte in der Konsequenz zu höheren Beitragssätzen, was nur sehr schwierig politisch umsetzbar ist.

▶ Volkswirtschaftlich schädlich wären Beitragssatzerhöhungen gerade dann, wenn die Fixierung der Arbeitgeberbeiträge in dem Zuge aufgehoben würde. Dies würde dann eine Erhöhung der Arbeitskosten nach sich ziehen.

▶ Auch eine Investitionsförderung durch die Krankenkassen birgt die Gefahr einer einseitigen Kostenminimierungspolitik in sich, denn Krankenkassen betreiben eine einnahmeorientierte Ausgabenpolitik. Ob der Investitionsstau aufgelöst würde, wäre nicht sicher.

▶ Schließlich müsste das ohnehin bereits extrem komplexe DRG-System z. B. um Zurechnungsschlüssel für Investitionskosten auf die Benutzerentgelte ergänzt werden.

Als **wahrscheinlichere Lösung** zeichnet sich ab, dass der Bund stärker in die Finanzierung eingebunden wird. Ein erster Schritt wurde durch das Krankenhausstrukturgesetz mittels der Einrichtung eines Krankenhausstrukturfonds getan.

4. Vorsorge- und Rehabilitationskliniken

Rehabilitationsmaßnahmen dienen gemäß § 5 SGB IX vor allem dem **Zweck** der medizinischen Rehabilitation, der beruflichen Rehabilitation zur Teilhabe am Arbeitsleben sowie der sozialen Rehabilitation zur Teilhabe am Leben in der Gemeinschaft.

 MERKE

> **Teilhabe** ist ein sehr weit gefasster Begriff, der folgende Bereiche umfasst: die medizinische Rehabilitation, Teilhabe am Arbeitsleben und Teilhabe am Leben in der Gemeinschaft (soziale Rehabilitation).

4.1 Ziele und Formen der Rehabilitation und Vorsorge

Die **Ziele der Rehabilitation und Vorsorge** sind insbesondere die Überwindung der Folgen von Krankheit oder Behinderung, die Verhinderung des vorzeitigen Ausscheidens aus dem Erwerbsleben (Reha vor Rente) und die Verhinderung des vorzeitigen Eintretens von Pflegebedürftigkeit (Reha vor Pflege) sowie die Vermeidung oder Verzögerung des vorzeitigen Bezuges von laufenden Sozialleistungen. Die häufigsten Formen der **medizinischen Rehabilitation** sind:

► Mit medizinischen Maßnahmen soll versucht werden, die Erwerbsfähigkeit zu erhalten, eine Erwerbsminderungsrente abzuwenden.

► Leistungen der gesetzlichen Unfallversicherung dienen auch dazu, im Rahmen der Berufstätigkeit entstandene gesundheitliche Schäden (Arbeitsunfälle, Berufskrankheiten) zu therapieren.

► Medizinische Rehabilitation gibt es auch für Menschen, die nicht oder nicht mehr im Erwerbsleben stehen, z. B. Kinder oder alte Menschen oder für Mütter und Väter (Mutter-/Vater-Kind-Kuren).

► Die sog. Anschlussheilbehandlung (AHB) ist eine weitere besondere Form, die z. B. dazu dient, nach einem Krankenhausaufenthalt mit schwerwiegenden Eingriffen die Gesundung und/oder Wiederherstellung der Arbeitsfähigkeit zu fördern.

Medizinische Rehabilitationsmaßnahmen können auch ambulant erbracht werden. Für die wohnortnahe Rehabilitation ist u. a. Voraussetzung, dass eine häusliche Versorgung und Alltagsbewältigung sichergestellt ist. Somit besteht **Anspruch auf stationäre Leistungen** nur, wenn Leistungen der ärztlichen Behandlung oder ambulante Rehabilitationsmaßnahmen nicht ausreichen, um eine Krankheit zu erkennen, zu heilen, ihre Verschlimmerung zu verhüten oder Krankheitsbeschwerden zu lindern. Zu den **rehabilitativen und Vorsorgeleistungen** zählen:

► ambulante und stationäre Behandlung durch Ärzte, Zahnärzte und Angehörige anderer Heilberufe, soweit deren Leistungen unter ärztlicher Aufsicht oder auf ärztliche Anordnung ausgeführt werden, einschließlich der Anleitung, eigene Heilungskräfte zu entwickeln

► Früherkennung und Frühförderung behinderter und von Behinderung bedrohter Kinder

► Arznei- und Verbandmittel

► Heilmittel einschließlich physikalischer, Sprach- und Beschäftigungstherapie

► Psychotherapie als ärztliche und psychotherapeutische Behandlung

► Hilfsmittel

► Belastungserprobung und Arbeitstherapie.

Der Maßnahmenkatalog deutet bereits darauf hin, dass es bisweilen Probleme hinsichtlich der Abgrenzung zur Krankenbehandlung gibt. Auch lässt die **extreme Leistungsheterogenität** bereits erkennen, dass es in diesem Bereich keine einheitliche Vergütungssystematik gibt, und diese ist zudem durch die Trägervielfalt komplex.

4.2 Angebot und Nachfrage

2015 gab es 1.153 **stationäre Reha-Kliniken** mit insgesamt 165.000 Betten, also 143 Betten im Durchschnitt. Die Auslastung lag mit 83 % signifikant über derjenigen der Akutkrankenhäuser (77 %). In dem Sektor sind insgesamt über 90.000 Beschäftigte, davon ca. 8.600 als ärztliches Personal. Die Fallzahl beträgt knapp 2 Mio. p. a. Die durchschnittliche Dauer einer stationären medizinischen Rehabilitation wegen körperlicher Erkrankungen beträgt ca. 25 Tage.

Träger der medizinischen Reha-Maßnahmen sind i. d. R. die GRV, die GKV, die gesetzliche Unfallversicherung, die Träger der öffentlichen Jugendhilfe oder die Sozialhilfeträger. Welcher Träger für welche Leistung im Einzelfall zuständig ist, hängt von dem Grund und dem Ziel der jeweiligen Reha-Maßnahme ab. So ist die GRV zuständig, wenn durch eine Rehabilitation Einschränkungen der Erwerbsfähigkeit oder Frühverrentung abgewendet werden können (Reha vor Rente). Rehabilitationsleistungen werden von der GKV finanziert, um Behinderung oder Pflegebedürftigkeit abzuwenden, zu beseitigen, zu mindern, auszugleichen oder ihre Verschlimmerung zu verhüten (Reha vor Pflege). Die Unfallversicherung greift, wenn es eine Therapie von im Rahmen der Berufstätigkeit entstandenen gesundheitlichen Schäden geht.

Beispiel

Die Gesetzliche Pflegeversicherung ist kein Träger der Finanzierung von Reha-Maßnahmen. In der Folge tragen die Krankenkassen die Reha-Kosten; die SPV wird indes entlastet, wenn Pflegebedürftigkeit vermieden wird. So gilt zwar der Grundsatz „Reha vor Pflege", für Krankenkassen besteht aber kein Anreiz, Pflegebedürftigkeit vermeidende Maßnahmen zu finanzieren. Sie stehen im Wettbewerb und zunehmende Ausgaben erfordern höhere Zusatzbeiträge. Anders ist es im Bereich der Rentenversicherung, denn die Reha-Verantwortung und das Reha-Risiko liegen hier bei einem Träger. Die Lösung wäre z. B. die Pflegeversicherung zum Träger der Reha-Kosten zu machen, z. B. durch hälftige Aufteilung der Reha-Kosten zur Vermeidung von Pflegebedürftigkeit.

Die Anzahl der **Träger von Rehabilitations- und Vorsorgeeinrichtungen** ist in den vergangenen Jahren deutlich gesunken. Der Anteil der Einzel-Einrichtungen beträgt zwar noch 44 %, ist aber stark rückläufig. Bisweilen sind die Kostenträger zugleich Betreiber der Kliniken und bevorzugen bei der Belegung ihre eigenen Häuser. Auch die Anzahl der aufgestellten Betten in Vorsorge- und Rehabilitationseinrichtungen in Deutschland ist rückläufig. Waren es im Jahr 2002 noch knapp 185.000 Betten, sind es nunmehr über 20.000 weniger.

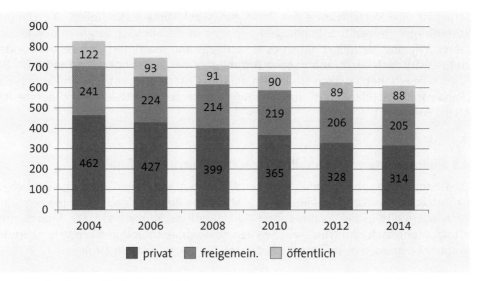

Abb. C21: Rehabilitationskliniken – Anzahl der Träger
Quelle: *Deutsche Rentenversicherung Bund (2015)*

Um dauerhaft am Markt bestehen zu können, sind folgende **strategische Erfolgsfaktoren** von Bedeutung:

- ► Gewinnung und Bindung von Fachkräften
- ► hohe Behandlungs- und Betreuungsqualität
- ► ganzheitliche und individuelle Behandlungskonzepte
- ► komfortable Unterbringung: Einzelzimmer, Essensversorgung, vielfältige Freizeitangebote
- ► Lage, gute regionale Anbindung, Erreichbarkeit mit ÖPNV
- ► Erschließung neuer Ertragsquellen, wie Prävention, Nachsorge, Betriebliches Gesundheitsmanagement
- ► Ausbau von Selbstzahler-Angeboten
- ► Vernetzung/Kooperationen mit Krankenhäusern, Ärzten, Pflegeeinrichtungen
- ► Größenvorteile/Economics of Scale (diese bestehen auch bei Rehabilitationseinrichtungen, sodass Anbieter mit mehreren Häusern Vorteile gegenüber Einzelanbietern haben)
- ► Finanzierungskraft und Kreditwürdigkeit.

Auch auf der **Nachfrageseite** sind erhebliche Veränderungen zu registrieren. Die Zahl der stationären Fälle stagniert insgesamt, wobei einer deutlichen Steigerung im Bereich der Psychosomatik z. B. Rückgänge in der Orthopädie gegenüberstehen. Erheblich an Bedeutung hat die Anschlussheilbehandlung gewonnen.

Ferner ist eine **Verschiebung des Versorgungsspektrums** festzustellen. Die von den Kostenträgern gewollte Steuerung in den ambulanten Bereich zeigte in den letzten Jahren Wirkung. Vermehrt haben es die Anbieter mit multimorbiden Rehabilitanden zu tun, was auch der zunehmenden Anzahl der über 65-Jährigen geschuldet ist. Die Nachfrage erhöhend wirken schließlich die vom Gesetzgeber betriebenen Grundsätze „Reha vor Pflege oder Rente", die Anhebung des Renteneintrittsalters und der medizinische Fortschritt.

4.3 Finanzierung von Rehabilitations- und Vorsorgemaßnahmen

Die Finanzierung von Rehabilitations- und Vorsorgemaßnahmen unterscheidet sich erheblich von denen der Akutkliniken. Eine **staatliche Bedarfsplanung** wie bei den Krankenhäusern gibt es bei Vorsorge- und Rehabilitationskliniken nicht. Die Finanzierung erfolgt **monistisch** und wird zwischen den Kostenträgern und Kliniken vereinbart. Investitionen müssen mithin auch aus den Leistungsvergütungen erfolgen.

Beim Kostenträger **GKV** orientiert sich die Anpassung der Vergütung an der Entwicklung der Grundlohnsumme, um eine Beitragssatzstabilität zu gewährleisten. Bei der **Gesetzlichen Rentenversicherung** existiert seit 1997 ein Budget für die gesamten Reha-Ausgaben („Reha-Budget"). Die jährliche Anpassung orientiert sich hier an der Entwicklung der Bruttoarbeitseinkommen. Seit 2014 gibt es eine sog. „Demografie-Komponente", sodass demografiebedingte Nachfragesteigerungen abgedeckt sind. Andere Nachfragesteigerungsfaktoren finden indes keine Berücksichtigung.

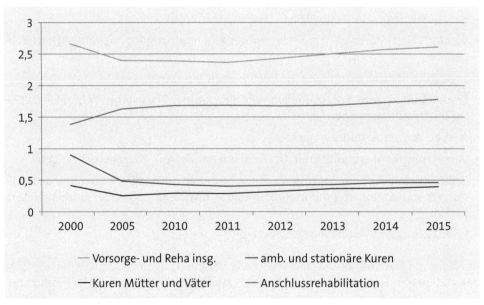

Abb. C22: GKV-Ausgaben für Vorsorge- und Rehabilitation in Mrd. Euro
Quelle: *GKV-Spitzenverband (2017)*

Für die **Vergütung der Leistungen** gibt es keine detaillierten gesetzlichen Vorgaben, damit auch kein bundesweit normiertes Vergütungs- und Finanzierungssystem. Die Vergütungsform besteht zumeist aus tagesgleichen Pflegesätzen, differenziert nach Abteilungen. Auch für die medizinische Rehabilitation müssen die Patienten **Zuzahlungen** leisten. Ist der Träger der Maßnahme die GKV, sind 10 € pro Tag zu leisten. Bei einer Anschlussheilbehandlung ist die Zuzahlung auf 28 Tage begrenzt. Ist der Träger die GRV, beträgt die Zuzahlung ebenfalls 10 €, aber begrenzt auf 42 Tage, bei Anschlussheilbehandlungen begrenzt auf 14 Tage.

Durch die Deckelung der Vergütung bei gleichzeitig steigender Nachfrage und insbesondere eine zunehmende Komplexität der zu behandelnden Fälle ist in vielen Einrichtungen bereits ein **zunehmender Anlagenabnutzungsgrad** zu verzeichnen. Viele Anbieter weisen **Verluste** aus. Eine Reform des Finanzierungssystems ist indes derzeit nicht in Sicht.

Zu diesem Kapitel finden Sie auch die folgenden Übungsaufgaben:

Aufgabe 6 - 7   > Seite 335
Aufgabe 8 - 9   > Seite 336
Aufgabe 10 - 12 > Seite 337
Aufgabe 13   > Seite 338

		Lösung
1.	Nennen Sie primäre Wertschöpfungstätigkeiten (Kernprozesse) sekundäre Tätigkeiten (Hilfsleistungen und medizinische Ergänzungsleistungen) eines Krankenhauses.	>> Kap. C.1
2.	Erläutern Sie die Begriffe duale und monistische Finanzierung.	>> Kap. C.1.2
3.	Welche Folgen ergeben sich für ein Klinikum, wenn es in dem Krankhauslandesplan aufgenommen wird?	>> Kap. C.1.2
4.	Nennen Sie anhand der PEST-Analyse (political, economic, social, technological) Beispiele für globale Einflussfaktoren auf den Krankenhaussektor.	>> Kap. C.1.3.1
5.	Welche Möglichkeiten und Grenzen bestehen bzgl. des Einsatzes der Instrumente des Marketing-Mix für Kliniken?	>> Kap. C.1.3.2
6.	Erläutern Sie mögliche Größenvorteile von Klinikketten gegenüber Einzelanbietern.	>> Kap. C.1.3.3
7.	Erläutern Sie mögliche Marktaustrittsbarrieren, die Betreiber defizitärer Kliniken daran hindern könnten, den Betrieb einzustellen.	>> Kap. C.1.3.5
8.	Welche Maßnahmen können Krankenhäuser ergreifen, um Kosten zu senken?	>> Kap. C.1.4
9.	Was ist die wesentliche Problematik bei der Bemessung der Vergütungshöhe von Krankenhausleistungen gegenüber der marktwirtschaftlichen Preisfindung?	>> Kap. C.2
10.	Erläutern Sie die Funktionen von verschiedenen Vergütungsformen und die Anforderungen an diese.	>> Kap. C.2.1
11.	Erläutern die das vor Einführung der DRG-Systematik geltende Vergütungssystem.	>> Kap. C.2.1.1
12.	Erläutern Sie die Vor- und Nachteile der folgenden Vergütungsformen: Selbstkostendeckung, Tagespflegesätze, Sonderentgelte, Kopfpauschalen, erfolgsabhängige Vergütung.	>> Kap. C.2.1.2
13.	Welche Ziele wurden mit der Einführung der DRG verfolgt, und inwieweit handelt es sich um ein „lernendes System"?	>> Kap. C.2.2
14.	Was sind die wesentlichen Kriterien bei der Klassifizierung homogener Patientengruppen zu DRG?	>> Kap. C.2.2.1
15.	Erläutern Sie die Notation der DRG I03A.	>> Kap. C.2.2.1
16.	Was ist der Unterschied zwischen ICD und OPS?	>> Kap. C.2.2.1
17.	Erläutern Sie die Bedeutung eines Relativgewichtes/einer Bewertungsrelation.	>> Kap. C.2.2.2
18.	Erläutern Sie die Begriffe Case-Mix, Case-Mix-Index, Landesbasisfallwert und Bundesbasisfallwert.	>> Kap. C.2.2.2
19.	Was versteht man unter einem Katalogeffekt?	>> Kap. C.2.2.2

Lösung

20.	Was ist der ökonomische bzw. sachliche Hintergrund der Definition einer unteren, mittleren und oberen Grenzverweildauer?	>> Kap. C.2.2.3
21.	Welche Konsequenzen ergeben sich aus den Grenzverweildauern für die Abrechnung der DRG?	>> Kap. C.2.2.3
22.	Welche Anreize ergeben sich aus der DRG-Abrechnung für Krankenhäuser?	>> Kap. C.2.2.3
23.	Wie funktioniert die Verfahrensweise, wenn ein Patient nach Entlassung aus der Klinik wieder aufgenommen werden muss?	>> Kap. C.2.2.4
24.	Welche Grenzverweildauern sind im Fall einer Verlegung für das abgebende Krankenhaus maßgeblich?	>> Kap. C.2.2.4
25.	Stellen Sie die Erlöskurve eines Krankenhauses bei einer Verlegung des Patienten mit Verlegungspauschale und der Verlegung ohne Verlegungspauschale dar.	>> Kap. C.2.2.4
26.	Was ist der Unterschied zwischen einer Verlegung und einer Verbringung?	>> Kap. C.2.2.4
27.	Was ist der Unterschied zwischen bewerteten und unbewerteten Zusatzentgelten?	>> Kap. C.2.2.5
28.	Erläutern Sie die ausführlich die mit der DRG-Vergütung verbundenen Vor- und Nachteile.	>> Kap. C.2.2.6
29.	Welche Aufgaben hat der MDK?	>> Kap. C.2.2.6
30.	Was versteht man unter einem Sicherstellungsauftrag?	>> Kap. C.2.2.6
31.	Wie unterscheidet sich die Vergütung der Krankenhausleistungen für GKV- von der für PKV-Versicherte?	>> Kap. C.2.2.7
32.	Welche Auswirkungen hat die Vorgabe von Behandlungs-Mindestmengen?	>> Kap. C.2.3.1
33.	Erläutern Sie die gängigen Qualitätsdimensionen der Patientenversorgung.	>> Kap. C.2.3.2
34.	Welche Voraussetzungen müssen gegeben sein, damit eine qualitätsorientierte Vergütung von Klinikleistungen funktionieren kann?	>> Kap. C.2.3.2
35.	Welche Bedeutung hatten Konvergenzquoten und Kappungsgrenzen bei der Einführung der DRG?	>> Kap. C.2.4.1
36.	Erläutern Sie die Begriffe Gesamtbudget, Erlösbudget und Erlössumme.	>> Kap. C.2.4.2
37.	Wie unterscheidet sich die starre von der flexiblen Budgetierung?	>> Kap. C.2.4.3
38.	Wann kommen Mehr- bzw. Mindererlösausgleiche zum Tragen und wie ist deren Funktionsweise?	>> Kap. C.2.4.4

Lösung

39.	Wann kommt ein Fixkostendegressionsabschlag zum Tragen und wie ist dessen Funktionsweise?	>> Kap. C.2.4.5
40.	Warum erfolgt die Vergütung psychisch Erkrankter nicht durch DRG?	>> Kap. C.2.5
41.	Was sind die wesentlichen Kriterien bei der Klassifizierung von Patientengruppen in der PEPP-Systematik?	>> Kap. C.2.5.1
42.	Wie funktioniert die Berechnungslogik der PEPP?	>> Kap. C.2.5.2
43.	Wozu dienen Ergänzende Tagesentgelte?	>> Kap. C.2.5.2
44.	Wie sind die finanziellen Auswirkungen von Wiederaufnahmen in der PEPP- im Vergleich zu der DRG-Systematik?	>> Kap. C.2.5.4
45.	Beschreiben Sie die Vor- und Nachteile der PEPP-Vergütungssystematik.	>> Kap. C.2.5.4
46.	Beschreiben Sie den Zielkonflikt, der mit einer möglichst flächendeckenden Versorgung der Bevölkerung verbunden ist.	>> Kap. C.3.1
47.	Nennen Sie Faktoren, die auf den Krankenhausbettenbedarf einer Region Einfluss haben.	>> Kap. C.3.2
48.	Welche Güter werden durch eine Einzel-, welche mittels einer Pauschalförderung finanziert?	>> Kap. C.3.3
49.	Welche Folgen ergeben sich für die Vermögenssituation, die Ertragslage und die Liquidität eines Klinikums, wenn ein Teil der Investitionen durch Kredite abgedeckt werden muss?	>> Kap. C.3.4
50.	Erläutern Sie die Mängel der dualen Finanzierung.	>> Kap. C.3.5
51.	Welche Folgen hätte eine Umstellung der Krankenhausfinanzierung auf eine monistische Finanzierung?	>> Kap. C.3.5
52.	Nennen Sie mögliche Ziele und Träger von Rehabilitationsmaßnahmen.	>> Kap. C.4

D. Ambulante ärztliche Versorgung

1. Strukturen und Institutionen

Die ambulante ärztliche Versorgung in Deutschland ist hochgradig komplex reguliert. Ärzte agieren – mit Ausnahme der behördlich beschäftigten – zwar als selbstständig Tätige, sind aber einer öffentlichen Bedarfsplanung unterworfen, und ihre Vergütung ist staatlich reguliert. Die gesetzlichen Grundlagen der ambulanten Versorgung sind in den **§§ 72 ff. des SGB V** detailliert geregelt. Die niedergelassenen Ärzte und Zahnärzte sind die **zentrale Institution der ambulanten Versorgung**. Psychotherapeuten, Physiotherapeuten, Heilpraktiker, Hebammen, Ergotherapeuten, Logopäden, Podologen oder Masseure ergänzen das Leistungsspektrum.

Die Ärzte erfüllen ihre Aufgaben in Deutschland weit überwiegend in **privatwirtschaftlich geführten Arztpraxen** und erzielen Einkünfte aus selbstständiger Tätigkeit. Hinzu kommen Ärzte, die in Behörden oder öffentlichen Körperschaften arbeiten. Die niedergelassenen Ärzte gliedern sich in eine **hausärztliche und 16 fachärztliche Fachrichtungen**, wobei der Hausarzt erste Anlaufstelle und koordinierende Instanz für die Patienten sein soll.

Die **Aufgaben der hausärztliche Versorgung**, die durch Allgemeinmediziner, Internisten ohne Schwerpunktbezeichnung oder Kinderärzte wahrgenommen werden kann, sind im Gesetz geregelt (§ 73 Abs. 1 SGB V):

1. die allgemeine und fortgesetzte ärztliche Betreuung eines Patienten in Diagnostik und Therapie bei Kenntnis seines häuslichen und familiären Umfeldes; Behandlungsmethoden, Arznei- und Heilmittel der besonderen Therapierichtungen sind nicht ausgeschlossen

2. die Koordination diagnostischer, therapeutischer und pflegerischer Maßnahmen

3. die Dokumentation, insbesondere Zusammenführung, Bewertung und Aufbewahrung der wesentlichen Behandlungsdaten, Befunde und Berichte aus der ambulanten und stationären Versorgung

4. die Einleitung oder Durchführung präventiver und rehabilitativer Maßnahmen sowie die Integration nichtärztlicher Hilfen und flankierender Dienste in die Behandlungsmaßnahmen.

2016 nahmen knapp **152.000 Ärzte an der ambulanten Versorgung** teil, verteilt auf rund 76.000 Arztpraxen und Medizinische Versorgungszentren. Unterschieden nach ihrem Zulassungsstatus stellen die rund 52.000 Hausärzte die größte Gruppe. Differenziert man die Ärzteschaft nach ihrer Fachrichtung liegen die über 37.000 Allgemeinmediziner vor den Ärzten der Inneren Medizin (25.000), den Chirurgen (12.000) und den Frauenärzten (11.500).

Krankenhausärzte können an der ambulanten ärztlichen Versorgung nur teilnehmen, wenn sie dazu ermächtigt sind. Die Zahl der ermächtigten Krankenhausärzte beträgt rund 9.000. Neben einzelnen Krankenhausärzten können auch einzelne Abteilungen oder Institutionen ermächtigt werden. Dies ist jedoch nur bei Unterversorgung oder zur Behandlung eines indikationsbezogenen Personenkreises möglich. Insgesamt ist die Anzahl der in Kliniken tätigen Ärzte höher als diejenige der ambulant tätigen.

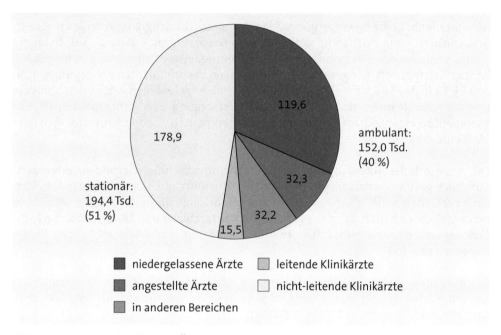

Abb. D1: Verteilung der berufstätigen Ärzte
Quelle: *Bundesärztekammer (2016)*

Die **zahnärztliche Versorgung** erfolgt in Deutschland ebenfalls durch niedergelassene Zahnärzte. Die Zahl der praktizierenden Zahnärzte ist wie der Zahl der Ärzte auch in den vergangenen Jahren stetig angestiegen. So waren 2015 knapp 53.000 niedergelassene Zahnärzte registriert. Hinzu kommen knapp 19.000 Zahnärzte, die in Praxen als Assistenten, als Praxisvertreter oder angestellte Zahnärzte tätig waren. Damit kommen auf einen behandelnd tätigen Zahnarzt rund 1.150 Einwohner. Weil die wesentlichen Strukturmerkmale der zahnärztlichen Versorgung der ärztlichen stark ähneln, wird auf diese nur gesondert eingegangen, sofern es deutliche Unterschiede gibt.

Hinsichtlich der Möglichkeit der Leistungsabrechnung wird zwischen Vertragsärzten und Privatärzten unterschieden. Die etwa 8.000 **Privatärzte** können ihre Leistungen nicht gegenüber der GKV abrechnen. Sie haben dazu keine Zulassung, was von ihnen i. d. R. auch nicht gewollt ist. Sie sind somit auf die Behandlung von privat Versicherten beschränkt, die die Rechnungen bei der PKV einreichen. Nehmen GKV-Versicherte Leistungen von Privatärzten in Anspruch, müssen sie die Leistungen selbst bezahlen. Ausnahmen von dieser Regelung gibt es für die Behandlung von Notfällen.

95 % der niedergelassenen Ärzte sind **Vertragsärzte**. Sie nehmen an der „Vertragsärztlichen Versorgung" teil und sind zur Behandlung von GKV-Patienten zugelassen. Sie erzielen aber auch fast ein Drittel ihrer Vergütung mit der Behandlung von Privatpatienten und durch Individuelle Gesundheitsleistungen (IGeL). Letztere sind Leistungen,

die nicht oder nicht mehr von den Kassen erstattet werden, mithin von den Patienten selbst zu zahlen sind.

Vom Grundsatz her herrscht für die Patienten **freie Wahl des Arztes**. Faktisch ist diese Freiheit indes eingeschränkt. Einige niedergelassene Ärzte haben ihren Patientenstamm und nehmen keine neuen Patienten mehr auf. Bei sehr hoch frequentierten Ärzten gibt es zudem erhebliche Wartezeiten, bevor man einen Behandlungstermin erhält. Auch können Privatärzte nicht gegenüber der GKV abrechnen, sodass gesetzlich Versicherte die Rechnungen selbst zahlen müssen, wenn sie diese aufsuchen. Schließlich kann die Wahlfreiheit zeitlich befristet eingeschränkt sein, wenn Versicherte an Formen der „Besonderen Versorgung" teilnehmen. Bei der „Hausarztzentrierten Versorgung" sind sie z. B. verpflichtet, Fachärzte nur nach vorheriger Überweisung durch ihren Hausarzt aufzusuchen.

1.1 Inhalt und Organisation der Vertragsärztlichen Versorgung

Die zentrale Stellung der ambulanten Ärzte im Gesundheitswesen insgesamt ergibt sich auch aus der Tatsache, dass sie durch Verordnungen für einen maßgeblichen Teil der Nachfrage des gesamten Gesundheitswesens verantwortlich sind. So gehören zu den **Aufgaben der Vertragsärztlichen Versorgung** nach § 73 SGB V u. a.:

- ▸ die ärztliche und zahnärztliche und kieferorthopädische Behandlung der Patienten
- ▸ Maßnahmen zur Früherkennung von Krankheiten
- ▸ ärztliche Betreuung bei Schwangerschaft und Mutterschaft
- ▸ die Verordnung von Leistungen zur medizinischen Rehabilitation und Prävention
- ▸ Anordnung der Hilfeleistung anderer Personen
- ▸ die Verordnung von Arznei-, Verband-, Heil- und Hilfsmitteln, Krankentransporten sowie Krankenhausbehandlung oder Behandlung in Vorsorge- oder Rehabilitationseinrichtungen
- ▸ die Verordnung häuslicher Krankenpflege
- ▸ Verordnung einer spezialisierten ambulanten Palliativversorgung
- ▸ Ausstellung von Bescheinigungen und Erstellung von Berichten für die Krankenkassen und Patienten
- ▸ die Dokumentation erbrachter Leistungen.

Die betrieblichen **Organisationsformen** sind Einzelpraxen, Praxisgemeinschaften, Gemeinschaftspraxen und Medizinische Versorgungszentren (MVZ). Einzelpraxen sind derzeit mit einem Anteil von rund 53 % zwar noch immer die am stärksten vertretene Praxisform, allerdings hat ihre Anzahl in den vergangenen Jahren stetig abgenommen. Die Anzahl der in Berufsausübungsgemeinschaften (37 % Anteil) und MVZ (10 %) tätigen Ärzte steigt hingegen.

 ACHTUNG

Praxisgemeinschaften sind eine Kooperationsform von zwei oder mehreren Ärzten, die gemeinsame Praxisräume und gemeinsames Personal haben. Sie bilden aber keine wirtschaftliche Abrechnungsgemeinschaft, sondern lediglich eine Kostenteilungsgemeinschaft. **Gemeinschaftspraxen** von Ärzten oder Zahnärzten werden auch als Berufsausübungsgemeinschaften (BAG) bezeichnet. Seit 2007 können Vertragsärzte andere Ärzte anstellen, Zweigpraxen einrichten und BAG bilden. Sie bilden dann eine Kosten- und Gewinnteilungsgemeinschaft, denn im Abrechnungsverhältnis zur Kassenärztlichen Vereinigung werden sie als eine wirtschaftliche Einheit behandelt.

MVZ sind ärztlich geleitete Einrichtungen, in denen mehrere Ärzte als Angestellte oder Vertragsärzte tätig sind. Musste es sich bis 2015 um einen Zusammenschluss von mindestens zwei Ärzten unterschiedlicher Fachrichtungen (fachübergreifend) handeln, sind seither auch reine Hausärzte-MVZ möglich.

1.2 Kassenärztliche Vereinigungen

Kassenärztliche Vereinigungen (KV) sind **Körperschaften des öffentlichen Rechts**, denen der Gesetzgeber wesentliche Aufgaben im Bereich der ambulanten Selbstverwaltung übertragen hat. Sie sind für die Vertragsärztliche Versorgung der gesetzlich Versicherten zuständig. Auch die Psychotherapeuten sind Mitglieder der KV.

Nur ein **Vertragsarzt** ist ein niedergelassener Arzt, der auch gegenüber der GKV abrechnen kann. Um Vertragsarzt zu werden, muss der Arzt eine Zulassung erhalten, über die die KV entscheidet. Jeder Vertragsarzt ist zugleich (Zwangs-)Mitglied einer KV, und die Finanzierung der KV erfolgt durch Mitgliedsbeiträge. In jedem Bundesland gibt es eine KV, in Nordrhein-Westfalen zwei. Für den zahnärztlichen Bereich gibt es die **Kassenzahnärztlichen Vereinigungen (KZV)** mit vergleichbarer Struktur, denen die Vertragszahnärzte angehören müssen. Die KV ist für die ambulante Vertragsärztliche Versorgung zuständig und hat folgende **Aufgaben**:

- Die KV ist zur **Sicherstellung der ambulanten ärztlichen Versorgung** verpflichtet (§ 75 SGB V). Die Niederlassung der Ärzte, die an der kassenärztlichen Versorgung teilnehmen wollen, ist gesetzlich kontingentiert. Zulassungsbeschränkungen sollen Über- und Unterversorgung vermeiden. So ist die KV zuständig für die Bedarfsplanung (§ 99 SGB V), welche jeweils Arztgruppen bezogen erfolgt. Für die Arztgruppen werden verschiedene Versorgungsebenen mit unterschiedlichem räumlichen Zuschnitt der Planungsbereiche gebildet. Der zugrunde liegende Maßstab ist das Verhältnis Einwohner einer abgegrenzten Region pro Arzt (Arztdichte).

- Verbunden mit dem Sicherstellungsauftrag hat die KV eine sog. **Gewährleistungspflicht**. Sie hat damit die Verantwortung für die Überwachung einer gesetzes- und vertragskonformen ambulanten Versorgung durch die Ärzte. Dies beinhaltet u. a. die Überwachung der Qualität der Versorgung, die Überprüfung einer ordnungsgemäßen Abrechnung der Ärzte und die Begutachtung der Wirtschaftlichkeit der Patientenversorgung. Bei letzterem werden vor allem Durchschnittswerte fachgleicher Ärzte herangezogen (Prüfungen bzgl. Auffälligkeiten).

► Die KV vertritt ihre Mitglieder u. a. bei den **Verhandlungen der Honorarverträge** mit den Kassen. Die ausgehandelten Verträge sind **Kollektivverträge**, d. h. sie gelten für alle Ärzte bindend. Mit dem Gesundheitsreformgesetz von 2007 gewinnen indes auch sog. **Selektiv- bzw. Direktverträge** an Bedeutung. Hierbei schließen Gruppen von Ärzten unter Umgehung der KV direkt mit den Verbänden der Krankenkassen Versorgungsverträge. Dies gilt z. B. für die Hausarztzentrierte Versorgung (siehe ≫ Kap. D.1.3.4).

► Die KV erhält von den gesetzlichen Kassen eine **Gesamtvergütung**, die sie wiederum auf Basis der abgerechneten Honorare unter ihren Mitgliedern **verteilt**, d. h. die Kassen zahlen mit „befreiender Wirkung" an die KV. Damit ist das Abrechnungssystem zweistufig: Die Krankenkassen zahlen eine Gesamtsumme an die KV, die diese wiederum an die Ärzte verteilt. Auch die Psychotherapeuten rechnen über die KV ab, jedoch nach anderen Regularien, da sie ihre Vergütung vorwiegend in Abhängigkeit der aufgewandten Zeit erhalten.

► Neben den staatlich vorgegebenen Aufgaben betreibt die KV zugleich **Interessenvertretung** für die Ärzte.

Die Kassenärztliche Bundesvereinigung (KBV) ist ein Zusammenschluss der KVen auf Bundesebene. Sie arbeitet in der gemeinsamen **Selbstverwaltung** mit (GBA) und ist für den Abschluss von Verträgen und Vereinbarungen auf Bundesebene verantwortlich.

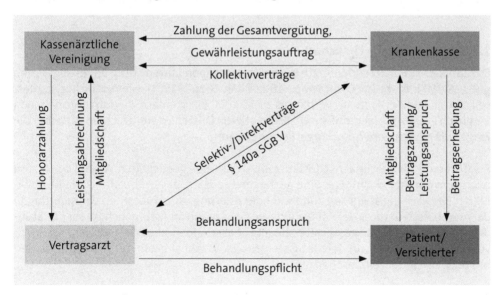

Abb. D2: Rechtsrahmen Ärzte-KV

MERKE

Die allgemeinen Inhalte zu den vertraglichen Regelungen für die ambulante ärztliche und psychotherapeutische Versorgung sind im sog. **Bundesmantelvertrag** enthalten. Dieser wird zwischen der Kassenärztlichen Bundesvereinigung und dem GKV-Spitzenverband geschlossen.

Vom Grundsatz her besteht eine **Niederlassungsfreiheit** der Ärzte, diese ist jedoch faktisch durch die **Bedarfsplanung mit Zulassungsbeschränkungen** eingeschränkt. Die Bedarfsplanung erfolgt mithin anders als bei der stationären Versorgung nicht durch die Länder selbst, sondern durch eine damit beauftragte Körperschaft öffentlichen Rechts, der KV. Bei genauer Betrachtung wird damit auch deutlich, dass die KV quasi eine Zwitterstellung innehat. Sie erfüllt einerseits einen öffentlichen Auftrag, andererseits ist sie zugleich ein Instrument der Interessenvertretung der Ärzte. Die Ärzte wiederum sind zwar selbstständig tätig, unterliegen aber in vielerlei Hinsicht staatlicher Zwangsregulierung.

Abweichende Aufgaben zur KV erfüllen die **Ärztekammern**. Sie sind zuständig für die Vertretung der beruflichen Interessen der gesamten Ärzteschaft, einschließlich der Krankenhausärzte. Sie organisieren die Aus-, Fort- und Weiterbildung (Weiterbildungsordnung), die Vorgabe von Normen für die Berufsausübung (Berufsordnung), und sie beaufsichtigen die Ärzte hinsichtlich der Einhaltung ihrer ärztlichen Berufspflichten und erlassen ggf. Sanktionen bei Nichteinhalten der Berufsordnung oder -pflichten.

1.2.1 Ärztemangel – Ursachen

Die Zahl der praktizierenden Ärzte ist in den vergangen Jahren stetig angestiegen, von gut 128.000 im Jahr 2000 auf knapp 152.000 in 2016 (+18 %). Die **Arztdichte**, gemessen an der Zahl der Ärzte im Verhältnis zu 100.000 Einwohnern, liegt im europäischen Vergleich in Deutschland mit rund 185 im oberen Drittel. So stellt sich unmittelbar die Frage, wie es zu einem Arztmangel kommen kann?

Relativierend bleibt zunächst festzustellen, dass der gestiegenen Anzahl an Ärzten auch eine **erhöhte Nachfrage**, eine gestiegene Fallzahl, gegenübersteht. Die Morbidität der Bevölkerung steigt mit zunehmender Alterung. Hinzu kommen Veränderungen der Angebotsstruktur. So leistet die jüngere Generation an Ärzten nicht mehr das **Stundenvolumen** wie die sukzessiv altersbedingt Ausscheidenden. Das geringere Stundenvolumen basiert auch auf der stetig steigenden Anzahl angestellter Ärzte, die wiederum teilweise in Teilzeit beschäftigt sind.

Waren im Jahr 2000 lediglich circa 8.000 Ärzte im angestellten Verhältnis aktiv, so sind es mittlerweile vier Mal so viele mit einem Anteil von mehr als 20 % an den ambulant tätigen Ärzten. Ein Großteil der **angestellten Ärzte** ist wiederum in MVZ tätig, sodass sich an der gestiegenen Anzahl auch die zunehmende Bedeutung dieser Versorgungsform ablesen lässt. Für junge Ärzte ist die Angestelltentätigkeit attraktiv, da sie so kein eigenes unternehmerisches Risiko eingehen, geregelte Arbeitszeiten haben und weitgehend von Verwaltungstätigkeiten befreit sind. Sie werden von dem jeweiligen Arzt oder den MVZ, bei denen sie angestellt sind, mit Festgehalt vergütet oder an den Honorareinnahmen beteiligt. Der Trend in Richtung angestellter Tätigkeit ist auch für die zahnärztliche Versorgung zu beobachten.

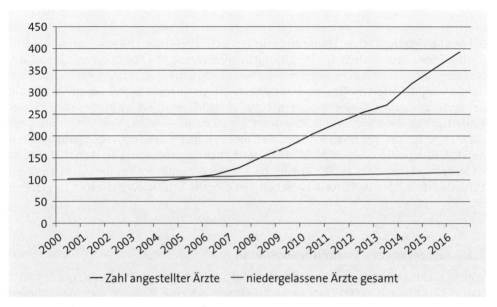

Abb. D3: Entwicklung der Zahl ambulanter Ärzte, Index
Quelle: *Bundesärztekammer (2016)*

Beachtet man die Entwicklung in Richtung einer stetig steigenden Arztanzahl im Angestelltenverhältnis, dann ist davon auszugehen, dass sich die **Versorgungssituation** durch diesen Trend eher verschlechtern wird. So arbeitet ein steigender Anteil der angestellten Ärzte in Teilzeit, und die Anreize in Richtung der zu behandelnden Patientenanzahl sind eher negativ (siehe ➤ Kap. D.2.1).

Die Kernproblematik bzgl. des Ärztemangels liegt indes in der **falschen regionalen Versorgung**. Viele – vor allem attraktive Großstädte – sind überversorgt, während in ländlichen Regionen Mangel herrscht. So ist die Arztdichte in den Bundesländern Bremen, Berlin und Hamburg am größten. In Großstädten wie München oder Köln ist sie ähnlich hoch. Da aber einige Großstädte lediglich als ein großer Planungsbezirk abgegrenzt waren, gibt es auch innerhalb der eigentlich überversorgten Städte Stadtteile, die unterversorgt sind. Ferner blieben bis 2012 alters- und damit morbiditätsbedingte Unterschiede weitgehend unberücksichtigt. Schließlich ist auch die Verteilung hinsichtlich der jeweiligen ärztlichen Fachrichtung regional unterschiedlich.

MERKE

Ob tatsächlich Ärztemangel in dem Sinne besteht, dass es in Deutschland insgesamt zu wenige Ärzte gibt, ist umstritten. Dass es regionalspezifisch Versorgungsengpässe gibt, ist hingegen unstrittig.

Bei **marktwirtschaftlicher Steuerung** würden sich Über- bzw. Unterversorgung durch flexible Preise ausgleichen. Die Vergütung in unterversorgten Regionen würde steigen, was diese attraktiver macht, während die Vergütung in überversorgten Regionen fallen würde, wodurch die Anreize sich dort niederzulassen sinken würden. Da die Vergütung der Ärzte, genau wie die der Krankenhäuser, staatlich reguliert ist, gibt es faktisch nur **Einheitspreise**. Eine Steuerung über den Preis ist nicht möglich. Eine Steuerung über die Menge, bei der derjenige Arzt deutlich mehr verdient, der auch mehr Patienten behandelt, funktioniert nur eingeschränkt, denn auch die ambulante ärztliche Vergütung ist budgetiert (siehe >> Kap. D.2.2). Gleichwohl gibt es zweifellos Regionen, in denen ein zufriedenstellendes Verhältnis zwischen Einkommen und Aufwand nicht zu erzielen ist.

1.2.2 Ärztemangel – Handlungsoptionen

Welche Lösungsmöglichkeiten stehen mithin zur Verfügung? Der Gesetzgeber selbst hat 2012 mit dem GKV-Versorgungsstrukturgesetz eine Vielzahl von Maßnahmen initiiert, die auch die Bedarfsplanung der KVen betreffen. So wurden **striktere Zulassungsbeschränkungen** in überversorgten Gebieten durchgesetzt. Unter anderem kann die KV in überversorgten Bezirken Zulassungen befristen oder frei werdende Praxen aufkaufen und stilllegen („Stilllegungsprämie"). Das führt in der Konsequenz aber dazu, dass die mangelnde Steuerung der KV im Nachhinein alimentiert wird.

Mit der Bedarfsplanungsrichtlinie vom 01.01.2013 wurden **kleinere Planungsbezirke** festgelegt, um eine bedarfsgerechtere Planung zu gewährleisten. Um eine weitere Differenzierung der Versorgung durch spezialisierte Fachärzte und Hausärzte zu erreichen, werden die Planungsbezirke auch der Größe nach hinsichtlich der jeweiligen Arztgruppe und des Spezialisierungsgrades unterschieden. Und es sind für die jeweiligen Planungsbezirke Besonderheiten, wie die **demografische Entwicklung und Morbidität** zu berücksichtigen.

Beispiel

Gemäß der Richtlinie des GBA ist der kleinste Planungsbereich jener für die hausärztliche Versorgung, der sog. Mittelbereich (Kreise, Kreisfreie Städte), und das Verhältnis beträgt 1 Hausarzt zu 1.671 Einwohnern. Der größte Planungsbereich dagegen gilt für die gesonderte fachärztliche Versorgung. Hier ist die regionale Abgrenzung identisch mit dem Zuständigkeitsbereich der jeweiligen KV. Das Verhältnis für z. B. Neurochirurgen beträgt 1 : 161.207 Einwohner, bei Strahlentherapeuten 1 : 173.576. Liegt die tatsächliche Verhältniszahl über 10 % über der geplanten Arzt-Einwohner-Relation, herrscht definitionsgemäß Überversorgung. Unterversorgung liegt bei einem Unterschreiten ab 25 % (Hausärzte) bzw. 50 % (Fachärzte) vor. Dass diese Grenzen willkürlich sind, ist offensichtlich.

Für Entlastung soll ferner eine Reduzierung der Arzt-Kontaktzeiten durch einen Ausbau der **Telemedizin** beitragen. Unter Telemedizin wird der Einsatz der Telematik im Gesundheitswesen verstanden. Diagnostik und Therapie werden unter Überbrückung von räumlichen oder auch zeitlichen Distanzen zwischen Arzt und Patienten oder zwischen zwei sich konsultierenden Ärzten möglich. Ein wesentlicher Baustein hierfür ist die elektronische Patientenakte. Dazu gehört auch das Telemonitoring, bei dem Körperfunktionen von chronisch Erkrankten mittels Sensoren gemessen und elektronisch an eine Arztpraxis oder ein Krankenhaus übermittelt werden. Telekonzile ermöglichen den Austausch von Ärzten unterschiedlicher Professionen an verschiedenen Orten. Telemedizin hat zum Ziel, die Qualität und Zugänglichkeit der medizinischen Versorgung durch Einbeziehung elektronischer Gesundheitsdienste zu verbessern, aber auch eine Steigerung der Lebensqualität der Patienten durch eingesparte Wege zum Arzt oder durch Vorbeugung von Notfällen mittels apparativer Beobachtung.

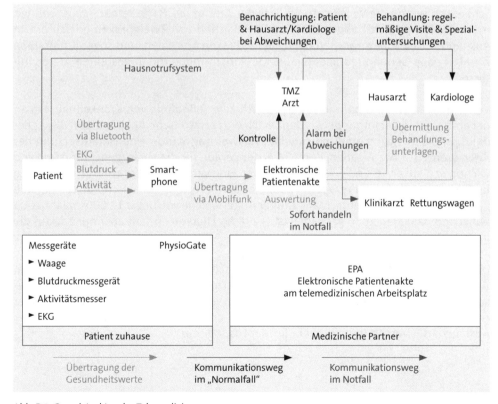

Abb. D4: Grundstruktur der Telemedizin
Quelle: *Zentrum für kardiovaskuläre Telemedizin (2017)*

Da Ärzte als selbstständig Tätige nicht zu einer Niederlassung gezwungen werden können, stehen der KV nur Mittel zur Verfügung, um **finanzielle Anreize** zu schaffen. Mögliche Ansätze sind hierbei zinsvergünstigte Kredite, Zuschüsse zu den Praxis-Investitionen oder auch garantierte Mindestumsätze. Einige, vor allem fachärztliche Praxisinhaber in unterversorgten Bezirken, haben indes häufig deutlich mehr Behandlungsfälle und damit auch höhere Einkommen als ihre Kollegen in überbesetzten Großstädten. Aus ihrer Sicht beklagenswert ist nunmehr, dass ihre Praxen quasi überlaufen sind. Und gerade dadurch, dass sie erheblich mehr abrechnen als der Durchschnitt ihrer Kollegen, wird ein Teil ihrer Mehrleistungen nur mit Abschlägen vergütet. Sie haben eher einen Anreiz, die Arbeitszeit zu reduzieren, was die Versorgungssituation weiter beeinträchtigt. Ein Ansatz wäre hier die **Aufhebung von Mehrleistungsabschlägen** in unterversorgten Gebieten, was diese attraktiver macht.

Die Kassenärztliche Vereinigung kann zur Finanzierung von Fördermaßnahmen zur Sicherstellung der Vertragsärztlichen Versorgung einen **Strukturfonds** bilden. Mit dem Strukturfonds sollen insbesondere Zuschüsse zu den Investitionskosten bei Neuniederlassungen oder der Gründung von Zweigpraxen finanziert werden. Dafür kann sie 0,1 % der Gesamtvergütung der Ärzte verwenden, wobei die gesetzlichen Krankenkassen zusätzlich einen Betrag in gleicher Höhe in den Strukturfonds entrichten.

Schließlich wurde die Verpflichtung, dass der Arzt in der Nähe seiner Praxis wohnen muss **(Residenzpflicht)** abgeschafft und der Betrieb von **Zweigpraxen** erleichtert. In Ausnahmesituationen könnten KVen eigene Praxen betreiben, und sogar **Kommunen** könnten nach Genehmigung durch die KV Einrichtungen mit angestellten Ärzten initiieren.

Weitere denkbare Maßnahmen sind eine stärkere **Teilnahme von Krankenhäusern** an der ambulanten Versorgung, was dann auch organisatorische Anpassungen dieser bedingt. In die Richtung einer **personellen Ausweitung** würde eine Heraufsetzung der Altersgrenze für Ärzte gehen, denn 34 % der gerade für die Versorgung auf dem Land wichtigen Hausärzte sind 60 Jahre oder älter. Eine verstärkte „Akquisition" von Ärzten im Ausland ist eine weitere Option. Dass dies bereits erfolgreich geschieht, spiegelt die Zahl ausländischer, in Deutschland tätiger Ärzte, welche von unter 12.000 im Jahr 2000 auf knapp 42.000 in 2016 gestiegen ist (+258 %). Hiervon entfällt aber nur 1 % auf die ambulante Versorgung.

Ein **Ausbau des Studienplatzangebots** würde schließlich langfristig das Angebot an Ärzten erhöhen, denn jährlich scheitern hunderte Studienwilliger am Numerus clausus. Und da **Medizinische Versorgungszentren** gerade dem Bedürfnis vieler junger Ärzte nach einer sicheren angestellten Tätigkeit entsprechen, dürfte auch ein weiterer Ausbau dieser Versorgungsform ein Teil der Lösung sein.

1.2.3 Bedarfsplanung aus ökonomischer Sicht

Als **Fazit** bleibt festzuhalten, dass die KV ihrem Sicherstellungsauftrag nicht ausreichend nachgekommen ist. Wenn bei staatlicher Bedarfsplanung je nach Region gleichzeitig Über- und Unterversorgung vorliegt, ist es evident, dass die zuständige Institution versagt hat. Die Stilllegung frei werdender Praxen in überversorgten Gebieten müsste sinnvollerweise in eine Pflicht- statt der bestehenden Kann-Regelung umgewandelt werden. Doch gerade hier spiegelt sich die problematische Stellung der KV, die eben nicht nur staatliche Aufgaben erfüllt, sondern auch im Interesse ihrer Mitglieder handelt.

Einer gänzlichen Abschaffung einer Zulassungsregulierung steht die empirische Erkenntnis entgegen, dass sich die ärztlichen Anbieter ihre Nachfrage selbst schaffen. Denn um Einnahmenüberschüsse zu erzielen, sind die **Rahmenbedingungen** für die Ärzte extrem günstig. Sie können ihr Einkommen zwar nicht über den Preis der Leistungen steuern, da diese staatlich reguliert sind, aber über die Menge und die Struktur der erbrachten Leistungen. Das Verhältnis zwischen Arzt und Patient ist ein besonderes Beispiel einer **Prinzipal-Agent-Beziehung**. Der Patient kann i. d. R. weder die Güte der Diagnose noch die Angemessenheit der Therapie beurteilen. Infolge der Informationsasymmetrie handelt es sich um **Vertrauensgüter**.

Die Ärzte bestimmen über die Nachfrage, diese ist mithin **angebotsinduziert**. Dabei ist das Verhältnis zwischen therapeutischem Nutzen und Kosten für sie nicht maßgeblich. Daher wird der Gesetzgeber bei fixierten Preisen darauf bedacht sein, eine Mengenausweitung zu begrenzen. Denn auch für den (GKV-)Patienten sind die Kosten einer Behandlung quasi irrelevant, werden diese doch durch die Krankenkassen getragen. Die Nachfrage ist vollkommen preisunelastisch.

Beispiel

Grundsätzlich haben Patienten das Recht, sich vom behandelnden Arzt eine Abrechnungsübersicht über die erbrachten Leistungen ausstellen zu lassen. Diese Möglichkeit wird Seitens der Patienten kaum genutzt, was zum einen daran liegt, dass sich viele Patienten scheuen, danach zu fragen, weil es Misstrauen zum Ausdruck bringen könnte. Zum anderen haben sie kein finanzielles Interesse. Sinnhaft ist solch ein Instrument nur, wenn es verpflichtend ausgestaltet ist und mit spürbaren Selbstbehalten der Versicherten verknüpft.

Ökonomisch sinnvoll wäre eine **Ausweitung selektivvertraglicher Arrangements**. Die Krankenkassen haben ein Eigeninteresse, Ausgaben zu begrenzen. Dezentrale Versorgungsverträge zwischen den Krankenkassen und einzelnen Leistungserbringern oder Gruppen von Leistungserbringern ermöglichen die Herausbildung innovativer, auch sektorenübergreifender Versorgungsformen und ggf. Spezialisierungsvorteile. Im Ergebnis wird es zu einem Nebeneinander heterogener Versorgungsmodelle kommen. Letztlich werden die Versicherten, die ggf. abwägen müssen zwischen günstigeren Beiträgen und einer Einschränkung ihrer Wahlfreiheit, entscheiden, welche Versorgungsmodelle aus ihrer Sicht vorteilhaft sind und sich dauerhaft durchsetzen. Im Sinne einer flächendeckenden Versorgung wäre es jedoch weiterhin Aufgabe des Gesetzgebers, Anreize zu schaffen, um auch in ländlichen Regionen eine Mindestversorgung sicherzustellen.

1.3 Ansätze einer Integrierten Versorgung

Seit Jahren versucht der Gesetzgeber, die Versorgung zu optimieren, ambulante und stationäre Versorgung stärker zu integrieren. Der Austausch zwischen stationären Ärzten und jenen der ambulanten Versorgung bzgl. eines Patienten ist optimierungsfähig. Kooperative Lösungen mit anderen Gesundheitsberufen (Physiotherapie, Psychiatrie, Logopädie etc.) finden kaum statt. Schnittstellenprobleme, wie Kommunikationshürden, nicht abgestimmte Therapiekonzepte und Unwirtschaftlichkeiten, sollen behoben werden. Dies hat seinen Niederschlag in einer Reihe von Maßnahmen in Richtung einer Integrierten Versorgung gefunden, aber auch zu „besonderen Versorgungformen" geführt. Die damit verfolgten **Ziele** sind:

► Eine Veränderung der Versorgungsstrukturen durch eine bessere Vernetzung der ambulanten, stationären und rehabilitativen Leistungsbereiche und damit die Realisierung eines Sektoren übergreifenden Fallmanagements (Case Management). Dies kommt insbesondere schwer und chronisch Erkrankten zugute, die regelmäßig unterschiedliche Sektoren der Gesundheitsversorgung in Anspruch nehmen.

► Eine zunehmende Spezialisierung der Anbieter führt dazu, dass Patienten mit einer Erkrankung immer häufiger von mehreren Ärzten behandelt werden. Deren Abstimmung und Koordination durch Vernetzung wird immer wichtiger.

► Damit verbunden ist das Ziel einer insgesamt verbesserten qualitativen Versorgung.

► Eine Optimierung der Wirtschaftlichkeit, z. B. durch Vermeidung von Doppeluntersuchungen und eine doppelte Vorhaltung teurer medizintechnischer Gerätschaften oder durch eine bessere Personal- und Geräteauslastung.

1.3.1 Ambulante Versorgung durch Krankenhäuser und Belegärzte

Die ambulante ärztliche Versorgung erfolgt in zunehmendem Maße auch durch Krankenhäuser, was der Intention des Gesetzgebers entspricht, die Verknüpfung zwischen ambulanter und stationärer Versorgung zu verbessern. So hat es seit Ende der 80er-Jahre diverse Gesetzesänderungen gegeben, die Klinken mittlerweile eine Vielzahl von **Ansatzpunkten für ambulante Behandlungen** bieten, insbesondere:

► Notfallbehandlungen (§ 76 Abs. 1a SGB V)

► Einrichtung einer Vor- und Nachsorgestation (§ 115a SGB V)

► ambulantes Operieren (§ 115b SGB V)

► stationsäquivalente psychiatrische Behandlung im häuslichen Umfeld (§ 115d SGB V)

► Ermächtigung zur ambulanten Behandlung durch Krankenhausärzte insbesondere bei besonderen Untersuchungs- und Behandlungsmethoden (§ 116 SGB V)

- ambulante Behandlung durch Krankenhäuser bei Unterversorgung (§ 116a SGB V)
- Ambulante Spezialfachärztliche Versorgung, hochspezialisierten Leistungen (§ 116b SGB V)
- psychiatrische Institutsambulanzen (§ 118 SGB V)
- geriatrische Institutsambulanzen (§ 118a SGB V)
- sozialpädiatrische Zentren (§ 119 SGB V)
- strukturierte Behandlungsprogramme bei chronischen Krankheiten – Disease Management Programme (§ SGB V 137f - g)
- Teilnahme an Formen der „Besonderen Versorgung" – Integrierte Versorgung (§ 140a SGB V).

Die letzte gesetzliche Änderung erfolgte durch das **GKV-Versorgungsstärkungsgesetz**, wodurch die Krankenhäuser in unterversorgten Regionen zur ambulanten fachärztlichen Versorgung zugelassen sind. Krankenhäuser nutzen ferner eigene **Medizinische Versorgungszentren (MVZ)**, um damit ihr Angebotsspektrum auszubauen und die Verknüpfung von ambulanter und stationärer Versorgung organisatorisch zu institutionalisieren.

Eine zunehmende Bedeutung ambulant durchgeführter Behandlungen lässt sich auch an der Zahl durchgeführter **ambulanter Operationen** erkennen. Diese gewinnen für die Krankenhäuser als zusätzliche Einnahmequelle an Bedeutung, auch wenn die Zahl der durchführenden Krankenhäuser leicht sinkt.

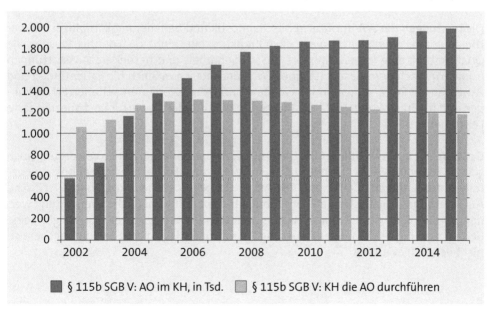

Abb. D5: Ambulante Operationen im Krankenhaus
Quelle: *Statistisches Bundesamt (2017)*

In die andere Richtung einer Überwindung von Sektoren-Schnittstellen geht die wohl älteste Kooperationsform zwischen stationärem Sektor und Vertragsarzt, das **Belegarztsystem**. Belegärzte sind niedergelassene Ärzte, die vertraglich vereinbart Ressourcen von Krankenhäusern nutzen, um ihre Patienten stationär oder teilstationär zu behandeln, diese z. B. selbst operieren. Sie müssen indes überwiegend vertragsärztlich tätig sein. Die Vergütung ihrer Leistungen erfolgt im Rahmen der ambulant ärztlichen Vergütung. Das Klinikum erhält im Gegenzug ein Nutzungsentgelt. Möglich ist aber auch, dass die Belegärzte im Rahmen eines Honorarvertrages durch die Kliniken vergütet werden. Gerade kleine und mittelgroße Kliniken, die nicht alle medizinischen Fachdisziplinen anbieten können, verbessern damit ihr Angebot und verringern gleichzeitig den Verwaltungsaufwand. In Deutschland gibt es knapp 5.000 Belegärzte, die Anzahl ist aber seit Jahren rückläufig.

1.3.2 Ambulante Spezialfachärztliche Versorgung (ASV)

Die Ambulante Spezialfachärztliche Versorgung ist 2012 neben der hausärztlichen und fachärztlichen Versorgung als **separater Versorgungsbereich** etabliert worden. Sie kann sowohl von Krankenhäusern als auch von niedergelassenen Ärzten und MVZ, bei entsprechender Spezialisierung, durchgeführt werden. Gingen die bisherigen gesetzlichen Maßnahmen vorwiegend in die Richtung, Kliniken verstärkt Kompetenzen in der ambulanten Versorgung einzuräumen, sind in dem Versorgungsbereich der ASV sowohl Kliniken als auch Fachärzte kooperativ und im Wettbewerb miteinander tätig. Auch sind in einigen Bereichen, wie bei Krebserkrankungen, Kooperationen zwischen den Leistungsanbietern vorgesehen.

Die **Leistungen der ASV** umfassen die Diagnostik und Behandlung komplexer, schwer therapierbarer Krankheiten, die je nach Krankheit eine einheitlich definierte, spezielle Qualifikation, eine interdisziplinäre Zusammenarbeit und besondere Ausstattungen erfordern. Nach dem Gesetz ist eine ASV grundsätzlich möglich für Patientinnen und Patienten mit Erkrankungen mit besonderen Krankheitsverläufen, seltenen Erkrankungen und für Erkrankungszustände mit geringen Fallzahlen sowie für hochspezialisierte Leistungen.

Der **GBA** legt in der Richtlinie über die Ambulante Spezialfachärztliche Versorgung nach § 116b SGB V (ASV-RL) Näheres zu diesem Versorgungskonzept fest. Er definiert **generelle Anforderungen**, die für alle ASV-Angebote gelten sowie **erkrankungsspezifische Anforderungen**. Die Leistungen der Ambulanten Spezialfachärztlichen Versorgung werden unmittelbar von der Krankenkasse zu festen Preisen vergütet. Für sie gilt keine Bedarfsplanung oder Mengensteuerung. Damit unterliegt dieser Versorgungsbereich nicht der Budgetierung.

Beispiel

Zu den Leistungen der Ambulanten Spezialfachärztlichen Versorgung gehören Erkrankungen mit besonderen Krankheitsverläufen, u. a. onkologische Erkrankungen, rheumatologische Erkrankungen, HIV/AIDS, Herzinsuffizienz, Multiple Sklerose, und seltene Erkrankungen und Erkrankungszustände mit geringen Fallzahlen, u. a. Tuberkulose, Mukoviszidose, Hämophilie, schwerwiegende immunologische Erkrankungen.

Nur wenn Ärzte die Berechtigung haben, in dem neuen Versorgungsbereich tätig zu sein, dürfen sie **ASV-Leistungen abrechnen**. Dabei erhält jedes ASV-Team eine einheitliche ASV-Teamnummer, die der Arzt bei seiner Abrechnung angibt. Aber jeder ASV-berechtigte Arzt oder Psychotherapeut rechnet seine ASV-Leistungen selbst ab, d. h. es gibt keine Sammelabrechnungen. Welche Leistungen abgerechnet werden können und wer von den ASV-Teammitgliedern die Leistung abrechnen darf, ist in den Anlagen („Appendix") zur ASV-Richtlinie für jede Erkrankung beschrieben. Im Appendix sind in Abschnitt 1 alle EBM-Gebührenordnungspositionen (GOP) für die jeweilige ASV-Erkrankung aufgeführt und im Abschnitt 2 neue Untersuchungs- und Behandlungsmethoden, die noch nicht Bestandteil des EBM sind, aber im Rahmen der ASV angewendet werden dürfen.

Bezüglich des **Abrechnungsverfahrens** können Vertragsärzte wählen, ob sie über die Kassenärztliche Vereinigung (KV) oder direkt mit der jeweiligen gesetzlichen Krankenkasse des Patienten abrechnen. Die Leistungen der ASV werden zu festen Preisen vergütet. Sie sind nicht budgetiert, mithin gibt es keine Mengenbegrenzung. Die Vergütung ist für Praxis- und Klinikärzte einheitlich. Dabei hat der Gesetzgeber übergangsweise vorgesehen, dass die Vergütung der ASV-Leistungen auf Grundlage des Einheitlichen Bewertungsmaßstabes bzw. nach der Gebührenordnung für Ärzte erfolgt. Ziel ist aber die Entwicklung einer eigenen Vergütungssystematik für den Versorgungsbereich ASV.

1.3.3 Medizinische Versorgungszentren (MVZ)

Die Kooperationsform MVZ wurde mit dem Gesundheitsmodernisierungsgesetz im Jahr 2004 eingeführt. Medizinische Versorgungszentren sind **ärztlich geleitete Einrichtungen**, in denen Ärzte arbeiten, die in das Arztregister eingetragen und als Angestellte oder Vertragsärzte tätig sind (§ 95 Abs. 1 Satz 2 SGB V). MVZ können in verschiedenen Rechtsformen betrieben werden (GbR, GmbH, Partnerschaft). Die Rechtsform der AG ist nicht zulässig. MVZ können rechtlich unbegrenzt Ärzte anstellen und Kassenpraxis-Sitze aufkaufen. Seit 2015 können auch Kommunen Gesellschafter eines MVZ sein.

War ein MVZ zunächst ein Zusammenschluss von mindestens zwei Ärzten unterschiedlicher Fachrichtungen, ist das Kriterium **„fachübergreifend"** mit Inkrafttreten des GKV-Versorgungsstärkungsgesetzes (GKV-VSG) 2015 entfallen. Seither sind auch fachgleiche MVZ zulässig, also beispielsweise reine Hausarzt-MVZ, spezialisierte facharztgleiche MVZ oder auch MVZ, in denen ausschließlich ärztliche und/oder nichtärztliche Psychotherapeuten tätig sind.

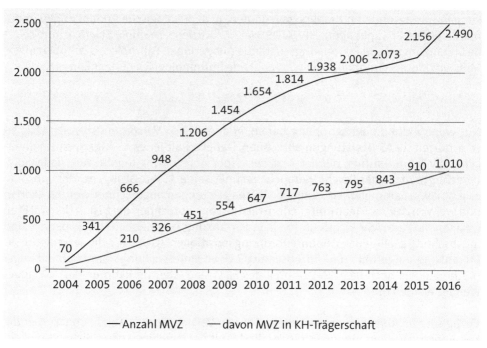

Abb. D6: Entwicklung der Anzahl von MVZ
Quelle: *Kassenärztliche Bundesvereinigung (2017)*

Mit der Zulassung von MVZ ist die Anzahl stetig auf knapp 2.500 gestiegen. Der sprunghafte Zuwachs im Jahr 2016 ist u. a. auf die veränderte Gesetzeslage mit der Einführung fachgleicher MVZ zurückzuführen. War der Anteil von MVZ in **Trägerschaft** von Vertragsärzten und von Krankenhäusern bis dahin etwa gleich hoch, hat die Zahl der MVZ in Trägerschaft von Vertragsärzten seit 2016 überdurchschnittlich zugenommen. Sie haben nunmehr einen Anteil von 43 %, die Kliniken von 39 % vor den sonstigen Trägern.

Die durchschnittliche **Größe** eines MVZ beträgt 6,4 Ärzte. Von den dort insgesamt 16.000 **arbeitenden Ärzten** befinden sich rund 14.560 im Angestelltenverhältnis. Die am häufigsten **beteiligten Facharztgruppen** sind Hausärzte, fachärztliche Internisten und Chirurgen.

Gemäß § 95 Abs. 1 Satz 1 SGB V nehmen MVZ neben zugelassenen und ermächtigten Ärzten auch an der **Vertragsärztlichen Versorgung** teil. Der Umfang der Teilnahmeberechtigung ergibt sich aus dem Fachgebiet und dem Zulassungs- bzw. Genehmigungsinhalt der im MVZ tätigen Ärzte. Der in einem MVZ angestellte Arzt ist selbst Mitglied der KV und unterliegt der Satzungsgewalt der KV.

MVZ gewinnen auch deshalb an Bedeutung, weil sie insbesondere gegenüber der Einzelpraxis erhebliche **ökonomische Vorteile** aufweisen:

- MVZ können zu erheblichen **Kostensynergien** führen. So kann die vorhandene Infrastruktur (Verwaltung, Personal, Räumlichkeiten, technische Geräte, Labor) gemeinsam genutzt werden. Bei Auslastungsschwankungen verschiedener Ärzte ist eine wechselseitige, auslastungsorientierte Personalgestellung möglich.

- Eine stärkere **Spezialisierung** in der Verwaltung (Abrechnungen) ist möglich und ein betriebswirtschaftliches Management (Controlling) wird mit zunehmender Arztanzahl rentabler.

- Für Kliniken stellt die Gründung eines eigenen MVZ quasi die erste Stufe des Einstiegs in die Vertragsärztliche Versorgung und damit **Integrierte Versorgung** dar. Sie sichern sich stationäre Fälle (Budgetanteile) durch Überweisungen der MVZ-Ärzte. Gegebenenfalls ist eine Ausweitung ambulanter Operationen möglich. Und auch durch ein krankenhauseigenes MVZ ergeben sich Kostenreduzierungen und die Nutzung von Wirtschaftlichkeitsreserven durch die gemeinsame Nutzung der vorhandenen Infrastruktur (Labor, Radiologie, Physiotherapie), Verpflegung (Cafeteria) oder Reinigung, technischer Dienst und Verwaltung (Qualitätsmanagement). Zudem ist ggf. eine optimierte Nutzung von Baulichkeiten und Flächen möglich.

- Aus **Sicht der Patienten** ergeben sich die Möglichkeit einer interdisziplinären Versorgung in einem Hause, kürzere Wege sowie eine unkomplizierte Überweisung und damit auch die Inanspruchnahme fachübergreifender Arztkontakte und eine ggf. schnellere Diagnose.

Potenzielle Nachteile dieser Versorgungsform können sich ergeben, wenn aus falsch verstandenem Konkurrenzdenken ein suboptimales Überweisungsverhalten niedergelassener Ärzte resultiert. In der Tendenz dürfte die Arbeitszeit der im MVZ überwiegend angestellten Ärzte geringer sein als die ihrer niedergelassenen Kollegen, was wohl auch für den Anreiz zur effizienten Leistungserstellung gilt. Mit dieser Problematik ist jedoch jeder Arbeitgeber konfrontiert. Abhilfe schafft hier in der Praxis eine leistungsfördernde Incentivierung.

Ein MVZ an sich ist ein erster Schritt in Richtung einer integrierten Versorgung, vor allem wenn es an ein Krankenhaus angeschlossen ist. Sinnvoll wäre eine weitere Entwicklung, indem MVZ auch multiprofessionell möglich werden, wenn z. B. Gesundheitsberufe wie Physio- oder Psychotherapeuten integriert würden. Das MVZ selbst kann wiederum als Vertragspartner in **besonderen Versorgungsformen** aktiv werden.

1.3.4 Besondere Versorgungsformen

Der Paragraf 140a SGB V wurde 2015 im Zuge des GKV-Versorgungsstärkungsgesetzes (GKV-VSG) angepasst. War er bis dahin mit dem Terminus „Integrierte Versorgung" beschrieben, wurden hieraus 2015 die **„Besonderen Versorgungformen"**. Zu diesen zählen nunmehr die intrasektoralen Konzepte der hausarztzentrierten Versorgung, die besondere ärztliche Versorgung, die intersektoralen Ansätze der strukturierten Behandlungsprogramme (DMP) sowie Maßnahmen zur integrierten Versorgung.

Die **Hausarztzentrierte Versorgung** (§ 73b SGB V) folgt dem „Gate-Keeper-Prinzip"; im Rahmen dieses Modells ist der Besuch eines Facharztes nur nach Überweisung durch den Hausarzt möglich. Das Ziel ist eine bessere Qualität und Wirtschaftlichkeit der Versorgung. Dies sollte erreicht werden u. a. durch eine verbesserte Koordination der Facharztbesuche, eine Verbesserung der Kommunikation der Leistungserbringer und Kooperationen mit Pflege- und Rehabilitationseinrichtungen. Das heißt, die Hausärzte sollen einen sektorübergreifenden Behandlungsablauf gewährleisten.

Die teilnehmenden Versicherten erhalten je nach Krankenkasse einen finanziellen Bonus. Dafür sind sie hinsichtlich der freien Inanspruchnahme von Fachärzten eingeschränkt. Die teilnehmenden Ärzte wiederum verpflichten sich u. a. zur Teilnahme an strukturierten Qualitätszirkeln zur Arzneimitteltherapie, zu Behandlungen ausschließlich nach für die hausärztliche Versorgung entwickelten, evidenzbasierten, praxiserprobten Leitlinien und zur Erfüllung einer Fortbildungspflicht. Die Hausarztzentrierte Versorgung wird im Rahmen von **Selektivverträgen** geregelt. Da es die Hausärzteverbände verstanden haben, sehr lukrative Verträge auszuhandeln, waren erhoffte Einsparpotenziale bislang nicht nachweisbar. So ist schlussendlich fraglich, ob die hausarztzentriete Versorgung wirtschaftlich sinnvoll ist.

Beispiel

Wenn das Aufsuchen eines Hausarztes erfolgt, um lediglich eine offensichtlich erforderliche Überweisung zu einem Facharzt zu bekommen, entstehen unnötige Kosten. Auch dürfte die Neigung zumindest bei nicht ausgelasteten Hausärzten zunehmen, Patienten so lange wie möglich in Eigenregie zu therapieren, ggf. über das sinnvolle Maß hinaus.

Modellvorhaben (§ 63 und 64 SGB V) können zur Verbesserung der Qualität und der Wirtschaftlichkeit der Versorgung, zur Weiterentwicklung der Verfahrens-, Organisations-, Finanzierungs- und Vergütungsformen der Leistungserbringung oder zur Verhütung und Früherkennung von Krankheiten durchgeführt werden. Genannt werden im Gesetz insbesondere informationstechnische und organisatorische Verbesserungen der Datenverwendung, einschließlich der Erweiterungen der Befugnisse zur Erhebung, Verarbeitung und Nutzung von personenbezogenen Daten. Zu den Modellvorhaben zählen aber auch die Übertragung von bisher Ärzten vorbehaltenen Tätigkeiten auf andere Berufsgruppen des Gesundheitswesens oder eine Weiterentwicklung der Versorgung psychisch kranker Menschen, die auf eine Verbesserung der Patientenversorgung oder der sektorenübergreifenden Leistungserbringung ausgerichtet ist. Modellvorhaben werden in Form von Selektivverträgen durchgeführt, also ohne die Mitwirkung der KVen. Ob sich optimierte, innovative und wirtschaftlich sinnvolle Versorgungsformen dauerhaft durchsetzen, ist letztendlich vor allem auch eine Frage der adäquaten Finanzierung.

Disease-Management-Programme (§ 137f - g SGB V) sind definiert als strukturierte Behandlungsprogramme für Erkrankte ausgewählter, weit verbreiteter und erforschter chronischer Krankheiten (u. a. Diabetes mellitus, Asthma bronchiale). Das Ziel besteht in verbesserten Behandlungsergebnissen durch sektorübergreifende, leitliniengerechte Therapien, präventive Maßnahmen und einer Erhöhung der Compliance der Patienten, auch durch Schulungen. Wenn Patienten an einem DMP teilnehmen, verpflichten sie sich dazu, sich nur von Ärzten behandeln zu lassen, die von der Krankenkasse vorgegeben werden. Die Versicherten erhalten hierfür einen finanziellen Bonus bei Teilnahme. Auch die Krankenkassen haben einen Anreiz, dass ihre Versicherten an diesen Programmen teilnehmen; sie erhalten dann zusätzliche Mittel aus dem Risikostrukturausgleich.

Ende 2015 nahmen 6,6 Mio. Versicherte an einem oder mehreren Programmen teil. Allein 52 % der Teilnahmen entfiel auf Diabestes mellitus Typ 2.

Indikation	Zulassungen	Teilnahme am DMP
Asthma bronchiale	1.684	884.109
Brustkrebs	1.620	111.315
COPD (chron. Lungenerkrankung)	1.695	712.709
Diabetes mellitus Typ 1	1.565	183.173
Diabetes mellitus Typ 2	1.723	4.042.844
Koronare Herzkrankheit	1.679	1.788.605
Insgesamt	**9.966**	**7.722.755**

DMP-Programme und Zahl der Teilnehmer
Quelle: *Bundesversicherungsamt (2017)*

Die Krankenkassen können schließlich gemäß § 140a SGB V Verträge mit unterschiedlichen Leistungserbringern des Gesundheitswesens über eine besondere Versorgung der Versicherten abschließen. Dies ermöglicht eine interdisziplinär fachübergreifende Versorgung, die verschiedene Leistungssektoren umfasst (**Integrierte Versorgung**), sowie unter Beteiligung vertragsärztlicher Leistungserbringer oder deren Gemeinschaften **besondere ambulante ärztliche Versorgungsaufträge**. Ziel ist hierbei insbesondere die Erprobung innovativer Versorgungsformen, eine bessere Koordination der Behandlung einzelner Patienten und eine fächerübergreifende Vernetzung von verschiedenen Leistungserbringern, die miteinander kooperieren und sich austauschen, gerade auch zur Überwindung von Sektorengrenzen. Die Versicherten erhalten bei Teilnahme einen Bonus von ihrer Krankenkasse.

Zur weiteren Stärkung alternativer Versorgungsformen wurden durch das GKV-VSG die Kassenärztlichen Vereinigungen verpflichtet, **Praxisnetze** durch Honorarzuschläge oder eigene Honorarvolumina zu fördern, wenn diese zu einer Verbesserung der Versorgung führen (§ 87 SGB V). Schließlich wurde ebenfalls 2015 ein **Innovationsfonds** zur Förderung neuer Versorgungsformen, zur Weiterentwicklung und zur Versorgungsforschung eingeführt (§ 92a und b SGB V). Dieser verfügt in den Jahren 2016 - 2019 über 300 Mio. € jährlich, die je zur Hälfte durch die Krankenkassen und aus Liquiditätsreserven des Gesundheitsfonds bereitgestellt werden. Hierbei sind 225 Mio. € für die Förderung neuer Versorgungsformen und 75 Mio. € für die Versorgungsforschung vorgesehen.

Die „Besonderen Versorgungsformen" weisen in Gänze erheblich mehr vertragliche Freiheiten der Leistungsanbieter auf als die korporatistisch geprägte vertragsärztliche Regelversorgung. Durch sie entwickelt sich ein stärker **wettbewerblich geprägtes Element der Patientenversorgung**. Insgesamt lässt sich vor allem ein Trend zu einer Verlagerung der Patientenversorgung in den ambulanten Bereich konstatieren, häufig ausgehend von den Kliniken. Eines der großen **Hemmnisse** für die Ausweitung integrierter Versorgungsformen ist zum einen die jeweils unterschiedliche Zuständigkeit für die Bedarfsplanung bzw. Sicherstellung der Versorgungsbereiche, vor allem aber auch die nach wie vor unterschiedliche Finanzierung und die damit verbundene Budgetierung der Leistungen (siehe » Kap. D.2.4).

1.4 Ökonomie ärztlichen Verhaltens

Das ärztliche Verhalten wird durch eine **Vielzahl von Einflussfaktoren** geprägt. Neben dem ärztlichen Ethos – der Berufung, kranken Menschen zu helfen – und dem Bestreben, regulatorische Vorgaben einzuhalten, stehen zweifellos auch ökonomische Interessen. Auch wenn das Handeln der Ärzte unter besonderen ethischen Prinzipien erfolgen sollte, generieren sie Einkünfte aus selbstständiger Tätigkeit. Je stärker das ärztliche Ethos beim einzelnen Arzt ausgeprägt ist und umso größer die finanzielle Unabhängigkeit infolge vorhandenen Vermögens ist, desto weniger werden Ärzte auf ökonomische Anreize reagieren.

Die Arztpraxis ist aber schlussendlich eine **betriebswirtschaftliche Einheit**, bei der – wie überall in der freien Wirtschaft – nach Abzug der Aufwendungen von den Erträgen ein Gewinn verbleiben sollte. Und im großen Unterschied zu den Kliniken gibt es tatsächlich kaum Ärzte, die mangels Profitabilität ihre Praxis aufgeben. Dabei ist indes davon auszugehen, dass Ärzte – wie andere unternehmerisch Tätige auch – Gewinn anstreben, ohne diesen zwingend maximieren zu wollen.

Gemäß den Daten des Statistischen Bundesamtes lagen die **Einnahmen der Arztpraxen**, die als Einzelpraxis oder als fachgleiche Berufsausübungsgemeinschaft geführt wurden, im Jahr 2015 bei durchschnittlich 507.000 €. Der überwiegende Teil der Einnahmen der Arztpraxen beruht auf Kassenabrechnungen, rund 26 % resultieren aus Privatabrechnungen und 3 % aus sonstigen selbstständigen ärztlichen Tätigkeiten.

Auch wenn in Privatabrechnungen Selbstzahler-Leistungen enthalten sind, liegt der **Umsatzanteil mit Privatpatienten** deutlich höher, als es ihrem Anteil an Versicherten entspricht. Hintergrund ist einerseits, dass die einzelne Leistung höher vergütet wird als bei GKV-Patienten, andererseits führt die Abrechnung von Mehrleistungen zu ungekürzten Mehreinnahmen, da keine Budgetierung vorliegt. So sind die Ärzte ggf. geneigt, Einkommenseinbußen gegenüber der GKV durch Privatpatienten auszugleichen. Besonders attraktiv sind für sie mithin Standorte mit einem hohen Anteil an Privatpatienten.

Den Einnahmen standen Aufwendungen von 249.000 € gegenüber, sodass der **Reinertrag** aus der Differenz von Einnahmen und Aufwendungen bei durchschnittlich

258.000 € pro Arztpraxis lag, was umgerechnet 190.000 € je Praxisinhaber entspricht. Die Ertragssituation unterscheidet sich aber teils erheblich zwischen den Fachgebieten (z. B. Allgemeinmedizin: 227.000 €, Augenheilkunde 370.000 € Reinertrag je Arztpraxis) und der regionalen Lage (West-Ost-Gefälle). Zu beachten gilt, dass vom Reinertrag noch Steuern zu entrichten sind und sich der Praxisinhaber krankenversichern und Altersvorsorge betreiben muss.

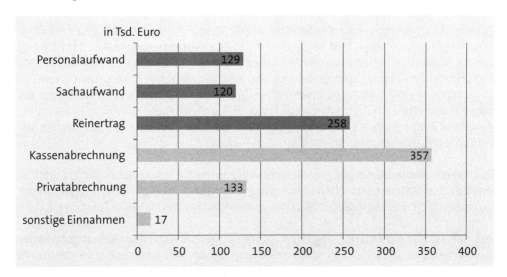

Abb. D7: Durchschnittlicher Aufwand, Reinertrag und Einnahmen je Arztpraxis
Quelle: *Statistisches Bundesamt (2017)*

Freiberufliche Ärzte werden also versuchen, Leistungen möglichst effizient und kostengünstig zu erbringen, das Verhältnis zwischen Ertrag und Aufwand möglichst optimal zu gestalten. Deshalb ist der Trend, weg von der Einzelpraxis, vor allem ökonomisch zu erklären. Das **Verhältnis zwischen therapeutischem Nutzen und Kosten** ist für die Ärzte nicht maßgeblich. Es müssen somit über die Vergütung Anreize gesetzt werden, ein möglichst günstiges Verhältnis von Kosten und Nutzen einer Gesamttherapie anzustreben (siehe >> Kap. D.2.1).

Betriebswirtschaftlich erklärbar und medizintechnisch intendiert lässt sich eine zunehmende **„Technisierung"** in den Arztpraxen konstatieren. Auch diese hat zumindest implizit Auswirkungen auf das ärztliche Handeln. Einerseits bietet sie teilweise die Möglichkeit, abrechenbare Leistungen zu generieren, ohne den Einsatz knapper ärztlicher Arbeitszeit. Andererseits besteht ein immanenter Anwendungszwang im Sinne einer raschen Amortisation des Kapitaleinsatzes. Dass sich auch in der ambulanten Versorgung **„Economies of Scale"** erzielen lassen, weisen u. a. die MVZ nach.

Schließlich unterliegen Ärzte – wie andere Berufstätige auch – einem Zwang zu **Trade-off-Entscheidungen**. So gilt es, zwischen Freizeit und Einkommensmaximierung oder einer Niederlassung an einem attraktiven, dafür aber ggf. überversorgten, oder einem ländlichen, aber ggf. unterversorgten, Standort zu wählen.

1.5 Ausgaben für die ambulante Versorgung und Grunddaten

Die Gesundheitsausgaben für die Versorgung in Arztpraxen haben ein Volumen von knapp 52 Mrd. €. Nach der stationären Versorgung ist das der zweitgrößte Ausgabenblock mit einem Anteil von 15 %. Durch die von den Ärzten veranlassten und verordneten Leistungen geht die volks- und insbesondere die gesundheitswirtschaftliche Bedeutung indes weit darüber hinaus.

Größter Ausgabenträger ist die **GKV**. Ihr Anteil ist mit der Abschaffung der Praxisgebühr wieder angestiegen und beträgt rund 73 %. Der Finanzierungsanteil der **PKV** liegt mit 12 % deutlich höher, als es ihrem Anteil an Versicherten entsprechen würde. Mit Einführung der Praxisgebühr und durch und eine zunehmende Inanspruchnahme von Leistungen, die die GKV nicht (mehr) übernimmt, ist der Finanzierungsanteil der **privaten Haushalte** zwischenzeitlich auf knapp 9 % angestiegen. Nunmehr indes ist der Anteil auf knapp 5 % gesunken, was gegenüber dem Jahr 2000 immer noch einen prozentuellen Ausgabenanstieg von über 40 % bedeutet.

Die **zahnärztliche Versorgung** verursacht Ausgaben, die mit rund 26 Mrd. € halb so hoch sind wie die der ärztlichen Versorgung. Ihr Anteil an den gesamten Gesundheitsausgaben ist jedoch seit dem Jahr 2000 überdurchschnittlich stark angestiegen.

Auffällig ist hier die Entwicklung der Ausgabenträger. Der Anteil der **privat getragenen Aufwendungen** im zahnärztlichen Bereich liegt mit 24 % deutlich höher als der private Finanzierungsanteil an der ärztlichen Versorgung (5 %). Hintergrund ist auch, dass der Gesetzgeber für zahlreiche zahnärztliche Eingriffe Standardtherapien definiert und für diese Festbeträge festgelegt hat. Viele Patienten entscheiden sich aber für höherwertige und damit kostspieligere Leistungen, wodurch sie bisweilen einen hohen Eigenanteil zahlen müssen. Der Finanzierungsanteil der **GKV** ist entsprechend sukzessive von 66 % auf 53 % gesunken, während der Anteil der **Privaten Krankenversicherungen** auch für die zahnmedizinische Versorgung von 11 % auf 17 % gestiegen ist. Ein Grund dafür sind auch gestiegene Ausgaben für private Krankenzusatzversicherungen.

Betrachtet man Kennzahlen zur ambulanten Versorgung über einen längeren Zeitraum, sind folgende **Entwicklungen auffällig**:

► Überproportional stark gestiegen ist die Anzahl angestellter Ärzte, insbesondere in MVZ.

► Die MVZ nehmen mittlerweile eine bedeutende Rolle in der Versorgung ein; sie gewinnen stetig Marktanteile.

► Im Vergleich zur ambulant ärztlichen Versorgung ist im Bereich der zahnärztlichen Versorgung der Finanzierungsteil der privaten Haushalte und privaten Krankenkassen erheblich höher. Dies liegt u. a. an der Festlegung von Festbeträgen für einen großen Teil zahnärztlicher Leistungen.

	2000	2005	2010	2015	Diff. 2015/2000
berufstätige Ärzte	**128.488**	**134.798**	**141.461**	**150.106**	**17 %**
- angestellte Ärzte	8.271	8.546	16.776	29.373	255 %
- ermächtigte Ärzte	10.769	10.798	10.022	9.404	-13 %
- Hausärzte	-	53.255	54.462	54.094	-
Anzahl MVZ	**0**	**341**	**1.654**	**2.156**	**-**
- Anteil der im MVZ tätigen Ärzte	0	1,0 %	6,1 %	9,7 %	-
berufstätige Zahnärzte	**63.729**	**65.157**	**67.808**	**71.425**	**12 %**
- in eigener Zahnarzt-praxis	54.485	56.100	54.683	52.729	-3 %
Ausgaben für Arzt-praxen in Mio. Euro	**30.577**	**34.973**	**43.114**	**51.575**	**69 %**
Anteil an den gesamten Gesundheitsausgaben	**14,3 %**	**14,4 %**	**14,8 %**	**15 %**	**-**
- finanziert durch GKV	75,1 %	68,1 %	68,9 %	73,3 %	-
- finanziert durch PKV	11,4 %	13,0 %	13,0 %	12,2 %	-
- finanziert durch private Haushalte	3,1 %	8,8 %	8,6 %	4,5 %	-
Ausgaben für Zahnarzt-praxen in Mio. Euro	**14.657**	**15.112**	**17.727**	**25.755**	**76 %**
Anteil an den gesamten Gesundheitsausgaben	**6,8 %**	**6,2 %**	**6,1 %**	**7,5 %**	**-**
- finanziert durch GKV	66,1 %	58,6 %	56,5 %	52,6 %	-
- finanziert durch PKV	11,4 %	14,3 %	15,7 %	16,6 %	-
- finanziert durch private Haushalte	14,0 %	18,0 %	19,8 %	23,9 %	-

Kennzahlen zur ambulanten Versorgung in Deutschland
Quelle: *Statistisches Bundesamt (2017), Bundesärztekammer (2016)*

2. Vergütung ambulant ärztlicher Leistungen

Ähnlich wie im stationären Sektor handelt es sich bei der Vergütung der Ärzte um **staatlich regulierte Preise**. Faktisch besteht auch für sie eine Budgetierung durch die Festlegung der Gesamtvergütung. Auch bei ihnen werden Leistungen, die über ein definiertes Niveau hinausgehen, nur noch mit Abschlägen vergütet.

Bei der **Wahl einer geeigneten Vergütungsform** ist die dargelegte Problematik der angebotsinduzierten Nachfrage bei vollständiger Preiselastizität der Nachfrage zu beachten. So führt die Zielsetzung einer angemessenen Vergütung bei gleichzeitig qualitativ hochwertiger Versorgung und effizienter Ressourcenverwendung gleich zu mehreren Problemfeldern. Da es sich bei den Einkommen der Ärzte nicht um Markteinkommen handelt, stellt sich z. B. unmittelbar die Frage nach der Angemessenheit. Hier mag es verschiedene Kriterien geben (Ausbildungszeiten, Qualifikation, Verantwortung u. a.), am Ende lässt sich die Frage, ob die Einkommen der Ärzte angemessen sind, nur normativ beantworten.

Hinsichtlich der **Anreize**, die eine Vergütungsform erfüllen soll, lassen sich zumindest positive Anforderungen definieren:

► Patienten werden zügig behandelt; Wartezeiten in Arztpraxen werden kurz gehalten.

► Eine medizinisch nicht zwingend indizierte Mengenausweitung unterbleibt.

► Zur Leistungserstellung wird die jeweils kostenminimale Faktorkombination gewählt.

► Bei möglichen alternativen Behandlungsmethoden mit voraussichtlich ähnlichem Behandlungserfolg werden jene gewählt, die am günstigsten sind.

► Überweisungen erfolgen direkt, wenn sie medizinisch angebracht sind.

► Neue und optimierte Diagnose- und Behandlungsmethoden werden rasch in der Praxis angewendet.

► Der Arzt strebt einen möglichst hohen Behandlungserfolg an.

2.1 Vergütungsformen

Ähnlich wie im stationären Sektor sind die möglichen Vergütungsformen vielfältig und sie können auch in kombinierter Form zum Einsatz kommen. Die gängigsten werden hinsichtlich der Vor- und Nachteile unter ökonomischem und dem Blickwinkel einer optimalen Patientenversorgung analysiert. Dabei wird davon ausgegangen, dass Ärzte auch durch **ökonomische Anreize** beeinflusst sind, wodurch das grundsätzliche Handeln zum Wohle ihrer Patienten ggf. negativ intendiert werden kann.

Festgehalt

Anwendung: Vergütung von Ärzten in MVZ und staatlichen Gesundheitssystemen. Maßstab ist die erbrachte Arbeitszeit.

Vorteile: Entspanntes Arbeiten ohne Leistungsdruck. Eine zuwendungsorientierte und sorgfältige Betreuung der Patienten ist möglich. Der Arzt ist unabhängig von Patientenforderungen und nicht auf unnötige Leistungsausweitungen bedacht. Die Vergütung ist administrativ einfach zu handhaben.

Nachteile: Die Vergütungsform wirkt tendenziell leistungsmindern; es besteht kein Anreiz zur Produktivität und kein Zwang zu wirtschaftlichem Handeln. Tendenziell wird es zu Warteschlangen/-zeiten und Abweisungen von Patienten infolge von „Überlastung" kommen. Rasche, aber ggf. nicht medizinisch erforderliche Überweisungen an andere Leistungserbringer sind zu erwarten. Tendenziell kommt es zu einer **Unterversorgung**; wie bei Angestellten anderer Branchen auch ist allerdings die Effizienz der Leistungserbringung abhängig von internen Kontrollsystemen und Anreizmechanismen.

Einzelleistungsvergütung

Anwendung: Früher fast durchgehend angewandt, aktuell noch die dominierende Vergütung von ambulanten ärztlichen Leistungen in Deutschland.

Vorteile: Eine leistungsbezogene Vergütung ist grundsätzlich möglich; es besteht ein unmittelbarer Zusammenhang zwischen Vergütung und erbrachter Leistung. Das Risiko einer mangelnden Versorgung ist gering, aber es besteht das Problem einer angebotsinduzierten Nachfrage.

Nachteile: Es besteht ein Anreiz zur Leistungsausweitung (Fallzahl und Leistungen pro Fall). Der Engpassfaktor ist die Arbeitszeit der Ärzte, dadurch besteht ein Anreiz zu Leistungsverschiebungen (zu delegierbaren und technischen, also die Arbeitszeit des Arztes wenig beanspruchenden Leistungen und zu Leistungen mit höherer Gewinnspanne). Mit zunehmender Arztanzahl werden die Kosten extrem anteigen. Eine Budgetierung verschärft die Leistungsausweitung durch einen „Hamsterradeffekt". Das heißt, Leistungsausweitungen führen dazu, dass die einzelne Leistung immer weniger wert wird; um das Einkommen zu steigern, ist aber eine weitere Leistungsausweitung erforderlich. Es kommt zur **Überversorgung**.

Grundpauschale

Anwendung: Vergütung pro Kopf pro Periode (z. B. Quartal), unabhängig von tatsächlicher Kontaktzahl Arzt-Patient pro Periode. Teilweise sind Quartalspauschalen für bestimmte Leistungen in Deutschland üblich (siehe >> Kap. D.2.2.2). In staatlichen Gesundheitssystemen (z. B. Großbritannien) wird häufig eine Vergütung pro eingeschriebenen Patienten gezahlt.

Vorteile: Anreiz zu effizientem Arbeiten. Nur erforderliche Leistungen werden erbracht, d. h. keine unnötige Leistungsausweitung. Administrativ einfach zu handhaben.

Nachteile: Keine Verknüpfung von Leistung und Vergütung (Einheitspreis). Eine Ausgliederung komplexer Fälle ist erforderlich. Anreiz zur schnellen Leistungserbringung und zur Selektion nach Schweregrad (Abweisung/Überweisung von schweren Fällen). Tendenz zur unzureichenden Behandlung von Patienten. Es besteht ein Zwang zur Qualitätssicherung. Eine Optimierung dieser Vergütungsform würde in einer Differenzierung der Pauschalen nach Alter, Geschlecht, Morbidität liegen.

Erfolgsorientierte Vergütung
Anwendung: Diese Vergütungsform ist bislang im deutschen Gesundheitswesen nicht umgesetzt.
Vorteile: Interessenharmonie zwischen Arzt und Patient. Keine Mengenorientierung der Vergütung. Qualität/Behandlungserfolg der Leistungserbringer steht im Vordergrund; somit kommt es zu einem Qualitätswettbewerb. Patientenorientierte und -freundlichste Vergütung.
Nachteile: Probleme bestehen zunächst bei der Definition von Behandlungserfolg, denn dies kann nur indikationsbezogen geschehen (Behandlungserfolg ist bei einer Krebserkrankung ein anderer als bei einer Blinddarmentzündung). Ein weiteres Problem ist die Messung/Kontrolle von Behandlungserfolgen/Qualität, denn es gibt kein einzig richtiges, für alle Krankheiten geeignetes Modell; zudem sind subjektive und objektive Kriterien maßgeblich. Des Weiteren besteht das Problem der Zuordnung des Erfolgs, wenn mehrere Leistungserbringer an der Behandlung beteiligt sind (ambulanter Arzt, Krankenhaus, Reha, Physiotherapie u. a.). Schließlich ist der Behandlungserfolg auch abhängig von der Compliance der Patienten, die ambulant noch schwieriger sicherzustellen ist als stationär. Das Kernproblem besteht in der praktischen Umsetzung.

Zusammenfassend kann auch für mögliche Vergütungsformen für ambulant ärztliche Leistungen festgestellt werden, dass es **keine Idealform** gibt. Es besteht mindestens die Gefahr, dass Leistungen über das erforderliche Maß verabreicht oder sinnvolle medizinische Leistungen vorenthalten werden.

2.2 Vergütung ärztlicher Leistungen durch die GKV

Die einzelnen Vertragsärzte erhalten ihre Vergütung im Rahmen eines zweistufigen Verfahrens. Zunächst vereinbaren die Landesverbände der Krankenkassen und der Ersatzkassen mit den Kassenärztlichen Vereinigungen durch **Gesamtverträge** die Höhe der **Gesamtvergütung** für die ambulanten Leistungen. Diese Gesamtvergütung wird von den Kassen an die KVen gezahlt. Die KVen wiederum verteilen die Gesamtvergütung an die Ärzte auf Grundlage der von ihnen erstellten Abrechnungen, welche diese auf Basis des Einheitlichen Bewertungsmaßstabes erstellen.

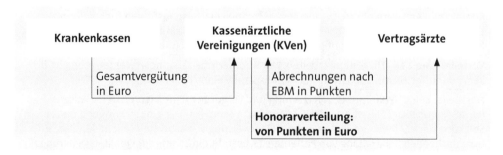

Abb. D8: Grundstruktur der vertragsärztlichen Vergütung

Sowohl die Ermittlung der Gesamtvergütung als auch die Verteilung der Honorare an die Ärzte kann auf Grundlage unterschiedlicher Vergütungsformen erfolgen.

2.2.1 Morbiditätsorientierte Gesamtvergütung

Eine **Budgetierung** gibt es seit 1993. Seither wird eine vertragsärztliche Gesamtvergütung festgelegt. Sie ist das Ausgabenvolumen für die Gesamtheit der zu vergütenden vertragsärztlichen Leistungen. Damit werden alle vertragsärztlichen Leistungen für die Versicherten einer Kasse abgedeckt, auch jene von Einrichtungen mit Ermächtigung. Diese Summe der Leistungen kann grundsätzlich auf Basis eines Festbetrages, auf der Grundlage des Bewertungsmaßstabes nach Einzelleistungen, nach einer Kopfpauschale, nach einer Fallpauschale oder nach einem anderen System berechnet werden (§ 85 Abs. 2 SGB V). **Ausnahmen** bestehen u. a. bzgl. der in Selektivverträgen und in der Ambulanten Spezialfachärztlichen Versorgung gesondert vereinbarten und aus der Gesamtvergütung herausgerechneten Leistungen.

Im Sinne der Beitragssatzstabilität wurde die Gesamtvergütung zunächst jährlich in Abhängigkeit der Entwicklung der Grundlohnsumme erhöht. Eine Veränderung der gesellschaftlichen Morbidität fand keine Berücksichtigung, sodass das Morbiditätsrisiko bei den Ärzten lag. Das wurde durch die seit 2009 geltende **Morbiditätsorientierte Gesamtvergütung** geändert. Nunmehr wird zunächst auf Ebene der KV-Bezirke der Behandlungsbedarf ermittelt. Als Basis dient das Volumen des in Punktzahlen bemessenen Leistungsvolumens des Vorjahres. Berücksichtigt werden jetzt eine Veränderung der Versichertenzahl und -struktur, wobei die Altersstruktur als Indikator für die Morbidität dient. Einfluss haben ferner Faktoren wie festzustellende Leistungsverschiebungen zwischen dem ambulanten und stationären Sektor sowie Leistungsänderungen infolge von GBA-Beschlüssen.

Die Bewertung dieses Behandlungsbedarfs erfolgt auf Basis des **Einheitlichen Bewertungsmaßstabs (EBM)**. In diesem sind für definierte Leistungen Punktzahlen festgelegt. Aus der Multiplikation der erwarteten Behandlungsleistungen mit deren Punktzahlen ergibt sich das die gesamten Leistungen erfassende Punktzahlvolumen. Dieses wird anschließend in Euro bewertet. Dafür werden **bundeseinheitliche Orientierungswerte** festgelegt, die die Grundlage für Verhandlungen auf Landesebene bilden. Hier wird sodann der regional geltende Punktwert durch Zu- und Abschläge in festen Euro-Beträgen vereinbart.

Abb. D9: Ermittlung der Morbiditätsorientierten Gesamtvergütung

Die Krankenkasse entrichtet die Gesamtvergütung quasi als **Entgelt für die Übernahme des Sicherstellungsauftrages** an die jeweilige Kassenärztliche Vereinigung mit befreiender Wirkung für die gesamte Vertragsärztliche Versorgung der Mitglieder mit Wohnort im Bezirk der Kassenärztlichen Vereinigung, einschließlich der mitversicherten Familienangehörigen. Die KVen wiederum verteilen nunmehr die Gesamtvergütung an die Ärzte (§ 87 SGB V). Durch die Budgetierung liegt die im Rahmen des **Gewährleistungsauftrages** durchzuführende Kontrolle von Abrechnungen im Eigeninteresse der Ärzteschaft, denn Falschabrechnungen einzelner Ärzte gehen zulasten der Vergütung von Ärzten der gleichen Fachgruppe.

2.2.2 Einheitlicher Bewertungsmaßstab (EBM)

Der 1977 eingeführte Einheitliche Bewertungsmaßstab (EBM) ist die Grundlage für die Vergütung ärztlicher Leistungen gegenüber der GKV. Wie oben dargelegt, ist er aber gleichzeitig Berechnungsbasis für den Behandlungsbedarf der Versicherten einer KV und damit für die morbiditätsorientierte Gesamtvergütung. Für Zahnärzte gilt der ähnlich strukturierte **Bewertungsmaßstab zahnärztlicher Leistungen (BEMA)**.

Im **SGB V, § 87 Abs. 2** ist festgelegt: *„Der Einheitliche Bewertungsmaßstab bestimmt den Inhalt der abrechnungsfähigen Leistungen und ihr wertmäßiges, in Punkten ausgedrücktes Verhältnis zueinander; soweit möglich, sind die Leistungen mit Angaben für den zur Leistungserbringung erforderlichen Zeitaufwand des Vertragsarztes zu versehen.“* Nach den Allgemeinen Bestimmungen mit generellen Hinweisen zur Abrechnung ist der EBM in **sechs Teile** gegliedert:

1. **Arztgruppenübergreifende allgemeine Leistungen:** Verzeichnis arztgruppenüber-greifender, allgemeiner Leistungen, die allen Ärzten offen stehen, z. B. die Not-dienst-Ableistung, Hausbesuche, Präventionsleistungen.

2. **Allgemeine diagnostische und therapeutische Leistungen:** Leistungen, die eben-falls allen Ärzten offen stehen und z. B. kleinere operative Leistungen, wie Punktio-nen, Wundversorgungen, Infusionen, Transfusionen, Gipsanlage, beinhalten.

3. **Arztgruppenspezifische Leistungen:** In dem ausführlichsten Teil werden nach Hausärzten und allen Facharztgruppen getrennt die jeweils arztspezifischen Leis-tungen aufgeführt, wobei für jede Facharztgruppe ein eigenes Kapitel existiert.

4. **Arztgruppenübergreifende spezielle Leistungen:** Leistungen, die wiederum allen Ärzten offen stehen; es ist indes eine Genehmigung für die Leistungserbringung durch die KV erforderlich. Diese ist von abgeleisteter Weiterbildung/Qualifikation abhängig, z. B. chirotherapeutischer Eingriff.

5. **Kostenpauschalen:** Hierunter fallen z. B. Sachkosten-Pauschalen, wie Porto, Wege-gelder bei Besuchen u. a.

6. **Anhänge**

EBM-Position	03321	01730
Beschreibung	Belastungs-Elektrokardiographie (EKG)	Krebserkrankungs-Untersuchung bei der Frau
Obligater Leis-tungsinhalt	Untersuchung in Ruhe und nach Belastung mit mindestens 12 Ableitungen (...) Kontrolle des Kurvenverlaufes, wiederholte Blutdruckmessung	Untersuchung zur Früherkennung von Krebserkrankungen bei der Frau gemäß Abschnitt B. II. §§ 6 und 8 der Krebsfrüherkennungs-Richtlinie
Punktwert	200 Punkte	180 Punkte

Die aufgeführten Leistungen sind teilweise **Pauschalen**, die nur einmal pro Quartal ab-gerechnet werden können (z. B. hausärztliche Versichertenpauschale, gestaffelt nach Alter des Patienten). Teilweise sind sinnhaft miteinander verbundene Leistungen zu sog. **Leistungskomplexen** zusammengefasst und werden auch als Leistungskomplex vergütet. Die dominierende Vergütungsform ist jedoch die jeweils erbrachte einzelne Leistung, mithin die **Einzelleistungsvergütung**. So ist das bestehende Vergütungssys-tem ein Mix aus verschiedenen Vergütungsformen.

Ferner sind Zuschläge (z. B. Betreuung multimorbider Patienten oder Qualitätszuschlä-ge) möglich. Die aufgeführten Punktzahlen legen das **Wertverhältnis** der Leistungen zueinander fest. Eine Leistung, die mit 200 Punkten bewertet ist, ist doppelt so auf-wändig wie die mit 100 Punkten, die Vergütung mithin doppelt so hoch (§ 87 Abs. 2 SGB V). Um von den Punktwerten zu einem Euro-Betrag zu kommen, wird jährlich ein bundeseinheitlicher Punktwert als **Orientierungswert** in Euro zur Vergütung der ver-tragsärztlichen Leistungen festgelegt. Das ärztliche Honorar ergibt sich nun aus der im EBM genannten Punktzahl der jeweiligen Leistung multipliziert mit dem Punktwert. Dabei ändert sich der Punktwert stetig, denn er ergibt sich für den jeweiligen Abrechnungszeitraum aus der Relation der zur Verfügung stehende Gesamtvergütung und der Summe der Punktzahlen aller erbrachten Leistungen.

Beispiel

Die EBM- oder Gebührenordnungsposition (GOP) 03321, Belastungs-EKG, hat einen Punktwert von 200. In 2017 betrug der Orientierungspunktwert 0,1053. Die Vergütungshöhe für diese Leistung beträgt: 200 • 0,1053 = 21,06 €.

2.2.3 RLV und QZV

Zur Mengenbegrenzung gibt es ein arztgruppenspezifisches **Regelleistungsvolumen (RLV)**, welches die Ärzte vor Beginn des Quartals mitgeteilt bekommen. Das RLV ist die Grenze, bis zu der die erbrachten Leistungen mit dem festen Punktwert vergütet werden. Dies bedeutet eine gewisse Kalkulationssicherheit des Arztes hinsichtlich der Höhe seines zu erwartenden Honorars. Es berechnet sich, indem der Fallwert der relevanten Arztgruppe mit der Fallzahl des Arztes aus dem Vorjahresquartal multipliziert wird. Damit erfolgt eine Orientierung der Vergütung an der durchschnittlichen Leistung der jeweiligen Arztgruppe.

 MERKE

Behandlungsfälle: Die Summe an Behandlungsfällen wird arzt- bzw. institutionenbezogen erhoben. Sucht ein Patient im Quartal drei verschiedene Ärzte auf und wird zudem eine Laboruntersuchung für ihn durchgeführt, so sind dies vier Behandlungsfälle.

Zur Berechnung des arztgruppenspezifischen Fallwertes wird das Vergütungsvolumen, das für die Regelleistungsvolumina der jeweiligen Arztgruppe innerhalb der morbiditätsbedingten Gesamtvergütung zur Verfügung steht, durch die Fallzahl der Arztgruppe geteilt. Das Ergebnis ist der **arztgruppenspezifische Fallwert**. Wird mehr abgerechnet als das RLV, werden die Mehrleistungen nur noch mit Abschlägen vergütet. Durch das GKV Versorgungsstrukturgesetz von 2012 sind die RLV zwar nicht mehr obligatorisch, werden aber von der Mehrzahl der KVen weiterhin angewendet.

Beispiel

Die Fallzahl von Dr. Mustermann lag im ersten Quartal 2017 bei 1.800 Fällen. Die durchschnittliche Fallzahl seiner Arztgruppe lag bei 800. Der RLV-Fallwert der Arztgruppe betrug 35 €. Das RLV würde sich nun wie folgt berechnen:

- 150 % der durchschnittlichen Fallzahl der Arztgruppen sind 1.200 Fälle. Für diese erhält Dr. Mustermann einen Fallwert von 35 €.

- Zwischen 150 und 170 % der durchschnittlichen Fallzahl der Fachgruppe sind 160 Fälle. Für diese erhält Dr. Mustermann 75 % des Fallwertes, nämlich 26,25 €.

- Zwischen 170 und 200 % der durchschnittlichen Fallzahl der Fachgruppe sind 240 Fälle. Für diese erhält Dr. Mustermann 50 % des Fallwertes, nämlich 17,50 €.

- Über 200 % der durchschnittlichen Fallzahl der Fachgruppe sind noch 200 Fälle. Für diese erhält Dr. Mustermann 25 % des Fallwertes, nämlich 8,75 €.

Das RLV liegt somit bei: 35,00 € · 1.200 Fälle + 26,25 € · 160 Fälle + 17,50 € · 240 Fälle + 8,75 € · 200 Fälle. Das RLV beträgt also 52.150 €.

Neben den RLV wurden sog. **Qualifikationsgebundene Zusatzvolumina (QZV)** eingeführt. Hierbei handelt es sich um ein „Budget" für die Leistungen, die nicht von allen Ärzten der jeweiligen Fachgruppe erbracht werden (z. B. Akupunktur, Schmerztherapie). Damit handelt es sich um ein arztgruppenspezifisches Verteilungsvolumen. Viele der vormals „freien Leistungen", die innerhalb der morbiditätsbedingten Gesamtvergütung erbracht wurden, werden seither aus dem QZV vergütet. Diese QZV werden – wie auch die RLV – arztgruppenspezifisch gebildet. Der Vorteil besteht darin, dass Leistungsausweitungen einer Arztgruppe ausschließlich zu deren Lasten gehen und nicht mehr die Honorarvolumen anderer unbeteiligter Arztgruppen desselben Versorgungsbereichs belasten.

 MERKE

RLV/QZV = Fallzahl aus dem Vorjahresquartal • Fallwert der Arztgruppe

RLV und QZV einer Praxis können vollständig gegenseitig verrechnet werden. Dabei besteht die Möglichkeit, die QZV jeweils wie einen „echten" Zuschlag zum RLV-Fallwert zu behandeln. Die QZV würden sich damit RLV-erhöhend auswirken.

Keine Leistungsbegrenzung in der Vergütung gibt es für **extrabudgetäre Leistungen**, wie Präventionsleistungen oder Strahlentherapie. Gleiches gilt für das Angebot von **Individuellen Gesundheitsleistungen (IGeL)**, wie kosmetische Eingriffe. Diese werden mit den Patienten vereinbart und sie müssen von ihnen selbst bezahlt werden. Nicht budgetiert sind ferner die Abrechnungen gegenüber **privat Versicherten**.

2.2.4 Honorarverteilung

Die KVen erhalten quartalsweise eine mit den Krankenkassen vereinbarte **Gesamtvergütung**. Sie deckt die gesamte Vertragsärztliche Versorgung der Mitglieder mit Wohnort im jeweiligen KV-Bezirk und die Gesamtheit der zu vergütenden vertragsärztlichen Leistungen ab.

 MERKE

Die Gesamtvergütung besteht aus einem budgetierten Teil, der morbiditätsorientierten Gesamtvergütung, und einem extrabudgetären Teil.

Zu den **extrabudgetären Leistungen** gehören u. a. die „Besonderen Versorgungsformen" (Modellvorhaben, Hausarztzentrierte Versorgung, DMP oder Verträge zur Integrierten Versorgung), die im Rahmen von Selektivverträgen geschlossen werden, aber auch belegärztliche Leistungen, Früherkennungsmaßnahmen, ambulantes Operieren, Strahlentherapie, künstliche Befruchtung, Methadonsubstitution oder Dialysesachkosten. Diese Leistungen werden jeweils unbegrenzt vergütet, weil sie vom Gesetzgeber als besonders förderungswürdig angesehen werden. Der Anteil der extrabudgetären Leistungen umfasst mittlerweile knapp ein Drittel der Gesamtvergütung.

Die Verteilung der morbiditätsorientierten Gesamtvergütung wird durch die Festlegung eines **Honorarverteilungsmaßstabs (HVM)** detailliert geregelt. Die Gesamtvergütungsobergrenze bestimmt das Budget der jeweiligen KV, das nicht überschritten werden darf. Der Honorarverteilungsmaßstab (HVM) sorgt dafür, dass eine drohende Überschreitung durch Honorarkürzungen für die erbrachten ärztlichen Leistungen vermieden wird. Die Honorarverteilung wird gemäß Satzungsrecht der jeweiligen KV festgelegt, d. h. der HVM wird von der Vertreterversammlung der jeweiligen KV beschlossen. Vor Inkrafttreten des HVM muss das Benehmen mit den Verbänden der Krankenkassen hergestellt werden. Faktisch bedeutet dies, dass die Kassen Einwände erheben können, aber schlussendlich die KVen entscheiden.

Durch den HVM wird u. a. festgelegt, wie Kürzungen umzusetzen sind, wenn Ärzte ihre Regelleistungsvolumen überschritten haben, aber auch die Vergütung von spezifischen Leistungen. So ist es möglich, dass identische Leistungen je nach KV-Bezirk unterschiedlich vergütet werden. Schließlich erfolgt mittels des HVM die prozentuale Verteilung der morbiditätsorientierten Gesamtvergütung an die Hausärzte und die Fachärzte. Seit dem Jahr 2000 gibt es eine **Aufspaltung der Gesamtvergütung** in einen hausärztlichen und einen fachärztlichen Teil. Bevor aber die morbiditätsorientierte Gesamtvergütung auf diese verteilt werden kann, gibt es folgende **Abzüge**:

- ▸ **Verwaltungskostenumlage** zur Finanzierung der KVen.

- ▸ **Nicht durch Vertragsärzte der KV erbrachte Leistungen:** Hierzu zählen die Vergütung von ermächtigten Ärzten, die Vergütung von Leistungen von Privatärzten im Rahmen der Notfallversorgung und Fremdarztleistungen.

MERKE

Wurde ein Versicherter von einem Arzt eines anderen KV-Bezirks behandelt, z. B. während des Urlaubs oder berufsbedingter Auswärtstätigkeit, dann erfolgt zwischen den KVen ein Fremdkassenzahlungsausgleich. Dies ist erforderlich, da die KVen die Gesamtvergütung von den Krankenkassen jeweils für Versicherte in ihrem KV-Bezirk erhalten.

> **Bildung von Rückstellungen:** Ein Teil der Einnahmen wird in Form von Rückstellungen für ungewisse Ausgaben einbehalten. Hintergrund können Ausgaben sein für Sicherstellungszuschläge, für erwartete Zahlungen infolge einer Zunahme von an der Vertragsärztlichen Versorgung teilnehmenden Ärzten oder für Fehlschätzungen.

> **Vorwegabzüge:** Im Zuge eines Vorwegabzugs werden diverse Leistungen vergütet, welche nicht dem Regelleistungsvolumen unterliegen. Hierzu gehören u. a. Leistungen im organisierten Notfalldienst, Haus- und Heimbesuche, Versorgung chronisch schmerztherapeutischer Patienten, Akupunktur, Laboruntersuchungen, Pauschalerstattungen für Sachkosten.

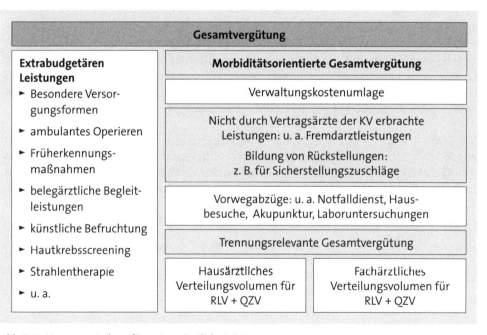

Abb. D10: Honorarverteilung für vertragsärztliche Leistungen

Das nach den diversen Abzügen verbleibende Finanzierungsvolumen wird in einen Teil für Haus- und Fachärzte getrennt. Diese **trennungsrelevante Gesamtvergütung** wird sodann an die Ärzte verteilt. Schließlich erhält der einzelne Arzt bzgl. seiner Vergütung einen Honorarbescheid.

Zusammenfassend werden die wichtigsten **vergütungsrelevanten Inhalte** auf folgenden Ebenen reguliert:

Regulierungsebene	Beteiligte	Inhalte u. a.
Bund	KBV, GKV-Spitzenverband, GBA	Bundesmantelvertrag, Einheitlicher Bewertungsmaßstab, Festlegung bundeseinheitlicher Orientierungswerte, Leistungskatalog der GKV
Bundesländer	KVen, Landesverbände der Kassen	Festlegung der Höhe der ärztlichen Gesamtvergütung, Erstellung eines Bedarfsplans, Zulassungen, Durchführung von Wirtschaftlichkeitsprüfungen
Einzelwirtschaftliche Ebene	Leistungserbringer und einzelne Kassen	Selektivverträge im Rahmen der „Besonderen Versorgungsformen"

2.3 Vergütung ärztlicher Leistungen durch die PKV

Behandeln niedergelassene Ärzte oder Zahnärzte privat Versicherte, so besteht ein unmittelbares Vertragsverhältnis zwischen ihnen. Der Patient schuldet dem Arzt/Zahnarzt die Vergütung direkt. Er kann sich die gezahlten Beträge aber von seiner Privaten Krankenversicherung erstatten lassen. Der Patient hat Kostentransparenz. Die Abrechnung erfolgt nun aber nicht über den EBM (oder BEMA), sondern über die **Gebührenordnung der Ärzte (GOÄ)** bzw. die **Gebührenordnung der Zahnärzte (GOZ)**.

Die **GOÄ** ist in 16 fachgebietsbezogene Abschnitte unterteilt. In diesen Abschnitten werden mögliche Leistungen des Arztes durch Ziffern definiert, z. B. Ziffer 1: „Beratung – einfacher Gebührensatz". Es sind sowohl Punktzahlen als auch der Gebührensatz in Euro-Werten angegeben. Der Gebührensatz ist der Betrag, der sich ergibt, wenn die Punktzahl der einzelnen Leistung des Gebührenverzeichnisses mit dem Punktwert vervielfacht wird. Der Punktwert ist seit 2002 konstant und beträgt 5,82873 Cent.

Leistungsnummer	Leistungsbeschreibung	Punktzahl	Gebühr in Euro
1	Beratung – auch mittels Fernsprecher	80	4,66
25	Neugeborenen-Erstuntersuchung – ggf. einschl. Beratung der Bezugsperson(en)	200	11,66
800	Eingehende neurologische Untersuchung – ggf. einschließlich der Untersuchung des Augenhintergrundes	195	11,37

Die **abzurechnende Gebührenhöhe** wird indes durch Berücksichtigung von Schwierigkeit und Zeitaufwand der einzelnen Leistung bestimmt. Dabei entspricht der 2,3-fache Gebührensatz der durchschnittlichen Leistung. In besonders schwierigen und zeitaufwändigen Fällen kann der Gebührensatz auch überschritten werden (Höchstsatz: 3,5-facher Gebührensatz). Bei umfangreicheren und kostenintensiveren Eingriffen sollten sich die Patienten bei ihrer Versicherung erkundigen, ob diese auch die erhöhten Abrechnungen anerkennt.

Beispiel

Ziffer 378 – Beschreibung: Simultanimpfung, d. h. gleichzeitige passive und aktive Impfung gegen Wundstarrkrampf; Punktzahl = 120; Gebühr = 6,99 €; Abrechnung bei durchschnittlichem Schwierigkeitsgrad und Zeitaufwand: 2,3 • 6,99 = 16,08 €.

Behandeln Ärzte indes Patienten, die über den **PKV-Basistarif** versichert sind, ist der Multiplikationsfaktor auf 1,8 begrenzt. Weitere Begrenzungen gibt es für medizintechnische Leistungen bis zum 1,8-fachen und für Laboruntersuchungen bis zum 1,5-fachen.

Die **GOZ** für die Zahnärzte enthält einen umfassenden Katalog von Standardleistungen und spezielle Diagnose- und Behandlungsmethoden. Sie gilt sowohl für Leistungen, die Zahnärzte mit Privatpatienten vereinbaren, als auch für solche Leistungen, die gesetzlich Versicherte in Anspruch nehmen, die aber nicht oder nicht vollständig durch die GKV erstattet werden. Der Anteil der privat getragenen Aufwendungen im zahnärztlichen Bereich (24 %) liegt deutlich über dem im ärztlichen Bereich (5 %). Hintergrund ist auch, dass der Gesetzgeber für zahlreiche zahnärztliche Eingriffe Standards definiert und Festbeträge festgelegt hat, viele Patienten sich aber für höherwertige und damit kostspieligere Leistungen entscheiden, mithin einen Eigenanteil zahlen müssen.

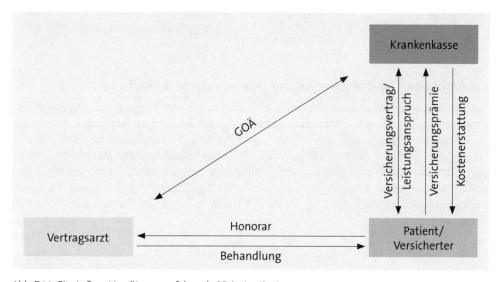

Abb. D11: Einstufiges Vergütungsverfahren bei Privatpatienten

Bei der PKV erfolgt somit eine **echte Einzelleistungsvergütung**; es erfolgt keine Reduzierung der Vergütungshöhe bei Leistungsausweitung. Das und die Vergütungshöhe der einzelnen Leistung machen die Behandlung von PKV-Versicherten für die Ärzte interessant. Anreize zu einer Mengenausweitung über das medizinisch sinnvolle Maß hinaus sind dem PKV-System immanent. Das **Morbiditätsrisiko** (Verschlechterung des Gesundheitszustands der Versichertengemeinschaft) liegt ausschließlich bei den Krankenversicherungen. Da sie nicht mittels einer Budgetierung Ausgaben begrenzen können, setzen sie bei ihren Versicherten an und versuchen ihrerseits, eine Kostenbegrenzung mittels Selbstbehalten und Beitragsrückerstattungen zu realisieren.

Zusammenfassend gibt es diverse **Unterschiede** zwischen der Vergütung ambulanter Leistungen durch die **GKV und PKV**:

Vergleichskriterium	GKV	PKV
Abrechnungsebenen	zweistufig	einstufig
Honorarverfahren	Sachleistungsprinzip	Kostenerstattungsprinzip
Gebührenordnung	EBM	GOÄ
Abrechnungsvoraussetzung	Bedarfsplanung mit Kassenzulassung	Approbation, keine Bedarfsplanung
Abrechenbare Leistungen	Regelleistungen festgelegt durch GBA, ggf. Satzungsleistungen der Kassen	nach Stand der wissenschaftlichen Forschung, ggf. Vorabgenehmigung durch die PKV erforderlich
Honorarhöhe	basiert zunächst auf RLV und QZV	gemäß Einzelleistungsvergütung
Folgen einer Leistungsausweitung	bis RLV/QZV feste Vergütung, dann Abschläge	erhöhte Vergütung
Morbiditätsrisiko	liegt zum Teil bei den Ärzten	ausschließlich bei den Krankenversicherungen

2.4 Ambulante Leistungsvergütung – ökonomische Bewertung

Die dominierende Vergütungsform in der ambulanten Versorgung ist die Einzelleistungsvergütung. Sie beinhaltet für die Leistungsanbieter einen impliziten Anreiz zur Leistungsausweitung, ggf. auch über das erforderliche medizinische Maß hinaus. Dabei sind die Rahmenbedingungen für eine **angebotsinduzierte Nachfrage** infolge der Informationsasymmetrie und der vollständig preisunelastischen Leistungsinanspruchnahme geradezu ideal. Der Gesetzgeber versucht die Mengenausweitung durch Budgetierungen einzudämmen. Hierdurch kommt es jedoch zu Formen der impliziten Rationierung.

Infolge der ungleichen Vergütung der Höhe nach und hinsichtlich der nicht vorhandenen Budgetierung kommt es zu einer **Bevorzugung von privat Versicherten** und teilweise zur Überversorgung dieser. Darüber hinaus ist die Form der Einzelleistungsvergütung bzgl. der Etablierung von integrierten Versorgungskonzepten eher hinderlich.

2.4.1 Mängel der jeweiligen Vergütungsformen

Um das Vergütungssystem ökonomisch effizienter zu gestalten und eine Ressourcenverschwendung zu verhindern, wären folgende **Reformansätze** sinnvoll:

- Die Einführung eines **absoluten Selbstbehalts** (z. B. 500 € p. a.) hätte eine verursachungsgerechtere Finanzierung der Leistungsinanspruchnahme zur Folge. Die dadurch erforderliche Umstellung auf das Kostenerstattungsprinzip erhöht die Kostensensibilität der Versicherten und erschwert Abrechnungsbetrug. Ressourcenverschwendungen durch unnötige Arztbesuche für Bagatellfälle würden reduziert. Eine finanzielle Überforderung von wirtschaftlich Schwachen ließe sich durch eine einkommensabhängige Belastungsgrenze vermeiden.

- Die Vergütung ambulanter Leistungen sollte verstärkt über **Pauschalen** erfolgen, insbesondere für Standardleistungen. Der Anreiz zur Leistungsausweitung würde dadurch eingedämmt. Zielführend ist es, die Pauschalen jeweils nach Arztgruppe zu definieren; zudem sollten sie altersabhängig differenziert werden.

- Spezialisierte, jeweils fachspezifische Leistungen sollten soweit möglich mittels **Komplexpauschalen oder Einzelleistungen** vergütet werden.

- Eine **Budgetierung** mittels Gesamtvergütung und Regelleistungsvolumina wäre entbehrlich, wenn die Vergütung erbrachter Leistungen, ähnlich den DRG, regelmäßig analysiert würde. Auffällige nicht medizinisch induzierte Leistungsausweitungen, die darauf beruhen, dass die Vergütungen erheblich über den jeweiligen Kosten liegen, könnten ermittelt und die Vergütungshöhe angepasst werden.

- Darüber hinaus wäre eine **einheitliche Gebührenordnung** für privat wie gesetzlich Versicherte sinnvoll. Die Vergütungshöhe, ob gesetzlich oder privat versichert, wäre bei gleicher Leistung identisch. Für die Ärzte entfiele der Anreiz, die Versicherten je nach Versicherungsstatus unterschiedlich zu behandeln. Der Anreiz zu einer diagnostischen und therapeutischen Überversorgung privat Versicherter entfiele ebenfalls. Möchte man Einkommenseinbußen der Ärzte ausgleichen, wäre die Vergütung von Leistungen für GKV-Versicherte im Durchschnitt etwas höher, diejenigen für PKV-Versicherte geringer.

In der **Konsequenz** wären die **privat und gesetzlich Versicherten** aus Sicht der Ärzte **gleichgestellt**. Eine die Benachteiligung von gesetzlich Versicherten ausgleichende Bürgerversicherung mit ihren verfassungsrechtlichen Problemen wäre entbehrlich. Der Vorteil einer Finanzierung der PKV, die relativ unabhängig von der demografischen Entwicklung ist, bliebe bestehen.

2.4.2 Förderung selektivvertraglicher Arrangements

Ergänzend zu der Veränderung der Vergütungsgrundlagen ist es ökonomisch sinnvoll, die Möglichkeiten für selektivvertragliche Arrangements sowohl für gesetzliche als auch für Private Krankenversicherungen auszuweiten. Die Krankenkassen könnten im Sinne von **Health Maintanance Organisations** dezentrale Versorgungsverträge mit einzelnen Leistungserbringern oder Gruppen von Leistungserbringern abschließen.

 MERKE

> **Health Maintenance Organisations (HMOs)** sind in den USA seit den frühen 70er-Jahren und seit Ende der 1980er-Jahre auch in der Schweiz eingeführt worden. HMOs sind Organisationen, bei denen Versicherte durch Einschreibung einen Versicherungsschutz mit einem definierten Leistungspaket zur medizinischen Versorgung mit Basis- und ergänzenden Behandlungsangeboten erhalten. Die Versorgung wird durch HMO-Ärzte übernommen, die hierfür ein bestimmtes Budget erhalten, meist berechnet nach Kopfpauschalen, wobei die Versorgung stark durch Managed-Care-Techniken, wie z. B. DMP und Case Management (Fallmanagement) geprägt ist. Die Ärzte können mit festem Gehalt bei der HMO angestellt sein oder unabhängig in Gruppenpraxen die Leistungen erbringen.

Der solchen Organisationsformen zugrunde liegende Ansatz besteht darin, dass Leistungserbringer nicht für die Krankheit, sondern für die **Gesundheit ihrer Klientel** bezahlt werden. Es werden negative Anreize bzgl. ausufernder Diagnose- und Therapiemaßnahmen gesetzt. Dies wird so realisiert, dass eine Gemeinschaft von Leistungserbringern ein bestimmtes fixes Gesamtbudget für eine definierte Anzahl an Versicherten erhält, aus dem alle medizinischen Maßnahmen bezahlt werden. Der einzelne Leistungserbringer hat einen Sparanreiz, indem er einen Teil des nicht verbrauchten Budgets zusätzlich zu seinem Gehalt erhält.

Beispiel

Andere Formen von Managed Care Organisationen sind z. B. **Preferred Provider Organizations (PPOs)**. Hier leisten Versicherte bei Inanspruchnahme der Preferred Provider eine niedrigere oder keine Selbstbeteiligung. Werden Leistungserbringer außerhalb der Organisation aufgesucht, entstehen hohe Selbstbeteiligungen (bis zu 100 %), sodass ein starker Anreiz für Patienten besteht, Preferred Provider in Anspruch zu nehmen. Der Leistungserbringer wiederum verlangt gegenüber der Versicherung niedrigere Preise, da hohe Patientenzahlen gesichert sind.

Solche **Versorgungsmodelle** würden dem Trend entsprechen, dass immer mehr ambulant tätige Ärzte in angestellter Position beschäftigt sein wollen. Es könnten sich innovative, auch sektorenübergreifende Versorgungsformen und ggf. Spezialisierungsvorteile herausbilden. Im Ergebnis würde es zu einem Nebeneinander heterogener Versorgungsmodelle kommen.

2.4.3 Finanzierung und Integrierte Versorgung

In den vergangenen Jahren wurden zahlreiche Maßnahmen vom Gesetzgeber auf den Weg gebracht, um **innovative und Integrierte Versorgungsformen** zu fördern, denn die Vorteile einer stärker kooperativen und integrierten Versorgung sind evident: Überwindung von Kommunikationshindernissen, bessere Vernetzung von Spezialisten bei komplexen Erkrankungen, damit verbesserte Qualität und eine Optimierung der Wirtschaftlichkeit.

Eine stärkere **sektorenübergreifende Prozessorientierung** der Gesundheitsversorgung ist auch infolge einer steigenden Anzahl multimorbider und chronisch Erkrankter erforderlich. Mit Blick auf die stationäre, die ambulante, die Ambulant Spezialärztliche Versorgung und diverse Ansätze zur Besonderen Versorgung bleibt aber festzustellen, dass die Patienten-Versorgung in Deutschland bzgl. der Bedarfsplanung, der Qualitätssicherung und Vergütungssysteme hochgradig inkonsistent ist.

Die **unterschiedliche Finanzierung** von ambulanten, stationären und rehabilitativen Leistungen stellt ein wesentliches Problem für die weitere Implementierung integrierter Versorgungsformen dar. Die Vergütungsformen der erbrachten Leistungen bestehen überwiegend aus Fallpauschalen auf der stationären Seite und Einzelleistungsvergütungen auf der ambulanten Seite. Jeder Bereich für sich genommen ist wiederum budgetiert. So ist es bisher möglich, durch Überweisung von komplex erkrankten Patienten die Kosten für diese aus einem Finanzierungssystem (ambulant) heraus in ein anderes (stationär) zur transferieren und dies zulasten dessen Budgets. Das heißt, es bleibt zu klären, zulasten welcher Budgets erbrachte sektorenübergreifende Leistungen gehen.

Ein intrinsischer Anreiz, die medizinische Versorgung stärker in Richtung einer sektorenübergreifenden Kooperation oder Integration zu entwickeln, ist insbesondere dann nicht zu erwarten, solange mit der bestehenden Regelversorgung überdurchschnittliche Einkommen zu erzielen sind. Die im ambulanten Sektor vorwiegend angewandte Vergütungsform der Einzelleistungsvergütung wirkt hinsichtlich des Anreizes zu einer kooperativen und sektorübergreifende Versorgung eher negativ. Von der **KBV**, als die Interessen ihrer Mitglieder vertretenden Institution, sind Impulse nur zu erwarten, sofern finanzielle Vorteile in Aussicht stehen. Die KVen stehen Versorgungsformen wie den DMP oder der Möglichkeit zu Selektivverträgen eher ablehnend gegenüber. So ist sinnvollerweise die Zuständigkeit der KVen bzgl. der Verträge zur integrierten Versorgung eingeschränkt worden.

Ein Beispiel für eine ungenügende Anpassung der Vergütung bietet die **Ambulant Spezialfachärztliche Versorgung**. Da die Teilnahme teilweise explizit eine intersektorale Zusammenarbeit voraussetzt, wäre es nur konsequent gewesen, die an der ASV Be teiligten als Team insgesamt für sämtliche erbrachten Leistungen zu vergüten. Dies setzte indes eine Definition eines ASV-Falles voraus, was in der Umsetzung bislang gescheitert ist.

Beispiel

Für an der ASV teilnehmende Vertragsärzte in Einzelpraxen wird der Behandlungsfall als **Arztfall** definiert. Er umfasst die Behandlung desselben Versicherten durch denselben Arzt in einem Kalendervierteljahr. Für Krankenhäuser sowie Vertragsärzte in Berufsausübungsgemeinschaften (BAG) und Medizinischen Versorgungszentren (MVZ) wird der Behandlungsfall als **Fachgruppenfall** definiert. Das heißt: Sind dort mehrere Ärzte einer Fachgruppe im selben ASV-Kernteam tätig, kann immer nur einer die Leistung je Patient im Quartal abrechnen.

Insgesamt ist es sinnvoll, kooperative und integrative Versorgungsformen finanziell zu fördern. Mit dem 2015 eingeführten **Innovationsfonds zur Förderung neuer Versorgungsformen** wurde ein Schritt in die richtige Richtung vollzogen. Soll indes eine Fortentwicklung verstetigt werden, ist die zunächst vorgesehene Begrenzung auf drei Jahre kritisch zu betrachten. Auch ist zweifelhaft, ob das gewählte Förderverfahren zielführend ist. Sinnvoller als die Entscheidungsfindung bzgl. zukunftsträchtiger Versorgungsformen durch eine zentrale Institution, wie den beim GBA eingerichteten Innovationsausschuss, wäre ein wettbewerblicher Ansatz. So wäre es denkbar, die Krankenkassen direkt mit finanziellen Mitteln für die Förderung innovativer Versorgungsformen auszustatten. Sie würden im Wettbewerb miteinander differierende Ansätze zunächst in Form von Selektivverträgen für ihre Versicherten entwickeln. Damit würde das Entdeckungsverfahren vorteilhafter innovativer Versorgungsformen von einer kollektiven Institution auf die dezentrale Ebene verlagert.

Da **Selektivverträge** jedoch Leistungen begründen, die neben den originären Regelleistungen bestehen, ist ferner die Frage wichtig, wie sich bewährende innovative Versorgungslösungen in eine Regelversorgung überführt werden können. Ein Ansatzpunkt könnte darin bestehen, dass eine Grenze bzgl. der Anzahl von Versicherten, für die die neue Versorgungsform Anwendung findet, definiert wird. Das heißt, je mehr Krankenkassen die erfolgreiche **innovative Versorgungsform** übernehmen, desto eher wird sie zur allgemeinverbindlichen Regelversorgung. Die Anreizwirkungen hinsichtlich der Partizipation der Leistungsanbieter wiederum dürften umso größer sein, wenn die Förderung kooperativer und integrativer Versorgungsformen zulasten der Vergütung der bestehenden Regelversorgung erfolgt.

Zu diesem Kapitel finden Sie auch die folgenden Übungsaufgaben:

Aufgabe 14 > Seite 338
Aufgabe 15 > Seite 339

Lösung

1.	Erläutern Sie die unterschiedlichen Stellungen von ambulant tätigen Ärzten bzgl. der Möglichkeiten der Leistungsabrechnung.	>> Kap. D.1
2.	Was sind die wesentlichen Einnahmequellen von Vertragsärzten?	>> Kap. D.1
3.	Inwiefern ist es praktisch möglich, dass die grundsätzliche freie Arztwahl von Patienten eingeschränkt ist?	>> Kap. D.1
4.	Erläutern Sie den Unterschied zwischen einer Praxisgemeinschaft und einer Gemeinschaftspraxis (Berufsausübungsgemeinschaft).	>> Kap. D.1.1
5.	Was versteht man unter einem Belegarztsystem, und welche Vorteile ergeben sich daraus für Kliniken?	>> Kap. D.1.3.1
6.	Erläutern Sie die den Kassenärztlichen Vereinigungen vom Gesetzgeber übertragenen Aufgaben. Warum hat die KV quasi eine „Zwitterstellung" inne?	>> Kap. D.1.2
7.	Welche Aufgaben übernehmen die Ärztekammern, und für wen Sie sind tätig?	>> Kap. D.1.2
8.	Erläutern Sie mögliche Ursachen für das Auftreten einer mangelhaften ärztlichen Versorgung.	>> Kap. D.1.2.2
9.	Welche möglichen Ansätze gibt es zur Reduzierung eines Ärztemangels?	>> Kap. D.1.2.2
10.	Was würde dagegen sprechen, die ärztliche Bedarfsplanung abzuschaffen und eine uneingeschränkte Niederlassungsfreiheit zuzulassen?	>> Kap. D.1.2.3
11.	Was ist unter einer Ambulanten Spezialfachärztlichen Versorgung zu verstehen, und warum ist diese als separater Versorgungsbereich etabliert worden?	>> Kap. D.1.3
12.	Welche Vorteile weisen MVZ gegenüber anderen ambulanten Organisationsformen auf?	>> Kap. D.1.3.3
13.	Welche Ansätze fallen unter die „Besonderen Versorgungsformen" nach § 140a SGB V? Erläutern Sie diese.	>> Kap. D.1.5
14.	Welche Vorteile erwartet der Gesetzgeber durch „Besondere Versorgungsformen"?	>> Kap. D.1.3.4
15.	Warum wird ein Arzt eher das Verhältnis von Ertrag und Aufwand optimieren als das Verhältnis von Nutzen und Kosten einer Therapie?	>> Kap. D.1.4
16.	Wie ist es zu erklären, dass der private Finanzierungsanteil im zahnärztlichen Bereich viel höher ist als im ärztlichen?	>> Kap. D.1.5
17.	Welche positiven Anreize zu einer optimalen ambulanten Versorgung lassen sich ggf. mittels einer Vergütungsform erzielen?	>> Kap. D.2

Lösung

18.	Erläutern Sie mögliche Vor- und Nachteile aus ökonomischer Perspektive und der Perspektive der Patienten, die mit den Vergütungsformen Festgehalt, Einzelleistungsvergütung, Grundpauschale und einer erfolgsorientierten Vergütung einhergehen.	>> Kap. D.2.1
19.	Erläutern Sie das Vorgehen zur Ermittlung einer morbiditäts-orientierten Gesamtvergütung.	>> Kap. D.2.2.1
20.	Was sind die maßgeblichen Bestandteile des Einheitlichen Bewertungsmaßstabs?	>> Kap. D.2.2.2
21.	Welche Funktionen erfüllt der Einheitliche Bewertungsmaß-stab im Rahmen der Vergütung von ambulanten Leistungen?	>> Kap. D.2.2.2
22.	Warum ist das in Deutschland herrschende Vergütungssys-tem ein Mischsystem von Vergütungsformen?	>> Kap. D.2.2.2
23.	Erläutern Sie die Funktionsweise von Regelleistungsvolumen (RLV) und die damit einhergehenden Vor- und Nachteile für Ärzte.	>> Kap. D.2.2.3
24.	Warum wurden neben den RLV noch Qualifikationsgebunde-ne Zusatzvolumina (QZV) eingeführt?	>> Kap. D.2.2.3
25.	Nennen Sie Beispiele für „extrabudgetäre Leistungen". Warum sind diese nicht budgetiert?	>> Kap. D.2.2.4
26.	Erläutern Sie den Zweck eines Honorarverteilungsmaßstabs (HVM).	>> Kap. D.2.2.4
27.	Bevor die morbiditätsorientierte Gesamtvergütung auf die einzelnen Ärzte gemäß ihrer Abrechnungen verteilt werden kann, gibt es diverse Vorwegabzüge. Welche sind das?	>> Kap. D.2.2.4
28.	Stellen Sie die Verteilung der Gesamtvergütung schematisch dar.	>> Kap. D.2.2.4
29.	Welchen finanziellen Vorteil hat die Behandlung privat Versi-cherter gegenüber der Behandlung von GKV-Versicherten für die Ärzte?	>> Kap. D.2.3
30.	Vergleichen Sie die Vergütung von privat Versicherten mit derjenigen von GKV-Versicherten bzgl. der Kriterien Honorar-verfahren, Gebührenordnung, Begrenzung der Honorarhöhe und Morbiditätsrisiko.	>> Kap. D.2.3
31.	Welche Möglichkeiten gäbe es, die Attraktivität GKV-Versicher-ter gegenüber derjenigen von PKV-Versicherten zu steigern?	>> Kap. D.2.4.1
32.	Nennen und erläutern Sie zwei Ausgestaltungsformen von Managed Care Organisationen.	>> Kap. D.2.4.2

E. Arzneimittelversorgung

1. Strukturen und Institutionen

Auch die Arzneimittelnachfrage in Deutschland steigt infolge der demografischen Entwicklung, der Zunahme zivilisatorischer Erkrankungen und des technischen Fortschritts seit Jahren. Arzneimittel sind die am häufigsten angewandte Form zur Behandlung von Krankheiten. Die **Gesamtausgaben für Arzneimittel** betrugen in 2015 rund 53. Mrd. €. Damit ist die Arzneimittelversorgung mit einem Anteil von 20 % an den gesamten Gesundheitsausgaben hinter der stationären und ambulanten Versorgung der drittgrößte Ausgabenblock.

Die gemeinsame **Selbstverwaltung** hat im Rahmen der Arzneimittelversorgung keine derart große Eingriffsbefugnis wie in der ambulanten oder stationären Versorgung. Der **GBA** verabschiedet die Richtlinie über die Verordnung von Arzneimitteln in der Vertragsärztlichen Versorgung. In ihr werden die allgemeinen Regeln einer notwendigen, ausreichenden, zweckmäßigen und wirtschaftlichen Verordnungsweise beschrieben, und sie stellt Leistungseinschränkungen und -ausschlüsse zusammenfassend dar. **KVen und Krankenkassen** vereinbaren als Instrument der Mengenbegrenzung das Ausgabevolumen, der durch die Ärzte insgesamt zu veranlassenden Leistungen für Arznei- und Heilmittel. Die **Landesapothekenkammern**, als Körperschaft des öffentlichen Rechts, sind für die Überwachung der Berufsausübung und das Aus- und Fortbildungswesen verantwortlich. Auf Bundesebene werden die Interessen der Apotheker durch die **Bundesvereinigung Deutscher Apothekenverbände (ABDA)** vertreten.

Das Bundesinstitut für Arzneimittelsicherheit (BfArM) ist für die **Zulassungen von Arzneimitteln** zuständig. Laut seiner Statistik bestanden im Jahr 2016 Zulassungen oder Registrierungen für 102.054 Arzneimittel aller Therapierichtungen, davon 47.034 rezeptpflichtige Arzneimittel. Die hohe Anzahl ist indes differenziert zu betrachten, da in Deutschland für das Inverkehrbringen von Arzneimitteln für jede einzelne Wirkstärke und jede Arzneiform eines Wirkstoffes jeweils eine Zulassung durch das BfArM notwendig ist. So gibt es jeweils eine unabhängige Zulassung für jede Creme, Salbe oder Einreibung mit denselben Wirkstoffen. In anderen Ländern dagegen werden Präparate mit gleicher Wirkstärke, aber verschiedenen Darreichungsformen als eine Zulassung gewertet. Ferner sind nicht alle verkehrsfähigen Präparate auch ständig auf dem Markt verfügbar.

Der Gesetzgeber greift auch in die Versorgung der Bevölkerung mit Arzneimitteln auf vielfältigste regulierende Art ein. Die **wesentlichen Rechtsquellen** sind das SGB V bzgl. grundsätzlicher Rahmenvorgaben, Aufgaben der Selbstverwaltung und Leistungsansprüche. Das Arzneimittelgesetz (AMG) regelt die Zulassung, Herstellung, Abgabe und Überwachung der Arzneimittelversorgung. Die Voraussetzungen und den Betrieb von Apotheken regeln das Apothekengesetz (ApoG) und die Apothekenbetriebsordnung (ApBetrO). Schließlich ist die staatliche Preisregulierung in der Arzneimittelpreisverordnung (AMPreisV) festgehalten.

Die **Kernziele** der staatlichen Regulierung sind eine **ordnungsgemäße Arzneimittelversorgung** im Sinne einer hohen Qualität, Wirksamkeit und Unbedenklichkeit (Schadensabwendung) der Arzneimittel, aber auch Wirtschaftlichkeit. Arzneimittel sind definiert als *„Stoffe oder Zubereitungen aus Stoffen, die zur Anwendung im oder am menschlichen oder tierischen Körper bestimmt sind und zur Heilung oder Linderung oder zur Verhütung von Krankheiten oder krankhafter Beschwerden bestimmt sind oder um eine medizinische Diagnose zu erstellen"* (§ 2 AMG). Das heißt, der potentielle Nutzen von Arzneimitteln ergibt sich sowohl für diagnostische als auch therapeutische Zwecke.

Insgesamt ist der **potenzielle Nutzen von Arzneimitteln** sehr vielfältig. So können ggf. Erkrankungen erkannt, Nebenwirkungen anderer Arzneien verringert, Beschwerden und Schmerzen gelindert oder die Heilung einer Erkrankung beschleunigt werden. Alle diese Faktoren können lebensverlängernd wirken, erhöhen aber sicher die Lebensqualität. Der volkswirtschaftliche Nutzen kann in einer (Wieder-)Herstellung der Arbeitsfähigkeit, einer Verhinderung von Arbeitsausfall, Frühverrentung oder Pflegekosten bestehen. Zudem können Arzneimittel ggf. ambulante oder stationäre Behandlungen substituieren. Zumeist stehen sie indes in einem komplementären Verhältnis zu anderen Behandlungsformen.

Dem Nutzen stehen die **Kosten der Einnahme von Arzneimitteln** gegenüber. Unmittelbar sind das der Preis des Medikaments, mittelbar ggf. erforderliche Voruntersuchungen, das Einstellen der Patienten auf die Medikamente im Krankenhaus oder Nebenwirkungen. Letztere können umso schwerwiegender sein, umso mehr Arzneimittel parallel eingenommen werden.

Für die **gesetzlichen Krankenkassen** als Hauptkostenträger der Arzneimittelversorgung bestehen nur geringe Möglichkeiten, sich wettbewerblich zu differenzieren. Für ihre Versicherten gelten einheitliche Selbstbeteiligungsregeln und ein einheitliches Sortiment erstattungsfähiger Arzneimittel. Absetzen von der Konkurrenz können sie sich insbesondere durch:

- das Aushandeln von Arzneimittel-Rabattverträgen (§ 130a Abs. 8 SGB V)
- die Versorgung mit nicht verschreibungspflichtigen, apothekenpflichtigen Arzneimitteln (§ 11 Abs. 6 SGB V)
- Zuzahlungsermäßigungen für Versicherte, die an besonderen Versorgungsformen teilnehmen (§ 53 Abs. 3 SGB V).

1.1 Nachfrage nach Arzneimitteln

Für die Patienten gibt es **zwei Medikationsebenen**. Bei der **Selbstmedikation** können sie in der Wirkung unbedenkliche und unschädliche Medikamente (z. B. gegen Erkältungserkrankungen) selbst in der Apotheke kaufen. Man bezeichnet dies auch als OTC-Markt (Over the Counter). Die Kosten für diese Arzneimittel müssen die Patienten selbst tragen (Eigenfinanzierung). Gleiches gilt für Medikamente, die nicht zwingend durch Apotheken verkauft werden müssen. Für diese besteht aus Sicht des Gesetzgebers kein fachkundiger Beratungsbedarf, sodass sie nicht apothekenpflichtig sind und über Drogerien, Reformhäuser oder Supermärkte verkauft werden können („Mass Market").

Im Bereich der Selbstmedikation gelten weithin **marktwirtschaftliche Mechanismen**. Der Vertriebsweg „Apotheke" ist zwar für einen Teil der Medikamente vorgeschrieben. Die Nachfrage richtet sich indes klassisch nach dem Nutzen-Kosten-Kalkül. Die Preisbildung durch Anbieter und Handel erfolgt frei, ohne staatliche Regulierung. Die Anbieter müssen also die Preiselastizität der Nachfrage beachten.

Der **OTC-Markt**, abgegrenzt als Markt für rezeptfreie Arzneimittel, hatte im Jahr 2016 ein Umsatzvolumen von 6,8 Mrd. €, wovon 97 % durch Apotheken veräußert wurden. Die Nachfrage schwankt hierbei üblicherweise im Laufe des Jahres infolge von Erkältungswellen oder Pollenallergien erheblich. So entfällt der größte Anteil der Medikamente auf die Behandlung von Atemwegserkrankungen (25 %), Magen-Darm-Erkrankungen (24 %) und Nervenerkrankungen (13 %). Das Marktwachstum der in Selbstmedikation abgesetzten Arzneimittel ist deutlich geringer als dasjenige der verordnungspflichtigen Arzneimittel.

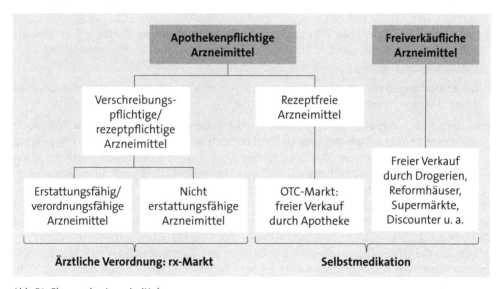

Abb. E1: Ebenen der Arzneimittelversorgung

Der größte Teil der in Deutschland über Apotheken verkauften Medikamente (87 %) ist aber verschreibungspflichtig, d. h. ohne **Verordnung durch einen Arzt** sind sie nicht zu erhalten. Diese Arzneimittel werden nur auf Rezept in der Apotheke abgegeben. Dafür werden die Kosten zumeist von der Gesetzlichen Krankenversicherung (GKV) übernommen. Insgesamt ist die Eigenbeteiligung der privaten Haushalte in Deutschland im internationalen Vergleich sehr gering.

Bei den **erstattungsfähigen (verordnungsfähigen) Arzneimitteln** übernehmen die Krankenkassen die Kosten; die Nachfrager müssen seit 2002 aber eine Zuzahlung von 10 % vom Apothekenverkaufspreis leisten, jedoch mindestens 5 € und maximal 10 €.

Dadurch, dass die medizinische Notwendigkeit des Präparates ärztlich verordnet wurde und durch die Begrenzung der maximalen Zuzahlung, ist evident das die Zuzahlung lediglich einen **Finanzierungseffekt** bewirken soll, aber keinen Steuerungseffekt im Sinne einer Nachfragebegrenzung.

Beispiel

Kostet das Medikament 3 €, müssen 5 € selbst gezahlt werden; kostet das Medikament 78 €, müssen 7,80 € selbst gezahlt werden; kostet das Medikament 180 €, müssen 10 € selbst gezahlt werden.

Hinsichtlich des Arzneimittelkonsums besteht eine **Tendenz zur Überversorgung**:

- Für die Ärzte entstehen keine Kosten bei der Verschreibung von Arzneimitteln. Es ist eine **kaum aufwändige Therapieform**.
- Bei häufig vorkommenden, diffusen Beschwerden der Patienten erhalten diese bei einer Arzneimittelverschreibung den Eindruck, der Arzt nehme das Leiden ernst und handele zielgerichtet. Die Wirkung auf die **Patientenbindung** dürfte höher sein, als wenn der Patient mit der Bitte um Geduld ohne konkreten Therapievorschlag nach Hause geschickt wird.
- Die **Erwartungshaltung** der Patienten auf schnelle Verbesserung ihrer Leiden wird durch die verschriebenen Arzneien befriedigt.
- Anders als bei stationären Therapieformen kann der Patient bei Einnahme von Medikamenten in seinem **gewohnten Umfeld** daheim verbleiben und je nach Erkrankung ggf. seiner beruflichen Tätigkeit nachgehen. Damit steht zu vermuten, dass im Sinne einer möglichst geringen Beeinträchtigung des Lebensalltags ggf. über einen sinnvollen Zeitpunkt hinaus medikamentös behandelt wird.

So gehört Deutschland laut OECD zu den Ländern mit den **höchsten Ausgaben für Arzneimittel**. 2015 waren es kaufkraftbereinigt 766 US-$ pro Einwohner. Zum Vergleich lag der OECD-Durchschnitt bei 553 US-$, in Dänemark waren es 282 US-$. Die hohen Ausgaben resultieren aus einigen sehr teuren Präparaten und daraus, dass in Deutschland überdurchschnittlich viele Medikamente pro Kopf eingenommen werden. Beispielsweise werden mehr Blutdrucksenker verschrieben als in allen anderen OECD-Staaten: 591 Tagesdosen pro 1.000 Einwohner. Im OECD-Durchschnitt sind es 317, in Österreich nur 170.

Die **Arzneimittelversorgung** läuft insgesamt über **drei Stufen**: Die Arzneimittelindustrie erforscht, produziert und vertreibt Arzneimittel, der Pharmagroßhandel ist für einen Großteil der Arzneien als Handelsstufe zwischengeschaltet, bevor die Apotheken die Medikamente an die Versicherten abgeben. Jede Stufe für sich ist durch Besonderheiten gekennzeichnet.

1.2 Arzneimittelindustrie

In Deutschland waren im Jahr 2014 nach Angaben des Statistischen Bundesamtes 669 **pharmazeutische Unternehmen** gemeldet. Bei diesen Anbietern handelt es sich sowohl um ansässige mittelständische und Großunternehmen als auch um Niederlassungen multinationaler Konzerne. Dabei ist die Marktstruktur sehr stark **mittelständisch geprägt**, denn rund 93 % der Arzneimittel herstellenden Unternehmen beschäftigen weniger als 500 Mitarbeiter, und 400 von diesen Mittelständlern hatten weniger als 20 Beschäftigte.

Während aber die Zahl der Beschäftigten in den vergangenen Jahren stetig gestiegen ist, war die **Produktion** in 2015 erstmals seit Jahren leicht rückläufig. Die pharmazeutische Industrie in Deutschland stellte pharmazeutische Erzeugnisse im Wert von 29,6 Mrd. € her. Dabei hängt die inländische Produktion maßgeblich von den Preisen, der Konkurrenz durch Arzneimittelimporte sowie der Exportnachfrage ab.

Anders als z. B. für die Automobilindustrie werden eine steigende Produktion und Absatzzuwächse gesellschaftlich bisweilen eher negativ beurteilt. Sie schlagen sich einerseits nieder in steigenden Ausgaben der GKV. Andererseits sorgen extrem hohe Preise für Therapien, wie die gegen Hepatitis C, für negative Schlagzeilen. So versucht der Gesetzgeber, durch eine Vielzahl von vorwiegend **prozesspolitischen Eingriffen** das Wachstum zu begrenzen.

1.2.1 Wettbewerbsumfeld der Pharmaindustrie

Der **Aktionsparametereinsatz** der Pharmaindustrie ist in vielfältiger Weise different zu dem in anderen Industriezweigen. Der **Preiswettbewerb** ist stark eingeschränkt. Für einen Großteil der Arzneimittel sind Festbeträge vorgegeben. Diese Erstattungshöchstbeträge haben unmittelbar Auswirkungen auf die Preisgestaltung der Anbieter. Verlangen sie Preise, die über den Festbeträgen liegen, laufen sie Gefahr, dass diese substituiert werden durch jene, für die die Patienten keine Zuzahlungen leisten müssen. Entwickeln sie neue Medikamente, haben sie nur dann vollständige Freiheit bei der Preissetzung, wenn die Arzneien eine alternativlose Therapie für die jeweilige Erkrankung darstellen. Existieren alternative Arzneimittel oder andere Therapieformen, ist gemäß dem Arzneimittelmarktneuordnungsgesetz (AMNOG) von 2011 eine Kosten-Nutzen-Bewertung durchzuführen, durch die der Gesetzgeber letztlich Einfluss auf die Preissetzung nimmt (siehe >> Kap. E.2.3.3).

Der **Werbewettbewerb** ist ebenfalls regulatorisch eingeschränkt. Öffentliche Werbung ist nur im Bereich der Selbstmedikation erlaubt. Im Endverbrauchermarkt sind die Kommunikationsausgaben vieler Anbieter entsprechend sehr hoch. Im Bereich der verschreibungspflichtigen Medikamente arbeiten die Hersteller mit Beziehungsmarketing. Informationen und Werbung erfolgen im Wesentlichen mittels Publikationen oder Pharmareferenten direkt beim Arzt oder bei den Kliniken.

Sind Unternehmen hinsichtlich der Nutzung von einzelnen Aktionsparametern eingeschränkt, erfolgt häufig eine Verlagerung des wettbewerblichen Einsatzes auf andere

Aktionsparameter, die entsprechend intensiv genutzt werden. In der pharmazeutischen Industrie ist ein extremer Einsatz bzgl. der **Produktdifferenzierung** zu konstatieren. So werden erfolgreiche Medikamente in diversen Darreichungsformen auf dem Markt gebracht, und sobald der Patentschutz von umsatzstarken Arzneien ausläuft, reagieren die Konkurrenzunternehmen, indem sie Nachahmerprodukte (Me-too-Präparate) auf den Markt bringen.

Unterschieden werden in der Arzneimittelindustrie forschende Pharmaunternehmen und solche, die lediglich bestehende Arzneimittel imitieren. Die nachgeahmten Medikamente werden auch als Generika bezeichnet. **Forschende Pharmaunternehmen** erforschen und entwickeln neue Arzneimittel. Wenn sie erfolgreich sind, erhalten sie für ihre innovativen Arzneien einen Patentschutz für 20 Jahre. Andere Unternehmen dürfen die geschützten Präparate dann während der Patentlaufzeit nicht kopieren.

Bevor ein Arzneimittel indes auf den Markt kommt, muss es zugelassen werden. Diese Zulassung ist eine **behördlich erteilte Genehmigung**, die erforderlich ist, um ein industriell hergestelltes, verwendungsfertiges Arzneimittel anbieten, vertreiben oder abgeben zu können. Der Zweck liegt in der Risikovorsorge und Abwehr von Gefährdungen der Gesundheit, die durch unsichere oder wirkungslose Arzneimittel entstehen könnten. Im Rahmen des **Zulassungsverfahrens** werden deshalb vom Arzneimittelhersteller eingereichte Unterlagen zum Thema pharmazeutischen Qualität, therapeutische Wirksamkeit und Unbedenklichkeit des Arzneimittels durch Arzneimittelbehörden überprüft.

Die **präklinische Entwicklung** beginnt mit der Suche nach wirksamen Substanzen, bezogen auf definierte Erkrankungen, in deren Verlauf Labor- und Tierversuche durchgeführt werden. Die Überprüfung und Entwicklung erfolgt sodann durch mehrere **klinische Studien**, im Rahmen derer erste Erprobungen bzgl. Wirkung und Verträglichkeit am Menschen stattfinden.

Das **wichtigste Zulassungskriterium** ist die Abwägung des Nutzen-Risiken-Verhältnisses. Nur wenn der Nutzen des Arzneimittels die Risiken überwiegt, ist eine Zulassung gerechtfertigt. Verändert sich das Nutzen-Risiken-Verhältnis des Arzneimittels nach erteilter Zulassung negativ, muss das Arzneimittel ggf. vom Markt genommen werden. Eine Arzneimittelzulassung wird immer nur für ein bestimmtes Anwendungsgebiet, eine bestimmte Indikation erteilt. Die Anwendung eines zugelassenen Arzneimittels außerhalb der genehmigten Indikation wird als **„Off-Label-Use"** bezeichnet.

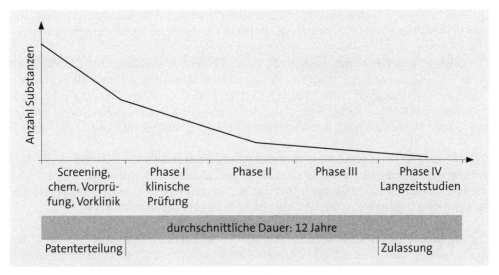

Abb. E2: Phasen der Arzneimittelerforschung und Entwicklung
Quelle: *Tufts University, BCG (2015)*

Der **Entwicklungsprozess** ist extrem langwierig und kostenintensiv. Die forschenden Pharmaunternehmen unterliegen damit sehr langfristigen Planungshorizonten. Mit im Durchschnitt 12 % des Umsatzes ist die Pharmaindustrie deutlich forschungsintensiver als andere Wirtschaftsbereiche mit knapp 3 %. Die **hohe Forschungsintensität** führt zu einer hohen Kapitalbindung bei gleichzeitig hoher Unsicherheit bzgl. des wirtschaftlichen Erfolgs. Im Laufe des intensiven F&E-Wettbewerbs sind ferner sinkende Grenzerträge der Forschung festzustellen. Der Refinanzierungsdruck in der verbleibenden Patentlaufzeit ist entsprechend hoch. Das alles zusammengenommen ergibt aus Sicht der Pharmaunternehmen einerseits eine Rechtfertigung für hohe Preise innovativer Arzneimittel und andererseits einen Zwang zur Größe.

So ist es international im Laufe der 1990er- und 2000er-Jahre zu einer massiven Konzentration durch Fusionen und Übernahmen gekommen. Zählten die größten deutschen Pharmahersteller einst zu den **größten Anbietern der Welt**, ist heute nur noch die Bayer AG mit rund 43 Mrd. US-$ unter den größten zehn vertreten. Die Umsätze der drei größten Anbieter, Johnson & Johnson, Pfizer und Roche, lagen 2016 jeweils bei deutlich über 50 Mrd. US-$. Das zweitgrößte deutsche Pharmaunternehmen Boehringer Ingelheim erzielte einen Umsatz von knapp 13 Mrd. US-$.

1.2.2 Patentschutz

Ein Patent ist ein hoheitlich erteiltes **gewerbliches Schutzrecht** für eine Invention (Erfindung). Patente werden für Erfindungen erteilt, die neu sind, auf einer erfinderischen Tätigkeit beruhen und gewerblich anwendbar sind (§ 1 Abs. 1 PatG). Der Inhaber des Patents ist berechtigt, anderen die Benutzung der Invention zu untersagen. Der Patentinhaber erhält ein zeitlich begrenztes Ausschließlichkeitsrecht. Damit haben die

Unternehmen durch den Patentschutz zeitlich begrenzt eine **Monopolstellung** und können sehr hohe Preise verlangen, auch um ihre Forschungskosten zu amortisieren.

Die **Laufzeit eines Patentes** beträgt 20 Jahre ab dem Anmeldedatum. Bei Patenten für Erfindungen, wie Arzneimittel, kann gemäß EU-Verordnungen infolge der langen Dauer der Zulassungsverfahren durch ein ergänzendes Schutzzertifikat der Schutz um maximal fünf Jahre verlängert werden. Die Offenlegung durch das Patentamt erfolgt spätestens 18 Monate nach der Anmeldung durch die Veröffentlichung.

Patente sind nach allgemeinem **ökonomischem Verständnis sinnvoll**, wenn die Entwicklungskosten erheblich höher sind als die Kosten der Nachahmung. Dann erleidet der Erfinder einen Nachteil, der durch das zeitlich begrenzte Monopol des Erstanbieters eines Produktes ohne Patentschutz nicht ausgeglichen werden kann.

Die **Entwicklungskosten** unterscheiden sich je nach Entwicklungsbereich stark. Bei Arzneimitteln dauert es oft Jahre, bis eine effektive Wirkstoffkombination gefunden wurde. Diese entwickelte Lösung wird aber durch Markteintritt schnell bekannt und könnte so leicht kopiert werden.

Da die Einräumung eines Patentschutzes eine Monopolstellung des Anbieters schafft und damit den Wettbewerb zumindest temporär ausschließt, bedarf es einer Rechtfertigung eines solches Eingriffs. Die verschiedenen **Patenttheorien** rechtfertigen den Imitationsschutz aus je unterschiedlichen Perspektiven:

- **Belohnungstheorie:** Der gängigste Rechtfertigungsansatz ist die Belohnungstheorie. Hiernach erhält der Erfinder dafür, dass er seine Erfindung angemeldet und damit öffentlich gemacht und der Gesellschaft einen nützlichen Dienst erwiesen hat, ein ausschließliches Verwertungsrecht quasi als Belohnung.

- **Ansornungstheorie:** Diese Theorie setzt nicht am Ende der erfolgreichen F&E-Tätigkeit an, sondern am Anfang, indem der Erfinder angereizt wird, in F&E zu investieren. Hintergrund ist hierbei die Annahme, dass die Anzahl von Erfindungen ohne den Anreiz „Patentschutz" zu gering wäre.

- **Eigentumstheorie:** Sie entspringt der Naturrechtstheorie, welche das Recht des Erfinders an seiner Invention dem materiellen Recht des Eigentümers an einer Sache gleichsetzt.

- **Veröffentlichungstheorie:** Sie ist der Belohnungstheorie ähnlich und die Rechtfertigung einer zeitlich befristeten Monopolstellung basiert hier auf der fiktiven Gefahr, ein Erfinder könnte seine Erfindung geheim halten. Mit der Veröffentlichung erweist er der Allgemeinheit einen Dienst und erhält im Austausch ein zeitlich begrenztes Ausschließlichkeitsrecht für die gewerbliche Verwertung dieses Wissens.

Die **wettbewerbliche Wirkung von Patenten** ist somit zwiespältig. Einerseits geben Patente Anreize zur Forschungstätigkeit mit der Aussicht, für entstehende Innovationen eine Monopolstellung zu erhalten. Gerade eine solche Monopolstellung behindert indes den nachziehenden Wettbewerb, wodurch die Versorgungslage schlechter ist, als sie ohne Patentschutz wäre. Fraglich ist schließlich, inwieweit Unternehmen nicht auch ohne Patentschutz gezwungen sind, in F&E zu investieren, um dauerhaft wettbewerbsfähig zu bleiben bzw. einen Wettbewerbsvorteil gegenüber ihren Konkurrenten zu erzielen. Denn ein Unternehmen kann sich nicht darauf verlassen, dass die Wettbewerber keine Innovationen auf den Markt bringen.

1.2.3 Generikamarkt

Generika sind **Nachahmerprodukte** (Imitationen) von Arzneimitteln, deren Patentschutz abgelaufen ist, es sind also patentfreie Arzneimittel. Mit Ablauf des Patentschutzes entwickelt sich die Arzneimittelversorgung zum **Massenmarkt**. Es entsteht durch zunehmende Imitation durch immer mehr Anbieter ein intensiver Preiswettbewerb. So sind Preissenkungen nach Patentablauf von 30 bis 50 % zu beobachten. Der Preiswettbewerb wird zudem noch durch Rabattverträge mit den Krankenkassen intensiviert.

 ACHTUNG

Inventionen sind Erfindungen und damit die Grundlage für Innovationen. Diese sind die erstmalige marktmäßige Anwendung einer Invention. Eine Imitation ist die Nachahmung einer erfolgreichen Innovation.

Marktstrukturell kann man die forschenden Arzneimittelunternehmen nicht immer eindeutig von den Generikaherstellern abgrenzen. Viele der Pharmaunternehmen, die Arzneimittel entwickeln, lassen sich Erlöse aus der Vermarktung von patentfreien Arzneien nicht entgehen und haben ihre eigenen Generika-Tochterunternehmen.

Der Generikamarkt wächst seit Jahren kontinuierlich. Aus Sicht der Krankenkassen handelt es sich bei Generika um eine kostengünstige Verordnung mit Standardmedikamenten. Dies spiegelt sich auch in dem **Bedeutungszuwachs des Generikamarktes** wider. 2016 machten Generika mit 500 Mio. Packungseinheiten 70 % der zulasten der GKV verordneten Arzneimittelpackungen aus. Die GKV-Arzneimittelausgaben für Generika betrugen fast 12 Mrd. € zu Apothekenverkaufspreisen. Das entspricht aber nur 29 % der Gesamtausgaben der GKV für Arzneimittel. Damit wird deutlich, dass die durch Patente geschützten Arzneimittel im Durchschnitt erheblich teurer sind als die Generika. Sie haben folglich einen Ausgabenanteil von 71 %.

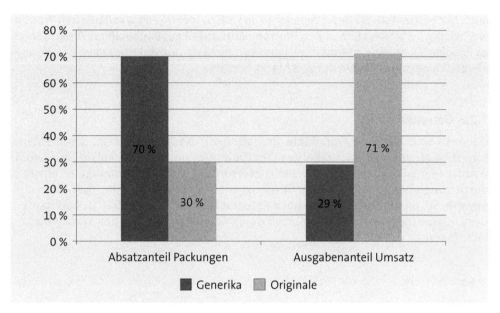

Abb. E3: Generika – Anteile an den GKV-Arzneimittelausgaben
Quelle: *Bundesverband der Arzneimittelhersteller e. V. (2017)*

Durch den intensiven Preiswettbewerb am Generikamarkt sind die Renditen erheblich geschmolzen, was zu einer Verlagerung vieler Produktionsstätten ins Ausland, vor allem nach China und Indien, geführt hat. Seither ist es immer wieder zu **Lieferengpässen bei Generika** gekommen.

1.3 Pharmagroßhandel

Der pharmazeutische Großhandel übernimmt logistische Aufgaben zwischen den über 1.500 pharmazeutischen Herstellern und den knapp 20.000 öffentlichen Apotheken. Er liefert den Apotheken etwa 80 - 85 % ihrer Waren; knapp 15 % des Einkaufvolumens beziehen diese direkt vom Hersteller. Der Großhandel übernimmt damit die **Rolle eines teil- oder vollsortierten Versorgers** mit verschreibungspflichtigen und OTC-Arzneimitteln, aber auch mit Artikeln des Nebensortiments. Die Belieferung der Apotheken erfolgt kontinuierlich. Der pharmazeutische Großhandel bündelt die Warenströme und leistet mit seiner Lagerhaltung den zeitlichen und regionalen Ausgleich zwischen hohen Beschaffungs- und kleinen Absatzmengen.

Durch die übernommene **Lagerhaltungsfunktion** können Versorgungsengpässe von Seiten der Hersteller abgefedert werden. Zugleich sparen die Apotheken erheblich an Lagerfläche ein und sind trotzdem kurzfristig lieferfähig. Neben der Finanzierung der Lagerhaltung erfolgt zumeist eine Vorfinanzierung der Arzneimittel durch den Großhandel, denn er finanziert die Lieferungen überwiegend bis zur Erstattung durch die GKV an die Apotheken im jeweiligen Folgemonat.

Um eine zunehmende Umgehung durch die pharmazeutischen Hersteller zu verhindern, haben Großhandelsunternehmen **Apothekerkooperationen** gebildet, welche die Apotheker in vertraglichen Vereinbarungen an sie binden. Zusätzlich bieten die Großhandelsunternehmen den Apotheken Zusatzleistungen, wie Schulungen, betriebswirtschaftliche Beratungen, Marketingunterstützung in Form von Informationsbroschüren und Werbemitteln (Plakate, Displays) oder das zur Verfügung stellen von Analyseergebnissen für ein sinnvolles Category-Management.

 MERKE

Category Management (CM), auch Warengruppenmanagement, ist die gezielte Strukturierung von Produkten im Einzelhandel nach Warengruppen. Das Hauptaugenmerk beim CM liegt darauf, aus Sicht des Verbrauchers und an dessen Bedürfnissen orientiert Warengruppen zu bilden. Kategorien werden so zusammengestellt, dass Produkte, die aus Sicht des Konsumenten zusammengehören, einer Warengruppe zugeordnet werden. Der Kunde soll so zu zusätzlichen Käufen animiert werden, um dadurch schließlich einen höheren Umsatz zu generieren.

Der **Gesamtumsatz** der Branche in Deutschland lag im Jahr 2016 bei 25,3 Mrd. €. Der deutsche Pharmagroßhandel wird von wenigen großen Unternehmen dominiert. Die fünf führenden Konzerne kontrollieren aktuell rund 90 % des Marktes. Mit 28 % Marktanteil ist die PHOENIX Group **Marktführer.** Ihr europaweiter Umsatz belief sich 2016 auf gut 24 Mrd. €, von denen 8,6 Mrd. € auf Deutschland entfielen. Es folgen die NOWEDA eG, Celesio/GEHE, die Alliance Healthcare und Sanacorp.

Das **Prinzip der herstellerneutralen Vollversorgung** hat der Gesetzgeber in § 52b Abs. 2 AMG rechtlich verankert. Demnach sind vollversorgende Arzneimittelgroßhandlungen solche, *„die ein vollständiges, herstellerneutral gestaltetes Sortiment an apothekenpflichtigen Arzneimitteln unterhalten, das nach Breite und Tiefe so beschaffen ist, dass damit der Bedarf von Patienten von den mit der Großhandlung in Geschäftsbeziehung stehenden Apotheken werktäglich innerhalb angemessener Zeit gedeckt werden kann; die vorzuhaltenden Arzneimittel müssen dabei mindestens dem durchschnittlichen Bedarf für zwei Wochen entsprechen."*

Die **Vergütung der Großhandelsstufe** wird durch die Arzneimittelpreisverordnung (AMPreisV) geregelt. Änderungen haben sich hier durch das Arzneimittelmarktneuordnungsgesetz (AMNOG) ergeben. Die gesetzliche Großhandelsspanne für die Abgabe verschreibungspflichtiger Arzneimittel an Apotheken wurde gemäß § 2 AMPreisV grundsätzlich neu geregelt. Seit 2012 erhält der pharmazeutische Großhandel auf den Abgabepreis des pharmazeutischen Unternehmers (APU) ohne Umsatzsteuer einen Höchstzuschlag von 3,15 %, bei einer Kappungsgrenze von 37,80 €. Die Kappung kommt also zum Tragen, wenn Arzneimittel einen APU von über 1.200 € haben. Hinzu kommt ein Festzuschlag in Höhe von 70 Cent pro Packung.

Die **prozentuale Vergütung** soll die preisabhängigen Kosten (wie Finanzierung, Transportversicherung, Handlings-Risiken u. a.), aber auch erforderliche Investitionen abdecken. Es sollen ferner ein Preiswettbewerb durch Anreize zur rationellen Bestellweise von Apotheken initiiert und schließlich ein angemessener Gewinn des Großhandels ermöglicht werden. Der nicht rabattfähige **fixe Zuschlag** in Höhe von 70 Cent soll hingegen die Fixkosten z. B. für Personal, Verwaltung und Kapitalkosten (Abschreibungen, Zinsen) abdecken.

Von den **Gesamtausgaben der GKV** für Arzneimittel in Höhe von rund 33 Mrd. € entfällt knapp zwei Drittel auf die pharmazeutische Industrie, auf den Pharmagroßhandel rund 3 %.

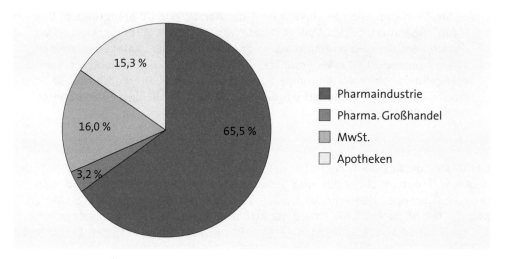

Abb. E4: GKV-Ausgabenanteil in Prozent
Quelle: *Bundesvereinigung Deutscher Apothekerverbände e. V. (2017)*

1.4 Apothekenmarkt

Am Ende der Logistikkette obliegt die Versorgung der Patienten mit Arzneimitteln den Apothekern auf der Einzelhandelsstufe. Dabei erfolgt die **Distribution** in Deutschland vorwiegend über Präsenzapotheken, aber auch über Versandapotheken und Pick-up-Stellen. Die Tätigkeit der Apotheker ist hochgradig reguliert, z. B. durch das Arzneimittelgesetz (AMG), die Apothekenbetriebsordnung (ApoBetrO), das Heilmittelwerbegesetz oder die zahlreichen gesetzlichen Regelungen des SGB V.

In Deutschland gibt es fast 20.000 Apotheken – deutlich mehr als Tankstellen (rund 14.000). Entsprechend hoch ist die **Apothekendichte**. Mit 24 Apotheken pro 100.000 Einwohner liegt sie 50 % höher als in Österreich bzw. ist doppelt so hoch wie in den Niederlanden. Es ist indes zu beobachten, dass die Anzahl der Apotheken seit 2008 stetig sinkt. Eine wesentliche Ursache liegt in der Apothekerschaft selbst, denn viele Apotheker verlassen den Markt altersbedingt. Das Durchschnittsalter der Apotheker beträgt knapp 52 Jahre.

Die hohe Anzahl an Apotheken resultiert auch aus dem **Mehrbesitzverbot**, welches bis 2004 galt. Seither darf ein Apotheker bis zu drei Filialapotheken besitzen. Daher gibt es in Deutschland auch keine Apothekenketten, wie dies in anderen europäischen Ländern der Fall ist. Die Zahl der Filialapotheken steigt aber Jahr für Jahr.

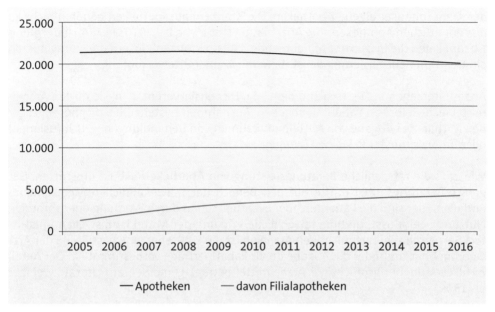

Abb. E5: Anzahl der Apotheken und Filialapotheken
Quelle: *Bundesvereinigung Deutscher Apothekerverbände e. V. (2017)*

Betriebswirtschaftlich betrachtet ist die Einzelhandelsstufe der Arzneimittelabgabe hochgradig ineffizient. Der überbesetzte und **fragmentarische Apothekenmarkt** führt zu einer Verschwendung knapper Ressourcen. Dass Filialstrukturen vorteilhaft sind, beweist nicht nur die hochgradig filialisierte Einzelhandelsstruktur anderer Handelssektoren. Auch die zunehmende Anzahl von Filialapotheken ist ein Indiz hierfür. Faktisch verzichtet der Gesetzgeber damit im Gegensatz zu anderen Ländern systematisch auf die **Realisierung von Größenvorteilen** durch Filialisierung der Arzneimittelabgabe:

► Apothekenketten sind infolge von hohen **Einkaufsvolumina** in der Lage, günstigere Einkaufspreise durchzusetzen. Momentan sind drei Viertel aller Apotheken einer Kooperation oder Einkaufsgemeinschaft angeschlossen, um Preisvorteile im Einkauf zu realisieren.

► Infolge der Größe ist es sinnvoll, Mitarbeiter auf bestimmte Aufgaben (Einkaufsabwicklung) zu spezialisieren. **Mitarbeiter** lassen sich bei mehreren Filialen flexibler einsetzen. Insgesamt sind rationellere Geschäftsprozesse möglich.

► Durch die **Zentralisierung** von Aufgaben ist es möglich, auf der Fläche und pro Filiale Mitarbeiter einzusparen.

► Ein weiterer großer Vorteil besteht in der schnelleren **Verfügbarkeit** von Artikeln für den Kunden durch die Belieferung aus den eigenen Filialen.

▶ Schließlich können **Fixkostendegressionseffekte** realisiert werden.

Alle öffentlichen Apotheken sind **inhabergeführt**. In Bezug auf die Eigentumsform sind Apotheken, die von mehreren Apothekern geführt werden, z. B. als OHG, Ausnahmen. Neben diesen für Verbraucher öffentlich zugänglichen Apotheken haben knapp 20 % der Krankenhäuser eigene Apotheken. Die **Krankenhausapotheken** gehören nicht zu den öffentlichen Apotheken. Ihre Anzahl sinkt stetig und lag 2016 bei 384. Hintergrund ist zum einen die insgesamt abnehmende Zahl an Krankenhäusern und zum anderen ein Trend zur Zentralisierung der stationären Arzneimittelversorgung.

Ärzte unterliegen in Deutschland dem sog. **Dispensierverbot**, d. h. sie dürfen Arzneimittel nicht selbst an Patienten abgeben. Ausnahmen bestehen bei diagnosebezogenen Mitteln, bei Abgabe von Mitteln im Rahmen von Behandlungen (z. B. Infusionen) oder für Ärztemuster in kleinen Mengen.

Wie groß die tatsächliche **Beratungsleistung von Apothekern** ist, ist umstritten. Der größte Beratungsanteil dürfte auf den Bereich der freiverkäuflichen Medikamente entfallen. Hier sind die Patienten aber eventuell schon durch Werbung oder vorherige Nutzung beeinflusst, und die tatsächliche Wirkung der Mittel ist bisweilen umstritten. Bei verschreibungspflichtigen Arzneien ist die Rolle eher eine passive, da der Arzt verordnet hat und/oder die Abgabe durch Rabattverträge vorbestimmt ist. Der Anteil nicht verschreibungspflichtiger Arzneimittel beträgt gemessen am Umsatz weniger als 13 %.

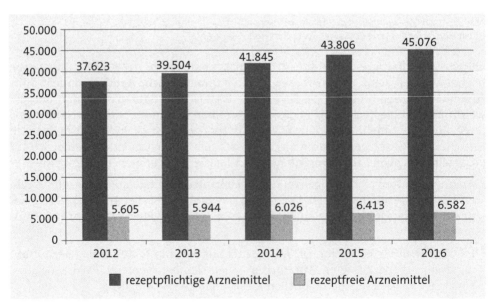

Abb. E6: Apothekenumsatz mit Arzneimitteln
Quelle: *Bundesverband der Arzneimittelhersteller e. V. (2017)*

Der **gesamte Apothekenmarkt** mit rezeptpflichtigen und rezeptfreien Arzneimitteln (inklusive Apothekenversandhandel) verzeichnete im Jahr 2016 einen Gesamtumsatz von 51,7 Mrd. €. Davon entfielen 6,6 Mrd. € auf rezeptfreie Arzneimittel und 45,1 Mrd. € auf die Abgabe von rezeptpflichtigen Arzneimitteln. Auch ist der Umsatz von rezeptpflichtigen Präparaten von 2012 bis 2016 stärker gestiegen als für rezeptfreie (+20 % ggü. +17 %). Allerdings machen rezeptfreie Arzneimittel und rezeptpflichtige Präparate mit je 741 Mio. die Hälfte der abgegebenen Packungen aus.

Ergänzt wird das Angebot der Apotheken an verschreibungspflichtigen und nicht-verschreibungspflichtigen Arzneimitteln (Hauptsortiment) durch das sog. **Nebensortiment**. Hierbei handelt es sich vorwiegend um gesundheitsbezogene Artikel wie Nahrungsergänzungsmittel oder Kosmetika.

Apotheken erzielen im **Durchschnitt** einen **Umsatz** von 2,2 Mio. € pro Jahr. Davon werden ca. drei Viertel für den Wareneinsatz aufgewandt. Vom verbleibenden Rohertrag werden Personal- und sonstige Kosten abgezogen. Der **Gewinn vor Steuern** lag 2016 im Schnitt bei 143.000 €. Von diesem Betrag muss der selbstständige Apothekeninhaber als Freiberufler Steuern abführen, seine Altersvorsorge bestreiten und Investitionen tätigen.

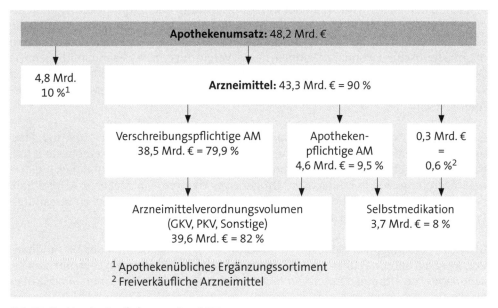

Abb. E7: Struktur des Apothekenumsatzes 2016
Quelle: *Bundesvereinigung Deutscher Apothekerverbände e. V. (2017)*

1.4.1 Versandhandel und Pick-up-Stellen

Der Versandhandel mit rezeptpflichtigen und -freien Medikamenten ist in Deutschland seit 2004 erlaubt. Knapp 3.000 Apotheken in Deutschland haben eine **Versandhandelserlaubnis**. Das sind etwa 15 % aller stationären Apotheken. Allerdings konzentrieren sich etwa 90 % des Umsatzes auf rund 40 Anbieter. Groß-Versandapotheken beschäftigen 100 und mehr Mitarbeiter und weisen Charakteristika mittelständischer Unternehmen auf. Die bekanntesten der Anbieter sind die EU-Versender DocMorris, Europa Apotheek und Shop Apotheke sowie die deutschen Versender Versandapo.de, Deutsche Internet Apotheke, Sanicare, Aponeo u. a.

Vereinzelt spezialisieren sich Versandapotheken auf die Versorgung und Betreuung einzelner Patientengruppen (indikationsspezifische Versandapotheken). Der **Vorteil von Versandapotheken** besteht in der Realisation von Größenvorteilen insbesondere hinsichtlich des Einkaufs und der Logistik. Sie intensivieren den Preiswettbewerb im Bereich der Selbstmedikation durch günstige Preise, Bonusmodelle und Rabattsysteme. Bei kleineren Apotheken, die lediglich ein eingeschränktes Sortiment vorhalten können, kann es sein, dass Patienten einen zweiten Gang zur Apotheke in Kauf nehmen müssen, ein Nachteil, der sich bei Versandapotheken nicht ergibt.

Je nachdem, welchen Wert man der **Beratungsleistung durch Apotheker** zumisst, ergibt sich der Nachteil aus der fehlenden persönlichen Beratung. Die Versandapotheken versuchen diesen Mangel durch telefonische Fachberatung oder E-Mail-Kontakt durch pharmazeutisches Personal zu kompensieren. Vereinzelt gehen Versandapotheken wie DocMorris dazu über, mit stationären Apotheken zu kooperieren. Die Inhaber bleiben zwar eigenständige Apotheker, treten in der Außenerscheinung aber als DocMorris-Apotheke auf.

Eine Form des Arzneimittelversandhandels ist die Abgabe über Abhol- oder sog. **Pick-up-Stellen**. Nachdem der Kunde die Arzneimittel beim jeweiligen Anbieter bestellt hat, kann er diese mittels Vorlage eines Abholscheins an der Pick-up-Stelle abholen. Als Pick-up-Stellen fungieren in Deutschland Drogeriemarktketten, Tankstellen o. Ä. Innerhalb dieser können Verschreibungen gesammelt und die durch die Apotheken versandten Präparate an die Patienten ausgehändigt werden.

Bei verschreibungspflichtigen Arzneimitteln liegt der **Umsatzanteil** des Versandhandels lediglich bei etwas über 1 %. Im Bereich der Selbstmedikation dagegen hat der Versandhandel bereits einen Anteil von circa 13 %. Hier wächst der Versandhandel stärker als der Gesamtmarkt und profitiert massiv von der verstärkten Internet-Nutzung von Patienten.

1.4.2 EuGH-Urteil zur Preisbindung

Erhebliche Auswirkungen im Sinne einer Wettbewerbsintensivierung und Marktanteilsausweitung durch Versandapotheken wird das **Urteil des Europäischen Gerichtshofs** vom Oktober 2016 haben. Hiernach sind ausländische Versandhändler nicht mehr an die deutsche Preisbindung für rezeptpflichtige Medikamente gebunden (§ 78 Abs. 1

AMG i. V. m. AMPreisV). In seiner Begründung wies der EuGH darauf hin, dass die Preisbindung quasi wie eine Mengenbegrenzung wirke und damit die Warenverkehrsfreiheit beeinträchtige. Da die ausländischen Versandapotheken keinen direkten Zugang zu Patienten mittels Beratung hätten, sei der Preis für sie ein wichtiger Wettbewerbsfaktor. Es sei statistisch nicht erwiesen, dass ein einheitlicher Apothekenabgabepreis zum Schutz der Gesundheit erforderlich sei oder eine Voraussetzung für eine flächendeckende Versorgung. Dies indes sind die Kernargumente der Apothekerschaft.

In der **Konsequenz** können ausländische Versandhändler Medikamente günstiger anbieten als die inländischen Apotheken. Schon vor dem Urteil hatten sie deutsche Kunden durch – rechtlich umstrittene – Bonussysteme gelockt und die Preisbindung damit faktisch unterlaufen. Für die Arzneimittelversandhändler jenseits der Grenzen ist der deutsche Markt trotz gewährter Preisnachlässe sehr lukrativ. Sie bekommen die gleichen Beträge erstattet wie die Ladenapotheken. Da aber die Einkaufspreise international teils erheblich variieren, ist ein günstigerer Bezugspreis häufig möglich, und die ausländischen Anbieter unterliegen nicht einem fixen Margenzuschlag. Die deutschen Apotheken dagegen können nicht dagegenhalten, indem sie Preise reduzieren. So steht zu erwarten, dass der ausländische Versandhandel die **Preissetzungsspielräume** künftig nutzt und den einheimischen Apotheken einen deutlich größeren Umsatzanteil nimmt als bisher 1 %.

In Reaktion auf das Urteil fordert die Bundesvereinigung Deutscher Apothekenverbände ein generelles **Verbot des Versandhandels**. Wettbewerb ist in bislang weitgehend abgeschotteten Sektoren nicht gerne gesehen. Eine ordnungspolitische Alternative läge in der **Aufhebung der Preisbindung**, was zugleich mit Einsparungen für die Kassen verbunden wäre. Den Apotheken müsste gewährt werden, über die Grenzen hinweg beim jeweils günstigsten Großhändler einzukaufen. In Kombination mit der möglichen Realisierung günstiger Einkaufspreise sollten sie ihre Preise frei gestalten können. Es entstünde Preiswettbewerb innerhalb der heimischen Ladenapotheken und gegenüber den Versandapotheken. Quasi als Nebeneffekt werden sich die Arzneimittelpreise international angleichen, denn die Möglichkeit der Hersteller, international Preisdifferenzierung bei der Belieferung der Großhändler zu betreiben, wird zusehends entfallen.

Unter dann gleichen Wettbewerbsbedingungen könnten die Apotheken ihre Vorteile der Vor-Ort-Lieferung und direkten Kundenberatung ausspielen. Die **Problematik einer flächendeckenden Versorgung** ist in einem übersetzten Markt wohl nicht primär. Und gerade in strukturschwachen Regionen ist der Versandhandel eher ein Teil der Lösung als Ursache des Problems der flächendeckenden Versorgung. Eine solche Lösung würde zudem dem generellen Trend im Handel folgen, demzufolge Konsumenten immer stärker Waren via Internet bestellen.

1.4.3 Preisfindung erstattungsfähiger Arzneimittel

Der Apothekenverkaufspreis (AVP) jedes rezeptpflichtigen Arzneimittels ist durch die **Arzneimittelpreisverordnung (AMPreisV)** geregelt und ist bundesweit einheitlich. 90 % der Medikamente haben einen Preis von weniger als 100 €. Der Umsatzanteil von Fertigarzneien, die mehr als 100 € kosten, liegt jedoch bei 63 %, wobei allein auf die Arzneimittel, die mehr als 1.500 € kosten, 29 % entfallen. Die teuren, innovativen Arzneimittel verzeichneten in den vergangenen Jahren einen insgesamt wachsenden Anteil an den Gesamtausgaben der GKV.

 MERKE

„Fertigarzneimittel sind Arzneimittel, die im Voraus hergestellt und in einer zur Abgabe an den Verbraucher bestimmten Packung in den Verkehr gebracht werden (...)." (§ 4 AMG).

Zur Ermittlung des die **GKV belastenden Preises** ist in einem mehrstufigen System eine Vielzahl von gesetzlichen Ab- und Zuschlägen zu beachten. Basis ist zunächst der jeweilige Abgabepreis des pharmazeutischen Unternehmens (APU):

- ▶ **Großhandelszuschlag:** Bei Arzneimitteln zur Anwendung am Menschen gibt es einen Festzuschlag von 70 Cent und einen proportionalen Zuschlag von höchstens 3,15 % vom APU, allerdings maximal 37,80 €.

- ▶ **Apotheker-Vergütung:** Die Vergütung der Apotheken besteht seit 2004 im Wesentlichen aus Zuschlägen auf abgegebene Arzneimittel. Der Zuschlag für Fertigarzneimittel besteht aus einem variablen Anteil von 3 % des Herstellerabgabepreises inkl. Großhandelszuschlag plus einer Pauschale von 8,35 € und 0,16 € zur Förderung der Sicherstellung des Notdienstes. Die 3 % können dabei als Honorierung der logistischen Aufgabe der Apotheke verstanden werden, also beispielsweise für die Vorratshaltung und Vorfinanzierung. Die 8,35 € hingegen honorieren die pharmazeutische Dienstleistung der Apotheke. Eine fixe Pauschale im Gegensatz zu einem umsatzbezogenen Zuschlag soll dabei die Position der Apotheker als unabhängiger Heilberufler stärken.

- ▶ **Mehrwertsteuer:** Auf den Netto-Apothekenverkaufspreis wird sodann die Umsatzsteuer aufgeschlagen. Es ergibt sich der Brutto-Apothekenverkaufspreis.

- ▶ **Private Zuzahlung:** Der Brutto-Apothekenverkaufspreis ist die Basis für die private Zuzahlung in Höhe von 10 %, mindestens jedoch 5 €, höchstens 10 €.

- ▶ **Gesetzlicher Apothekenabschlag:** Aufgrund einer Regelung in § 130 SGB V (Apothekenrabatt zugunsten der GKV) vermindert sich die Vergütung der Apotheken bei Versicherten der gesetzlichen Krankenkassen um 1,77 € bei Fertigarzneimitteln. Der Apothekenabschlag ist eine Kombination aus GKV-Skonto und Großkundenrabatt.

- ▶ **Herstellerabschlag für Arzneimittel:** Für erstattungsfähige Arzneimittel ohne Festbetrag gilt ein Herstellerabschlag von 7 % auf den APU; für patentfreie, wirkstoffgleiche Arzneimittel fällt ein Abschlag in Höhe von 6 % an. Dieser Herstellerabschlag soll einem (üblichen) Abzug von Skonto und für Großabnehmer einem Mengenrabatt entsprechen. Soweit es Rabattverträge mit einzelnen Krankenkassen gibt, kann der Herstellerabschlag abgelöst werden. Für Generika und patentfreie Referenzarzneimittel gilt zusätzlich zum Mengenrabatt von 6 % ein Abschlag von 10 % (sog. Generikaabschlag).

Beispiel

Berodual N Dosieraerosol 3 x 10 ml. (Asthma-Spray)

► Apothekeneinkaufspreis: 52,81 €

► Apothekenverkaufspreis (AVP): 74,85 €

► Der Apotheker erhält pro abgegebener Packung 1,58 € über die 3 %-Vergütung, zuzüglich 8,35 € pro Packung.

► Davon wird dann der GKV-Großkundenrabatt von derzeit 1,77 € abgezogen.

So erhält der Apotheker insgesamt eine Vergütung in Höhe von 8,16 €.

Abgabepreis Pharmazeutische Unternehmen (APU)	**50,00**
+ Großhandelszuschlag	2,28
= Apothekeneinkaufspreis (AEP)	**52,28**
+ Apothekenzuschlag (3 % AEP plus 8,35 €)	9,92
+ Notdienstzuschlag (0,16 €)	0,16
= Netto-Apothekenverkaufspreis (Netto AVP)	**62,35**
+ Umsatzsteuer (19 %)	11,85
= Brutto-Apothekenverkaufspreis (AVP)	**74,20**
- gesetzliche Zuzahlung (10 %)	7,42
- gesetzlicher Apothekenabschlag (1,77 €)	1,77
- gesetzlicher Herstellerabschlag (7 % Abschlag vom APU)	3,50
= Ausgabenbelastung der GKV (ohne Rabattverträge)	**61,51**

Beispiel: Preisbildung verschreibungspflichtiges Fertigarzneimittel
Quelle: *Bundesvereinigung Deutscher Apothekerverbände e. V. (2017)*

Abschließend kann festgehalten werden, dass Apotheker Unternehmer in einem wachsenden Markt sind, deren bedeutendster Geschäftsbereich mit garantierten Margen arbeitet. Ihr **größtes Risiko** besteht in einer weiteren Ausweitung des Versandhandels und möglichen weiteren Liberalisierungen bzgl. der Marktstruktur.

2. Finanzierung und Steuerung der Arzneimittelversorgung

Die **Gesamtausgaben für Arzneimittel** betrugen in 2015 rund 53. Mrd. €. Den mit Abstand größten Anteil von rund 74 % finanziert die GKV, während auf die PKV 7 % und die privaten Haushalte rund 15 % entfallen. Andere Sozialversicherungsträger und die Arbeitgeber kommen für rund 5 % der Arzneimittelausgaben auf.

Auffällig sind **Verschiebungen in der Trägerstruktur**. So steigt der Anteil der GKV und PKV seit Jahren stetig an, während der Ausgabenanteil der Privaten sinkt. Die absoluten Ausgaben der GKV sind seit dem Jahr 2000 um 80 % gestiegen. Noch stärker sind die Ausgaben der PKV mit einem Plus von 104 % angewachsen. Demgegenüber steht nur ein Zuwachs von 15 % bei den privaten Haushalten. Auch im internationalen Vergleich ist die Eigenbeteiligung der privaten Haushalte an der Arzneimittelfinanzierung in Deutschland sehr gering.

	2000	2005	2010	2015	Diff. 2015/2000
Arzneimittelausgaben	**31.959**	**39.615**	**46.606**	**53.220**	**67 %**
- Finanziert durch GKV	21.776	27.611	33.826	39.091	80 %
- Finanziert durch PKV	1.788	2.423	3.140	3.650	104 %
- Finanziert durch private Haushalte	6.734	7.598	7.369	7.729	15 %
Anzahl Apotheken	**22.155**	**21.968**	**21.859**	**20.639**	**-7 %**
- davon öffentliche Apotheken	21.592	21.476	21.441	20.249	-6 %
- öffentliche Filialapotheken	0	1.228	3.478	4.281	-
- davon Krankenhausapotheken	563	492	418	390	-31 %
Beschäftigte in Apotheken	**142.075**	**145.706**	**154.076**	**161.406**	**14 %**
- davon Apotheker	47.907	48.058	50.604	52.568	10 %

Kennzahlen zur Arzneimittelversorgung in Deutschland
Quelle: *Statistisches Bundesamt (2017), Bundesvereinigung Deutscher Apothekerverbände e. V. (2017)*

Da steigende Arzneimittelausgaben folglich insbesondere die GKV belasten, besteht eines der **Kernziele** der staatlichen Regulierung der Arzneimittelversorgung in der Vermeidung nicht medizinisch indizierter Arzneimittelausgaben. Dies findet seinen Niederschlag in dem **Wirtschaftlichkeitsgebot** (§ 12 Abs. 1 SGB V): *„Die Leistungen müssen ausreichend, zweckmäßig und wirtschaftlich sein; sie dürfen das Maß des Notwendigen nicht überschreiten. Leistungen, die nicht notwendig oder unwirtschaftlich sind, können Versicherte nicht beanspruchen, dürfen die Leistungserbringer nicht bewirken und die Krankenkassen nicht bewilligen."* Die Ziele der Arzneimittelversorgung gehen aber über den Aspekt der Wirtschaftlichkeit hinaus.

2.1 Ziele und Konsequenzen staatlicher Regulierungen

Im privaten Markt der Selbstmedikation stehen Kosten- und Nutzenbewertungen der Nachfrager im Vordergrund, denn die konsumierten Arzneien müssen selbst bezahlt werden. Anders ist es hingegen bei den verordnungspflichtigen Arzneimitteln. Hier hat ein Arzt bzgl. der Notwendigkeit der Einnahme entschieden. Um insbesondere in diesem Marktsegment das Ziel eines gleichen **Zugangs zur Arzneimittelversorgung** zu gewährleisten, losgelöst von Zahlungswilligkeit und -fähigkeit, greift der Gesetzgeber steuernd ein.

Ein weiteres Ziel ist die **Internalisierung bzw. Verhinderung externer Effekte**. So kann die Einnahme von Arzneimitteln, wie z. B. Impfstoffe, positive externe Effekte zur Folge haben. Je höher der Anteil einer Population, die gegen eine Erkrankung geimpft ist, desto geringer die Gefahr für den Einzelnen, sich anzustecken. Folglich sind Präventionsmaßnahmen insgesamt zugleich auch meritorische Güter. Aber auch negative externe Effekte können mit der Einnahme von Arzneimittel verbunden sein, insbesondere im Fall von Medikamentenmissbrauch.

Beispiel

Negative externe Effekte in Form von Medikamentenmissbrauch schlagen sich zumeist in volkswirtschaftlichen Folgekosten nieder, wie Ausfall der Arbeitskraft, Kosten infolge ggf. erforderlicher medizinischer Behandlung, Pflegekosten, Frühverrentung oder frühzeitiger Tod.

Die **Stellung des Arztes**, quasi in Form eines Vormundes, erfüllt damit verschiedene Funktionen. Neben dem Vermeiden von Medikamentenmissbrauch soll das **Informationsdefizit der Patienten** behoben werden. Sie sind i. d. R. nicht in der Lage, zu entscheiden, welche Medikamente bzgl. welcher Erkrankung und deren Ausprägung am wirkungsvollsten sind. Zudem können sie bei einem Erfordernis, mehrere Arzneimittel einzunehmen, Wechselwirkungen nicht beurteilen.

In der **Konsequenz** greift der Staat mit mehr als 25 Regulierungsinstrumenten in die Arzneimittelversorgung ein. Es ist auch in diesem Sektor ein **hochkomplexes Regulierungsgeflecht** entstanden, dessen Effekte auf den einzelnen Hersteller oder die jeweilige Handelsstufe kaum noch zu beziffern sind. Der Vorteil staatlicher Eingriffe in die Arzneimittelversorgung besteht aus Sicht der Politik in einer vermeintlich einfachen Steuerung und Kontrolle, und Einsparungen hier sind im Hinblick auf Wählerstimmen weniger brisant als in der ambulanten oder stationären Versorgung.

Die jeweiligen **Eingriffsinstrumente** können einerseits unterschieden werden nach der Zielgruppe und andererseits nach der Zielgröße der Steuerung.

Zielgruppe der Steuerung	Zielgröße der Steuerung
Arzneimittelindustrie: Patentschutz, Zulassungsregelungen, Festbetragsregelung, Zwangsrabatte, Rabattverträge, Kosten-/Nutzenbewertung	**Steuerung der Mengen- und Strukturkomponente:** Festlegung von Ausgabenvolumina/Richtgrößen, Wirtschaftlichkeitsprüfungen, Zuzahlungen, Ausschluss von der Erstattungsfähigkeit
Ärzte: Negativliste, Richtgrößen	
Pharmagroßhandel/Apotheken: Preisspannenverordnung	**Steuerung der Preiskomponente:** Regulierung der Preisbildung, Rabatte, Aut-idem-Regelung, Festbetragsregelung
Versicherte: Zuzahlungsregelungen	

Im Folgenden wird lediglich auf eine Auswahl staatlicher Steuerungsinstrumente eingegangen, welche den Arzneimittelmarkt und damit die Finanzierungsvolumina maßgeblich prägen.

2.2 Regulierung der Abgabemengen

Die Menge nachgefragter Arzneimittel lässt sich auf vielfältige Weise beeinflussen, wobei die jeweiligen Instrumente eine unterschiedliche **Wirkungsintensität** aufweisen. Unmittelbar auf die nachgefragte Menge würde die Festlegung von Ausgabenvolumina bzw. -budgets wirken. Lediglich mittelbare Wirkungen entfalten Instrumente wie Wirtschaftlichkeitsprüfungen oder Zuzahlungen durch die Patienten.

2.2.1 Festlegung von Ausgabenvolumina und Richtgrößen

Bis zum Jahr 2001 gab es in Deutschland ein für die Ärzte kollektives Arzneimittelbudget und bei Überschreiten von jenem einen Kollektivregress. Das Budget wurde 2001 durch das **Arzneimittelbudget-Ablösungsgesetz (ABAG)** abgeschafft. Gemäß § 84 SGB V vereinbaren die KVen und Krankenkassen nunmehr ein Ausgabenvolumen für Arznei- und Verbandmittel für das jeweils folgende Jahr. Bei der Anpassung der Höhe des Ausgabenvolumens werden u. a. folgende Einflussfaktoren berücksichtigt:

▶ Veränderungen der Zahl und Altersstruktur der Versicherten

▶ Veränderungen der Preise der Leistungen

▶ Veränderungen der gesetzlichen Leistungspflicht der Krankenkassen

▶ der wirtschaftliche und qualitätsgesicherte Einsatz innovativer Arzneimittel

▶ Veränderungen des Verordnungsumfangs von Leistungen aufgrund von Verlagerungen zwischen den Leistungsbereichen und

▶ eine Ausschöpfung von Wirtschaftlichkeitsreserven.

Ein wesentlicher Bestandteil ist eine ergänzende **Zielvereinbarung**, mittels derer das Ausgabenvolumen eingehalten werden soll. Diese Zielvereinbarungen werden zwischen den Krankenkassen und den Kassenärztlichen Vereinigungen getroffen. Sie müssen von den KVen umgesetzt werden, wozu die jeweils zuständige KV für jede Kassenarztpraxis eine individuelle **Richtgröße** für das Verordnungsvolumen ermittelt. Je mehr Patienten ein Kassenarzt hat, umso höher ist das Richtgrößenvolumen. Richtgrößen sind keine begrenzenden Beträge für die Versorgung einzelner Patienten, denn eine überdurchschnittliche Verordnung bei einem Patienten kann durch eine unterdurchschnittliche bei einem anderen Patienten ausgeglichen werden.

Damit Ärzte ihre Richtwerte einhalten können, informieren Kassen und KVen sie über preisgünstige und verordnungsfähige Medikamente und hinsichtlich deren therapeutischen Nutzens. Prüfungen finden statt, wenn der Arzt sein Richtgrößenvolumen überschreitet und dies nicht durch **Praxisbesonderheiten** begründen kann. Was zu den Praxisbesonderheiten zählt (z. B. besonders viele chronisch erkrankte Patienten), ist in den Richtgrößenvereinbarungen der KVen geregelt. Wird die Richtgröße durch den Kassenarzt geringfügig überschritten, berät ihn die KV zunächst im Sinne einer wirtschaftlicheren Verordnungsweise. Es kann indes auch zu Regressansprüchen im Rahmen der **Wirtschaftlichkeitsprüfungen** kommen, wenn das Richtgrößenvolumen erheblich (mehr als 25 %) überschritten wird. Überschreiten Kassenärzte ihr Richtgrößenvolumen nicht, können sie ggf. Bonuszahlungen erhalten.

Mittels Richtgrößen können Unwirtschaftlichkeiten in der Arzneimittelversorgung einzelner Arztpraxen am ehesten dann aufgedeckt werden, wenn es sich um grobe und medizinisch nicht erklärbare Abweichungen vom durchschnittlichen Verordnungsverhalten handelt. Voraussetzung ist, dass in einem administrativ aufwändigen Kontrollprozess unter Berücksichtigung von zahlreichen Praxisbesonderheiten valide Vergleichsdaten zugrunde liegen.

Vom Gesetzgeber festgelegte Obergrenzen für die Ausgaben für Arzneimittel bedingen einen Anreiz zur **Verordnung billigerer Präparate**, ggf. unter Inkaufnahme von suboptimalem Output. Das Gewicht des Aktionsparameters Preis nimmt zu; qualitätsbezogene Faktoren, wie Wirksamkeit oder Nebenwirkungen, verlieren tendenziell an Bedeutung. Auch hinsichtlich des Verordnungsverhaltens im Zeitablauf kann es zu einer Fehlsteuerung kommen, wenn Arzneimittelverordnungen am Beginn einer Periode weniger restriktiv als zum Ende erfolgen. Auch dies widerspricht medizinisch Gebotenem, sodass es insgesamt zu einer **suboptimalen qualitativen Versorgung** der Patienten kommen kann.

2.2.2 Zuzahlungen

Bis 2002 war die Abgabe von Arzneimitteln für gesetzlich Versicherte mit dem Kassenbeitrag abgegolten. Patienten mussten dementsprechend direkt nichts zahlen; aus ihrer Sicht handelte es sich bei Arzneimittel um **quasi freie Güter**. Der Anreiz zu einem Konsum bis zur Sättigungsmenge wurde indes durch das Verordnungserfordernis durch den Arzt begrenzt.

Durch die Einführung von Zuzahlungen zahlt der Patient nunmehr zwar keinen Marktpreis für ein bestimmtes Präparat, die Abgabe ist aber nicht mehr kostenfrei. Die Zuzahlungen betragen 10 % vom Apothekenverkaufspreis, jedoch mindestens 5 € und maximal 10 €. Der **Durchschnitt der Zuzahlungen** beträgt 2,80 €, was daran liegt, dass einige Medikamente zuzahlungsfrei und manche Versicherte zuzahlungsbefreit sind. Die Zuzahlungen werden von den Apotheken eingezogen und mindern den von den Kassen an die Apotheken zu zahlenden Erstattungsbetrag. Die gesetzlichen Krankenkassen sparen über 2 Mrd. € pro Jahr, mit wachsender Tendenz.

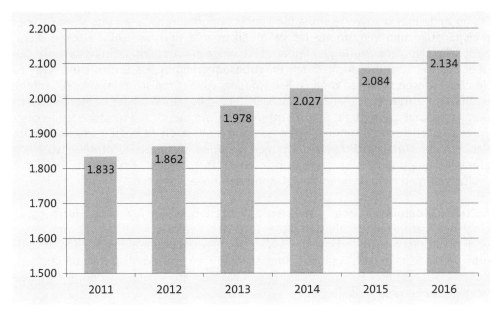

Abb. E8: Zuzahlungen der Patienten zu Arzneimitteln in Mio. Euro
Quelle: *Bundesvereinigung Deutscher Apothekerverbände e. V. (2017)*

Es bestehen einige Ausnahmen bzw. **Befreiungen von der Zuzahlung**:

► Arzneimittel für **Kinder** unter 18 Jahren sind von allen Zuzahlungen befreit. Für Kinder unter 12 Jahren sowie Jugendliche mit Entwicklungsstörungen gilt außerdem, dass alle Arzneimittel erstattungsfähig sind, also i. d. R. auch nicht rezeptpflichtige Medikamente (Ausnahme: „milde Arzneimittel ohne Indikationsbezug").

► Nicht verschreibungspflichtige Arzneimittel und Naturheilmittel können auf Kosten der Krankenkasse bezogen werden, wenn Patienten an einer **schwerwiegenden Erkrankung** leiden und diese zur Behandlung nach medizinischen Gesichtspunkten Therapiestandard sind.

► Medikamente, die vom Hersteller zu einem **Preis** angeboten werden, der mindestens 30 % unter dem jeweiligen Festbetrag liegt, können von der Zuzahlung befreit werden. Auf der Liste der Medikamente, die von den Krankenkassen von der Zuzahlung der Patienten befreit sind, standen im Jahr 2016 über 3.600 Arzneimittel. Dies ist allerdings gegenüber dem Jahr 2011 fast eine Halbierung. Ursache sind vor allem gesenkte Erstattungsbeträge.

► Für Medikamente aus **Rabattverträgen** können die Kassen ihre Versicherten vollständig oder mindestens zur Hälfte von der Zuzahlung befreien.

▸ Damit durch Zuzahlungen keine finanzielle Überforderung eintritt, gibt es eine **Belastungsgrenze**. Sie liegt bei 2 % des Bruttoeinkommens, für chronisch Kranke bei 1 %. Die Belastungsgrenze gilt aber für die Summe aller Zuzahlungen, nicht nur für Arzneimittel-Zuzahlungen.

Die Einführung von Zuzahlungen ist der Versuch, die system-immanenten Fehlallokationen zu beheben. Die Höhe der Zuzahlungen ist letztlich willkürlich, da nicht Ergebnis marktwirtschaftlicher Prozesse, sondern behördlich verordnet. Es entsteht infolge der geringen Höhe lediglich ein **Finanzierungseffekt**, kein Steuerungseffekt.

2.2.3 Aufhebung der GKV-Erstattung

Wird ein Arzneimittel aus dem **Regelleistungskatalog** genommen, entfällt also die Erstattungsfähigkeit, wird es zwangsläufig Teil des Selbstmedikationsmarktes. Es ist zu beobachten, dass die Umsatzerlöse von Präparaten nach Entfall der Verordnungsfähigkeit deutlich sinken.

Die **Auswahl der Medikamente** erfolgt dabei sowohl nach therapeutischen Gesichtspunkten, wie Nutzen und Bewährungsgrad, aber auch nach wirtschaftlichen Aspekten. So sind i. d. R. Präparate von der **Erstattungsfähigkeit ausgeschlossen**, die:

▸ für das Therapieziel oder zur Minderung von Risiken nicht erforderliche Bestandteile enthalten oder

▸ deren Wirkungen wegen der Vielzahl der enthaltenen Wirkstoffe nicht mit ausreichender Sicherheit beurteilt werden können oder

▸ deren therapeutischer Nutzen nicht nachgewiesen ist.

Ausgeschlossen sind ferner Mittel gegen **Bagatellerkrankungen** (Erkältungskrankheiten) und jene, die in unmittelbarem Zusammenhang zur **privaten Lebensführung** (Erhöhung der Lebensqualität) stehen, wie Mittel gegen Erektionsstörungen, Abführmittel, Präparate zur Gewichtsreduktion oder Schwangerschaftsverhütung (ab dem 20. Lebensjahr).

In den meisten Mitgliedstaaten der EU (u. a. Belgien, Dänemark, Finnland, Frankreich, Italien, den Niederlanden, Österreich) wird eine sog. **Positivliste** gepflegt. Diese enthält Arzneimittel, die zulasten der jeweiligen gesetzlichen Kassen verordnet werden dürfen. In Deutschland hingegen existiert eine sog. **Negativliste**. Auf ihr sind solche Arzneimittel aufgeführt, welche als „unwirtschaftliche Arzneimittel" von der GKV-Leistungspflicht ausgeschlossen sind. In der Tendenz könnte eine Positivliste hemmender auf Innovationen wirken, da die Arzneimittelhersteller neben dem Entwicklungs- und Zulassungsrisiko noch das zusätzliche Risiko der Listung tragen. Bei einer Negativliste besteht lediglich das Risiko eines Ausschlusses.

Der Ausschluss von Arzneimitteln aus der Erstattungsfähigkeit ist ein probates Mittel zur Ausgabensenkung. Bedenklich ist lediglich, dass bei genauer Betrachtung der Ausschlüsse, auch im internationalen Vergleich, diese wohl **nicht völlig willkürfrei** erfolgen können.

2.3 Regulierung der Preisbildung

Die Preise nachgefragter Arzneimittel können **direkt** durch Preismoratorien oder Zwangsrabatte oder **indirekt** durch die Festlegung von Erstattungshöchstbeträgen oder Rabattverträge beeinflusst werden. Mittels eines mehrstufigen Prozesses nimmt der Gesetzgeber ferner im Rahmen einer Kosten-Nutzen-Bewertung Einfluss auf den Herstellerabgabepreis. Dieser so ermittelte Preis des pharmazeutischen Unternehmens für Arzneimittel mit Zusatznutzen, gilt auch für die PKV. Das Festbetragssystem sowie im Rahmen von Rabattverträgen reduzierte Preise und Apothekenrabatte gelten hingegen nicht für die PKV-Versicherten.

2.3.1 Preismoratorien und Zwangsrabatte

Mit einem Preismoratorium nimmt der Gesetzgeber direkt Einfluss auf die Preissetzung. Es handelt sich um eine Preisbindung, die dazu dient, **Preiserhöhungen auszuschließen oder zeitlich aufzuschieben**. Preissteigerungen der pharmazeutischen Unternehmen können dadurch nicht zulasten der Krankenkassen abgerechnet werden (§ 130a Abs. 3a SGB V). So steht den Krankenkassen seit dem 01.08.2010 ein Preisabschlag in der Höhe zu, in der ein Hersteller den Abgabepreis eines Arzneimittels über den Preisstand vom 01.08.2009 erhöht. Die Regelung gilt grundsätzlich für alle in der GKV erstattungsfähigen Arzneimittel. Ausgenommen sind diejenigen Arzneimittel, für die bereits bestimmte Festbeträge gelten. Die Regelung gilt ebenso nicht für neue Arzneimittel, deren Preisbildung auf dem Gesetz zur Neuordnung des Arzneimittelmarktes (AMNOG) basiert.

Das Preismoratorium welches zunächst bis zum 31.12.2017 galt, wurde durch das **Gesetz zur Stärkung der Arzneimittelversorgung in der GKV (AMVSG)** bis zum 31.12.2022 verlängert. Andernfalls drohte aus Sicht des Gesetzgebers bei Auslaufen des Preismoratoriums wieder ein deutlicher Anstieg der Arzneimittelausgaben infolge steigender Preise. Im Gegenzug wurden umfangreiche Prüfungen bzgl. des Kosten-Nutzen-Verhältnisses bei bereits zugelassenen Medikamenten aufgegeben (siehe >> Kap. E.2.3.3).

Ein weiterer direkter Eingriff in die Preissetzung der Anbieter ist die **Festlegung von Herstellerzwangsrabatten**. Für erstattungsfähige Arzneimittel ohne Festbetrag erhalten die Krankenkassen von Apotheken für zu ihren Lasten abgegebene Arzneimittel einen Abschlag in Höhe von 7 % des Abgabepreises des pharmazeutischen Unternehmens (ohne MwSt.). Für patentfreie, wirkstoffgleiche Arzneimittel fällt abweichend davon nur ein Abschlag in Höhe von 6 % an. Für diese Generika und patentfreie Referenzarzneimittel gilt zusätzlich zum Mengenrabatt noch ein Abschlag von 10 % (sog. Generikaabschlag, § 130a Abs. 3b SGB V). Arzneimittel im untersten Preisbereich von mindestens 30 % unter dem jeweils gültigen Festbetrag sind von diesem Abschlag freigestellt, sodass eine finanzielle Überforderung der Anbieter von besonders preisgünstigen Arzneimitteln vermieden wird. Die Arzneimittelhersteller sind verpflichtet, den Apotheken den Abschlag zu erstatten.

Dieser Herstellerabschlag in Form des Mengenrabatts wird **vom Gesetzgeber begründet** mit der in anderen Wirtschaftsbereichen üblichen und allgemein akzeptierten Möglichkeit, für die Wahrung einer kurzen Zahlungsfrist ein Skonto und für Großabnehmer einen Mengenrabatt einzuräumen. Soweit Rabattverträge mit einzelnen Krankenkassen oder Erstattungsbetragsvereinbarungen mit dem GKV-Spitzenverband geschlossen werden, kann der Herstellerabschlag abgelöst werden.

Mögen sie auch politisch einfach durchzusetzen sein und auf wenig Widerstand stoßen, staatlich verordnete Preisstopps und Preissenkungen sind mit einer zugrunde liegenden marktwirtschaftlichen Ordnung nicht kompatibel. Sie führen zumindest zu einer **Verminderung der Standortattraktivität** für Produktion sowie Forschung und Entwicklung.

2.3.2 Festbetragssystem

Arzneimittelfestbeträge sind seit fast drei Jahrzehnten ein Bestandteil der Preisregulierung von Arzneimitteln. Ein **Festbetrag** ist der Betrag, den die gesetzlichen Krankenkassen den Versicherten für in Anspruch genommene Leistungen maximal erstatten. Es entstehen ein Preis für die Krankenkassen und ein Preis für die Versicherten, denn ist der Preis für ein Präparat höher als der Festbetrag, müssen die Versicherten die Differenz selbst zahlen. Aufgabe des GBA ist es, die Gruppen festzulegen, für welche Festbeträge gelten sollen. Der GKV-Spitzenverband bestimmt sodann die Höhe der Festbeträge und veröffentlicht diese.

Generika unterliegen weitestgehend der Festbetragsregelung, aber auch für patentgeschützte Präparate ist die Bildung von Festbetragsgruppen möglich, wenn ähnliche Alternativen vorhanden sind. **Festbeträge gelten spezifisch für**:

► Arzneimittel mit denselben Wirkstoffen

► Arzneimittel, deren Wirkstoffe sich pharmakologisch und chemisch ähnlich sind (Analog- oder Me-too-Präparate) und

► Arzneimittel mit pharmakologisch-therapeutisch vergleichbarer Wirkung.

*„Die Festbeträge sind so festzusetzen, dass sie im Allgemeinen eine ausreichende, zweckmäßige und wirtschaftliche sowie in der Qualität gesicherte Versorgung gewährleisten. Sie haben **Wirtschaftlichkeitsreserven** auszuschöpfen, sollen einen wirksamen Preiswettbewerb auslösen und haben sich deshalb an möglichst preisgünstigen Versorgungsmöglichkeiten auszurichten; soweit wie möglich ist eine für die Therapie hinreichende Arzneimittelauswahl sicherzustellen." (§ 35 Abs. 5 SGB V)*

Durch die Festbetragsregelung beeinflusst der Staat den Preiswettbewerb erheblich, denn sie hat faktisch Einfluss auf die **Gestaltung der Abgabepreise**. Gibt es ausreichend Alternativen zu einem Arzneimittel, werden Ärzte dazu neigen, jene Arzneimittel zu verschreiben, die keine Zuzahlungen für ihre Patienten erfordern, was auch im Sinne der Patienten sein wird. Andererseits werden **Generikahersteller** davon absehen, einen Preis zu verlangen, der unterhalb des Festbetrags liegt. Faktisch haben sie damit zugleich die Wirkung eines Höchst- und Mindestpreises. Es kommt zu einer Reduzierung des Preiswettbewerbs.

Unter Berücksichtigung der Generika- und Apothekenabschläge umfasst der **GKV-Festbetragsmarkt** im Jahr 2016 über alle Festbetragsstufen hinweg fast 12 Mrd. €. Dies entspricht 75 % der gesamten Versorgung mit Arzneimitteln (Absatz nach Packungseinheiten), jedoch nur 31 % der GKV-Gesamtausgaben für Arzneimittel.

2.3.3 Kosten-Nutzen-Bewertungen

Obgleich der Gesetzgeber seit Jahren mit einer Vielzahl von Steuerungsinstrumenten eingreift, um die Steigerung der GKV-Ausgaben für Arzneimittel einzudämmen, sind die Ausgaben sukzessive gestiegen. **Kerntreiber der Ausgabenentwicklung** waren dabei innovative patentgeschützte Arzneimittel, auch deshalb, weil es den Anbietern möglich war, die Preise frei festzusetzen. Gemessen an den Apothekenverkaufspreisen 2016 hatten 99 % aller Arzneimittel einen Preis von weniger als 500 €. Der Umsatzanteil der Präparate, die mehr als 500 € kosten lag jedoch bei 38 %; sie sind für den größten Teil des Zuwachses der GKV-Arzneimittelausgaben verantwortlich.

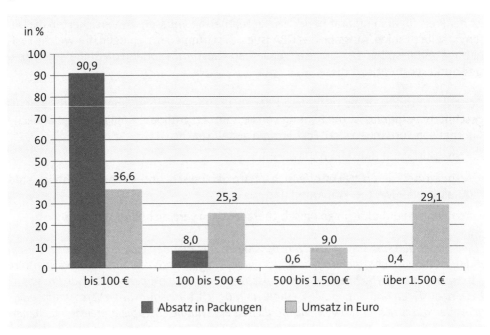

Abb. E9: Absatz- und Umsatzanteil von GKV-Fertigarzneimitteln
Quelle: *Bundesvereinigung Deutscher Apothekerverbände e. V. (2017)*

Dies ist der zentrale Hintergrund für das **Arzneimittelmarktneuordnungsgesetz (AMNOG)** von 2011. Kernziel des AMNOG ist insofern, zu verhindern, dass unangemessen hohe Preise für innovative, verordnungspflichtige Arzneimittel erstattet werden, deren zusätzlicher Nutzen gegenüber bereits etablierten Arzneimitteln oder alternativen Therapieformen nicht nachweisbar oder lediglich marginal ist.

Grundlage für die Preissetzung von neu auf den Markt kommenden Arzneimitteln ist seither der Nachweis eines **Zusatznutzens** (§ 35a SGB V). Ein Nutzen ist ein patientenrelevanter, therapeutischer Effekt („patientenrelevanter Endpunkt"). Er kann gemäß der Arzneimittel-Nutzenbewertungsverordnung bestehen in:

- der Verbesserung des Gesundheitszustands
- der Verkürzung der Krankheitsdauer
- der Verlängerung des Überlebens
- der Verringerung von Nebenwirkungen oder
- einer Verbesserung der Lebensqualität.

Ein Zusatznutzen eines Arzneimittels ist wiederum ein Nutzen der quantitativ oder qualitativ höher ist als der Nutzen, den die zweckmäßige Vergleichstherapie aufweist (§ 2 Abs. 3 und 4 AM-NutzenV). **Quantitativ differenziert** wird dabei in sechs Kategorien, ob ein „erheblicher", „beträchtlicher", „geringer", „nicht quantifizierbarer" oder „kein" Zusatznutzen oder ein „geringerer Nutzen" besteht. Ausgenommen von der Nutzenbewertung sind ggf. sog. „Orphan-Drugs".

 MERKE

Orphan-Arzneimittel sind jene, die für die Behandlung seltener Krankheiten eingesetzt werden, auch als „Arzneimittel für seltene Leiden" bezeichnet. Die Problematik solcher Medikamente besteht in dem Anreiz, diese zu entwickeln. Sie sind für die pharmazeutische Industrie häufig uninteressant, da die hohen Entwicklungskosten trotz Patentschutz infolge der teilweise marginalen Marktgröße nicht oder nur mittels extrem hoher Preise amortisiert werden können.

Beispiel

Die Notwendigkeit eines (wiederholten) Nachweises eines Zusatznutzens für Arzneimittel entfällt, wenn die zu therapierende Erkrankung selten ist und es hierfür bisher keine adäquate Therapie gibt. Wenn das pharmazeutische Unternehmen mit dem Arzneimittel indes einen Umsatz von mehr als 50 Mio. € erreicht, muss der Nachweis des Zusatznutzens doch erbracht werden.

Der Prozess der Nutzenbewertung beginnt mit dem erstmaligen Inverkehrbringen eines Arzneimittels. Der Anbieter kann weiterhin zunächst für maximal zwölf Monate den Preis frei festlegen. Ist er der Auffassung, dass sein Präparat einen Zusatznutzen aufweist, reicht er dem GBA ein den gesetzlichen Vorgaben entsprechendes Dossier ein. Aus der Bewertung des Zusatznutzens folgt nunmehr unmittelbar eine Wirkung auf die Preisgestaltung. Wird im Rahmen der Nutzenbewertung durch das im Jahr 2004 gegründete Institut für Qualität und Wirtschaftlichkeit im Gesundheitswesen (IQWiG) **kein Zusatznutzen** festgestellt, wird das Präparat innerhalb von drei Monaten einer **Festbetragsgruppe** mit vergleichbaren Arzneimitteln zugeordnet. Der erstattungsfähige Betrag entspricht dann dem bereits für diese Gruppe bestehenden Festbetrag. Damit ist es dem Pharmaunternehmen nur bei nachgewiesenem Zusatznutzen möglich, einen Preis oberhalb bestehender Festbeträge zu verlangen.

Ist jedoch ein **Zusatznutzen nachgewiesen**, nimmt der GBA die Einordnung in die jeweilige Nutzenkategorie vor und legt die heranzuziehende zweckmäßige Vergleichstherapie fest. Diese soll bei mehreren Alternativen vorzugsweise eine sein, für die bereits ein Festbetrag gilt. Im Anschluss wird ein Preis zwischen dem Hersteller und dem Spitzenverband der Krankenkassen ausgehandelt. **Wesentliche Determinanten** sind die Jahrestherapiekosten der zweckmäßigen Vergleichstherapie, tatsächliche Abgabepreise in anderen europäischen Ländern sowie das Ausmaß des Zusatznutzens.

Der **Erstattungspreis** resultiert also aus Verhandlungen in einem bilateralen Monopol. Er gilt auch für die PKV und die Beamten-Beihilfe. Gleichwohl ist es den Krankenkassen möglich, im Rahmen eines Selektivvertrages die zentrale Vereinbarung zu ergänzen oder abzulösen. Ziel aus Sicht der Krankenkassen ist dabei, einen möglichst hohen Rabatt zu erzielen. Kommt keine Preisvereinbarung zustande, wird das Verfahren an eine **Schiedsstelle** weitergeleitet. Wenn eine der beiden Seiten die Entscheidung der Schiedsstelle nicht akzeptiert, kann beim GBA eine weitergehende Kosten-Nutzen-Bewertung beantragt werden. Von den bis Ende 2016 abgeschlossenen 228 Verfahren wurde bei 57 % ein Zusatznutzen attestiert, mithin bei 43 % kein Zusatznutzen.

 MERKE

Die gemeinsame Schiedsstelle wird durch den GKV-Spitzenverband und die maßgeblichen Spitzenorganisationen der pharmazeutischen Industrie (BAH, BPI, Pro Generika, vfa) auf Bundesebene gebildet. Sie besteht aus einem unparteiischen Vorsitzenden und zwei weiteren unparteiischen Mitgliedern sowie aus jeweils zwei Vertretern der Vertragsparteien. Patientenorganisationen können beratend an den Sitzungen der Schiedsstelle teilnehmen.

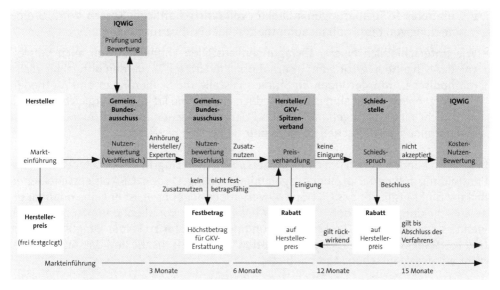

Abb. E10: Verfahrensablauf der Nutzenbewertung
Quelle: *Sachverständigenrat zur Begutachtung der Entwicklung im Gesundheitswesen (2014)*

Die **Kernproblematik** des Verfahrens und zugleich Streitpunkt zwischen Pharmaunternehmen und Kassen liegt in der **Nutzenbewertung** selbst:

► Nutzen ist objektiv nicht messbar. Infolgedessen werden häufig **Ersatzkriterien** herangezogen, wie z. B. die Lebensqualität. Auch zur Bewertung und Vergleichbarkeit von Lebensqualität sind subjektive Beurteilungskriterien erforderlich. Dabei besteht aber die Gefahr, dass gerade subjektive Kriterien unberücksichtigt bleiben bzw. in der Bewertung ein geringeres Gewicht erhalten als objektive.

► **Messbare Evaluationskriterien** werden in Nutzenstudien tendenziell immer ein größeres Gewicht haben als nicht messbare, intangible Größen, wie z. B. Schmerzreduktion.

► Es gibt nachweislich Medikamente, die für bestimmte Personengruppen einen messbaren Zusatznutzen aufweisen, bei anderen aber nicht. Der festzulegende Preis für das Präparat ist aber ein Einheitspreis für alle **Patientengruppen**. In solchen Fällen liegt dann eine Mischkalkulation zugrunde. Das Vorgehen wurde bereits von einem Landessozialgericht als rechtswidrig erklärt.

► Die Wirkungen von Arzneimitteltherapien lassen sich bisweilen erst nach Jahren valide beurteilen. Eine **Frühbewertung** wird mithin nicht so valide Ergebnisse liefern wie langfristige Versorgungsstudien.

► Wird ein Nutzen konstatiert, stellt sich schließlich die Frage nach der **Abgrenzung**: Ab welchem nutzenstiftenden Niveau wird dieser zusätzlich alimentiert?

► Schließlich stellt die Beurteilung hinsichtlich des Vorhandenseins von Zusatznutzen lediglich auf gesundheitliche Aspekte, wie Verlängerung des Überlebens oder Verringerung von Nebenwirkungen, ab. Unberücksichtigt bleiben bei dieser Betrachtung ggf. eintretende Einsparungen indirekter **volkswirtschaftlicher Kosten**, wie z. B. eine Vermeidung von Krankenhausaufenthalten oder Frühverrentungen.

► Wie unterschiedlich Nutzenabwägungen ausfallen können, zeigen auch Vergleiche der Nutzenbewertung auf internationalem Niveau. Es werden unterschiedliche **methodische Anforderungen** an Studien gestellt, die Skalierungen und Methoden der Nutzenbewertung sind unterschiedlich, gerade die Frage der Vergleichstherapie wird nicht einheitlich gehandhabt und dementsprechend werden Arzneimittel in den einzelnen europäischen Ländern unterschiedlich bewertet.

Insgesamt handelt es sich um einen **prozesspolitischen Eingriff** des Gesetzgebers in die Preisbildung, mit dem Ziel einer Ausgabenbegrenzung. Da dem GBA als entscheidende Instanz fünf Mitglieder des GKV-Spitzenverbandes angehören, ist er keine unabhängige Entscheidungsinstitution. Kritisch ist das Prozedere vor allem dann zu beurteilen, wenn es zwischen den Krankenkassen und dem Anbieter zu keiner Einigung kommt und Letzterer von der sog. „**Opt-Out-Option**" Gebrauch macht und das Arzneimittel nicht auf dem deutschen Markt anbietet.

2.3.4 Alternativlose innovative Arzneimittel

Die Bewertung eines Zusatznutzens setzt voraus, dass es eine Therapiealternative zu dem analysierten Arzneimittel gibt, da ansonsten die Vergleichsbasis fehlt. Kommen nunmehr Arzneimittel auf den Markt, für die es **keine vergleichbare Therapieform** gibt, kann der pharmazeutische Hersteller den Preis frei festsetzen. Werden solche alternativlosen Innovationen für Erkrankungen entwickelt, die massive gesundheitliche Beeinträchtigungen bedingen, ist zu beobachten, dass die Hersteller den Preis extrem hoch setzen.

Beispiel

Sovaldi, das auf dem Wirkstoff Sofosbuvir basiert, ist ein medizinischer Durchbruch bei der Behandlung von Hepatitis-C-Erkrankungen. Über 90 % der Erkrankten sind nach der Therapie geheilt. Der Hersteller Gilead verteidigt damit den hohen Preis und verweist auf die Einsparungen für andere Behandlungen. Als es 2013 in den USA auf den Markt kam, kostete eine Behandlung 84.000 US-$, umgerechnet 1.000 US-$ pro Tablette. In Deutschland liegen die Behandlungskosten bei umgerechnet 45.000 €, und es gibt rund 300.000 Hepatitis-C-Erkrankte. Würden nur die rund 20 % diese Therapie erhalten, die später schwerwiegende Lebererkrankungen erleiden, wären damit Kosten von rund 2,7 Mrd. € verbunden.

Die Problematik solcher medizinischen Durchbrüche liegt auf der Hand: Für die Hersteller bieten sie ein extremes Gewinnpotenzial; für das jeweilige Gesundheitswesen entstehen extrem hohe Kosten. Es entsteht ein **ethisches Problem** aus der Frage, ob es gerechtfertigt ist, einen Großteil des Gesundheitsbudgets für nur eine kleine Gruppe von Patienten zu verwenden. Betrachtet man die künftigen Möglichkeiten der Gentherapie bei gleichzeitig erodierender Finanzbasis des Gesundheitswesens, wird ersichtlich, dass sich dieses Problem künftig immer häufiger stellen wird.

Beispiel

In den USA sind erste patientenindividuelle Immunzellen-Krebstherapien zugelassen worden. Viele Wissenschaftler gehen davon aus, dass damit eine neue Ära in der Onkologie eingeläutet wurde. Auch Immunzelltherapien, wie Kymriah, sind extrem aufwändig in der Umsetzung und teuer. Novartis verlangt für diese Therapie 475.000 US-$. Die Ergebnisse der Zulassungsstudie weisen eine Erfolgsrate von über 80 % aus.

Wie eine diesbezügliche **Problemlösung** aussehen könnte, ist strittig. Mit einem rechtsstaatlichen Ordnungsrahmen nicht vereinbar wäre zweifellos die Verweigerung eines Patentschutzes (wie für Sovaldi in Ägypten), die staatliche Vergabe von Zwangslizenzen (wie z. B. in Indien) oder die Duldung von patentrechtswidriger Imitation des Originalpräparates. Ein Ansatz könnte z. B. in einer **erfolgsabhängigen Vergütung** liegen. So würden zumindest für die Patienten, bei denen die teure Behandlung nicht anschlägt, Kosten vermieden. Grundsätzlich wäre es sinnvoll, diesbezüglich eine **europaweit einheitliche Regelung** zu treffen, da es den Herstellern dann nicht möglich wäre, einzelne Länder von der Belieferung auszuschließen.

2.3.5 Rabattverträge

Mit dem GKV-Wettbewerbsstärkungsgesetz von 2007 hat der Gesetzgeber die rechtlichen Grundlagen für Arzneimittelrabattverträge gelegt. Rabattverträge werden zwischen den Krankenkassen und Pharmaunternehmen ausgehandelt. Das **grundlegende Prozedere** besteht in einer Ausschreibung der Kassen und der Angebotsabgabe durch die Hersteller. Erhält ein Hersteller den Zuschlag, meist für zwei Jahre, resultiert aus den Rabattverträgen eine Exklusivbelieferung der Versicherten der Krankenkasse mit entsprechenden Wirkstoffen. Die Pharmaunternehmen profitieren durch den gesicherten Absatzmarkt, während die Krankenkassen im Gegenzug Rabatte und damit eine Entlastung ihrer Budgets realisieren.

Außerdem werden über sog. **Open-House-Verfahren** – insbesondere unmittelbar nach Patentablauf – Rabattverträge mit pharmazeutischen Unternehmen geschlossen. Bei diesen Verfahren schließt die jeweilige Krankenkasse mit mehreren interessierten Anbietern einen einheitlichen Vertrag. Daher gibt es hier für einen Wirkstoff oft mehr Rabattpartner als bei den exklusiven Rabattverträgen. Zumeist ist die Laufzeit der Verträge aber kürzer als zwei Jahre, da sie vor allem zur Überbrückung des Zeitraums bis zum Start der exklusiven Rabattverträge dienen.

Der Umsatz im **Rabattvertragsmarkt** wuchs im Jahr 2016 um 14 % auf 15 Mrd. €, bezogen auf die Apothekenverkaufspreise. Besonders stark legten seit 2014 die Originalpräparate mit Rabattvertrag (+78 %) zu. Insgesamt liegen die vertraglich vereinbarten

Rabatte, die die pharmazeutischen Unternehmer an die gesetzlichen Krankenkassen zahlen, bei rund 3,9 Mrd. €.

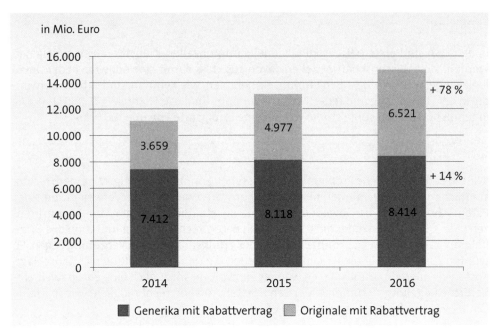

Abb. E11: Umsatz mit rabattierten Arzneimitteln
Quelle: *Bundesverband der Arzneimittelhersteller e. V. (2017)*

Durch die Einführung von Rabattverträgen in das deutsche Gesundheitssystem kam es zu teils massiven **Verschiebungen von Marktanteilen** bei den Arzneimittelherstellern. Bedenklich sind die grundsätzlich marktwirtschaftlichen Instrumente der Rabattverhandlungen nur dann, wenn auf einer Verhandlungsseite erhebliche Marktmacht besteht. Dies kann zumindest für einen Teil der gesetzlichen Kassen, wie der AOK, attestiert werden.

2.3.6 Aut-idem-Regelung und Importarzneimittel

„Aut-idem" aus dem Lateinischen bedeutet **„oder das Gleiche"**. Es bedeutet, dass der Apotheker ein verordnetes Arzneimittel gegen ein anderes austauschen kann. Der Apotheker ist durch das GKV-Wettbewerbsstärkungsgesetz von 2007 sogar verpflichtet, für ein verschriebenes, teures Arzneimittel ein anderes, preiswertes Präparat herauszugeben, das:

► *„mit dem verordneten in Wirkstärke und Packungsgröße identisch sowie*

► *für den gleichen Indikationsbereich zugelassen ist und ferner*

► *die gleiche oder eine austauschbare Darreichungsform besitzt"* (§ 129 Abs. 1 SGB V).

Die Aut-idem-Regelung bedeutet für die Apotheker eine Einschränkung ihrer pharmazeutischen Beratungskompetenz. Sie stellt keinen direkten Eingriff in die Preisbildung dar, ist aber quasi die Voraussetzung, damit die zwischen Krankenkassen und Arzneimittelherstellern ausgehandelten **Rabattverträge** zur vollen Wirkung kommen. Es entsteht zusätzlicher Druck auf die Preispolitik der Anbieter, sodass die Preisdifferenzen tendenziell schmelzen. In der Konsequenz ist es zu einem intensiven Preiswettbewerb auch unterhalb der Festbeträge gekommen.

Im Sinne einer **Importförderung** sind Apotheken ferner zur Abgabe von preisgünstigen importierten Arzneimitteln verpflichtet, um zusätzliche Wirtschaftlichkeitsreserven zu erschließen. Dies kommt immer dann zum Tragen, wenn der für die Versicherten maßgebliche Arzneimittelabgabepreis mindestens 15 % oder 15 € niedriger ist als der Preis des inländischen Bezugsarzneimittels. Damit versucht der Gesetzgeber, Preisdifferenzen von Arzneimitteln in verschiedenen Ländern auszunutzen.

Nun könnte eine Umstellung der einzunehmenden Arzneimittel ggf. negative Auswirkungen auf die Patienten haben, wie z. B. **Unverträglichkeit** oder ein verstärktes Auftreten von Nebenwirkungen. Die Patienten könnten verunsichert sein, im Extremfall könnte die Compliance leiden. Betroffen sind insbesondere chronisch Erkrankte und multimorbide Patienten, die häufig mehrere vom Arzt verschriebene Medikamente auf einmal zu sich nehmen. Im Fall eines Auftretens negativer Wirkungen bleibt indes die **Behandlungshoheit** des Arztes erhalten, insofern er eine Substitution eines von ihm verordneten Arzneimittels ausschließen kann, indem er das auf jedem Kassenrezept befindliche Aut-idem-Feld ankreuzt.

Zu diesem Kapitel finden Sie auch die folgende Übungsaufgabe:

Aufgabe 16 > Seite 339

Lösung

1.	Nennen Sie möglich Kosten und Nutzen, die mit der Einnahme von Arzneimitteln entstehen können.	>>Kap. E.1
2.	Differenzieren Sie erstattungsfähige, verordnungspflichtige, apothekenpflichtige, rezeptfreie und freiverkäufliche Arzneimittel.	>>Kap. E.1.1
3.	Welche Faktoren tragen dazu bei, dass es in der Arzneimittelversorgung tendenziell zur Überversorgung kommt?	>>Kap. E.1.1
4.	Bei welchen Aktionsparametern ist die pharmazeutische Industrie hinsichtlich der freien Gestaltung durch staatliche Regulierung eingeschränkt?	>>Kap. E.1.2.1
5.	Inwiefern wirkt der Patentschutz zugleich wettbewerbsfördernd und wettbewerbsbeschränkend?	>>Kap. E.1.2.2
6.	Erläutern Sie gängige Theorien zur Begründung des Patentschutzes.	>>Kap. E.1.2.2
7.	Was versteht man unter Generika?	>>Kap. E.1.2.3
8.	Erläutern Sie den Begriff Category Management.	>>Kap. E.1.3
9.	Erläutern Sie mögliche Größenvorteile einer Filialisierung von Apotheken.	>>Kap. E.1.4
10.	Was sind mögliche Vor- und Nachteile von Versand- gegenüber stationären Apotheken?	>>Kap. E.1.4.1
11.	Ermitteln Sie die Ausgabenbelastung der GKV für ein Fertigarzneimittel, welches einen Abgabepreis durch das Pharmaunternehmen von 70 € hat.	>>Kap. E.1.4.3
12.	Erläutern Sie die wesentlichen Ziele der staatlichen Steuerung der Arzneimittelversorgung.	>>Kap. E.2 und E.2.1
13.	Differenzieren Sie mögliche staatliche Steuerungsinstrumente nach der Zielgruppe und der Zielgröße der Steuerung.	>>Kap. E.2.1
14.	Was sind wesentliche Einflussfaktoren, die zu berücksichtigen sind, wenn man Arzneimittelvolumina für Ärzte festlegen möchte?	>>Kap. E.2.2.1
15.	Welche Folgen können sich ergeben, wenn die Ärzte sich bei ihrem Arzneimittelverschreibungsverhalten an durchschnittliche Richtgrößen halten müssen?	>>Kap. E.2.2.1
16.	Erläutern Sie die Begriffe „Negativliste" und „Positivliste" und ihre jeweilige Wirkung auf Arzneimittelinnovationen.	>>Kap. E.2.2.3
17.	Mit welchen Instrumenten kann der Gesetzgeber Einfluss auf die Arzneimittelpreisbildung nehmen?	>>Kap. E.2.3
18.	Erläutern Sie die Funktionsweise eines Preismoratoriums.	>>Kap. E.2.3.1
19.	Erläutern Sie die Funktionsweise und Wirkungen eines Festbetragsystems.	>>Kap. E.2.3.2

Lösung

20.	Nennen Sie mögliche zusätzliche Nutzen, die innovative Arzneimittel gegenüber bereits bestehenden haben können.	>> Kap. E.2.3.3
21.	Was versteht man unter Orphan-Arzneimitteln?	>> Kap. E.2.3.3
22.	Was sind wesentliche Probleme, die mit der Nutzenbewertung von Arzneimitteln verbunden sind?	>> Kap. E.2.3.3
23.	Inwiefern entsteht ein ethisches Problem, wenn alternativlose Arzneimitteltherapien mit extrem hohen Kosten verbunden sind?	>> Kap. E.2.3.4
24.	Welche Vorteile entstehen für die Krankenkassen und die Pharmaunternehmen bei der Aushandlung von Rabattverträgen?	>> Kap. E.2.3.5
25.	Was bedeutet die Aut-idem-Regelung, und warum ist sie Voraussetzung für das Funktionieren von Rabattverträgen?	>> Kap. E.2.3.6

F. Ordnungsrahmen des Pflegesystems

1. Besonderheiten von Pflegeleistungen

Die **Pflegeversicherung** wurde in Deutschland im Jahr 1995 eingeführt. Sie besteht aus der Sozialen Pflegeversicherung (SPV) und der Privaten Pflegeversicherung (PPV). Die Aufwendungen für ambulante Pflege daheim oder die stationäre Unterbringung in einem Pflegeheim waren bis dahin von den Pflegebedürftigen selbst oder deren Angehörigen zu tragen. Anspruch auf Leistungen der Pflegeversicherung besteht nur, wenn der MDK Pflegebedürftigkeit attestiert hat. Die erhältlichen Leistungen wiederum differieren der Höhe nach in Abhängigkeit des jeweiligen Pflegegrades. Bis Ende 2016 gab es Pflegestufen, seither fünf Pflegegrade. Das maßgebliche gesetzliche Regelwerk findet sich im **Sozialgesetzbuch XI**.

Wie die Nachfrage nach Gesundheitsleistungen wächst auch der Pflegemarkt in Deutschland dynamisch. In **Abgrenzung zum Gesundheitswesen** geht es beim hier betrachteten Pflegemarkt um Leistungen für Pflegebedürftige. Pflegebedürftigkeit tritt naturgemäß weit überwiegend im hohen Alter ein, aber nicht ausschließlich. Sie kann z. B. auch Folge einer Erkrankung in jungen Jahren sein. In der Regel geht eine Pflegebedürftigkeit mit einer Erkrankung einher.

Wesentlicher Wachstumsimpuls ist die **demografische Entwicklung**, mithin die zunehmende Alterung der Gesellschaft. So ist allein in den Jahren 2000 - 2015 die Anzahl der insgesamt Pflegebedürftigen von rund 2,0 Mio. auf knapp 2,9 Mio. gestiegen. Damit sind rund 3,5 % der Bevölkerung betroffen. Diese Entwicklung spiegelt sich auch bei den Ausgaben der Sozialen Pflegeversicherung (SPV) wider. Diese sind seit dem Jahr 2000 um 86 % gestiegen und betrugen 2016 bereits 31 Mrd. €. Dabei gilt es zu beachten, dass die Gesamtausgaben für Pflege erheblich höher lagen, da die Pflegeversicherung als **„Teilkaskoversicherung"** konzipiert ist, also nur einen Teil der entstehenden Pflegekosten der Bürger finanziert.

Mit über 70 % werden die weitaus meisten Pflegebedürftigen daheim gepflegt. Mit zunehmendem Pflegegrad steigt die Wahrscheinlichkeit einer Unterbringung im Pflegeheim.

Versorgungsform	Ambulant	in Prozent	Stationär	in Prozent	Insgesamt	in Prozent
Pflegestufe I	1.333.149	64 %	304.237	39 %	1.637.386	57 %
Pflegestufe II	580.316	28 %	309.936	40 %	890.252	31 %
Pflegestufe III	163.412	8 %	160.549	21 %	323.961	11 %
Insgesamt	**2.076.877**	**73 %**	**783.416**	**27 %**	**2.860.293**	**99 %**[1]

[1] ca. 8.700 Pflegebedürftige in stationärer Versorgung waren ohne Pflegestufenzuordnung

Pflegebedürftige nach Pflegestufe
Quelle: *Statistisches Bundesamt (2017)*

Auch der Pflegemarkt ist durch Besonderheiten gekennzeichnet, die ein staatliches Eingreifen begründen.

1.1 Begründungen für staatliche Regulierungen

Der Pflegesektor in Deutschland ist vielfältig staatlich reguliert. Dabei beruhen das **staatliche Eingreifen** und die damit verbundene Regulierungsintensität zum Großteil auf ähnlichen **Begründungen** wie im Gesundheitswesen:

▶ Das **konstitutive Ausschlussprinzip** des Marktes, also Ausschluss derjenigen, die keine ausreichende Zahlungsfähigkeit für pflegerische Leistungen haben, ist gesellschaftlich nicht erwünscht.

▶ **Myopische Präferenzen** führen dazu, dass Risiken einer Pflegebedürftigkeit und der damit verbundene finanzielle Aufwand im Alter häufig unterschätzt werden. Eine freiwillige Eigenvorsorge würde bei vielen Menschen ungenügend ausfallen. Dies kombiniert mit der gesellschaftlichen Nichtakzeptanz des Ausschlussprinzips für pflegerische Leistungen rechtfertigt einen staatlichen Versicherungszwang, denn bei ungenügender privater Vorsorge müsste die Versichertengemeinschaft wieder einspringen.

▶ Für die Nachfrage nach ambulanten oder stationären Pflegeleistungen ist die **Konsumentensouveränität** häufig sehr eingeschränkt. Pflegebedürftige sind oft auf die Hilfe Dritter angewiesen. Geistige Erkrankungen können insgesamt die Urteilskraft eines Menschen reduzieren oder auslöschen. Dann sind staatlich normierte Regelungen bzgl. einer Vormundschaft erforderlich.

▶ Auch im Pflegesektor bestehen das **Prinizipal-Agent-Problem** und **Informationsasymmetrien** gegenüber den Anbietern. Weil pflegerische Leistungen insbesondere in der letzten Phase des Lebens liegen, haben die Betroffenen häufig nur **eingeschränkte Sanktionsmöglichkeiten**. Entspricht das Pflegeheim, für das sich der Pflegebedürftige entschieden hat nicht seinen Vorstellungen, ist ein Wechsel häufig nur noch unter Inkaufnahme erheblicher persönlicher Belastungen oder gar nicht mehr möglich. Auch ist es vielen hochbetagten Menschen nicht möglich, die Qualität pflegerischer Leistungen zu beurteilen oder bestehende Mängel anzuzeigen. Dies sind wesentliche Gründe, warum der Staat in die **Qualitätssicherung** eingreift.

1.2 Staatliche Eingriffe in die Qualitätssicherung

Um die Qualität der Pflegeleistungen zu gewährleisten, macht der Staat auf vielfältige Weise strukturelle und Prozessvorgaben. Die **Strukturqualität** soll insbesondere durch die Vorgabe eines Personalschlüssels, aber auch durch Anforderungen an die Größe und Ausstattung der Räumlichkeiten gesichert werden. Die Einhaltung von Pflegestandards und -leitlinien sowie Qualitätsmanagementvorschriften, Betreuungspläne, Serviceleistungen u. a. sollen eine hohe **Prozessqualität** gewährleisten.

ACHTUNG

Der **Personalschlüssel** oder auch **Betreuungsschlüssel** ist ein Zahlenverhältnis (1 : n), durch das die Anzahl der betreuenden Personen (Pflegekräfte) zu den betreuten Personen (Bewohner) festgelegt ist. Im Bereich der Pflege variiert das Verhältnis in Abhängigkeit des jeweiligen Pflegegrades der Pflegebedürftigen.

Unmittelbar verbindlich für zugelassene Pflegeeinrichtungen im Inland sind landesweit einheitliche **Rahmenverträge**. Die Landesverbände der Pflegekassen schließen unter Beteiligung des MDK sowie des Verbandes der Privaten Krankenversicherung mit den Vereinigungen der Träger der ambulanten oder stationären Pflegeeinrichtungen im Land gemeinsam und einheitlich Rahmenverträge. Das Ziel ist eine wirksame und wirtschaftliche pflegerische Versorgung der Versicherten. Die **Inhalte dieser Rahmenverträge** sind u. a.:

▸ die Regelung der Inhalte der Pflegeleistungen

▸ Maßstäbe und Grundsätze zur personellen und sachlichen Ausstattung der Pflegeheime

▸ Regelung des Zugangs des MDK und Prüfungsgrundsätze

▸ Verfahrens- und Prüfungsgrundsätze für Wirtschaftlichkeits- und Abrechnungsprüfungen sowie

▸ Anforderungen an die geeigneten Nachweise bei den Vergütungsverhandlungen.

Zur konkreten Umsetzung ist für Anbieter stationärer und ambulanter Pflegedienstleistungen der **Abschluss eines Versorgungsvertrages** verpflichtend. Der Versorgungsvertrag wird zwischen dem Träger der Pflegeeinrichtung und den Landesverbänden der Pflegekassen abgeschlossen (§ 72 Abs. 1 u. 2 SGB XI). Voraussetzung ist zunächst, dass der Pfleganbieter einen **Strukturerhebungsbogen** ausfüllt und einreicht. Die Versorgungsverträge sollen ein Mindestmaß an Strukturqualität bei den Anbietern gewährleisten und dienen somit einer (Mindest-)Qualitätssicherung. Die Qualitätsanforderungen werden in § 10 Abs. 1 SGB XI konkretisiert: *„Die Pflegeeinrichtungen pflegen, versorgen und betreuen die Pflegebedürftigen, die ihre Leistungen in Anspruch nehmen, entsprechend dem allgemein anerkannten Stand medizinisch-pflegerischer Erkenntnisse. Inhalt und Organisation der Leistungen haben eine humane und aktivierende Pflege unter Achtung der Menschenwürde zu gewährleisten."*

ACHTUNG

Der Begriff der **Pflegeeinrichtungen** umfasst im SGB XI sowohl ambulante Pflegedienste als auch Pflegeheime.

Um Pflegeleistungen erbringen und abrechnen zu können, müssen Pflegeanbieter schließlich eine Vergütungsvereinbarung und einen Pflegevertrag bzw. Heimvertrag abschließen, sodass sich ein **komplexes Beziehungsgeflecht** zwischen Anbieter, Pflegekassen und Pflegebedürftigen ergibt.

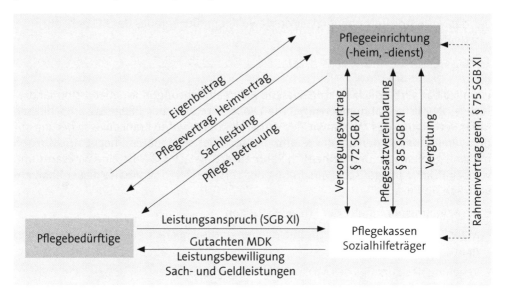

Abb. F1: Rahmenbedingungen der Leistungserbringung

Alle Pflegeheime und ambulanten Pflegedienste werden im Auftrag der Landesverbände der Pflegekassen jährlich vom MDK oder vom Prüfdienst des Verbandes der Privaten Krankenversicherung geprüft; es handelt sich um eine sog. **Regelprüfung** (§ 114 SGB XI). Im Zentrum der Regelprüfung steht die Frage, ob die Qualitätsanforderungen nach dem SGB XI sowie die darauf basierenden vertraglichen Vereinbarungen erfüllt sind. Regelprüfungen werden in Pflegeheimen grundsätzlich unangemeldet durchgeführt; in ambulanten Pflegediensten werden sie am Tag zuvor angekündigt. Bei konkreten Anhaltspunkten für mangelnde Qualität, die sich z. B. infolge von Beschwerden von Pflegebedürftigen oder Angehörigen an die Pflegekasse ergeben, kann die Pflegekasse den MDK oder den Prüfdienst der PKV beauftragen, unangemeldete **Anlassprüfungen** durchzuführen.

Die Qualitätsprüfungen von Pflegeheimen und ambulanten Pflegediensten selbst beziehen sich vorwiegend auf die **Ergebnisqualität**. Neben der Pflegedokumentation wird schwerpunktmäßig der Pflegezustand der Pflegebedürftigen betrachtet, ob und wie die eingeleiteten pflegerischen Maßnahmen wirken und ob Hinweise auf Pflegedefizite vorliegen. Schließlich wird auch die Zufriedenheit der pflegebedürftigen Menschen mit der Versorgung erfragt.

1.3 Angebot an Pflegeleistungen

Das **Kernangebot pflegerischer Leistungen** wird zunächst nach dem Ort der Leistungserbringung unterschieden. Ambulante Pflegedienste unterstützen, betreuen und pflegen Bedürftige daheim in ihrer Wohnung. Ist dies nicht mehr möglich, wird der Pflegebedürftige in einem Pflegeheim untergebracht. So sieht auch der **„Idealverlauf"** **einer Pflegebedürftigkeit** aus Sicht des Gesetzgebers vor, das leicht pflegebedürftige Menschen (Pflegegrade 1 -2) zunächst in Form der sog. „informellen Pflege" von ihren Angehörigen und Bekannten daheim gepflegt werden. Sie erhalten als Kompensation und Anerkennung Pflegegeld. Verschlechtert sich der Zustand des Pflegebedürftigen (Pflegegrade 3 - 4), wird die Heimpflege ergänzt durch die Inanspruchnahme von professionellen Pflegediensten. Erst im Zustand erheblicher Pflegebedürftigkeit (Pflegegrade 4 - 5) wird der Pflegebedürftige stationär betreut, denn dies ist zugleich die mit Abstand kostenintensivste Leistung.

Die **Träger von Pflegeleistungen** anbietenden Unternehmen sind fast durchgängig privatwirtschaftlich strukturiert. Das korrespondiert mit der in § 11 Abs. 2 SGB XI festgelegten Vorschrift: *„Freigemeinnützige und private Träger haben Vorrang gegenüber öffentlichen Trägern."* Dies gilt sowohl für den ambulanten als auch für den stationären Sektor. Betrachtet man den gesamten Gesundheits- und Pflegesektor, bleibt zu konstatieren, dass öffentliche Träger lediglich im Bereich der stationären Krankenversorgung einen nennenswerten Anteil von 30 % haben. Von den Pflegeheimen sind lediglich 5 % der Anbieter in öffentlicher Hand, und bei der Erbringung ambulanter Pflegedienste spielen staatliche Anbieter mit einem Anteil von gut 1 % faktisch keine Rolle.

	Ambulante Pflegedienste		Pflegeheime	
	Anzahl	in Prozent	Anzahl	in Prozent
Private Träger	8.670	65 %	5.737	42 %
Freigemein. Träger	4.461	33 %	7.200	53 %
Öffentliche Träger	192	1 %	659	5 %
Insgesamt	**13.323**	**100 %**	**13.596**	**100 %**

Trägerstruktur ambulanter und stationärer Pflegeanbieter
Quelle: *Statistisches Bundesamt (2017)*

Erst durch **Abschluss eines Versorgungsvertrags** ist es den Anbietern möglich, ihre Leistungen mit den Pflegekassen abzurechnen. Der Versorgungsvertrag wird zwischen dem Träger der Pflegeeinrichtung und den Landesverbänden der Pflegekassen abgeschlossen (§ 72 Abs. 1 u. 2 SGB XI). Mithin stellt der Versorgungsvertrag eine qualitätsorientierte Marktzutrittsschranke dar. Das Auslastungsrisiko liegt ausschließlich bei den ambulanten und stationären Anbietern.

1.4 Lösungsansätze für den Pflegekräftemangel

Ein das Angebot limitierender Faktor ist zusehends der **Mangel an qualifizierten Pflegefachkräften**. So sehen sich zahlreiche Pflegedienstleister bereits heute mit dem Problem konfrontiert, eine ausreichende und dem Qualitätsanspruch entsprechende Kapazität bereitzustellen.

Ein naheliegendes Mittel, dem gegenzusteuern, ist zunächst eine **Verbesserung der Arbeitsplatzattraktivität**, um neue Pflegekräfte zu gewinnen und ältere in den Pflegeunternehmen zu halten. Unmittelbar ersichtlich ist hierbei, dass Altenpflegekräfte schlechter bezahlt werden als ihre pflegenden Kollegen in Krankenhäusern. Eine **Einkommenserhöhung** bzw. -anpassung wäre somit ein möglicher Ansatz, der allerdings über steigende Kosten zu steigenden Beitragssätzen und erhöhten Eigenanteilen der Pflegebedürftigen führen würde.

Studien, wie z. B. die „3Q-Studie", weisen darauf hin, dass es vor allem **„quantitative Überforderungen"** sind, die Pflegekräften die Arbeit verleiden. Eine vordergründige Lösung läge mithin in der Verbesserung des Verhältnisses von Pflegekräften zu Bewohnern in Pflegeheimen, also in der Veränderung des Personal-Pflegeschlüssels. Dadurch wäre zwar die Arbeit als Pflegekraft attraktiver, das würde aber unmittelbar den Pflegemangel verschärfen.

Infolge des 2017 verabschiedeten **Pflegeberufereformgesetzes** wird ab 2020 die Ausbildung der Pflegeberufe vereinheitlicht. Es gibt dann zunächst eine zweijährige generalistische Ausbildung für alle Pflegekräfte, bevor sie eine Spezialisierung in Form der Alten- oder Krankenpflege wählen können. Ein weiterer bereits beschrittener Weg ist die **Akademisierung der Pflege**. Will man den auf diese Weise weiterqualifizierten Pflegefachkräften eine Perspektive in der Pflege bieten, wird dies ebenfalls nicht ohne höhere Entgelte funktionieren. Ansatzpunkte sind schlussendlich auch eine (weitere) **Flexibilisierung der Arbeitszeit** und Förderung der Familienfreundlichkeit.

Eine Maßnahme, die unmittelbar positive Wirkung entfalten könnte, wäre eine Reduzierung der **Pflegefachkraftquote**. Bislang sieht die Heimpersonalverordnung eine Fachkraftquote von 50 % vor. Anders als bei den ausgebildeten Pflegefachkräften überstieg im Bereich der Altenpflegehelfer auch im Jahr 2016 das Angebot (arbeitslose Altenpflegehelfer) am Arbeitsmarkt die Nachfrage (gemeldete Stellen). Ob bei einem Absenken der Pflegekraftquote (z. B. auf 40 %) die Pflegequalität leidet, ist umstritten. Sicher wird indes die Qualität sinken, wenn es aufgrund des Festhaltens an der Quote den Anbietern dauerhaft gar nicht mehr gelingt, Pflegekräfte in ausreichendem Maße zu beschäftigen.

Weil es sich beim Fachkräftemangel mittlerweile um ein volkswirtschaftliches Phänomen handelt, besteht ein weiterer Ansatz in der Akquise von **Fachkräften aus dem Ausland**. Erste Bemühungen der Bundesregierung gehen in diese Richtung. So wirbt sie in neun Ländern aktiv vor Ort um Fachkräfte für den Gesundheits- und Pflegebereich. Wichtig ist die Erkenntnis, dass die Zahl ausländischer Pflegekräfte dauerhaft zahlenmäßig steigen muss, denn es geht nicht um die Überwindung vorübergehender

Engpässe, sondern um das Schließen dauerhafter Lücken. Erforderlich ist also das gezielte Anwerben im Ausland, was eine Quantifizierung des Bedarfs und eine Formulierung der Ziele und Anforderungen zwingend erforderlich macht. Maßnahmen könnten u. a. Anwerbeagenturen und Jobbörsen im Ausland sein, wie es andere Länder bereits vormachen.

Schlussendlich bringt der vom Gesetzgeber verfolgte Ansatz, **„ambulant vor stationär"** eine Entlastungswirkung, denn die stationäre Pflege ist deutlich personalintensiver als die ambulante.

1.5 Nachfrage nach Pflegeleistungen

Auch die Nachfrage nach pflegerischen Leistungen weist Besonderheiten auf. Es besteht zwar eine **Versicherungslösung** durch die SPV und die PPV, diese ist aber insbesondere im Fall der stationären Versorgung nicht kostendeckend. Die Versicherten müssen einen Teil der entstehenden Kosten selbst tragen. Infolge dieses **Eigenanteils** ist der Preis für die Unterbringung in einem Pflegeheim von erheblicher Relevanz für die Pflegebedürftigen und ggf. deren Angehörigen.

Die Nachfrager befinden sich zumeist in der letzten Phase ihres Lebens. Die Entscheidung für eine konkrete Inanspruchnahme pflegerischer Leistungen fällen sie häufig nicht allein, sondern mit Unterstützung von Angehörigen. Da rund die Hälfte der Pflegebedürftigen geistig beeinträchtigt ist, sind sie zwingend **auf Hilfe Dritter angewiesen** und entscheiden ggf. gar nicht mehr selbst. Auch ist die Wahl eines Pflegeheims i. d. R. eine finale Entscheidung.

Die Nachfrage nach Pflegeleistungen wächst dynamisch. So ist allein in den Jahren seit der Einführung der Pflegeversicherung die Anzahl der insgesamt Pflegebedürftigen von rund 1,7 Mio. auf knapp 2,9 Mio. im Jahr 2015 gestiegen. Auf die künftige **Entwicklung der Nachfrage** wirkt eine Vielzahl von Einflussfaktoren:

▶ **Demografie und Prävalenz:** Der Kerntreiber für die Nachfrage nach Pflegeleistungen ist die demografische Entwicklung in Form der zunehmenden Alterung der Gesellschaft. Allein die absolut steigende Anzahl an Menschen hohen Alters in den kommenden Jahrzehnten bedingt eine steigende Zahl Pflegebedürftiger. Wie stark die Zahl künftiger Nachfrager indes wachsen wird, hängt zugleich von einer möglichen Veränderung der Pflegewahrscheinlichkeit in den jeweiligen Altersstufen (Prävalenzrate) ab. Für die damit verbundenen Pflegezeiten und -kosten ist darüber hinaus die Entwicklung der durchschnittlichen Dauer der Pflegebedürftigkeit entscheidend. Verlässliche Prognosen über die Entwicklung von Pflegequoten sind nicht möglich. Anhand von Vergangenheitsdaten lässt sich neben einem leichten allgemeinen Anstieg der Pflegequote eine signifikante Zunahme der Pflegequote bei den über 90-Jährigen feststellen.

	Pflegebedürftige 1999			Pflegebedürftige 2015		
	absolut	Pflege- quote	Anteil Pflege- bed.	absolut	Pflege- quote	Anteil Pflege- bed.
alle Altersgruppen	2.016.088	2,5 %	100 %	2.860.293	3,5 %	100 %
unter 75 Jahre	703.540	0,9 %	34,9 %	839.856	1,1 %	29,4 %
75 bis unter 85 Jahre	576.470	13,9 %	28,6 %	955.830	14,1 %	33,4 %
85 bis unter 90 Jahre	436.921	38,4 %	21,7 %	589.665	39,7 %	20,6 %
90 Jahre und älter	299.157	60,2 %	14,8 %	474.942	66,1 %	16,6 %

Pflegebedürftige und Pflegefallwahrscheinlichkeit nach Altersgruppen
Quelle: *Statistisches Bundesamt (2017)*

▶ **Pflegegrade:** Die Entwicklung der Pflegegrade hat Auswirkungen auf die Art der Nachfrage, denn mit zunehmendem Pflegegrad wächst die Wahrscheinlichkeit einer teil- oder vollstationären Versorgung. Momentan ist zu konstatieren, dass knapp 40 % der Pflegebedürftigen in stationärer Betreuung Pflegestufe I aufweisen. Der Intention des Gesetzgebers, „ambulant vor stationär", und damit das Ziel, Pflegebedürftige erst mit erhöhtem Pflegegrad im Heim betreuen zu lassen, steht diese Tatsache entgegen.

 ACHTUNG

Die maßgebliche Veröffentlichung zu Pflegedaten, die „Pflegestatistik", wird vom Statistischen Bundesamt alle zwei Jahre veröffentlicht. 2017 ist die Publikation „Pflegestatistik 2015" erschienen, sodass lediglich Daten zur Verteilung auf Pflegestufen vorliegen, nicht für die 2017 eingeführten Pflegegrade.

▶ **Struktur der Leistungsinanspruchnahme:** In der langfristigen Betrachtung ist zunächst eine Verschiebung der Nachfrage in Richtung der am höchsten vergüteten stationären Pflege zu beobachten gewesen, während die Unterbringung daheim anteilsmäßig rückläufig war. Der Trend hat sich seit 2007 indes deutlich umgekehrt. In Kombination mit der Pflege daheim ist auch die Nachfrage nach teilstationären Leistungen in Form von Tagespflege überproportional angestiegen, allein von 2013 bis 2015 um 29 %.

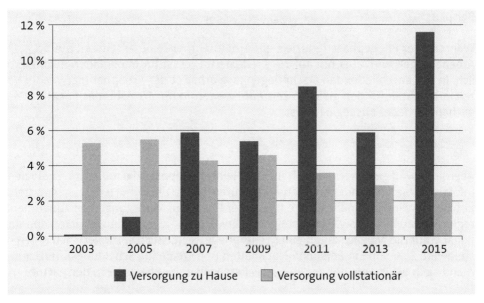

Abb. F2: Nachfrageentwicklung nach Versorgungsform, Veränderung in Prozent
Quelle: *Statistisches Bundesamt (2017)*

Die zu beobachtende Nachfrageentwicklung schlägt sich auch in den **Ausgaben der SPV** nieder. Während die Ausgaben im ambulanten und stationären Bereich noch im Jahr 2011 etwa gleich hoch waren, lagen die Ausgaben für ambulante Leistungen in 2015 mit 14,6 Mrd. € bereits um 2,5 Mrd. € über den stationären Ausgaben.

Der Trend zur ambulanten Pflege entspricht auch dem Ansinnen des Gesetzgebers, denn die Reformmaßnahmen der vergangenen Jahre waren geprägt durch finanzielle **Anreize zur ambulanten Pflege**. Hinzu kam die Förderung neuer Angebote und Wohnformen (z. B. „Demenz-WG") sowie die Ausweitung des Heimpflegepotenzials durch Förderung beruflicher Freistellungsmöglichkeiten für die häusliche Pflege Angehöriger, wie die **Familienpflegezeit**. In Summe scheinen die Bemühungen zu fruchten.

 ACHTUNG

Mit der **Familienpflegezeit** wird ein Rechtsanspruch auf teilweise Freistellung von bis zu 24 Monaten gewährt. Dieser Rechtsanspruch besteht nur gegenüber Arbeitgebern mit mehr als 25 Beschäftigten. Demnach kann die Arbeitszeit auf 15 Stunden pro Woche reduziert werden, um einen pflegebedürftigen nahen Angehörigen mit mindestens Pflegegrad 1 in häuslicher Umgebung zu pflegen. Die geforderte Mindestarbeitszeit muss nur im Durchschnitt eines Jahres vorliegen. Zum befristeten Teilzeitanspruch gibt es die Möglichkeit einer gleichzeitigen Aufstockung des Arbeitsentgelts durch den Arbeitgeber zulasten eines Wertguthabens.

Beispiel

Während der Pflegephase reduziert ein Arbeitnehmer seine Arbeitszeit auf 50 %. Das Arbeitsentgelt wird aber nur auf 75 % reduziert. Dies ist für maximal zwei Jahre möglich. In der anschließenden Nachpflegephase arbeitet der Arbeitnehmer wieder Vollzeit, erhält aber für den gleichen Zeitraum weiterhin nur 75 %, bis das negative Wertguthaben wieder ausgeglichen ist.

Allerdings wird ein langfristiger Trend das **Heimpflegepotenzial** tendenziell reduzieren infolge sich verändernder familiärer Strukturen. Durch die Geburtenrückgänge stehen potenziell weniger Kinder für die Pflege der Eltern zur Verfügung. Eine zunehmende regionale Mobilität sowie eine steigende Erwerbsquote von Frauen wirken ebenfalls negativ auf die Möglichkeiten einer Heimpflege. Schließlich verringert sich durch die steigende Zahl von Ein-Personen-Haushalten und steigende Scheidungsraten, zunehmend auch bei Paaren hohen Alters, das Potenzial einer Pflege durch den Partner.

Als **genereller Trend** in der Nachfrageentwicklung zeichnet sich bereits heute ab, dass diejenigen, die es sich leisten können, verstärkt betreute Wohnformen mit umfangreichen Serviceleistungen nachfragen, die im Bedarfsfall auch Pflegeleistungen offerieren. Mehrgenerationenhäuser und regionale Wohnkonzepte oder auch Demenz-Wohngemeinschaften werden als alternative Wohnformen an Bedeutung gewinnen. Ein Teil der Pflegebedürftigen wird, soweit Heimpflegepotenzial vorhanden ist, möglichst lange daheim gepflegt und kommt erst bei schwerster Pflegebedürftigkeit ins Pflegeheim, auch um Geld oder zu Vererbendes zu sparen. Ist kein Heimpflegepotenzial vorhanden, wird ein großer Teil der Pflegebedürftigen bereits mit niedriger Pflegestufe einen Heimplatz nachfragen.

Zusammenfassend lassen sich **folgende Einflussfaktoren** ableiten, die tendenziell eine geringere Nachfrage nach Pflegeheimplätzen zur Folge haben:

▸ Die staatlichen Anreize zielen auf eine Vermeidung oder zeitliche Verschiebung der stationären Pflege und führen zu einem weiteren Ausbau der häuslichen und durch ambulante Dienste unterstützten Betreuungsmöglichkeiten.

▸ Die Neigung insgesamt zunehmend aktiverer Senioren, in ein Pflegeheim zu gehen, wird weiter sinken, sodass mehr Pflegebedürftige in alternative Wohnformen gehen, sofern es die finanzielle Lage erlaubt.

Nachfragesteigernd wirken demgegenüber:

▸ Die insgesamt steigende Zahl an Pflegebedürftigen und hierunter insbesondere die starke Zunahme der zumeist stationär zu betreuenden Demenzerkrankten.

▸ Das Heimpflegepotenzial durch Familienangehörige nimmt tendenziell ab.

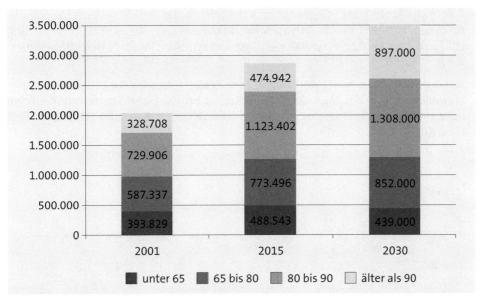

Abb. F3: Anzahl Pflegebedürftiger nach Altersstufen (Prognose)
Quelle: *Bundesinstitut für Bevölkerungsforschung (2015)*

2. Finanzierung von Pflegeleistungen

Die **Gesamtausgaben** für ambulante und stationäre Pflegeleistungen betrugen in Deutschland im Jahr 2015 knapp 47 Mrd. €. Sie sind seit 2000 um nahezu 100 % gewachsen, deutlich stärker als das Bruttoinlandsprodukt (+43 %). Hinsichtlich des Ortes der Leistungserbringung entfällt mit 64 % der größte Anteil auf die stationäre Versorgung von Pflegebedürftigen.

Die Aufwendungen für ambulante und stationäre Pflege waren bis 1995 von den Pflegebedürftigen selbst oder deren Angehörigen zu tragen. Da die Zahl Pflegebedürftiger stetig anstieg, wuchs auch die Zahl derjenigen, deren finanzielle Leistungsfähigkeit nicht ausreichte, um die Kosten der Pflege zu decken. Insbesondere im Fall der stationären Pflege stieg die Zahl der auf **Sozialhilfe** Angewiesenen, was wiederum die Kommunen als Träger der Sozialhilfe zunehmend belastete. Dies erhöhte den politischen Druck zur Einführung einer für den Pflegefall ergänzenden staatlichen Regelung. Das Ergebnis war die **gesetzliche Pflegeversicherung**, bestehend aus der Sozialen Pflegeversicherung und der Privaten Pflegeversicherung.

Das Aufkommen der benötigten Finanzmittel verteilt sich seither auf **unterschiedliche Träger** und differiert bei der ambulanten und stationären Pflege erheblich.

► Die **gesetzliche Pflegeversicherung** (SGB XI) übernimmt einen Teil der entstehenden Pflegekosten.

▸ Sofern die Kosten des Pflegeangebots die Leistungen der Pflegeversicherung überschreiten, entsteht für die **privaten Haushalte** ein Eigenanteil. Das Finanzierungsvolumen der privaten Haushalte ist fast ähnlich hoch wie das der Pflegeversicherung.

▸ Insbesondere bei einer Unterbringung im Pflegeheim sind die privaten Haushalte bisweilen nicht in der Lage, den Eigenanteil zu zahlen. Dann übernimmt die **öffentliche Hand** einen Finanzierungsanteil, die Sozialhilfe in Form der „Hilfe zur Pflege" (SGB XII).

▸ Schließlich kommt auch die **GKV** (SGB V) als Kostenträger in Betracht.

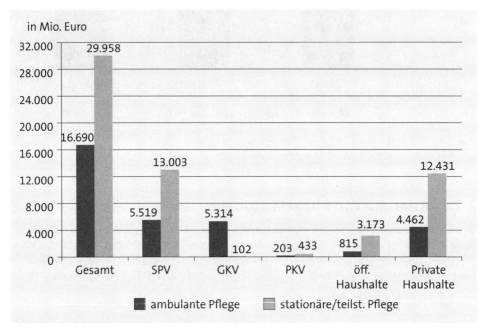

Abb. F4: Träger der ambulanten und stationären Pflegekosten
Quelle: *Statistisches Bundesamt (2017)*

Die **GKV** spielt als Kostenträger insbesondere im Bereich der ambulanten Versorgung eine bedeutende Rolle. Leistungsauslösendes Moment ist jeweils eine zu behandelnde Krankheit, weshalb diese Pflege- und Versorgungsleistungen dem Arztvorbehalt unterliegen, also einer ärztlichen Verordnung sowie der Genehmigung durch die Krankenkasse bedürfen. Maßgeblich für die Häusliche Krankenpflege ist die „Häusliche Krankenpflege-Richtlinie". In dieser sind Umfang, Verordnung, Dauer und Genehmigungsverfahren geregelt. Häusliche Krankenpflege wird entweder als **Krankenhausvermeindungspflege** oder als **Sicherungspflege** (§ 37 Abs. 1 u. 2 SGB V) gewährt.

 **ACHTUNG**

Die **Verordnung häuslicher Krankenpflege** ist nur zulässig, wenn der Versicherte wegen einer Krankheit der ärztlichen Behandlung bedarf und die häusliche Krankenpflege Bestandteil des ärztlichen Behandlungsplans ist. Häusliche Krankenpflege ist dann eine Unterstützung der ärztlichen Behandlung mit dem Ziel, dem Versicherten das Verbleiben oder die möglichst frühzeitige Rückkehr in den häuslichen Bereich zu erlauben (**Krankenhausvermeidungspflege**) oder ambulante ärztliche Behandlung zu ermöglichen und deren Ergebnis zu sichern (**Sicherungspflege**).

Häusliche Krankenpflege wird auf Basis eines Gebührenkatalogs vergütet. Dieser wird zwischen den örtlichen Krankenkassen und den Trägern oder Trägerverbänden der Pflegedienste vereinbart. Eine bundesweit einheitliche **Vergütung** gibt es entsprechend nicht.

2.1 Soziale Pflegeversicherung (SPV)

Die Soziale Pflegeversicherung ist die jüngste der Sozialversicherungssysteme in Deutschland. Das wesentliche gesetzliche Rahmenwerk für den Pflegesektor ist das **SGB XI**. Mit der SPV wurde ähnlich der GKV ein **Sozialversicherungsmodell** eingeführt. Alternativ diskutiert wurden auch eine gesetzliche Pflicht zur privaten Vorsorge und ein gesetzlicher Anspruch auf Versorgungsleistungen im Rahmen eines Pflegeleistungsgesetzes.

Die eingeführte Pflegeversicherung umfasst eine allgemeine Versicherungspflicht, was bedeutet, dass neben den gesetzlich Krankenversicherten auch privat Krankenversicherte der Versicherungspflicht unterworfen wurden. Mithin besteht die **gesetzliche Pflegeversicherung** einerseits aus der Sozialen Pflegeversicherung und andererseits aus der **Privaten Pflegepflichtversicherung (PPV)**, wobei die Mitgliedschaft in einer gesetzlichen oder privaten Krankenkasse zugleich die Mitgliedschaft in der SPV oder PPV determiniert.

Die SPV ist der GKV hinsichtlich der konstitutionellen Charakteristika und Prinzipien sehr ähnlich. **Gemeinsamkeiten** bestehen neben der allgemeinen Versicherungspflicht hinsichtlich der Beitragserhebung. Die Finanzierung erfolgt durch **einkommensabhängige Beiträge**. Die **Beitragsbemessungsgrenze** ist für die SPV und die GKV identisch. Schließlich gilt hier wie dort das Prinzip der **beitragsfreien Familienversicherung** und der **Selbstverwaltung**. Für Letzteres wurden jedoch keine neuen Selbstverwaltungsorgane eingerichtet. Die Pflegekassen wurden den jeweiligen Krankenkassen angeschlossen, indem jede Krankenkasse eine Pflegekasse einrichten musste. Die Mitarbeiter der Krankenkassen und deren Organe übernehmen auch die Verwaltung der Pflegekassen und erhalten dafür eine Verwaltungsaufwandpauschale.

2.2 SPV und GKV – Unterschiede

Bei allen Gemeinsamkeiten zwischen GKV und SPV gibt es jedoch auch erhebliche **Unterschiede**:

► **Versicherungsumfang:** Im Gegensatz zum Grundprinzip der GKV als „Vollkaskoversicherung" handelt es sich bei der SPV lediglich um eine „Teilkaskoversicherung", deren Ziel es ist, eine Grundversorgung für die Pflege und Hauswirtschaftliche Versorgung zu gewährleisten. Dadurch besteht insbesondere im Fall einer stationären Pflege eine erhebliche Lücke zwischen den tatsächlichen Kosten und der Leistung der Pflegekasse, welche von den Pflegebedürftigen oder deren Angehörigen zu tragen ist.

► **Definition des Leistungsfalls:** Für Krankheit gibt es keine finale Definition. Bei der SPV dagegen ist der Fall, der zur Inanspruchnahme von Leistungen berechtigt, durch unterschiedliche Pflegegrade (bis 2016 Pflegestufen) definiert (§§ 14 f. SGB XI). Der Medizinische Dienst der Kassen (MDK) begutachtet und entscheidet über die Zuordnung des Pflegebedürftigen in die jeweiligen Pflegegrade, die wiederum zu Leistungen unterschiedlicher Höhe berechtigen. Dabei ist der MDK als sozialmedizinischer Beratungs- und Begutachtungsdienst eine Institution der Kassen selbst, mithin nicht unabhängig.

► **Leistungen:** Anders als in der GKV gilt für die SPV nicht primär das Sachleistungsprinzip. Für pflegerische und hauswirtschaftliche Leistungen schließen die Pflegekassen zwar Versorgungsverträge mit den ambulanten und stationären Leistungserbringern ab und vergüten diese direkt. Als zusätzliche Leistung wird aber explizit Pflegegeld gezahlt, wenn die Pflege häuslich durch Angehörige, Freunde oder Nachbarn erbracht wird. Auch ist eine Kombination aus Pflegegeld und -sachleistung möglich.

► **Leistungserbringer:** Die systematische Einbeziehung von Laien in die Leistungserbringung bei der häuslichen Pflege ist ein weiterer wesentlicher Unterschied, was eine Qualitätssicherung im privaten Umfeld des Pflegebedürftigen erfordert.

► **Finanzausgleich:** Anders als der komplexe morbiditätsorientierte Risikostrukturausgleich zwischen den gesetzlichen Krankenkassen erfolgt der Finanzausgleich zwischen den Pflegekassen mittels eines recht einfachen Verfahrens. Die Leistungsausgaben und Verwaltungsaufwendungen werden von den Pflegekassen gemäß dem Verhältnis ihrer Beitragseinnahmen gemeinsam getragen. Erzielen die Pflegekassen überschüssige Einnahmen, führen sie diese an einen Ausgleichsfonds ab; Defizite anderer Pflegekassen werden hierdurch ausgeglichen.

► **Kinderlosenbeitrag:** Durch ein Verfassungsgerichtsurteil aus dem Jahr 2001 müssen Mitglieder der Pflegeversicherung mit Kindern hinsichtlich der Beitragshöhe besser gestellt werden als Kinderlose. Dies führte dazu, dass kinderlose Mitglieder seit 2005 einen um 0,25 % höheren Beitragssatz zahlen müssen. Damit gilt die paritätische Finanzierung hier wie dort nicht mehr uneingeschränkt: In der GKV ist diese durch die Fixierung des allgemeinen Beitragssatzes und den ausschließlich durch den Versicherten zu tragenden Zusatzbeitrag ausgehebelt; in der SPV müssen die Versicherten den „Kinderlosenbeitrag" selbst zahlen.

 **ACHTUNG**

Ausnahme Sachsen: Mit Einführung der Pflegeversicherung wurde die zusätzliche Belastung der Arbeitgeber durch Abschaffung eines Feiertages gegenfinanziert. Lediglich das Land Sachsen hat diesen Weg nicht beschritten. Daher zahlen dort die Versicherten den Beitrag bis zur Höhe von 1 % allein. Nur der darüberhinausgehende Beitragssatz wird paritätisch finanziert.

Pflegebedürftigkeit und Krankheit sind interdependent miteinander verbunden. Es gibt aber gewichtige Gründe, die für eine Absicherung des Pflegerisikos mittels einer institutionell separaten Sozialversicherung sprechen, wie z. B. die bewusste Ausgestaltung der SPV als Teilkaskoversicherung. Gleichwohl sind mit dem organisatorischen Nebeneinander von GKV und SPV erhebliche Probleme verbunden.

Durch die jeweils eigene Finanzierung kommt es zur **Schnittstellenproblematik**. So kann die GKV kein Interesse an der Finanzierung von aufwändigen Präventionsmaßnahmen oder Therapien haben, die lediglich den Pflegeaufwand reduzieren. Die Folgekosten unterlassener Leistungen können von den unter Wettbewerbsdruck stehenden Krankenkassen auf die Pflegekassen externalisiert werden. Auch besteht die Notwendigkeit zur häufig künstlichen Abgrenzung zwischen Pflegeleistungen und solchen, die zulasten der GKV gehen. Infolge dessen kann es zu einer suboptimalen Allokation von knappen Mitteln kommen.

2.3 Private Pflegeversicherung (PPV)

Durch gesetzliche Vorgabe impliziert die Mitgliedschaft in einer privaten Krankenkasse zugleich die Mitgliedschaft in der Privaten Pflegeversicherung. Die PPV wiederum ist hinsichtlich wesentlicher **Strukturmerkmale** der PKV ähnlich. Die Beiträge orientieren sich nicht am Einkommen, denn sie sind auf Basis eines Anwartschaftsdeckungsverfahrens kalkuliert. Es werden Alterungsrückstellungen gebildet, um die Beitragsentwicklung im Alter zu glätten. Da Pflegeleistungen – anders als bei der Krankenversicherung – i. d. R. erst zum Lebens- und damit zum Versicherungsende in Anspruch genommen werden, waren die Beitragseinnahmen 2015 mehr als doppelt so hoch wie die Ausgaben. Die Zahl der Leistungsempfänger betrug rund 178.000.

	SPV	PPV	Insgesamt
Versicherte in Mio.	71,1	9,4	80,5
Leistungseinnahmen in Mrd. €	30,7	2,2	32,9
Leistungsausgaben in Mrd. €	29,0	1,0	30,0

Leistungsdaten der Sozialen und Privaten Pflegeversicherung 2015
Quelle: *Bundesministerium für Gesundheit (2017), Verband der Privaten Krankenversicherung (2016)*

Die Höhe der **Versicherungsprämie** richtet sich nach dem individuellen Versicherungs-risiko und dem Eintrittsalter bei Versicherungsbeginn. Eine geschlechtsspezifische Dif-ferenzierung ist nicht erlaubt. Wie bei der PKV zahlt der Arbeitgeber den abhängig Beschäftigten zur PPV einen Zuschuss in Höhe des Beitrags, den er bei Versicherungs-pflicht in der SPV auch zu zahlen hätte, höchstens jedoch die Hälfte des tatsächlich zu zahlenden Beitrags.

Es bestehen aber auch erhebliche **Unterschiede** zwischen der **PPV** und der **PKV**. Die privaten Versicherungsunternehmen müssen bei der Prämiengestaltung eine Reihe **gesetzlicher Vorgaben** beachten: Vorerkrankungen dürfen nicht ausgeschlossen und bereits pflegebedürftige Personen nicht zurückgewiesen werden. Die Unternehmen unterliegen also einem Kontrahierungszwang; sie können niemanden ablehnen, der zum Abschluss einer privaten Pflege-Pflichtversicherung berechtigt ist. Schließlich un-terliegt die Prämienhöhe i. d. R. einer gesetzlichen Höchstgrenze (§ 110 SGB XI). Es besteht eine beitragsfreie Mitversicherung der Kinder. Die Feststellung einer Pflege-bedürftigkeit und Zuordnung zu den Pflegegraden funktioniert identisch wie in der SPV. Auch die Leistungen müssen denen der SPV gleichwertig sein. Statt Sachleistun-gen erhält der Versicherte in der PPV jedoch nur Geldleistungen.

Ein stark wachsendes Geschäft für die privaten Versicherungsunternehmen sind pri-vate **Pflegezusatzversicherungen**. Lag der Versicherungsbestand vor zehn Jahren noch bei rund 1,0 Mio. waren es 2015 bereits 2,6 Mio. Hinzu kommen etwa 860.000 der seit 2013 staatlich geförderten Pflegezusatzversicherungen. Für die Versicherten bie-ten solche Versicherungen eine Reduzierung ihres an den Pflegekosten zu tragenden Eigenanteils und damit die Schonung ihres Vermögens bzw. einer potenziellen Erb-masse.

2.4 Ziele der Pflegeversicherung

Zu den primären Zielen der Pflegeversicherung gehört es, den **Zugang zu Pflegeleis-tungen** sicherzustellen. So wurde die Einführung der Pflegeversicherung maßgeblich damit begründet, dass ein Großteil Pflegebedürftiger nicht in der Lage ist, Pflegeleis-tungen aus dem eigenen Einkommen zu bestreiten. Eine staatliche Unterstützung war häufig erforderlich, um dem normativen Anspruch gerecht zu werden, niemanden von erforderlichen Pflegeleistungen auszuschließen.

Mit Einführung der Pflegeversicherung sank folglich die Zahl der Empfänger von **Hilfe zur Pflege**. Kosten der Sozialhilfe wurden umgewandelt in einen Anspruch gegenüber einer beitragsfinanzierten Sozialversicherung. Damit hat sich auch die Situation vieler Pflegebedürftiger gewandelt: Sie wurden von Sozialhilfeempfängern zu Anspruchs-berechtigten. Seit 2002 steigt indes die Zahl der Empfänger von Hilfe zur Pflege kon-tinuierlich wieder an. Darin spiegelt sich die Konstruktion der Pflegeversicherung als Teilkaskoversicherung. Insbesondere bei stationärer Unterbringung verbleibt ein er-heblicher Eigenbeitrag der Versicherten, den viele nicht aus eigenen Mitteln decken können (siehe >>Kap. F.4.5). Der Anteil, der auf Hilfe zur Pflege angewiesenen Personen, beträgt hier rund ein Drittel.

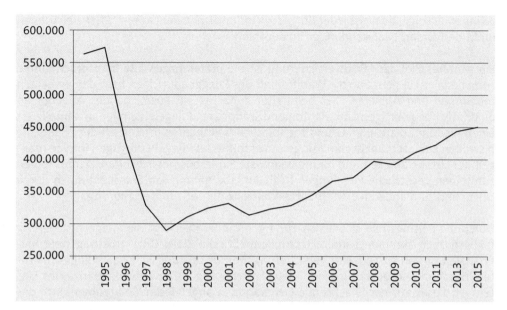

Abb. F5: Entwicklung der Empfänger „Hilfe zur Pflege"
Quelle: *Statistisches Bundesamt (2017)*

Bei der SPV es handelt sich um einen korrigierenden Eingriff in das dynamische Allokationsproblem, mit dem sich jeder Bürger konfrontiert sieht: eine risiko- und altersgerechte Verteilung der Einkommen über die Lebenszeit. Dem liegt einerseits – wie bei den anderen Sozialversicherungssystemen auch – der ökonomische Sachverhalt **„myopischer Präferenzen"** zugrunde, also der systematischen Unterschätzung künftiger Bedürfnisse und Risiken. Ein Ziel ist mithin die staatlich verordnete Vorsorge, auch um der „Free-Rider-Problematik" zu begegnen.

 ACHTUNG

Free-Rider-Verhalten: Immer wenn Wirtschaftssubjekte den Nutzen eines Gutes ohne Gegenleistung erlangen können, besteht das Anreizproblem, dass sie ggf. nicht bereit sind, für deren Finanzierung aufzukommen. Im konkreten Fall könnte es sinnvoll sein, auf eigene Vorsorge zu verzichten, wenn die Gemeinschaft für entstehende künftige Kosten ohnehin aufkommt.

Alsdann ist es gerade bei nicht durchgängigen Arbeitsverhältnissen oder in unteren Einkommensklassen nicht oder nur begrenzt möglich, eigene Vorsorge zu betreiben. Soll indes niemand von erforderlichen Pflegeleistungen ausgeschlossen werden, beinhaltet dies wiederum zwingend ein weiteres implizit abgeleitetes Ziel, eine **Umverteilung**. Die unmittelbar intendierte Umverteilungswirkung geht von Nicht-Pflegebedürftigen zu Pflegebedürftigen. Aber eben auch eine Einkommensumverteilung ist die zwingende Folge, da nicht jeder Bürger wirtschaftlich in der Lage ist, Pflegeleistungen und/oder Vorsorgeaufwendungen zu bezahlen.

Ein weiteres Ziel der Pflegeversicherung ist die **präferenzgemäße Inanspruchnahme** von Pflegeleistungen, also die Wahlfreiheit des Pflegebedürftigen bzgl. der jeweiligen Leistungen und Anbieter. Dies beinhaltet zunächst ein ausreichendes Angebot an qualitativ hochwertigen ambulanten und stationären Pflegeleistungen und impliziert einen weiteren plausiblen Grund für staatliches Eingreifen im Bereich der Pflege: die bisweilen eingeschränkte Handlungssouveränität der Pflegebedürftigen infolge mangelnder Urteilsfähigkeit und häufig begrenzte Sanktionsmöglichkeiten. Daraus folgen zum einen gesetzliche Regelungen bzgl. der Übernahme von Entscheidungen durch Dritte und zum anderen eine **Qualitätskontrolle** der Leistungserbringung.

Durch die beitragsfreie Mitversicherung von Kindern verfolgt die Pflegeversicherung faktisch auch zumindest indirekt **familienpolitische Ziele**. Ob die beitragsfreie Mitfinanzierung von Kindern eine versicherungsfremde Leistung ist, ist allerdings umstritten. Durch die Ausgestaltung der Pflegeversicherung als ein umlagefinanziertes System ist dieses auf nachwachsende Generationen angewiesen. So argumentierte das Bundesverfassungsgericht in seinem Urteil aus dem Jahr 2001: Die Erziehungsleistung ist ein konstitutiver Beitrag zur Sicherung der Pflegeversicherung und somit die beitragsfreie Mitversicherung eben nicht versicherungsfremd. Diese stellt eine nicht einmal ausreichende Kompensation dar. Wenn man dieser Auffassung folgt, ist gleichwohl nicht einsichtig, warum es eine beitragsmäßige Schlechterstellung von Kinderlosen nicht auch in den anderen auf dem Umlageverfahren beruhenden Sozialversicherungen gibt.

2.5 Leistungen der Sozialen Pflegeversicherung

Das Leistungsspektrum der Pflegeversicherung lässt sich unterteilen in häusliche, vollstationäre und teilstationäre Pflege sowie die Kurzzeitpflege. Hinzu kommen diverse Leistungen, um eine Pflege daheim zu ermöglichen. Es gilt der Grundsatz **„ambulante vor stationärer Pflege"**, zum einen um den Pflegebedürftigen einen möglichst langen Aufenthalt im eigenen Zuhause zu gewähren, denn die Pflege daheim ist die Versorgungsform, welche die soziale Teilhabe am stärksten fördert. Zum anderen ist die stationäre Unterbringung die kostenintensivste.

Leistung und gesetzliche Grundlage	Erläuterung
Pflegesachleistung – Ambulanter Pflegedienst (§ 36 SGB XI)	Finanzierung eines Pflegedienstes, der die Pflege zu Hause durchführt. Die pflegebedürftige Person hat freie Wahl zwischen Pflegediensten, die einen Versorgungsvertrag abgeschlossen haben.
Pflegegeld für selbst beschaffte Pflegepersonen (§ 37 SGB XI)	Nehmen Pflegebedürftige keine Pflegehilfe eines ambulanten Pflegedienstes in Anspruch, erhalten sie ein monatliches Pflegegeld.

Leistung und gesetzliche Grundlage	Erläuterung
Kombinationsleistung aus Pflegegeld und Sachleistung (§ 38 SGB XI)	Sowohl Pflegeleistungen der Pflegedienste als auch Geldleistungen können bis zu einem Höchstbetrag beansprucht werden. Das Pflegegeld wird um den Prozentsatz vermindert, in dem der Pflegebedürftige Sachleistungen in Anspruch genommen hat.
Zusätzliche Leistungen für Pflegebedürftige in ambulant betreuten Wohngruppen (§ 38a SGB XI)	Es besteht Anspruch auf einen monatlichen pauschalen Zuschlag, wenn Pflegebedürftige in einer ambulant betreuten Wohngruppe in einer gemeinsamen Wohnung zum Zweck der gemeinschaftlich organisierten pflegerischen Versorgung leben.
Häusliche Verhinderungspflege (Ersatzpflege) (§ 39 SGB XI)	Ist die private Pflegeperson vorübergehend an der Pflege gehindert, übernimmt die Pflegeversicherung die Kosten einer Ersatzpflege, längstens sechs Wochen p. a. und zu dem Höchstbetrag von 1.612 €.
Pflegehilfsmittel und Wohnumfeld verbessernde Maßnahmen (§ 40 SGB XI)	Technische Hilfsmittel werden leihweise zur Verfügung gestellt. Der Einbau z. B. eines behindertengerechten Bades oder Treppenlifts kann von der Pflegeversicherung bis zur Obergrenze von 4.000 € bewilligt werden.
Teilstationäre Pflege (Tages- oder Nachtpflege) (§ 41 SGB XI)	Die Pflegeversicherung übernimmt Pflegekosten für die zeitweise Betreuung im Tagesverlauf in einer Einrichtung, weil häusliche Pflege nicht in ausreichendem Umfang gewährleistet ist, abhängig von dem Pflegegrad bis zu Maximalbeträgen.
Stationäre Kurzzeitpflege (§ 42 SGB XI)	Für Übergangssituationen, wenn häusliche oder teilstationäre Pflege nicht ausreicht, können Kosten bis zu einem Betrag von 1.612 € und bis zu 8 Wochen p. a. übernommen werden.
Vollstationäre Pflege (§ 43 SGB XI)	Die Pflegeversicherung zahlt an das Pflegeheim eine monatliche Pauschale, wenn häusliche oder teilstationäre Pflege dauerhaft nicht möglich ist.
Entlastungsbetrag (§ 45b SGB XI)	Pflegebedürftige in häuslicher Pflege haben Anspruch auf einen Entlastungsbetrag i. H. v. bis zu 125 € monatlich. Der Betrag ist keine pauschale Geldleistung, sondern zweckgebunden, z. B. zur Entlastung für Angebote zur Unterstützung im Alltag oder bei der Bezahlung von Tages-/Nachtpflege oder Kurzzeitpflege.

Mit wenigen Ausnahmen sind die **Leistungen je nach Pflegegrad** differenziert, denn mit zunehmendem Pflegegrad sinkt die Selbstständigkeit des Pflegebedürftigen und steigt der Unterstützungsbedarf.

	PG 1	PG 2	PG 3	PG 4	PG 5
Geldleistung ambulant	125	316	545	728	901
Sachleistung ambulant	-	689	1.298	1.612	1.955
Leistungsbetrag stationär	125	770	1.262	1.775	2.005

Leistungen in Abhängigkeit des Pflegegrades in Euro

Um Leistungen erhalten zu können, müssen folgende **Voraussetzungen** gegeben sein:

1. **Antragstellung:** Leistungen der Pflegeversicherungen müssen zunächst beantragt werden.

2. **Pflegebegutachtung:** Der MDK prüft die Pflegebedürftigkeit und ermittelt einen Pflegegrad.

3. **Vorversicherungszeit:** Anspruch auf Leistungen besteht nur dann, wenn der Antragsteller in den vergangenen zehn Jahren mindestens zwei Jahre Mitglied der Pflegeversicherung oder mitversichert war.

4. **Leistungsbescheid:** Die Einstufung in einen Pflegegrad wird dem Pflegebedürftigen mitgeteilt.

5. **Einspruch:** Gegen den Bescheid kann der Pflegebedürftige Widerspruch einlegen, sofern er die Einstufung als nicht sachgerecht empfindet.

2.6 Finanzentwicklung und Reformen

Durch die Einführung der Pflegeversicherung haben sich die Angebotsstrukturen erheblich verbessert. Pflegebedürftige erhielten finanzielle Unterstützung, die ein Abgleiten in die Abhängigkeit von Sozialhilfe deutlich reduziert hat. Gleichwohl bestanden von Anfang an erhebliche **Mängel der SPV**:

► Der **Pflegebedürftigkeitsbegriff** war zu stark auf körperliche Beeinträchtigungen fokussiert.

► Der MDK agiert im Auftrag des Kostenträgers, sodass seine **Neutralität** zumindest zweifelhaft ist.

► Durch die Anlehnung an die Ausgestaltung im Bereich der Krankenversicherung besteht auch im Bereich der Pflege die **Dualität** der SPV und PPV mit einer Versichertenselektion zulasten der SPV.

► Eine Finanzierung im Rahmen des **Umlageverfahrens** ist vor dem demografischen Hintergrund problematisch.

► Die Finanzierung durch eine wesentliche **Einkommensart** führt zur Diskriminierung dieser gegenüber anderen.

Mit Blick auf die Einflussfaktoren der Nachfrage nach Pflegeleistungen wird deutlich, dass der erforderliche **Finanzierungsbedarf** in den kommenden Jahrzehnten erheblich ansteigen wird. Es handelt sich also zweifelsohne um einen Markt, der aus sich heraus wächst, ohne auf staatliche Wachstumsimpulse angewiesen zu sein. So haben sich die Ausgaben der SPV von knapp 17 Mrd. € im Jahr 2000 auf 31 Mrd. € in 2016 fast verdoppelt. Dabei beruht ein erheblicher Teil des Ausgabenzuwachses auf Leistungsausweitungen im Rahmen der vergangenen Pflegereformen.

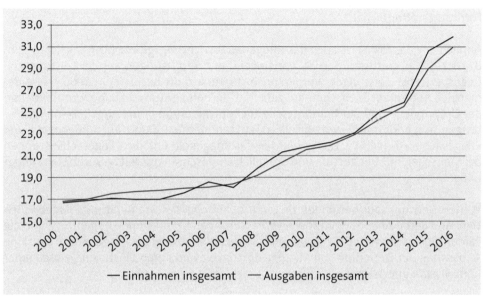

Abb. F6: Einnahmen und Ausgabenentwicklung der SPV
Quelle: *Bundesministerium für Gesundheit (2017)*

2.6.1 Das Pflegeweiterentwicklungs- und Pflegeneuordnungsgesetz

Die erste Reform der Pflegeversicherung erfolgte 2008 mit dem **Pflegeweiterentwicklungsgesetz (PfWG)**. Im Koalitionsvertrag der damaligen Regierung war zwar die Einführung ergänzender Kapitaldeckungselemente und ein Risikostrukturausgleich zwischen gesetzlicher und privater Pflegeversicherung vorgesehen, umgesetzt wurde indes nichts von beidem. Die Einnahmenseite wurde lediglich durch einen Anstieg des allgemeinen Beitragssatzes um 0,25 % verbessert, was auch erforderlich war, da zudem die Leistungen angehoben wurden.

So war diese erste Pflegereform vorwiegend auf die **Leistungsseite** ausgerichtet. Es gab eine Verbesserung der Leistungen für Menschen mit geistiger Beeinträchtigung. Bei sog. „eingeschränkter Alltagskompetenz" wurde nunmehr als vorübergehende Notlösung die **„Pflegestufe 0"** gewährt. Zudem wurde die Pflegeberatung weiter institutionalisiert. Erstmals wurden die Leistungen der Höhe nach angepasst. Das bedeutet, dass bei steigenden Kosten die Leistungen der Pflegeversicherung über ein Jahrzehnt sukzessive an realem Wert verloren. Beschlossen wurde entsprechend eine künftige **Dynamisierung**, also die Anhebung der Leistungsbeträge alle drei Jahre.

Bereits mit Einführung der Pflegeversicherung hat der Gesetzgeber im Wesentlichen auf Regulierungen gesetzt, um die Qualität und Wirtschaftlichkeit der Leistungserbringung zu gewährleisten. Nunmehr sollten die **Qualitätssicherung** durch Vorgabe einer höheren Prüffrequenz durch den MDK verbessert und der Qualitätswettbewerb intensiviert werden durch die Verpflichtung, die Prüfergebnisse in allgemein verständlicher Form zu veröffentlichen.

Ähnlich wie das PfWG ist auch das **Pflegeneuausrichtungsgesetz (PNG)**, welches zum 01.01.2013 in Kraft getreten ist, vorwiegend auf Anpassungen auf der Leistungsseite ausgerichtet. Leistungen wurden noch stärker auf die besonderen Bedürfnisse demenziell erkrankter Menschen ausgerichtet. In den Leistungskatalog wurden neben der Grundpflege und der hauswirtschaftlichen Versorgung nun auch Betreuungsleistungen aufgenommen. Demenziell Erkrankten standen damit auch Pflegegeld und Pflegesachleistungen zu. Ferner wurden das Pflegegeld und die Pflegesachleistungen bei Menschen mit Pflegestufe und erheblich eingeschränkter Alltagskompetenz angehoben.

Weitere Leistungsausweitungen zielten u. a. auf eine bessere **Beratung Pflegebedürftiger** und deren Angehörigen sowie Verbesserungen für pflegende Angehörige und die Förderung bestimmter Wohngruppen bzw. des Wohnumfeldes Pflegebedürftiger. Eine Anpassung der Definition von Pflegebedürftigkeit und deren Einstufung wurde einer Kommission übertragen.

Auf Seiten der Finanzierungsbasis von Leistungen wurde eine einkommensunabhängige, freiwillige **private Pflegevorsorge** durch eine staatliche Zulage von 60 € im Jahr gefördert. Das Ziel dieser Förderung, die privat zu tragenden Pflegekosten durch Vorsorge zu mindern, wird dadurch jedoch kaum erreicht. Auf freiwilliger Basis werden überwiegend diejenigen Vorsorge betreiben, die es ggf. ohnehin gemacht hätten, sodass in erheblichem Maße Mitnahmeeffekte zu erwarten sind. Zudem dürfte es sich vor allem um Bezieher höherer Einkünfte handeln, die noch dazu künftige Pflegekosten wirtschaftlich eher selbst tragen könnten. Für Bürger, die bei einer Pflege im Heim absehbar auf Hilfe zur Pflege angewiesen sind und kein Vermögen haben, ist eine freiwillige Vorsorge unattraktiv.

2.6.2 Das Pflegestärkungsgesetz I - III

Das **Pflegestärkungsgesetz I (PSG I)** ist Anfang 2015 in Kraft getreten. Die Leistungen wurden insgesamt wiederum ausgeweitet, insbesondere für Demenzerkrankte. Ein neues Element in der Finanzierung bildet der **Aufbau eines Pflegevorsorgefonds**. 0,1 % der Beitragseinnahmen sollen 20 Jahre lang angespart und in Form eines Sondervermögens durch die Bundesbank verwaltet werden. Der Fonds soll sodann ab 2035 verwendet werden, um künftige Beitragssteigerungen abzumildern, denn dann ist mit erheblich steigenden Pflegekosten durch die geburtenstarken Jahrgänge zu rechnen.

Verortet man die „Babyboomer-Zeit" auf die Jahre ab 1959, erreichen im Jahr 2034 die Ersten das 75. Lebensjahr.

Die Idee einer **ergänzenden Kapitaldeckung** ist vor dem Hintergrund der demografischen Entwicklung ökonomisch sinnvoll. Durch den Pflegefonds wird ein Teil der zusätzlichen Kosten auf heutige Beitragszahler verteilt. Es handelt sich also um eine gebotene intergenerative Lastenumverteilung zugunsten der nachkommenden jüngeren Generation. Ein solcher Pflegevorsorgefonds ist indes der Höhe nach viel zu gering.

Beispiel

Geht man davon aus, dass die angelegten Gelder keine nennenswerte Verzinsung erzielen, die Pflegeleistungen aber wie bisher sukzessive dynamisiert (erhöht) werden, wird der Beitragsentlastungseffekt ab 2035 jährlich bestenfalls 0,1 % betragen, wenn der Fonds über 20 Jahre aufgelöst würde. Die Wirkung ist vor dem Hintergrund der zu erwartenden Ausgabenentwicklung lediglich homöopathischer Natur.

Nach dem vollständigen Verbrauch der Rücklage würde die Finanzierungslast wieder ausschließlich die künftigen Beitragszahler belasten. Vor allem aber gilt einzuwenden: Wenn es als sinnvoll erkannt wurde, **umlagefinanzierte Sozialversicherungen** infolge der demografischen Entwicklung mit Kapitaldeckungselementen zu ergänzen, warum geschieht dies nicht auch in der GKV?

Mit der größten Pflegereform, dem **zweiten Pflegestärkungsgesetz (PSG II)**, wurde der Pflegebedürftigkeitsbegriff neu definiert und die Einstufung in die bisherigen Pflegestufen durch fünf Pflegegrade ersetzt. Der Gesetzgeber erwartet insgesamt einen Anstieg der Zahl Pflegebedürftiger um rund 500.000. Zur Finanzierung wurde der Beitragssatz um 0,2 % angehoben. Ferner wurde auf die Finanzreserven der Pflegeversicherung zurückgegriffen.

Änderungen durch das **Pflegestärkungsgesetz III (PSG III)** sehen ab 2017 vor, dass die Kommunen eine zentrale Rolle bei der Beratung von Pflegebedürftigen, Menschen mit Behinderung und deren Angehörigen übernehmen sollen. Sie steuern und koordinieren die Beratungsangebote in ihrem Stadt- oder Kreisgebiet und erhalten das Recht, neue **Pflegestützpunkte** für Hilfesuchende zu gründen. Zudem erhielten durch das dritte Pflegestärkungsgesetz Krankenkassen mehr Prüfrechte bei betrugsverdächtigen Pflegediensten. Auch die Frage, wer die Kosten für die Pflege von Menschen mit Behinderung trägt, wurde neu geregelt.

 ACHTUNG

Pflegestützpunkte: Die seit 2008 eingeführten Pflegestützpunkte (PSP) bieten Hilfesuchenden Beratung und Unterstützung. Sie sollen die bislang unterschiedlichen Angebote zur Beratung bzgl. möglicher pflegerischer Unterstützung bündeln. So vermitteln und koordinieren sie auch pflegerische, medizinische und soziale Hilfs- und Unterstützungsangebote. In den PSP sind meist auch Pflegeberater der Pflegekassen mit entsprechender Qualifikation tätig. Insgesamt gab es Ende 2015 in 14 Bundesländern 416 PSP (nicht in Sachsen, Sachsen-Anhalt). Die meisten befinden sich in einer Trägerschaft aus Kommune/Landkreis und Kranken-/Pflegekassen.

2.6.3 Pflegegrade und Neues Begutachtungsassessment

Da die Pflegestufen fast ausschließlich auf körperliche Beeinträchtigungen abgestellt waren, wurden diese ab 2017 durch Pflegegrade ersetzt. **Pflegebedürftigkeit** ist seither **gesetzlich** folgendermaßen **definiert**: *„Pflegebedürftig im Sinne dieses Buches sind Personen, die gesundheitlich bedingte Beeinträchtigungen der Selbständigkeit oder der Fähigkeiten aufweisen und deshalb der Hilfe durch andere bedürfen. Es muss sich um Personen handeln, die körperliche, kognitive oder psychische Beeinträchtigungen oder gesundheitlich bedingte Belastungen oder Anforderungen nicht selbständig kompensieren oder bewältigen können. Die Pflegebedürftigkeit muss auf Dauer, voraussichtlich für mindestens sechs Monate, und mit mindestens der in § 15 festgelegten Schwere bestehen."* (§ 14 Abs. 1 SGB XI)

Bei der Ermittlung der Pflegebedürftigkeit durch das **Neue Begutachtungsassessment (NBA)** wird nunmehr auch systematisch eine mögliche kognitive (geistige) Beeinträchtigung überprüft. Im Vordergrund steht die Selbstständigkeit eines Antragsstellers und nicht mehr in erster Linie sein körperlicher Unterstützungsbedarf. Dabei gilt, je unselbständiger die Person, desto höher der erforderliche Zeitaufwand und der Pflegegrad. Dies wird anhand verschiedener sog. Module überprüft:

Modul	Aktivitätsbereich	Gewichtung
1	Mobilität	10 %
2	Kognitive und kommunikative Fähigkeiten	15 %
3	Selbststeuerungskompetenz (Verhalten und psychische Problemlagen)	
4	Fähigkeit zur Selbstversorgung	40 %
5	Bewältigung von Krankheits- und thearapiebedingten Anforderungen/Belastungen	20 %
6	Gestaltung des Alltagslebens und soziale Kontakte	15 %
7	Außerhäusliche Aktivitäten	
8	Haushaltsführung	

Pflegebedürftigkeit – Begutachtungsbereiche

Beispiel

Durch die zugrunde liegende Systematik wird u. a. berücksichtigt, wie gut der potenziell Pflegebedürftige sich selbst versorgen kann, ob er seine Medikamente selbstständig einnehmen kann und ob er soziale Kontakte pflegen kann und möchte.

Demenzkranke, dauerhaft psychisch kranke oder geistig behinderte Menschen erhalten dadurch seit Januar 2017 alle Pflegeleistungen, die körperlich Kranken zustehen. **Bedenklich** ist gleichwohl, dass die erkannten Mängel der Feststellung von Pflegebedürftigkeit final erst nach rund 20 Jahren beseitigt wurden.

Die allgemeine **Problematik von Scoring-Modellen** liegt auch dem NBA zugrunde: Die Auswahl, Gewichtung und Bewertung der Kriterien sind nicht frei von Subjektivität, die Kriterien sind nicht unabhängig voneinander, und das Verfahren erweckt den Eindruck einer mathematisch objektiv genauen Berechenbarkeit von Pflegebedürftigkeit. Es bleibt das Problem, dass der MDK nicht neutral ist.

Gleichwohl besteht der **Vorteil dieses Scoring-Modells** darin, dass Kriterien verwendet werden, die nicht mehr nur auf körperliche Beeinträchtigungen zielen, demgemäß auch geistige Einschränkungen (u. a. „Verhaltensweisen und psychische Problemlagen") mit einschließen, die einen Pflegebedarf zur Folge haben. Zudem ist das dargestellte Verfahren transparent, wobei es auch hierbei nicht möglich ist, die Problematik der Subjektivität auszuschalten, da es keine objektive Abgrenzung zwischen pflegebedürftig und nicht pflegebedürftig gibt.

Die **5 Pflegegrade** sind gemäß § 15 SGB XI wie folgt unterteilt:

► Pflegegrad 1: geringe Beeinträchtigung der Selbstständigkeit

► Pflegegrad 2: erhebliche Beeinträchtigung der Selbstständigkeit

► Pflegegrad 3: schwere Beeinträchtigung der Selbstständigkeit

► Pflegegrad 4: schwerste Beeinträchtigung der Selbstständigkeit

► Pflegegrad 5: schwerste Beeinträchtigung der Selbstständigkeit mit besonderen Anforderungen an die pflegerische Versorgung.

Quasi neu hinzugekommen ist der **Pflegegrad 1**. Er ist für Menschen, die bislang nicht als pflegebedürftig angesehen wurden, aber leichte Beeinträchtigungen aufweisen. Sie haben nun Anspruch auf den Entlastungsbetrag für geringwertige Leistungen, die ihnen das Leben in den eigenen vier Wänden erleichtern.

2.7 SPV und Reformansätze – ökonomische Beurteilung

Zur Abmilderung der finanziellen Folgen einer Pflegebedürftigkeit wurde die Pflege-versicherung nach dem Vorbild der bereits bestehenden Sozialversicherungen einge-führt. Die Finanzierung erfolgt im Stil eines **umlagefinanzierten Generationenvertra-ges**. Laufende einkommensabhängige Beitragseinnahmen werden für die laufenden Pflegekosten aufgewandt.

So entschied man sich für die politisch am einfachsten durchzusetzende Variante: Mit Verweis auf Generationengerechtigkeit erhielten die bereits Pflegebedürftigen und pflegenahen Jahrgänge ein **Einführungsgeschenk**, denn sie profitierten von einer Ver-sicherung, zu der sie kaum oder keine Beiträge geleistet haben. Noch dazu erhielten (und erhalten) – das private Vermögen und die Erben schonend – die zu Pflegenden Leistungen, ohne dass Bedürftigkeit vorliegen muss.

2.7.1 Intergenerative Lastenverteilung

Auf der Finanzierungsseite besteht das gleiche Manko wie bei der GKV: Eine Finan-zierung durch eine Einkommensart läuft einer **Finanzierung nach Leistungsfähigkeit** zuwider. Einkünfte aus abhängiger Beschäftigung sind kein hinreichender Indikator für das wirtschaftliche Potenzial eines Haushalts. Die so gestaltete Beitragserhebung führt zur Ungleichbehandlung zugunsten anderer Einkünfte und hat unsystematische Umverteilungswirkungen zur Folge.

Die bereits seit Jahrzehnten absehbare demografische Entwicklung – absoluter Be-völkerungsrückgang mit erheblich steigendem Altenquotienten – läuft zudem einer **Finanzierung „Alte durch Junge"** entgegen, zumal sich die Zahl der Anspruchsberech-tigten drastisch erhöhen, die der Beitragszahler aber reduzieren wird. Auch wenn das Einführungsgeschenk an die ältere Bevölkerung politisch gewollt war, ist bei einer schrumpfenden und alternden Bevölkerung absehbar eine Zusatzbelastung für nach-kommende Generationen damit verbunden. Künftige Generationen erwerben Ansprü-che, die finanziell nicht gedeckt sind.

Es handelt sich faktisch um eine **implizite Verschuldung im System**, die wächst und laufend weiter in die Zukunft geschoben wird. So werden aktuelle Vorteile zulasten der Kinder und Kindeskinder verteilt. Bei einem auf freiwilliger Zustimmung beruhenden Generationenvertrag hätte die jüngere Generation diesen Einführungsgewinnen der älteren Generation wohl nicht zugestimmt. Insbesondere da die GKV und GRV bereits auf dem Umlageverfahren beruhen, wäre es sinnvoller gewesen, die SPV auf Basis des Kapitaldeckungsverfahrens zu finanzieren. Von Vorteil wäre dabei, dass der Finanzbe-darf bei der Pflege i. d. R. erst in den letzten Lebensjahren anfällt, sodass die Zeitspanne für Ansparprozesse günstiger ist als bei der Renten- oder Krankenversicherung.

 ACHTUNG

Inhärente Schuld/Anfangsschuld: Mit Einführung eines Umlageverfahrens erhalten Anspruchsberechtigte, z. B. Pflegebedürftige, einen Anspruch auf die definierten Pflegeleistungen, ohne nennenswerte Beiträge entrichtet zu haben. Es handelt sich um ein Geschenk für die erste Generation von Empfängern. Dieser „Einführungsgewinn" beinhaltet für die nachfolgenden Generationen zugleich eine inhärente oder auch Anfangsschuld, die sie mit ihren Beiträgen begleichen. Unmittelbar offensichtlich wird diese Schuld in dem Extremfall, dass keine Kinder mehr geboren würden. Die letzte Generation müsste sich ausschließlich selbst finanzieren.

Betrachtet man nunmehr die bisherigen **Reformen der Pflegeversicherung**, bleibt festzustellen, dass die Finanzierungsbasis weiterhin **nicht „demografiefest"** ist. Der eingeführte Pflegefonds ist der Höhe nach zu gering. Es wurden Strukturen auf der Leistungsseite bzgl. bestehender Defizite einerseits und hinsichtlich der Anreizsetzung „ambulant vor stationär" andererseits angepasst. Zugleich wurden mit jeder Pflegereform die Leistungen erheblich ausgeweitet. Im Rahmen des bestehenden Umlageverfahrens mit einkommensabhängigen Beitragszahlungen führen Leistungsausweitungen indes zu einer zusätzlichen **intergenerativen Lastenverteilung** zu Ungunsten der jüngeren Alterskohorten und zu steigenden Lohnnebenkosten.

Die grundsätzliche Problematik jeder Reform der Sozialversicherungssysteme hin zu mehr **Nachhaltigkeit** und einer Verringerung negativer Verteilungswirkungen zulasten der jüngeren Generation besteht darin, dass bereits vor Jahrzehnten hätte begonnen werden müssen, zu reformieren und Vorsorge zu betreiben. Auch Politiker und von ihnen gebildete Regierungen unterliegen offensichtlich dem Phänomen der myopischen Präferenzen. So gab es absehbar nicht ausreichende Maßnahmen, wie z. B. die Anhebung des Rentenalters, in einem Maße, das nicht einmal dem Ausmaß der Alterung gerecht wird. Die Lebenserwartung steigt deutlich schneller als die Heraufsetzung des Rentenalters, wie man an der durchschnittlichen Rentenbezugsdauer ersehen kann.

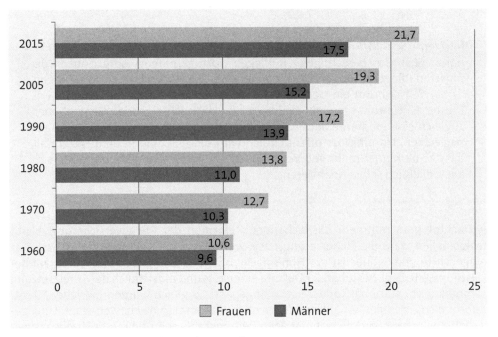

Abb. F7: Durchschnittliche Rentenbezugsdauer in Jahren
Quelle: *Statistisches Bundesamt (2017)*

Schlussendlich ist unabwendbar, dass die finanzielle Gesamtbelastung der Gesell-schaft durch Pflegekosten in den kommenden Dekaden erheblich ansteigen wird. Jede **Ergänzung der SPV durch kapitalgedeckte Finanzierungselemente** würde die renten-nahen geburtenstarken Jahrgänge stärker an ihren eigenen Kosten beteiligen. Sie sind es schließlich, die zu wenige Kinder in die Welt gesetzt haben. Aus Sicht der jüngeren Generationen würde die negative intergenerative Lastenverteilung reduziert. Politisch sind Maßnahmen in die Richtung aber wohl nicht zu erwarten, da die Generation „50plus" das größte Wählerpotenzial stellt.

2.7.2 Ausgestaltung der Leistungsseite

Die Ausgestaltung der Leistungsseite als **„Teilkaskoversicherung"** ist zwar einerseits konträr zum Ziel, Sozialhilfeabhängigkeit pflegebedürftiger Menschen zu verhindern. Andererseits bietet die nur partielle Abdeckung der Risiken einen Anreiz, individuell Vorsorge zu betreiben und sich mit dem Thema Pflegebedürftigkeit auseinanderzu-setzen. Sie führt ferner in der Konsequenz dazu, das Prinzip Eigenleistung vor kollek-tiver Unterstützung zu perpetuieren. Schließlich ist Pflegebedürftigkeit ein Zustand, der mehr oder minder immer auch mit der „normalen Lebensführung" verbunden ist.

Widersprüchlich an der aktuellen Ausgestaltung der Geld- und Sachleistungen ist, dass diese bei geringer Pflegebedürftigkeit faktisch zumeist eine Vollabsicherung be-deutet, bei hoher Pflegebedürftigkeit dagegen lediglich eine Teilabsicherung bewirkt. Zugleich ist es zielführend, eine dauerhafte Absenkung des Leistungsniveaus durch die damit verbundene Verschärfung der Sozialhilfeproblematik zu verhindern. So ist eine **Dynamisierung der Leistungen** – orientiert an der Entwicklung der tatsächlichen Pflegekosten – erforderlich, um den realen Finanzierungswert zu gewährleisten.

Des Weiteren determiniert das durch die Pflegeversicherung finanzierte **vorgegebene Leistungsspektrum** den Wettbewerb zwischen den Pflegekassen. Derzeit ist bei einem einheitlichen Leistungsspektrum und gleich hohen Beitragssätzen der Wettbewerb zwischen den Pflegekassen auf den Aktionsparameter Service reduziert. Faktisch handelt es sich bei der SPV quasi um eine **Einheitskasse**. Im bisherigen System sind auch keine Anreize zu wirtschaftlichem Verhalten der Kassen gegeben, denn der einheitliche Beitragssatz führt in Verbindung mit dem kassenartenübergreifenden Finanzausgleich dazu, dass die sozialen Pflegekassen ihre Leistungsausgaben und Verwaltungsaufwendungen gemeinsam tragen.

Das einheitliche Leistungsspektrum, welches auf die Dualität zwischen ambulanter und stationärer Pflege abstellt, erschwert die Entwicklung **innovativer Versorgungsformen**. Es führt auch zu einer Bevormundung des Pflegebedürftigen hinsichtlich seiner Leistungsauswahl. Demgegenüber entspräche ein individuelles Budget in Verbindung mit dem Kostenerstattungsprinzip in weitestgehender Form der Selbstbestimmung des Einzelnen.

Persönliche Budgets versetzten die Pflegebedürftigen in die Lage, auf ihre Bedürfnisse abgestimmte Pflegeleistungen flexibel zusammenzustellen, die Leistungserbringer selbst auszusuchen und zu vergüten – anders als beim Sachleistungsprinzip. Hier erhält der Leistungserbringer finanzielle Mittel nur für vorab definierte Leistungsinhalte. Selbstbestimmtheit und Souveränität der auf Pflege angewiesenen Personen werden durch individuelle Budgets gestärkt. Die etablierte, von Selbstverwaltungskörperschaften gemanagte Aushandlung von Leistungsinhalten und Preisen würde auf die individuelle Ebene verlagert.

Die Anbieter erhielten Anreize, ihre Pflegedienstleistungen an die jeweils **differierenden Bedürfnisse Pflegebedürftiger** auszurichten. Eine größere Flexibilität individuell auszuhandelnder Pflegearrangements, z. B. auch durch die Möglichkeit, Leistungen durch Heim-Arbeitsverhältnisse erbringen zu lassen, könnte ggf. einen Teil unnötiger Übersiedlungen von Pflegebedürftigen in Heime vermeiden.

Die gravierendere Problematik besteht darin, dass es sich bei Pflegedienstleistungen um sog. Erfahrungsgüter handelt, deren Eigenschaften erst nach Inanspruchnahme beurteilt werden können. Der Pflegebedürftige bzw. seine Angehörigen sind mangels Vergleich zwar zumeist nicht in der Lage, eine relative **Beurteilung der Qualität** vorzunehmen, sie können aber sicher beurteilen, ob sie mit der Leistung zufrieden sind oder nicht. Dies gilt auch für eine Vielzahl von marktmäßig bereitgestellten anderen Dienstleistungen. Erst bei der Konsequenz aus einer möglichen Unzufriedenheit mit den erbrachten Leistungen offenbaren sich Besonderheiten im Bereich der Pflege. So mag die Sanktion des Anbieterwechsels beim ambulanten Pflegedienst relativ unproblematisch sein, beim Pflegeheim sind die Barrieren für einen Wechsel faktisch extrem hoch.

Diese Problematik steht einem persönlichen Budget gleichwohl nicht grundsätzlich entgegen. Unter wettbewerblichen Bedingungen sind gerade im Dienstleistungssektor der Aktionsparameter Qualität und daraus hervorgehend ein positives Image extrem wichtig und liegen damit im Eigeninteresse der Anbieter.

Unter ordnungspolitischen Gesichtspunkten ist eine Kombination aus **wettbewerbsbedingter und staatlich regulierter Qualitätssicherung** zu präferieren. Bereits bestehende staatliche Qualitätsvorgaben, wie die Regulierung des Markteintritts durch Anforderungen an die Strukturqualität der Anbieter oder die Verpflichtung, Qualitätsdaten zu erheben und für die Nachfrager in verständlicher Weise zugänglich zu machen, ergänzen den Wettbewerbsprozess sinnvoll. Dies beinhaltet jedoch nicht, dass von Seiten der öffentlichen Hand Leistungsinhalte vorgegeben werden, die dann ausschließlich durch die Pflegekassen finanziert werden. Gerade dies obliegt in einem System individueller Budgets den Pflegebedürftigen bzw. deren Angehörigen.

3. Ambulante Pflege

Das Pflegeversicherungsgesetz stellt die Planung und Förderung der Pflegeeinrichtungen in die Regelungsverantwortung der Länder. Der Sicherstellungsauftrag für ambulante Pflegeleistungen obliegt den Pflegekassen. Gleichwohl gibt es keine staatliche **Bedarfsplanung** oder direkte Kapazitätssteuerung. Der Marktzugang ist im Wesentlichen abhängig von der Einhaltung struktureller Qualitätsvorgaben, die Voraussetzung für einen Versorgungsvertrag sind.

Ein Pflegedienst ist eine selbstständig wirtschaftende Einrichtung, die unter fachlicher Verantwortung einer ausgebildeten Fachkraft (Pflegedienstleistung) Pflegebedürftige in deren Wohnung geplant pflegt und hauswirtschaftlich versorgt. Die Leistungen lassen sich einteilen in die **Grundpflege** als Körperpflege (Waschen, Duschen, Baden, Rasieren u. a.), als Unterstützung bei der Ernährung (mundgerechte Zubereitung der Nahrung, Unterstützung beim Essen und Trinken) und unter dem Aspekt der Mobilität (Fortbewegung in der Wohnung, Treppensteigen, Aufstehen, An-/Auskleiden). Die **Hauswirtschaftliche Versorgung** umfasst u. a. Einkaufen, Kochen, Saubermachen, Waschen und Wechseln von Wäsche und Kleidung.

3.1 Angebot und Marktstruktur

Die **Anzahl** der ambulanten Pflegedienste ist erheblich angestiegen. Gab es zu Zeiten der Einführung der Pflegeversicherung rund 6.000, so hat sich die Zahl seither mehr als verdoppelt. Allein von 2009 bis 2015 ist die Anzahl der Dienste um 11 % auf 13.323 angewachsen. Dabei beruht der Zuwachs weit überwiegend auf dem Markteintritt privater **Träger**. Ihr Anteil hat sich entsprechend kontinuierlich erhöht und beträgt mittlerweile zwei Drittel. Pflegedienste in öffentlicher Hand spielen mit einem Anteil von 1 % faktisch keine Rolle.

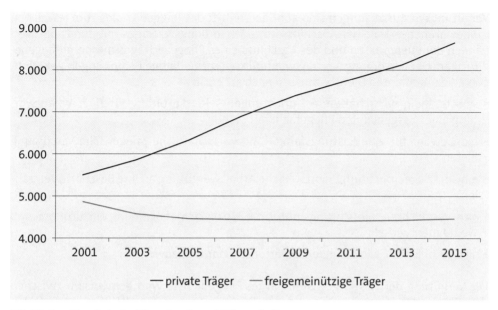

Abb. F8: Anzahl ambulanter Pflegedienste nach Trägerschaft
Quelle: *Statistisches Bundesamt (2017)*

Die Zahl der von Pflegediensten **betreuten Pflegebedürftigen** betrug im Jahr 2015 rund 690.000, ein Zuwachs ggü. 2001 von 60 %. Somit betreut ein ambulanter Dienst im Durchschnitt 52 Pflegebedürftige, wobei die privaten Dienste 40 und diejenigen in freigemeinnütziger Trägerschaft 74 Pflegebedürftige je Dienst betreuen.

Die Kerntätigkeit des Personals konzentriert sich auf die Grundpflege, in der zwei Drittel der **Beschäftigten** ihren Arbeitsschwerpunkt haben. Insgesamt arbeiteten 2015 rund 356.000 Beschäftigte im ambulanten Pflegesektor. Mit einem Anteil von 87 % handelt es sich um eine Domäne von weiblichen Beschäftigten. Der mit 69 % hohe Anteil von Teilzeitbeschäftigten ist nicht allein von den Beschäftigten gewünscht, sondern quasi „nachfrageinduziert". Viele Mitarbeiter werden speziell in den Morgen- und Abendstunden gebraucht, können aber nicht Vollzeit ausgelastet werden.

Auch wenn es einige Großanbieter mit mehreren Millionen Euro Umsatz gibt, ist die Branche insgesamt durch kleine Unternehmen geprägt. Rund zwei Drittel der Anbieter beschäftigen weniger als 20 Mitarbeiter. Etwa 10 % der ambulanten Pflegedienste sind an eine Altenwohneinrichtung (Altenheim, betreutes Wohnen u. a.) angeschlossen.

3.2 Vergütung ambulanter Pflegeleistungen

Pflegebedürftige können den Pflegedienst frei wählen. Die Pflegedienste rechnen direkt mit der Pflegeversicherung ab. Es erfolgt keine Auszahlung an die gepflegte Person oder deren Angehörige. Die zu Pflegenden erhalten die Leistungen der Pflegekassen mithin als **Pflegesachleistung**.

Vergütungsvoraussetzungen sind aber der Beitritt des Pflegedienstes zum jeweiligen Landesrahmenvertrag, der Abschluss eines Versorgungsvertrages mit den Landesverbänden der Pflegekassen und der Abschluss eines Pflegevertrages mit dem Pflegebedürftigen. Der Versorgungsvertrag wiederum ist an vielfältige Bedingungen geknüpft, denn die ambulanten Dienste müssen nach § 72 SGB XI

- selbstständig wirtschaftende Einrichtungen sein, die unter ständiger Verantwortung einer ausgebildeten Pflegefachkraft stehen
- die Gewähr für eine leistungsfähige und wirtschaftliche pflegerische Versorgung bieten
- eine in Pflegeeinrichtungen ortsübliche Arbeitsvergütung an ihre Beschäftigten zahlen
- sich verpflichten, einrichtungsintern ein Qualitätsmanagement einzuführen und weiterzuentwickeln
- sich verpflichten, alle gängigen Expertenstandards anzuwenden.

Die Vergütung der Leistungen ambulanter Pflegedienste wird gemeinsam zwischen dem Träger des Pflegedienstes und den Leistungsträgern für alle Pflegebedürftigen nach **einheitlichen Grundsätzen** vereinbart. Die Vergütung soll einem Pflegedienst bei wirtschaftlicher Betriebsführung ermöglichen, seinen Versorgungsauftrag zu erfüllen und hierbei mindestens seine Aufwendungen zu decken. So wird eine **Vergütungsvereinbarung** zwischen den Pflegekassen und Pflegeeinrichtungen abgeschlossen, wobei i. d. R. nicht der einzelne Pflegedienst verhandelt, sondern ein regionaler Trägerverband.

Ambulante Pflegedienste haben einen Anspruch auf eine **Investitionsförderung**. Die konkrete Ausgestaltung liegt im Verantwortungsbereich der Bundesländer. Die Zuständigkeit kann von den Ländern auf die Gemeinden übertragen werden. Dabei erfolgt die Investitionsförderung als prozentueller Anteil der mit den Pflegekassen vereinbarten Leistungsvergütungen oder als Pauschale je Pflegestunde. Werden Investitionsaufwendungen durch öffentliche Förderung nicht vollständig gedeckt, kann der Pflegedienst diesen Teil der Aufwendungen den Pflegebedürftigen gesondert berechnen. Die betriebsnotwendigen Investitionen liegen bei Pflegediensten erheblich unter denen der Pflegeheime, sodass infolge intensiven Wettbewerbs häufig auf die Weiterverrechnung verzichtet wird.

Vergütet werden die Leistungen der Pflegedienste weitestgehend durch Leistungskomplexe, in geringem Maße auch als Einzelleistungen. Die **Leistungskomplexe** sind flächendeckend etabliert und werden auf Ebene der Bundesländer vereinbart. Die jeweiligen Leistungskomplexe werden vom Pflegebedürftigen ausgewählt. Dabei handelt es sich um sinnhaft miteinander verbundene und zusammengefasste Pflegetätigkeiten, die pauschal vergütet werden. Die Bemessung der Vergütungshöhe erfolgt durch eine Orientierung an einer durchschnittlichen Pflegesituation. Maßgeblich ist der durchschnittlich notwendige (Zeit-)Aufwand zur Erbringung der einzelnen Leistungskomplexe sowie das Verhältnis der Leistungskomplexe zueinander.

Der Leistungsaufwand kann indes in der individuellen Pflegesituation unterschiedlich sein; er ist jedoch mit der **pauschalen Vergütung** abgegolten. So kann es sein, dass die Erbringung ein und desselben Pflegekomplexes bei einem Pflegebedürftigen gewinn-erzielend, bei einem anderen nicht kostendeckend möglich ist. Im Pflegevertrag zwischen ambulantem Dienst und Pflegebedürftigem wird festgelegt, welche Leistungskomplexe der zu Pflegende in Anspruch nehmen möchte.

Im **bundesweit einheitlichen Katalog** sind 17 verschiedene Leistungskomplexe aufgeführt, die auch als „verbundene Leistungskomplexe" in bestimmten Kombinationen ausgewählt werden können. Der Inhalt der einzelnen Leistungskomplexe wird im Rahmenvertrag festgelegt. Als Maß für die benötigte durchschnittliche Zeit und damit den relativen Ressourcenverbrauch ist ein Punktwert angegeben sowie der sich daraus ergebende Eurobetrag. Der Punktwert wird im Rahmen der Vergütungsverhandlungen zwischen den Pflegekassen und Trägern der Pflegedienste verhandelt.

Nachfolgend werden **Beispiele von Leistungskomplexen** für 2017 aufgeführt:

LK	Leistungsart	Leistungsinhalte	Punkte	Preis (0,047940 €)
1	Ganzwaschung	1. Waschen, Duschen, Baden, 2. Mund-, Zahn- und Lippenpflege, 3. Rasieren, 4. Hautpflege, 5. Haarpflege, 6. Nagelpflege, 7. An- und Auskleiden, 8. Vorbereiten/Aufräumen Pflegebereich	426	20,42 €
7	Lagern/Betten	1. Richten des Bettes, 2. Wechseln der Bettwäsche, 3. Körper- und situationsgerechtes Lagern, 4. Vermittlung von Lagerungstechniken	104	4,99 €
12	Zubereiten von warmen Speisen	1. Anleitung zum Umgang mit Lebensmit-teln und Vorbereitung der Lebensmittel, 2. Zubereiten von warmen Speisen, 3. Säubern Arbeitsbereich, 4. Entsorgen verbrauchten Materials	150	7,19 €
16	Erstgespräch (vor Aufnahme der Pflege)	1. Feststellung der Pflegeprobleme, 2. Feststellung der Ressourcen des Pflege-bedürftigen	1.600	76,70 €

Die **Vorteile** einer Vergütung durch Leistungskomplexe sind eine einfache administrative Handhabung. Sie bietet Anreize zu einer effizienten Leistungserbringung, und die Tendenz zu einer ungewollten Leistungsausweitung wird begrenzt. Dem stehen die **Nachteile** eines ökonomischen Zwangs zur schnellen Leistungserbringung entgegen. Das erfordert einerseits eine Qualitätssicherung, andererseits bleibt wenig Zeit für persönliche Gespräche. Und da der Pflegebedürftige keine einzelnen Leistungen auswählen kann, ist seine Wahlfreiheit zumindest relativ eingeschränkt.

4. Stationäre Pflege

Pflegeheime sind stationäre, selbstständig wirtschaftende Einrichtungen, in denen Pflegebedürftige

1. unter ständiger Verantwortung einer ausgebildeten Pflegefachkraft gepflegt werden und

2. ganztägig (vollstationär) oder tagsüber oder nachts (teilstationär) untergebracht und verpflegt werden können (§ 71 Abs. 2 SGB XI).

Unter **Pflegeeinrichtungen** fallen alle diejenigen Einrichtungen, deren Hauptschwerpunkt auf der Erbringung von vollstationären Altenpflegeleistungen liegt. Dabei kann die Dienstleistungspalette der Einrichtung auch teilstationäre und ambulante Pflegeleistungen umfassen. Solange die stationäre Altenpflege den Schwerpunkt der betrieblichen Tätigkeit bildet, kann auch der Bereich des betreuten Wohnens integraler Bestandteil des Leistungsangebots sein.

Altenheime, Altenwohnanlagen und Wohnstifte zählen nicht zu Pflegeeinrichtungen. Es handelt sich jedoch um Wohnformen, für die sich ältere Menschen oft präventiv für den Fall einer Pflegebedürftigkeit entscheiden. Die wenigsten der eigenen Wohnungen sind altengerecht. Ebenerdig begehbare Duschen, ausreichende Türbreiten für Rollstühle und keine oder maximal drei Stufen am Hauseingang sind eher die Ausnahme denn die Regel. Mit dem Umbau ihrer eigenen Wohnung sind schließlich viele Pflegebedürftige finanziell überfordert.

Häufig bestehen **Arrangements** im Sinne einer Kombination von Altenwohnanlage mit ambulantem Pflegedienst oder vollstationärer Pflegeeinrichtung. Bei jedem fünften Pflegeheim ist neben dem Pflegebereich auch ein Altenheim oder betreutes Wohnen organisatorisch angeschlossen. Der Vorteil für die dann Pflegebedürftigen besteht darin, dass sie in gewohnter Umgebung der Wohnanlage bleiben.

Das **Angebotsspektrum** der Pflegeheime umfasst somit die vollstationäre Pflege und – als Ergänzung zur ambulanten Pflege – teilstationäre Leistungen, wie die Tages- oder Nachtpflege sowie die vorübergehende Unterbringung in einem Pflegeheim, die Kurzzeitpflege.

4.1 Angebot und Marktstruktur

Der Betrieb von Pflegeheimen in Deutschland erfolgt fast ausschließlich durch private Anbieter. So befinden sich 54 % der Heime in freigemeinnütziger **Trägerschaft**, der Anteil der Privaten beträgt 41 % und die öffentlichen Anbieter spielen mit 5 % eine untergeordnet Rolle. In Pflegeheimen wurden 2015 rund 783.000 bzw. 32 % der pflegebedürftigen Personen vollstationär versorgt. Auch wenn der Anteil der männlichen **Bewohner** in den letzten Jahren anstieg, sind über 70 % weiblich. Dies dürfte vor allem dem Umstand geschuldet sein, dass Frauen durchschnittlich älter werden und zunächst ihre pflegebedürftigen Partner daheim pflegen.

Das Angebot an stationärer Pflege ist in den vergangenen Jahren drastisch angestiegen. Lag die **Zahl der Pflegeheime** im Jahr 2001 noch etwas über 9.000, sind es Ende 2015 bereits 13.596 Pflegeheime (+48 %). Die Zahl der **Mitarbeiter** ist im gleichen Zeitraum von rund 475.000 auf rund 730.000 gestiegen. Der Anteil der Vollzeitbeschäftigten ist mit knapp 30 % ähnlich gering wie in der ambulanten Pflege.

Auch die **Platzkapazität** ist in den vergangenen Jahren erheblich angestiegen, wenn auch nicht ganz so kräftig wie die Zahl der Anbieter. So beträgt die Zahl der Pflegeplätze 2015 insgesamt 928.939 und ist seit 2001 um 38 % gewachsen. In der Konsequenz hat sich die durchschnittliche Kapazität von 73 auf gut 68 Plätze pro Einrichtung reduziert. Lediglich 16 % der Einrichtungen verfügen über mehr als 100 Pflegeplätze. Dies ist eine bedenkliche Entwicklung, wenn man davon ausgeht, dass für Pflegeheime – wie für Krankenhäuser – potenziell kostenmäßig erhebliche Größenvorteile bestehen. Kleinere Einheiten sind unter diesem Aspekt vor allem sinnvoll, wenn sie zu einer Unternehmensgruppe gehören.

Ein entscheidender Einflussfaktor für die künftige Entwicklung der Ertragslage und Insolvenzentwicklung für die Pflegeheime ist der **Auslastungsgrad**. Wie sich dieser im Dauerpflegebereich entwickelt, hängt maßgeblich von dem weiteren Kapazitätsaufbau und der Nachfrageentwicklung ab. Die Kapazitäten in der vollstationären Dauerpflege wurden zwar erheblich ausgebaut, sodass ab 2007 ein Kapazitätsrückgang zu verzeichnen war. 2015 ist der Auslastungsgrad aber wieder auf 89 % gestiegen. Im Durchschnitt versorgt ein Heim 63 Pflegebedürftige.

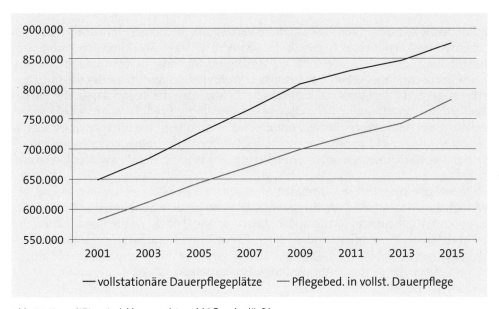

Abb. F9: Kapazitätsentwicklung und Anzahl Pflegebedürftiger
Quelle: *Statistisches Bundesamt (2017)*

Neben einem Leistungs- und Preiswettbewerb um Nachfrager befinden sich die Anbieter zunehmend auch in einem **Attraktivitätswettbewerb** um das für die Leistungserbringung erforderliche Personal. Hinzu kommen erforderliche Investitionen zur Modernisierung und zur Anpassung der Angebote an neue gesetzliche Vorgaben sowie an sich verändernde Bedürfnisse, um dauerhaft am Markt erfolgreich zu sein. So befinden sich zwar 64 % der Dauerpflegeplätze in 1-Bett-Zimmern, was gegenüber 2001 mit einer Quote unter 50 % eine erhebliche Verbesserung ist. Dies bedeutet aber zugleich, dass 36 % der Plätze nicht den künftigen Anforderungen genügen werden. Einige Bundesländer haben bereits gesetzliche Vorgaben gemacht, dass künftig ausschließlich Einzelzimmer anzubieten sind. Ferner befinden sich ein nicht unwesentlicher Teil der Pflegeplätze in veralteten Einrichtungen. Da die Finanzierungskraft bei einigen Anbietern nicht ausreichen wird, erforderliche Modernisierungsinvestitionen zu tätigen, verdrängt ein Großteil der neu auf den Markt tretenden Heime lediglich alte, sodass sie nicht zwingend die Marktkapazität erhöhen.

4.2 Ergänzungsangebote zur ambulanten Pflege

In den vergangenen Jahren war bereits eine spürbare **Verschiebung der Inanspruchnahme** der unterschiedlichen Versorgungsformen zu beobachten. Dabei ist die Einflussnahme der öffentlichen Finanzierungsträger mit den letzten Reformen der Pflegeversicherung deutlich auf Substitution der vollstationären Dauerpflege durch Wohn-, Unterstützungs- und Pflegeangebote für Senioren ausgerichtet. Es wurden erhebliche Anreize für die Inanspruchnahme von alternativen Versorgungsformen gesetzt. Dies korrespondiert zum Nachteil der stationären Pflegeanbieter mit signifikanten Veränderungen der Nachfrage.

Schon heute entspricht die vollstationäre Versorgung im Pflegeheim häufig nicht den Lebensvorstellungen eines Großteils der Senioren. Gefragt sind hingegen Wohn-, Unterstützungs- und Pflegeangebote, die Versorgungssicherheit bieten und gleichzeitig ein selbstbestimmtes Leben im vertrauten Wohnumfeld auch bei intensivem Unterstützungs- und Pflegebedarf ermöglichen. Auch werden die **Bedarfslagen der Pflegebedürftigen** durch Demenz, Behinderung u. a. vielfältiger. Es wird immer mehr Personen geben, die in der herkömmlichen, undifferenzierten und unspezifischen vollstationären Dauerpflege nicht optimal versorgt sind. Ein Trend hin zu einer kleinräumig organisierten, am Gemeinwesen orientierten Versorgung wird sich künftig weiter fortsetzen.

Angebote, die zwischen rein ambulanter und stationärer Pflege anzusiedeln sind, gewinnen zunehmend an Bedeutung. Entsprechend ist eine zunehmende Differenzierung der Pflegeheime in Bezug auf ihr Leistungsangebot durch die Kombination der vollstationären Dauerpflege mit anderen Pflegeformen und/oder mit anderen Leistungsformen zu beobachten. Die Zahl der Pflegeheime mit angeschlossenem ambulantem Pflegedienst, sog. **mehrgliederige Einrichtungen**, ist seit Jahren auf nunmehr 1.165 angestiegen.

Eine weitere Möglichkeit, die ambulante Pflege zu ergänzen, besteht in der **Tages- und Nachtpflege**. Die zwischenzeitliche Pflege von Pflegebedürftigen soll es der betroffenen Person ermöglichen, weiterhin zu Hause im gewohnten Umfeld zu leben und lediglich zwischendurch in einem Pflegeheim zu verweilen. Hintergrund kann eine

Entlastung oder zeitlich begrenzte Verfügbarkeit der Pflegepersonen daheim sein. Die Zahl der in Tagespflege untergebrachten Pflegebedürftigen betrug 2015 knapp 74.000, ein Zuwachs von fast 500 % ggü. 2001.

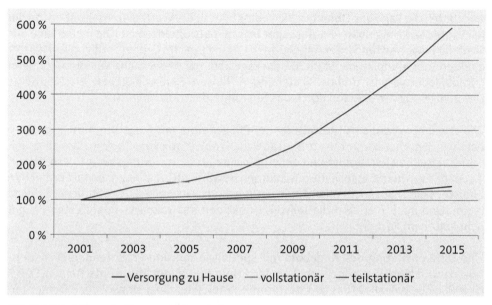

Abb. F10: Entwicklung der Versorgungsform, Index
Quelle: *Statistisches Bundesamt (2017)*

Die **Wochenendpflege** und die Kurzzeitpflege sind weitere Möglichkeiten, pflegebedürftige Personen vorübergehend in einer stationären Einrichtung unterzubringen. Auch diese vorübergehende vollstationäre Unterbringung wurde im gleichen Zeitraum verstärkt nachgefragt. Über 24.000 Pflegebedürftige erhielten **Kurzzeitpflege**, zumeist, um vorübergehende Abwesenheit oder Krankheit der ambulant pflegenden Personen zu überbrücken. Die Kurzzeitpflege wird in vollstationären Einrichtungen mittels einzelnen eingestreuten Betten oder separaten Abteilungen oder in solitären Kurzzeitpflege-Einrichtungen angeboten.

Die gestiegene Nachfrage nach teilstationären Angeboten hat sich auch in der **Kapazität** niedergeschlagen. So ist die Zahl der Pflegeheime von 2001 bis 2015 zwar insgesamt um 48 % gestiegen, die Zahl der Heime mit ausschließlich teilstationären Angeboten hingegen um 133 %.

4.3 Strategische Erfolgsfaktoren in der stationären Pflege

Strukturelle Veränderungen und zunehmende Wettbewerbsintensität führen dazu, dass Pflegeheime der strategischen Unternehmensführung verstärkt Aufmerksamkeit schenken müssen. Die Kenntnis von **Erfolgsfaktoren** wird zum **Wettbewerbsvorteil**. Dabei lassen sich aus den dargelegten Entwicklungen auf der Nachfrage- und Angebotsseite wesentliche Faktoren ableiten, die für ein dauerhaft erfolgreiches stationäres Pflegeunternehmen unerlässlich sind.

Ähnlich wie bei Krankenhäusern ist einer der zentralen Erfolgsfaktoren bei stationären Angeboten die **Lage des Objektes**. Sie bedingt direkt die Wettbewerbssituation, da der relevante Markt regional – häufig sogar örtlich – abzugrenzen ist. Die ideale Lage aus Sicht der Bewohner und ihrer Angehörigen ist eine Lage im Grünen, mit zugleich kurzer direkter Anbindung an die Stadt. Da die Lage aber der wesentliche Kostenfaktor beim Immobilienerwerb ist und bei bestehenden Häusern bereits gegeben, erscheint eine Differenzierung am ehesten durch das Leistungsspektrum möglich.

Wie erwähnt wird die Ausgestaltung der Pflegeheime mit Einzelzimmern zum Standard werden. Hier kommt die grundsätzliche Problematik zum Tragen, dass eine Vielzahl von Heimen veraltet ist und ein erheblicher Modernisierungsbedarf besteht. Um das damit verbundene Investitionsvolumen bewältigen zu können, bedarf es bei den Anbietern einer ausreichenden **Finanzierungskraft**, ein weiterer wesentlicher Erfolgsfaktor. Und auch hier sind die teilweise über den Kapitalmarkt finanzierten Pflegeheimketten im Vorteil.

Eine **Differenzierung des Angebots** mit spezialisierten und ergänzenden Dienstleistungen wird künftig maßgeblich über den Erfolg einer Einrichtung entscheiden. Dabei ist z. B. eine Spezialisierung auf bestimmte Krankheitsbilder sinnvoll, wie Demenzerkrankungen oder Alzheimer, welche spezielle Pflegemaßnahmen erfordern. Erfolgversprechend sind darüber hinaus nach Intensität der Betreuung differenzierte Formen betreuten Wohnens, generationenübergreifende Wohnprojekte, Senioren- oder Demenz-WGs sowie innovative Kooperationen mit der Möglichkeit einer medizinischen Spezialisierung oder besondere Reha-Angebote.

Auch eine **Verlängerung der Wertschöpfungskette** kann aus Sicht von stationären Betreibern sinnvoll sein. Um das Angebot durch ambulante Dienste zu erweitern, wären eine Neugründung oder eine Kooperation sinnvoll. Da die **Tagespflege** in den letzten Jahren die stärksten Zuwächse verbuchte, sollte diese auf- oder ausgebaut werden. Diese Veränderungen der Geschäftsmodelle führen zu einer höheren Komplexität in der Leistungserbringung, denn ambulante Leistungen erfordern eine differenziertere Steuerung und eine höhere Flexibilität beim Personaleinsatz als stationäre Angebote.

In einem zunehmend wettbewerbsintensiven Markt ist ein durchgängiges **strategisches Marketingkonzept** unverzichtbar. Hierzu zählen insbesondere die Schaffung einer Corporate Identity, eine gezielte Kundensegmentierung und -selektion und daraus abgeleitet ein zielgruppenkonformes nachfrage- und zukunftsorientiertes Dienstleistungsprogramm sowie eine attraktive Objektgestaltung.

Elemente einer solchen strategischen Marktausrichtung sind nicht zuletzt ein systematisches Belegungs- und Kundenbeziehungsmanagement im Sinne eines **Customer-Relationship-Management (CRM)**. Dabei stellt sich für Pflegeheimbetreiber zunächst die Frage nach den Kunden. Diese sind zwar unmittelbar die Pflegebedürftigen. Bei der Auswahl des Pflegeplatzes sind aber häufig Dritte mit involviert bzw. entscheiden sogar. Mithin sind die Zielgruppen des CRM – neben den Bewohnern – die Angehörigen, aber auch Multiplikatoren (z. B. Ärzte, amtlich bestellte Betreuer, Sozialdienste der Krankenhäuser, Beratungsstellen, ambulante Dienste), die aufgrund ihres originären Aufgabenspektrums belegungsrelevante Empfehlungen aussprechen bzw. Entscheidungen treffen. Auch zu berücksichtigen sind die Aufsichtsbehörden (z. B. Heimaufsicht, Gesundheitsamt, MDK), die vor Ort regelmäßige Qualitätskontrollen vornehmen.

Ziel des CRM ist der Auf- und Ausbau langfristig profitabler Kundenbeziehungen. Hierzu gehören eine regelmäßige Analyse der Einweiser sowie eine kontinuierliche Kontaktpflege zu diesen, Informationen über Herkunft und Bedürfnisse der Kunden, die systematische Pflege von Interessenten und schlussendlich eine zielgerichtete regionale Werbung und Öffentlichkeitsarbeit. Gängiger Standard der **Öffentlichkeitsarbeit** sind ein „Tag der offenen Tür", Feste unter Einbeziehung Angehöriger sowie regelmäßige Veröffentlichungen in der lokalen oder regionalen Presse. Die Auslastung lässt sich ferner durch ein **systematisches Belegungsmanagement** mit fortlaufender und vorausschauender Belegungsplanung sowie einer systematischen Auswertung der Belegungszahlen optimieren.

Im Rahmen der Marktstrategie ist auch über die **strategische Positionierung** des Angebots im Hoch- oder Niedrigpreissegment zu entscheiden. Nun mag aus Sicht der Nachfrager eine moderne, hochqualitative Ausstattung des Heimes mit diversen Zusatzservices im großen Einzelzimmer wünschenswert sein. Gleichwohl ist zu beachten, dass die Anzahl derjenigen, die gerade bei einer Unterbringung in einem Pflegeheim ergänzende finanzielle Unterstützung in Form von Hilfe zur Pflege benötigen, merklich angestiegen ist und weiter ansteigen wird. Das heißt für immer mehr Pflegebedürftige und deren Angehörigen, die ggf. die Finanzierungslücke oder Teile davon ausgleichen müssen, dass ein günstiger Preis bereits heute ein zentrales Entscheidungskriterium ist. Da dieses Nachfragesegment weiter wachsen wird, kann eine Niedrigpreisstrategie mit entsprechenden Abstrichen im Angebot bei gleichzeitiger Einhaltung von Qualitätsstandards sinnvoll sein.

Schlussendlich spielt die Größe des Anbieters eine Rolle bei der Rentabilität. 45 % aller Einrichtungen haben eine Kapazität von 50 oder weniger Plätzen. Der Anteil bei den privaten Trägern liegt mit 55 % sogar noch wesentlich höher als bei den anderen Anbietern. Die vielen kleineren Häuser sind vor allem in ländlichen Gebieten anzutreffen. Kleinere Einheiten werden zwar von den Bewohnern aufgrund der persönlichen Betreuung hoch geschätzt, sind aber mit Kostennachteilen verbunden. Sie rechnen sich am ehesten, wenn sie in eine Pflegeheimkette eingebunden sind, sodass **Größenvorteile** realisiert werden können. Insgesamt ist der Markt noch wenig konzentriert, da selbst die größten Anbieter nur Marktanteile von weniger als 5 % aufweisen.

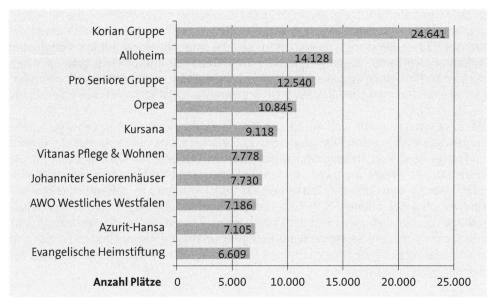

Abb. F11: Die größten Pflegeheimbetreiber in Deutschland 2016
Quelle: *Statistisches Bundesamt (2017)*

So wird die Entwicklung des Pflegemarktes künftig durch **Konsolidierung und Konzentration** geprägt sein. Die Intensität und Geschwindigkeit dieses Konzentrationsprozesses mag ungewiss sein, die Richtung ist aber eindeutig. So haben die großen Betreiber mehrerer Pflegeheime erhebliche Vorteile gegenüber Einzelanbietern. Größenvorteile treten bei der Beschaffung von Ressourcen auf, z. B. beim Einkauf sekundärer Tätigkeiten, wie Wäschereinigung und Reinigung, aber auch in der Lebensmittelversorgung. Die Verwaltungskosten pro Pflegeplatz nehmen mit zunehmender Größe ab. Pflegesatzverhandlungen können zentral für mehrere Häuser durchgeführt werden. Bei Versicherungen und Leasinggesellschaften lassen sich bessere Konditionen durchsetzen.

4.4 Investitionsfinanzierung von Pflegeheimen

Die Finanzierung der Investitionen im Bereich der stationären Versorgung Pflegebedürftiger ist in Deutschland sehr komplex und in den einzelnen Bundesländern unterschiedlich geregelt, zumeist im Landespflegegesetz. Anders als im Krankenhaussektor gibt es **keine staatliche Bedarfsplanung** und damit auch keine durchgängige Investitionsförderung durch die Länder. Die Länder sind zwar verantwortlich für die Vorhaltung einer leistungsfähigen, zahlenmäßig ausreichenden und wirtschaftlichen pflegerischen Versorgungsstruktur (§ 9 SGB XI). Durch das jeweilige Landesrecht kann aber bestimmt werden, ob eine finanzielle Unterstützung der Pflegebedürftigen oder der Pflegeeinrichtungen für betriebsnotwendige Investitionsaufwendungen als Förderung der Pflegeeinrichtungen gilt.

Geregelt sind die Investitionskosten insbesondere in **§ 82 Abs. 3 SGB XI**. Soweit betriebs-notwendige Investitionsaufwendungen durch öffentliche Förderung nicht vollständig gedeckt sind, kann die Pflegeeinrichtung diesen Teil der Aufwendungen den Pflege-bedürftigen gesondert berechnen. Durch die in das Entgelt für Investitionskosten ein-gerechneten Abschreibungen werden die Investitionen in das Sachanlagevermögen erwirtschaftet. Dabei sind Pflegeheime ähnlich anlagenintensiv wie Krankenhäuser. Gebäude und Grundstücke stehen häufig für rund zwei Drittel der Bilanzsumme.

Eine **Investitionskostenförderung** durch die Länder gibt es in zwölf Bundesländern, mit Ausnahme von Brandenburg, Rheinland-Pfalz, Sachsen und Sachsen-Anhalt. Die fördernden Länder bezuschussen i. d. R. Erst- und Folgeinvestitionen im Sinne einer Ob-jektförderung. Fünf Bundesländer bezuschussen bewohnerbezogene Aufwendungen bzw. zahlen Zuschüsse an die Bewohner, ein sog. **Pflegewohngeld**.

 ACHTUNG

Pflegewohngeld ist eine individuelle Förderung für den Pflegebedürftigen, ein bewohnerorientierter Aufwendungszuschuss. Voraussetzung ist eine Pflege-bedürftigkeit und die Unterbringung in einer vollstationären zugelassenen Einrichtung. Ein Antrag ist möglich, wenn das verfügbare Einkommen nicht ausreicht, um die Heimkosten komplett zu decken. Pflegewohngeld gibt es al-lerdings nur in Mecklenburg-Vorpommern, Nordrhein-Westfalen und Schles-wig-Holstein. Hier ist es jeweils an unterschiedliche Bedingungen geknüpft (z. B. Einkommensgrenze).

Bei der **Objektförderung** liegt der Schwerpunkt auf der Investitionskostenförderung der solitären Kurzzeitpflege sowie der teilstationären Pflege. Da es keine zwingende Bedarfsplanung gibt, wird in den meisten Ländern eine Bedarfsnotwendigkeit geprüft. Einige Bundesländer haben die Zuständigkeit an die Landkreise/kreisfreien Städte oder die Gemeinden übertragen. In sieben Ländern erfolgt die staatliche Zuwendung mittels einer **Einzelförderung**, in fünf Bundesländern im Zuge einer **pauschalen Förde-rung**. Hierbei ist lediglich in Hamburg eine Mindestbelegungsquote (85 % Kurzzeit-pflege, 96 % vollstationäre Pflege) Förderungsvoraussetzung.

Die Förderung deckt zumeist nicht alle umlagefähigen Investitionsaufwendungen. Den nicht geförderten Teil können die Pflegeheime mittels einer gesonderten Berech-nung auf die Bewohner umlegen, nachdem die zuständigen Landesbehörden eine Genehmigung erteilt haben. Dabei variiert die **Höhe** der den Bewohnern pro Tag in Rechnung gestellten Umlage innerhalb der verschiedenen (teil-)stationären Angebote sowie zwischen den Bundesländern erheblich. Im Bundesdurchschnitt betrug die 2015 von den Pflegebedürftigen in der vollstationären Pflege zu zahlende Umlage nach An-gaben des GKV-Spitzenverbandes 431 € pro Monat. Sie trägt damit ganz erheblich zur Steigerung des **Eigenanteils** der Bewohner bei, denn die Investitionsumlage wird nicht durch die Pflegekassen bezuschusst.

Eine Begrenzung der umlagefähigen Investitionen ist insofern gegeben, als dass sie betriebsnotwendig und angemessen sein müssen. Die **Angemessenheit** bemisst sich in erster Linie an den Markpreisen, die sich aus einem externen Vergleich mit anderen Einrichtungen ergeben. **Betriebsnotwendig** sind die Investitionskosten, wenn sie der Aufrechterhaltung oder Verbesserung des Betriebs der Einrichtung dienen. So können Investitionen z. B. auch durch behördliche Auflagen entstehen (z. B. neue Hygiene- oder Brandschutzvorschriften). Sie sind aber maßgeblich vom Alter und Zustand des Gebäudes abhängig und daher in jeder Einrichtung unterschiedlich hoch. Hinzu kommen große Unterschiede bei den Grundstückspreisen und Baukosten zwischen den verschiedenen Bundesländern. Mit durchschnittlich 9,14 € je Bewohner und Tag zahlen die Bewohner in Brandenburg am wenigsten, in Nordrhein-Westfalen mit 18,31 € am meisten.

 ACHTUNG

> **Subjekt- versus Objektförderung:** Der grundsätzliche Nachteil einer Objektförderung liegt darin, dass die öffentliche Hand und damit die Steuerzahler das Auslastungsrisiko tragen. Die wirtschaftlich schwachen Pflegebedürftigen werden in ihrer Wahlfreiheit eingeschränkt, da sie in die geförderten oder staatlichen Pflegeeinrichtungen müssen. Subjektförderung dagegen belässt das wirtschaftliche Betriebsrisiko bei den privaten Anbietern und schränkt die Wahlfreiheit der Bedürftigen nicht ein.

4.5 Vergütung stationärer Pflegeleistungen

Die **Kosten der stationären Pflege** werden zu 43 % durch die SPV getragen, welche die Pflegekosten in Abhängigkeit des Pflegegrades bezuschusst. Sie zahlt die Leistungsbeträge direkt an das Pflegeheim; somit handelt es sich für den Pflegebedürftigen um eine Sachleistung. Die privaten Haushalte finanzieren 41 % der Kosten mittels ihres Eigenanteils. 11 % der Kosten trägt die öffentliche Hand, vorwiegend durch die Hilfe zur Pflege. Die restlichen 5 % der Kosten verteilen sich auf andere Finanzierungsträger.

Anders als im Krankenhaussektor existiert **keine Bedarfssteuerung** durch das Land. Um mit einer Pflegekasse abrechnen zu können, muss das Pflegeheim bzw. dessen Träger aber dem landesweit einheitlichen **Rahmenvertrag** beitreten und mit den Landesverbänden der Pflegekassen einen **Versorgungsvertrag** abschließen. **Vergütungsvereinbarungen** regeln die Höhe der abrechenbaren Vergütung für die Pflegeleistung und die Unterbringung und Verpflegung. Ferner ist der Abschluss eines **Heimvertrages** mit dem Bewohner oder seinem gesetzlichen Vertreter erforderlich.

Der **Versorgungsvertrag** dient auch der Erfüllung des Sicherstellungsauftrages der Pflegekassen und regelt Art, Inhalt und Umfang der Pflegeleistungen. Durch Strukturvorgaben soll die Qualität gesichert werden. Es gelten nach § 72 SGB XI die gleichen Anforderungen wie bei den ambulanten Pflegediensten (siehe >> Kap. F.3.2). Der Versorgungsvertrag ist Voraussetzung für eine Abrechnung mit den Pflegekassen, zugleich besteht durch diesen aber auch ein Kontrahierungszwang. Das heißt, Pflegebedürftige dürfen infolge ihres Pflegegrades nicht abgelehnt werden.

Der Versorgungsvertrag ist lediglich Voraussetzung für den Marktzutritt. Das Auslastungsrisiko tragen die Pflegeheime selbst. Voraussetzungen für den Abschluss eines Versorgungsvertrags sind u. a. Anforderungen an Unterbringung, Bezahlung der ortsüblichen Vergütung an die Beschäftigten, Qualitätsmanagement und Einhaltung von Expertenstandards sowie die Einhaltung von **Personalschlüsseln**.

Beispiel

Ist der Personalschlüssel für Pflegebedürftige des Pflegegrades 2 1 : 4, dann muss ein Pflegeheim, welches plant, 20 Bewohner dieses Pflegegrades zu betreuen, für die betroffenen Bewohner fünf Pflegekräfte vorhalten.

Die **Vergütung** der Pflegeheime umfasst **vier Komponenten**, die dem Pflegebedürftigen in Rechnung gestellt und teilweise durch die Pflegekassen bezuschusst werden:

1. **Pflegevergütung (§ 82 Abs. 1 Nr. 1 SGB XI):** Bezahlung der Pflegeleistungen, die zur Versorgung der Pflegebedürftigen nach Art und Schwere ihrer Pflegebedürftigkeit erforderlich sind (allgemeine Pflegeleistungen) und der sozialen Betreuung sowie eine nötige medizinische Behandlungspflege, soweit diese nicht von der Krankenversicherung zu leisten ist. Die Pflegevergütung für Pflegeheime wird Pflegesatz genannt. Sie ist von den Pflegebedürftigen zu tragen und wird von den Pflegekassen **bezuschusst**, denn die Pflegekassen übernehmen die monatlichen Pflegekosten nur bis zu einem bestimmten Höchstbetrag je nach Pflegegrad. Die Zuschüsse für die jeweiligen Pflegegrade werden direkt zwischen Heim und Pflegeversicherung abgerechnet.

2. **Entgelt für Unterkunft und Verpflegung (§ 82 Abs. 1 Nr. 2 SGB XI):** Die sog. „Hotelkosten" umfassen insbesondere die Zubereitung und das Bereitstellen von Speisen und Getränken, die Ver- und Entsorgung (Energie, Wasser, Abfall), die Reinigung der Einrichtung, die Wartung und Unterhaltung der Gebäude, Einrichtung und Ausstattung, die Bereitstellung und Reinigung von Wäsche u. a. Die Kosten für Unterkunft und Verpflegung müssen vom Heim getrennt ausgewiesen werden. Sie werden **per se nicht von den Pflegekassen übernommen**, sind also von dem Heimbewohner selbst zu tragen.

3. **Entgelt für Investitionskosten (§ 9 SGB XI):** siehe >> Kap. F.4.4.

4. **Entgelte für Zusatzleistungen (§ 88 SGB XI):** Besondere Komfortleistungen bei Unterkunft und Verpflegung sowie zusätzliche pflegerisch-betreuende Leistungen, die über die notwendigen Pflege- sowie Unterkunfts- und Verpflegungsleistungen hinausgehen. Sie sind individuell vom Pflegebedürftigen wählbar, zwischen dem Pflegebedürftigen und der Pflegeeinrichtung schriftlich zu vereinbaren und vom Pflegebedürftigen zu tragen.

Beispiel

Der Pflegesatz für vollstationäre Dauerpflege in der Pflegestufe III betrug 2015 im Durchschnitt 77,44 € pro Tag, der für Unterkunft und Verpflegung 22,03 € pro Tag. Bei durchschnittlich 30,42 Tagen pro Monat sind somit für Pflege und Unterbringung in der höchsten Pflegestufe an das Heim rund 3.026 € als Vergütung zu zahlen. Hinzu kommen eine gesondert berechenbare Investitionsumlage von durchschnittlich 431 € sowie ggf. weitere Ausgaben für Zusatzleistungen. Erhielt der Pflegebedürftige der Pflegestufe III von der SPV 1.612 €, so betrug sein Eigenanteil 1.845 € pro Monat, was deutlich über der durchschnittlichen Rentenzahlung liegt.

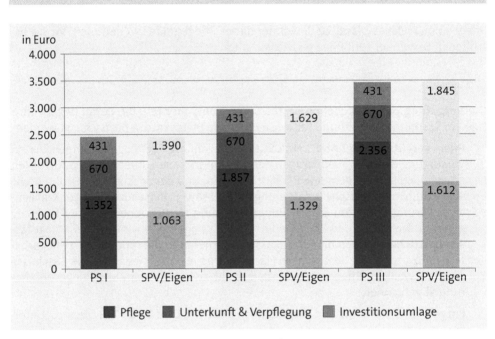

Abb. F12: Vergütungsanteile, SPV-Leistungen und Eigenanteile 2015

Soweit die Bewohner nicht in der Lage sind, den Eigenanteil zu finanzieren, kommen Sozialhilfeleistungen im Rahmen der **„Hilfe zur Pflege"** in Betracht. Die Tagessätze für die reine Pflege und Betreuung der Einrichtungen sind sehr unterschiedlich und differieren auch zwischen den Bundesländern. Gründe hierfür liegen vor allem in den unterschiedlich hohen Personalkosten. So weichen einerseits die Einkommen, andererseits die **Personalschlüssel** ab, also die Vorgaben, wie viel Pflegepersonal pro Pflegebedürftigen erforderlich ist. Auch gibt es für einige Länder Personalvorgaben für Hauswirtschaft, Küche, Verwaltung und Technik, in anderen nicht. Diese Unterschiede in den Ländern bei der Personalbemessung sollen aber perspektivisch nach 2020 in eine einheitliche Bemessung des Personalbedarfs nach qualitativen und quantitativen Maßstäben münden (§ 113c SGB XI).

Beispiel

In Berlin betreut durchschnittlich eine Vollzeitkraft 3,9 Pflegebedürftige mit Pflegegrad 2. In Nordrhein-Westfalen muss sich eine Pflegekraft um 4,7 und in Schleswig-Holstein sogar um 5,8 Bewohner des gleichen Pflegegrades kümmern.

Bis zur Einführung der Pflegegrade war der Eigenanteil je nach Pflegestufe unterschiedlich hoch. Hintergrund ist der mit der Pflegestufe ansteigende höhere Pflegebedarf, ein damit einhergehender höherer Personalbedarf und damit unterschiedlich hohe Kosten. Seit 2017 wird nunmehr im Rahmen der Pflegesatzverhandlungen ein sog. **Einrichtungseinheitlicher Eigenanteil (EEE)** ermittelt.

4.6 Pflegesatzverhandlungen

Die Vergütung der Heime ergibt sich aus der Belegung und den pro Tag zu verrechnenden Pflegesätze. Diese sind prospektiv, also vor Beginn der jeweiligen Wirtschaftsperiode, i. d. R. für ein Jahr (Pflegesatzzeitraum) mittels **Pflegesatzverhandlungen** zu vereinbaren. Art, Höhe und Laufzeit der Pflegesätze werden zwischen dem Träger des Pflegeheimes und den Pflegekassen oder sonstigen Sozialversicherungsträgern und den für die Bewohner des Pflegeheimes zuständigen Trägern der Sozialhilfe vereinbart. Damit hängt der wirtschaftliche Erfolg von stationären Einrichtungen auch davon ab, ob es den Trägern gelingt, in den Pflegesatzverhandlungen ihre Forderungen durchzusetzen.

Mit den Pflegesatzverhandlungen wird die Vergütung pro Pflegebedürftigen pro Tag ermittelt. **Ausgangspunkt der Planungen** ist die geplante Zahl der zu betreuenden Pflegebedürftigen, gestaffelt nach jeweiligem Pflegegrad. Dies hat unmittelbare Auswirkungen auf die Personalplanung, denn durch Personalschlüssel ist die Anzahl der Pflegekräfte und ggf. anderer Beschäftigter pro Bewohner vorgegeben.

Das Verhandlungssystem der Pflegesätze basiert auf dem **Kostendeckungsprinzip**. Anders als Unternehmen in der Privatwirtschaft müssen die Betreiber von Pflegeeinrichtungen ihre Kalkulationsgrundlagen offenlegen. Darzulegen sind die geplante Auslastung und Pflegegradestruktur der Bewohner, gezahlte Durchschnittsgehälter sowie die Höhe und Zusammensetzung der Sachkosten. Dabei muss der Heimbetreiber in der 1. Stufe eine plausible und nachprüfbare Darlegung der kalkulierten Gestehungskosten (unternehmensinterner Kostennachweis) vorlegen.

In der 2. Stufe erfolgt eine Prüfung der **„Leistungsgerechtigkeit"** durch einen **externen Vergleich**, d. h. die eingereichten Daten werden mit Vergütungsforderungen anderer Einrichtungen im örtlichen Bereich abgeglichen (Tarifverträge, Indizes, Orientierung an Kosten der Region). Ziel ist es, dem Heim bei wirtschaftlicher Betriebsführung zu ermöglichen, seine Aufwendungen zu finanzieren und seinen Versorgungsauftrag zu erfüllen, unter Berücksichtigung einer angemessenen Vergütung des Unternehmer-risikos (§ 84 Abs. 2 SGB XI).

Beispiel

Basierend auf der Planzahl der Bewohner wird zunächst der Personalbedarf in Voll-kostenstellen (VKSt) ermittelt; dabei ist lediglich die Anzahl der Pflegekräfte von dem Pflegegrad abhängig. Wird z. B. beim Pflegegrad 2 mit 15 Bewohnern geplant, dann müssen ab 2019 hierfür in Niedersachsen 1 : 4,29, also 3,50 (15 : 4,29) VKSt vorge-halten werden. Wenn das Gehalt pro Jahr 40.000 € pro Pflegekraft beträgt, entspricht dies Personalkosten von 3,50 • 40.000 € = 139.860 €. Der Pflegesatz pro Tag ergibt sich, indem die Personaljahreskosten durch die Anzahl der Bewohner und durch 365 Tage geteilt werden, also 139.860 : 15 : 365 = 25,55 €.

Die Höhe der Pflegetagessätze hat unmittelbar keine Auswirkungen auf die **Ausga-ben der SPV**. Die von ihr gezahlten Beträge hängen bei stationärer Unterbringung ausschließlich an der Höhe des festgestellten Pflegegrades. Relevant sind die Pflege-tagessätze vor allem für die Bewohner, denn je höher sie sind, desto höher ist deren **Eigenbeitrag**.

Der **Tagespflegesatz** wurde für die Pflegestufen bis Ende 2016 differenziert ermittelt und auch abgerechnet. Infolge des steigenden Pflegepersonalbedarfs mit zunehmen-der Pflegestufe waren die von den Pflegebedürftigen zu zahlenden monatlichen Kos-ten für das Pflegeheim unterschiedlich. Damit stieg auch der Eigenanteil, denn die mit erhöhter Pflegestufe einhergehenden erhöhten Leistungen durch die Pflegekassen wa-ren i. d. R. geringer als die zusätzlichen Kosten, die die Pflegeheime abgerechnet haben (siehe Abb. F12).

Mit Umsetzung des PSG II werden die Eigenbeiträge der Pflegebedürftigen nicht mehr nach dem jeweiligen Pflegegrad differenziert. Schwerstpflegebedürftige zahlen nun-mehr den gleichen Eigenanteil wie ein geringfügig Pflegebedürftiger. In vollstationä-ren Pflegeeinrichtungen gibt es seit 2017 den sog. **Einrichtungseinheitlichen Eigen-anteil (EEE)** für die Pflegegrade 2 - 5. In einem Pflegeheim gilt somit für alle Pflegegrade der gleiche Eigenanteil. Lediglich zwischen den jeweiligen Pflegeeinrichtungen kann der Eigenanteil differieren.

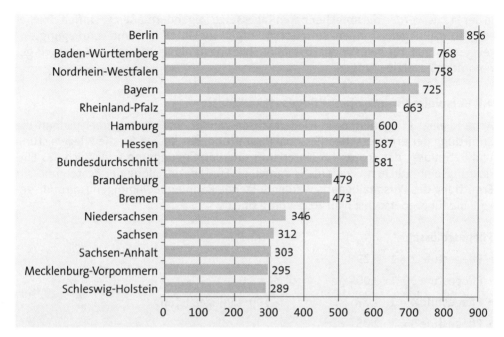

Abb. F13: Einrichtungseinheitliche Eigenanteile nach Bundesländern in Euro
Quelle: *Bundesgesundheitsministerium (2017)*

Mit Einführung des EEE ist es zu einer **Umverteilung** von Pflegebedürftigen geringen Pflegegrades zu jenen mit einem hohen Pflegegrad gekommen. Diese Neuerung soll in erster Linie zu mehr **Markttransparenz** beitragen, indem die Pflegesätze und damit Preise der Pflegeheime nicht mehr nach Pflegegrad variieren. Im Bundesdurchschnitt liegt der Eigenanteil für die reine Pflege- und Betreuungsleistung bei rund 581 €. Der EEE spiegelt indes nicht die gesamten Kosten wieder, denn er bezieht sich nur auf die Kosten der reinen Pflege- und Betreuungsleistung. Hinzu kommen die vom Heim weiterverrechneten Kosten für Unterkunft und Verpflegung, die Investitionskostenumlage sowie die Ausbildungsumlage.

 ACHTUNG

In einigen Bundesländern wird die **Ausbildung von Pflegekräften** mittels einer Umlage finanziert. So zahlen alle Pflegeheime und -dienste entsprechend ihrer Größe eine sog. **Ausbildungsumlage** in einen **Ausbildungsfonds**. Diejenigen Anbieter, die ausbilden, bekommen sodann die Ausbildungsvergütung vollständig aus dem Fonds erstattet. Damit wird ein Anreiz für mehr Ausbildung gesetzt und der bisherige Wettbewerbsnachteil ausbildender Betriebe ausgeglichen. Damit die Pflegeunternehmen die Umlage aufbringen können, wird er durch einen Aufschlag auf die Pflegesätze refinanziert.

In der Praxis werden die **abrechenbaren Tagessätze** folgendermaßen gestaffelt: Pflegevergütung (Pflegeleistungen, Betreuung), Entgelt für Unterkunft und Verpflegung, anteiliges Entgelt für Investitionskosten, Ausbildungsumlage und ggf. in Anspruch genommene Zusatzleistungen.

4.7 Beispielrechnung einer Pflegesatzkalkulation

Anhand eines **Pflegeheimes in Niedersachsen** werden im Folgenden beispielhaft die Ermittlung der erforderlichen Personalausstattung, der Kosten für die Pflegeleistung und Betreuung, der Kosten für Unterkunft und Verpflegung und schließlich des Einrichtungseinheitlichen Eigenanteils dargelegt. Für die Aufteilung der Kosten und zur Ermittlung des Personalbedarfs werden folgende Rahmenbedingungen zugrunde gelegt, die für Niedersachsen ab 2019 gültig sind.

Pflegeschlüssel:

- ► Pflegestufe 2 = 1 : 4,29
- ► Pflegestufe 3 = 1 : 3,00
- ► Pflegestufe 4 = 1 : 2,27 ⎱ 100 % Pflegeleistung
- ► Pflegestufe 5 = 1 : 2,05
- ► Pflegedienstleitung
- ► Heimleitung/Verwaltung: 1 : 27,2
- ► Hauswirtschaft, Reinigung, Wäscherei (Wirtschaftsdienst): 1 : 6,3
- ► Küche/Hausmeister (Technischer Dienst): 1 : 72,5 ⎱ 50 % Pflegeleistung / 50 % Unterkunft/Verpflegung
- ► Qualitätsbeauftragter: 1 : 120

Sachkostenaufwand:

- ► Sonstige Betriebskosten, wie med. Bedarf, Abgaben, Energiekosten, Wirtschafts- und Verwaltungsbedarf => Aufteilung: 50 % : 50 % Pflegeleistung/Unterkunft und Verpflegung
- ► Lebensmittelaufwand => Aufteilung: 100 % Verpflegung

Das **Beispiel-Pflegeheim** plant mit einer Belegung von 70 Bewohnern. Diese verteilen sich folgendermaßen:

- ► Pflegegrad 2: 15
- ► Pflegegrad 3: 20
- ► Pflegegrad 4: 25
- ► Pflegegrad 5: 10.

Die Personalkosten inkl. Sozialabgaben p. a. betragen für

- Pflegekräfte: 40.000 €
- Pflegedienstleitung: 45.000 €
- Heimleitung/Verwaltung: 42.000 €
- Wirtschaftsdienst: 30.000 €
- technischer Dienst: 30.000 €
- Qualitätsbeauftragter: 42.000 €.

Sachkosten p. a. entstehen für

- sonstige Betriebskosten: 320.000 €
- Lebensmittelaufwand: 120.000 €
- Investitionsaufwendungen: 350.000 €
- Ausbildungsumlage: 60.000 €.

Die aus den Angaben resultierende **Kalkulation** von Tagessätzen und Gesamtkosten sieht folgendermaßen aus:

Aufwandsplanung							
Bereich	Personal-schlüssel	Kosten/VKSt	Bewoh-ner	VKSt	Jahres-kosten	Tages-satz	Vertei-lung
Personal-kosten Pflege					in Euro	in Euro	
Pflegegrad 2	0,23	40.000	15	3,50	139.860	25,55	100 % Pflegesatz
Pflegegrad 3	0,33	40.000	20	6,67	266.667	36,53	
Pflegegrad 4	0,44	40.000	25	11,01	440.529	48,28	
Pflegegrad 5	0,49	40.000	10	4,88	195.122	53,46	
Pflege-dienstlei-tung	-	45.000	70	1,00	45.000	1,76	

Aufwandsplanung							
Bereich	Personal-schlüssel	Kosten/ VKSt	Bewoh-ner	VKSt	Jahres-kosten	Tages-satz	Vertei-lung
Sonst. Personalkosten							
Leitung und Verwaltung	0,037	42.000	70	2,57	108.088	4,23	50% Pflegesatz/50 % U & V
Wirtschafts-dienste	0,159	30.000	70	11,11	333.333	13,05	
Technischer Dienst	0,014	30.000	70	0,97	28.966	1,13	
Qualitäts-manage-ment	0,008	42.000	70	0,58	24.500	0,96	
Sonst. Betriebsauf-wand					320.000	12,52	
Lebensmit-telaufwand					120.000	4,70	100 % U & V
Investitions-aufwendun-gen					350.000	13,70	Inv.-Um-lage
Ausbildungs-umlage					60.000	2,35	Ausb.-Umlage
				Summe	2.432.064		

Berechnung Pflegesatz und Gesamtkosten

Der **Pflegesatz** für die pflegerische Leistung und die Unterkunft und Verpflegung sowie der **Einrichtungseinheitliche Eigenanteil** werden wie folgt berechnet: Zunächst werden die Gesamtkosten für Pflege und Betreuung ermittelt:

	100 % Pflegepersonalkosten:	1.087.177 €
+	50 % sonstige Personalkosten:	247.444 €
+	50 % sonstiger Betriebsaufwand:	160.000 €
=	**Summe:**	**1.494.621 €**

Die Summe der Leistungen der Pflegekassen für die Bewohner wird wie folgt berechnet:

► Bewohner PG 2: 15 • 770 • 12 = 138.600 €

- Bewohner PG 3: 20 • 1.262 • 12 = 302.880 €
- Bewohner PG 4: 25 • 1.775 • 12 = 532.500 €
- Bewohner PG 5: 10 • 2.005 • 12 = 240.600 €
- **Summe:**   **1.214.580 €**

Die Differenz zwischen den Kosten für Pflege und Betreuung und den Leistungen der Pflegekassen ist der Betrag, den die Pflegebedürftigen selbst tragen müssen. Allerdings soll der Eigenbeitrag nicht mehr nach Pflegegrad differieren, sondern einheitlich für alle Bewohner sein. Entsprechend wird der Differenzbetrag durch die geplante Gesamtzahl der Bewohner geteilt und zur **Berechnung der Pflegesätze pro Monat** auf die Zahlungen der Pflegekassen hinzugerechnet:

- Differenz Pflegekosten und Pflegeleistungen = 1.494.621 € - 1.214.580 € = 280.041 €
- EEE pro Monat = 280.041 : 70 : 12 = 333 €
- Bewohner PG 2 =   770 + 333 = 1.103 €
- Bewohner PG 3 = 1.262 + 333 = 1.595 €
- Bewohner PG 4 = 1.775 + 333 = 2.108 €
- Bewohner PG 5 = 2.005 + 333 = 2.338 €

Die **tatsächlichen Eigenanteile** ergeben sich indes, wenn die Kosten für Unterkunft und Verpflegung sowie die Investitions- und Ausbildungsumlage hinzugerechnet werden:

Pflege-stufe	Bewoh-ner	Pflege-satz	Unter-kunft & Verpfle-gung	Inves-titions-umlage	Ausbil-dungs-umlage	Entgelt pro Monat	Tatsäch-licher Eigen-anteil	Umsatz p. a.
Pflege-grad 2	15	1.103	628	417	71	2.219	1.449	399.490
Pflege-grad 3	20	1.595	628	417	71	2.711	1.449	650.733
Pflege-grad 4	25	2.108	628	417	71	3.224	1.449	967.316
Pflege-grad 5	10	2.338	628	417	71	3.454	1.449	414.526
							Summe	2.432.064

Berechnung tatsächlicher Eigenanteil

Stellt man schlussendlich den Umsatz den Aufwendungen gegenüber, kann die **Plan-Gewinn- und Verlustrechnung** gebildet werden. Da die Umsätze aus den Kosten abgeleitet wurden, muss der Gewinn in diesem Beispiel 0 € betragen.

Plan-GuV	
Umsatz	2.432.064
Personalaufwand	1.642.064

Plan-GuV	
Materialaufwand	790.000
Jahresüberschuss	**0**

Beispiel der Plan-GuV

4.8 Finanzierung Pflegeheime versus Krankenhäuser

Die Finanzierung und Leistungsvergütung von Krankenhäusern und Pflegeheimen weisen diverse Unterschiede auf:

Vergleichskriterium	Krankenhäuser	Pflegeheime
Finanzierungsträger	Investitionen: Land, Träger der Einrichtung	Investitionen: Land, Bewohner, Träger der Einrichtung
	Laufende Ausgaben: GKV, PKV, Selbstzahler	Laufende Ausgaben: SPV, PPV, Selbstzahler, Sozialkassen
Vergütungsform	Fallpauschale: DRG mit Zu- oder Abschlägen plus Zusatzentgelte	Tagessätze (Pflege, Unterbringung und Verpflegung) plus Investitionsumlage plus Zahlung Zusatzleistungen
Vergütungsbasis	Prospektiv ausgehandeltes Budget	Prospektiv ausgehandelte Tagessätze, keine Budgetierung
Vertraglicher Rahmen	Landeskrankenhausplan, Versorgungsvertrag	Rahmenvertrag, Versorgungsvertrag, Vergütungsvereinbarung, Pflegesatzvereinbarung

4.9 Basisdaten zur Pflege

Betrachtet man abschließend Kennzahlen über einen längeren Zeitraum, sind folgende **Entwicklungen auffällig**:

▸ Die Anzahl der ambulant versorgten Pflegebedürftigen wächst stärker als die Zahl stationär betreuter.

▸ Bezüglich der bis Ende 2016 gültigen Pflegestufen verzeichnete die Pflegestufe I die stärksten Zuwächse.

▸ Sowohl bei den Pflegediensten als auch bei den Pflegeheimen gewinnen die privaten Anbieter zusehends Marktanteile.

▸ Hinsichtlich der Versorgungsformen sind überdurchschnittlich viele Anbieter auf den Markt getreten, die ausschließlich teilstationäre oder Kurzzeitpflegeplätze anbieten.

	2009	2011	2013	2015	2015 ggü. 2009
Pflegebedürftige insg.	**2.338.254**	**2.501.441**	**2.626.206**	**2.860.293**	**122,3 %**
► Versorgung zu Hause	1.620.761	1.758.321	1.861.775	2.076.877	128,1 %
- allein durch Angehörige	1.065.564	1.182.057	1.245.929	1.384.604	129,9 %
- mit/durch Pflegedienst	555.198	576.264	615.846	692.273	124,7 %
► Versorgung vollstationär	717.491	743.120	764.431	783.416	109,2 %
► Pflegestufe I	1.247.564	1.370.017	1.465.372	1.637.386	131,2 %
► Pflegestufe II	787.018	818.190	836.650	890.252	113,1 %
► Pflegestufe III	293.096	304.736	310.746	323.961	110,5 %
Ambulante Pflegedienste	**12.026**	**12.349**	**12.745**	**13.323**	**110,8 %**
► private Träger	7.398	7.772	8.140	8.670	117,2 %
► freigemeinützige Träger	4.433	4.406	4.422	4.461	100,6 %
► Personal insgesamt	268.891	290.714	320.077	355.613	132,3 %
Pflegeheime	**11.634**	**12.354**	**13.030**	**13.596**	**116,9 %**
► private Träger	4.637	4.998	5.349	5.737	123,7 %
► freigemeinützige Träger	6.373	6.721	7.063	7.200	113,0 %
► mit vollstationärer Dauerpflege	10.384	10.706	10.949	11.164	107,5 %
► nur teilstationär, Kurzzeitpflege	1.250	1.648	2.081	2.432	194,6 %
► verfügbare Pflegeplätze	845.007	875.549	902.882	928.939	109,9 %
- vollst. Dauerpflege	808.213	830.781	847.705	866.300	107,2 %
- teilst. Kurzzeitpflege	36.794	44.768	55.177	62.639	170,2 %
► Personal insgesamt	621.392	661.179	685.447	730.145	117,5 %
SPV-Einnahmen in Mrd. Euro	**21,3**	**22,2**	**25,0**	**30,7**	**144,0 %**
SPV-Ausgaben in Mrd. Euro	**20,3**	**21,9**	**24,3**	**29,0**	**142,7 %**
► Überschuss in Mrd. Euro	1,0	0,3	0,6	1,7	-/-

Lange Zeitreihe Pflegestatistik
Quelle: *Statistisches Bundesamt (2017), Bundesgesundheitsministerium (2017)*

Zu diesem Kapitel finden Sie auch die folgenden Übungsaufgaben:

Aufgabe 17 - 21 > Seite 339
Aufgabe 22   > Seite 341

Lösung

1.	Begründen Sie ökonomisch, warum, der Staat in die Versorgung Pflegebedürftiger regulierend eingreift.	>> Kap. F.1.1
2.	Nennen Sie vier Maßnahmen, mit denen der Gesetzgeber die Qualität pflegerischer Leistungen sichern will.	>> Kap. F.1.2
3.	Welche Verträge sind erforderlich, damit ein Pflegeheim seine Leistungen mit den Pflegekassen abrechnen kann?	>> Kap. F.1.2
4.	Beschreiben Sie fünf Maßnahmen, mit denen man dem Pflegekräftemangel begegnen kann.	>> Kap. F.1.4
5.	Was sind die wesentlichen Determinanten der künftigen Nachfrage nach Pflegeleistungen?	>> Kap. F.1.5
6.	Inwiefern ist die Struktur der Leistungsinanspruchnahme wichtig für die Ausgaben der SPV?	>> Kap. F.1.5
7.	Was versteht man unter „Heimpflegepotenzial", und welche Faktoren beeinflussen dieses?	>> Kap. F.1.5
8.	An welche Voraussetzungen ist die Übernahme von Pflegeleistungen durch die GKV geknüpft?	>> Kap. F.2
9.	Erläutern Sie die Gemeinsamkeiten der SPV und der GKV.	>> Kap. F.2.1
10.	Erläutern Sie die Unterschiede zwischen der SPV und der GKV.	>> Kap. F.2.2
11.	Erläutern Sie die Unterschiede zwischen der PPV und der PKV.	>> Kap. F.2.3
12.	Welche Ziele wurden mit der Einführung der Pflegeversicherung verfolgt?	>> Kap. F.2.4
13.	Stellen Sie die wesentlichen Leistungen der SPV dar und geben Sie die dazugehörigen Gesetzesquellen an.	>> Kap. F.2.5
14.	Erläutern Sie die wesentlichen Mängel der SPV aus ökonomischer Sicht.	>> Kap. F.2.6
15.	Mit dem Pflegeneuausrichtungsgesetz wurde eine Förderung der privaten Pflegevorsorge eingeführt. Wie ist diese hinsichtlich der Zielkonformität zu beurteilen?	>> Kap. F.2.6.1
16.	Mit dem Pflegestärkungsgesetz I wurde der Aufbau eines Pflegevorsorgefonds beschlossen. Wie ist diese Maßnahmen ökonomisch zu beurteilen?	>> Kap. F.2.6.2
17.	Inwiefern ist das Neue Begutachtungsassessment (NBA) dem vorherigen Verfahren zur Feststellung von Pflegebedürftigkeit überlegen? Was sind die Mängel des NBA?	>> Kap. F.2.6.3
18.	Erläutern Sie die intergenerativen Umverteilungseffekte durch die Finanzierungssystematik der SPV.	>> Kap. F.2.7.1
19.	Was versteht man unter einer „inhärenten" oder „Anfangsschuld" im Zusammenhang mit dem Umlageverfahren?	>> Kap. F.2.7.1

Lösung

20.	Warum haben die Sozialen Pflegeversicherungen faktisch den Charakter einer „Einheitskasse"?	>> Kap. F.2.7.2
21.	Erläutern Sie die Vorteile und Probleme, die mit der Gewährung von persönlichen Budgets für Pflegebedürftige verbunden wären.	>> Kap. F.2.72
22.	Ambulante Pflegedienste werden über Leistungskomplexe vergütet. Erläutern Sie diese Vergütungsform.	>> Kap. F.3.2
23.	Welche Vor- und Nachteile sind mit einer Vergütung durch Leistungskomplexe verbunden?	>> Kap. F.3.2
24.	Erläutern Sie die Leistungsarten der teilstationären und Kurzzeitpflege. Welche möglichen Beweggründe führen zur Inanspruchnahme dieser Leistungen?	>> Kap. F.4.2
25.	Erläutern Sie wesentliche strategische Erfolgsfaktoren für Betreiber von Pflegeheimen.	>> Kap. F.4.3
26.	Was versteht man unter einem Pflegewohngeld, und für wen ist dieses gedacht?	>> Kap. F.4.4
27.	Erläutern Sie den Unterschied zwischen Subjektförderung und Objektförderung. Was sind die jeweiligen Vor- und Nachteile?	>> Kap. F.4.4
28.	Aus welchen Komponenten setzt sich die Vergütung eines Pflegeheimes zusammen? Erläutern Sie diese.	>> Kap. F.4.5
29.	Warum waren die Pflegeleistungen bis Ende 2016 für pflegebedürftige Bewohner teurer, je höher ihre Pflegestufe war?	>> Kap. F.4.5/ F.4.6
30.	Was versteht man im Rahmend der Pflegesatzverhandlungen unter „Leistungsgerechtigkeit"?	>> Kap. F.4.6
31.	Erläutern Sie die Funktionsweise und den Zweck eines Einrichtungseinheitlichen Eigenanteils (EEE).	>> Kap. F.4.6
32.	Erläutern Sie die Funktionsweise einer Ausbildungsfinanzierung durch eine Ausbildungsumlage.	>> Kap. F.4.6

Aufgabe 1: Maslowsche Bedürfnispyramide

Wenden Sie die Maslowsche Bedürfnispyramide auf die Arbeitswelt an. Stellen Sie dabei den fünf Bedürfnisebenen jeweils zwei mögliche Maßnahmen oder Mittel gegenüber, mit denen der Arbeitgeber zur Befriedigung der jeweiligen Bedürfnisse beitragen kann.

Lösung s. Seite 343

Aufgabe 2: Ökonomische Begriffe

Geben Sie je ein Beispiel aus dem Gesundheits- oder Sozialwesen für die Anwendung des ökonomischen Maximal- und Minimalprinzips, für Effektivität und Effizienz sowie für Opportunitätskosten.

Lösung s. Seite 343

Aufgabe 3: Meritorische und demeritorische Güter

Führen Sie je vier meritorische und demeritorische Güter auf und beschreiben Sie mögliche staatliche Eingriffe zur Förderung bzw. Reduzierung der Nachfrage.

Lösung s. Seite 343

Aufgabe 4: Unterschiede GKV und PKV

Wie unterscheiden sich die GKV und die PKV hinsichtlich des Leistungswettbewerbs und der Auswirkungen des demografischen Wandels?

Lösung s. Seite 344

Aufgabe 5: Gesetzliche Sozialabgaben

Ein kinderloser Arbeitnehmer in Erfurt verdient brutto 5.000 € pro Monat. Ermitteln Sie für das Jahr 2018 seine zu zahlenden Beiträge an die gesetzlichen Sozialversicherungen.

Lösung s. Seite 344

Aufgabe 6: Balanced Scorecard in Kliniken

Die BSC ist ein Instrument zur Strategie-Implementierung und zur operativen Kontrolle. Übertragen Sie die Perspektiven der BSC auf ein Krankenhaus, und geben Sie jeweils zwei Ziele und Kennzahlen zur Kontrolle für diese sowie hierzu Vorgabewerte und mögliche Maßnahmen zur Optimierung an.

Lösung s. Seite 345

Aufgabe 7: Konvergenz-Berechnungen

Angenommen, für ein Krankenhaus waren für das Jahr 2005 folgende Daten geplant/budgetiert:

- 10.000 behandelte Fälle

- vereinbarter effektiver Case-Mix: 9.600

- Landesbasisfallwert: 3.000 €

- krankenhausindividuelles Budget: 30.240.000 €.

a) Wie hoch ist der Case-Mix-Index?

b) Wie hoch war der Zielwert/das Zielbudget?

c) Wie hoch ist der krankenhausindividuelle Basisfallwert?

d) Wie hoch war das vereinbarte Krankenhausbudget 2005?

e) Wie hoch war das vereinbarte Krankenhausbudget 2006 und 2007 unter der Annahme, dass der Zielwert und das krankenhausindividuelle Budget gleich hoch wie in 2005 sind?

Lösung s. Seite 346

Aufgabe 8: DRG-Berechnung

Ermitteln Sie für die folgenden Falldaten die Höhe der DRG-Vergütung des Krankenhauses unter der Annahme, dass der Landesbasisfallwert 3.343,25 € beträgt.

a) BWR: 0,875, untere Grenzverweildauer: 5 Tage, Abschlags-BWR bei Unterschreitung: 0,267; der Patient wird am vierten Tag nach der Aufnahme entlassen.

b) Aufnahme des Patienten am 15.04.2017, Entlassung am 30.04.2017, BWR: 3,215, obere Grenzverweildauer: 9 Tage, Zuschlags-BWR bei Überschreitung: 0,105.

c) DRG F36A, Aufnahme am 15.04.2017, Verlegung 25.04.2017 (siehe DRG-Katalog).

d) DRG I75A, Aufnahme am 15.04.2017, Verlegung 17.04.2017 (siehe DRG-Katalog).

Lösung s. Seite 346

Aufgabe 9: Case-Mix-Index

Im Jahr 2017 behandelt ein Krankenhaus folgende Fälle:

- 300 Fälle DRG G19A (BWR 2,879)

- 150 Fälle DRG I75B (BWR 0,571)

- 250 Fälle DRG N33Z (BWR 9,459)

a) Ermitteln den Case-Mix und Case-Mix-Index des Krankenhauses.

b) Wie hoch ist das Budget des Krankenhauses, wenn der Basisfallwert 3.343,25 € beträgt?

c) Wie hoch wäre der Landesbasisfallwert, wenn das Budget des Krankenhauses 10.000.000 € beträgt?

d) Das tatsächliche Budget des Krankenhauses beträgt nunmehr 10.500.000 €. Welche Ursachen kann die Budgetüberschreitung haben?

Lösung s. Seite 346

Aufgabe 10: Katalogeffekt

Ermitteln Sie für die folgenden Fälle die Höhe der DRG-Vergütung des Krankenhauses unter der Annahme, dass der Landesbasisfallwert 3.343,25 € beträgt:

a) 20 Fälle von der DRG E77D, BWR von 1,707, tatsächliche Verweildauer 15 Tage, keine Ab-/Zuschläge, 35 Fälle von der DRG I22A, BWR von 4,007, tatsächliche Verweildauer 8 Tage, keine Ab-/Zuschläge

b) Die Bewertungsrelationen ändern sich im folgenden Jahr: DRG E77D = 1,797, DRG I22A = 4,125. Ermitteln Sie den gesamten Katalogeffekt in Euro aus der Behandlung der Fälle.

Lösung s. Seite 347

Aufgabe 11: Mehrerlösausgleich

Das Erlösbudget eines Akutkrankenhauses beträgt 40 Mio. € und die Erlössumme 3 Mio. €. Das tatsächliche Budget beläuft sich auf 44 Mio. €. Die Mehrerlöse verteilen sich auf:

- Mehrerlöse aus der Behandlung von Blutern 200.000 €

- Mehrerlöse für Fälle mit hohem Sachkostenanteil: 200.000 €, vereinbarte Ausgleichsquote: 30 %

- sonstige Mehrerlöse: 600.000 €.

a) Erstellen Sie einen Mehrerlösausgleich für das Akutkrankenhaus (siehe >> Kap. C.2.4.4).

b) Ermitteln Sie den Verrechnungssatz (Abschlagsprozentsatz).

c) Ermitteln Sie den Rechnungsbetrag unter Berücksichtigung des Verrechnungssatzes für die DRG F61A (BWR 3,600), keine Zu- oder Abschläge. Der Landesbasisfallwert beträgt 3.343,25 €.

Lösung s. Seite 347

Aufgabe 12: Landeskrankenhausplanung

a) Ermitteln Sie für die Versorgungsregion „NordElbe" den KH-Bettenbedarf nach der Hill-Burton-Formel. Folgende Daten sind gegeben:

- Einwohnerzahl: 250.000

- voraussichtliche Fallzahl: 45.000

- Pflegetage: 350.000

- angestrebter Bettennutzungsgrad: 85 %.

b) Wie wirken sich eine Steigerung folgender Parameter auf den KH-Bettenbedarf aus:

- ► Krankenhaushäufigkeit
- ► Verweildauer
- ► Bettennutzungsgrad
- ► Pflegetage?

Lösung s. Seite 348

Aufgabe 13: PEPP

Ermitteln Sie den jeweiligen Rechnungsbetrag nach dem neuen Finanzierungssystem PEPP. Der Basisentgeltwert beträgt 250 €. Die erforderlichen Daten ergeben sich aus dem PEPP-Katalog 2017.

a) PK03Z: Aufnahme am 15.03.2017, Entlassung am 28.05.2017

b) PK04B: Aufnahme am 01.04.2017, Entlassung am 18.04.2017

c) PA02A: Aufnahme am 17.10.2017, Entlassung am 31.12.2017

d) PA02B: Aufnahme am 17.10.2017, Entlassung am 30.10.2017

Lösung s. Seite 348

Aufgabe 14: Vergütungsformen

Ermitteln Sie für die in der Tabelle aufgeführten Vergütungsformen, welche Wirkungen diese hinsichtlich der ökonomischen Anreize haben. Besteht bei der Einzelleistungsvergütung ein positiver Anreiz zur Mengenausweitung, dann erfolgt die Bewertung mit einem „+". Besteht ein negativer Anreiz, tragen Sie ein „-" ein bzw. bei Neutralität eine „0".

Anreize/Vergütungsform	Festgehalt	Einzelleistungs-vergütung	Grundpau-schalen	Erfolgsorientierte Vergütung
Wartezeiten kurz halten				
Ggf. unnötige Leistungen pro Patient				
Möglichst viele Patienten behandeln				
Behandlungsdauer senken				
Kostenminimale Leistungserstellung				
Auswahl günstiger Behandlungsmethoden				
Rasch Überweisungen vornehmen				

Anreize/Vergütungsform	Festgehalt	Einzelleistungs-vergütung	Grundpau-schalen	Erfolgsorientierte Vergütung
Neue Diagnose-/Behand-lungsmethoden einsetzen				
Hohen Behandlungserfolg anstreben				
Wer trägt das Morbidi-tätsrisiko?				
0: neutral, -: negativer Anreiz; +: positiver Anreiz				

Lösung s. Seite 349

Aufgabe 15: Regelleistungsvolumen

Die Fallzahl von Dr. Maier lag im ersten Quartal 2018 bei 2.200 Fällen. Die durchschnittliche Fallzahl seiner Arztgruppe lag bei 1.050. Der RLV-Fallwert der Arztgruppe betrug 40 €.

Wie hoch ist das Regelleistungsvolumen, wenn es bei Überschreitungen der Fallzahl der Arztgruppe zu folgenden Kürzungen kommt:

- bis 150 % der durchschnittlichen Fallzahl der Arztgruppen: ungekürzte Vergütung
- zwischen 150 und 175 % der durchschnittlichen Fallzahl der Fachgruppe: Vergütung von 75 % des Fallwertes
- zwischen 175 und 200 % der durchschnittlichen Fallzahl der Fachgruppe: Vergütung von 50 % des Fallwertes
- über 200 % der durchschnittlichen Fallzahl der Fachgruppe: Vergütung von 25 % des Fallwertes.

Ermitteln Sie die Vergütungshöhe des Arztes.

Lösung s. Seite 349

Aufgabe 16: Ausgabenermittlung GKV

Ermitteln Sie die Ausgabenbelastung der GKV für ein erstattungsfähiges Arzneimittel ohne Festbetrag, dessen Herstellerpreis (APU) 75 € beträgt.

Lösung s. Seite 350

Aufgabe 17: Stakeholder-Ziele Pflegeheime

Beschreiben Sie jeweils vier mögliche Ziele, die unterschiedliche Stakeholder (Anspruchsgruppen), wie Eigentümer, Bewohner, Mitarbeiter, Geschäftspartner und Pflegekassen, gegenüber einem Pflegeheim entwickeln können.

Lösung s. Seite 350

Aufgabe 18: Erfolgsfaktoren Pflegeheime

Angenommen, ein Betreiber mehrerer Pflegeheime beschließt zur besseren Marktdurchdringung den Bau und die Inbetriebnahme eines weiteren Pflegeheims.

Was wären wesentliche externe Einflussfaktoren für den wirtschaftlichen Erfolg? Welche negativen Entwicklungen dieser sind im Sinne eines Szenarios denkbar?

Lösung s. Seite 350

Aufgabe 19: Chancen und Risiken im Pflegesektor

Nennen Sie je vier mögliche Chancen und Risiken für eine stationäre Pflegeeinrichtung.

Lösung s. Seite 351

Aufgabe 20: Einnahmen und Ausgaben der SPV

Nennen Sie die wesentlichen Determinanten der Einnahmen- und Ausgabenentwicklung der SPV.

Lösung s. Seite 351

Aufgabe 21: Pflegesatz und EEE

Ermitteln Sie anhand der folgenden Angaben die Pflegesätze pro Monat für die Pflegevergütung, die Entgelte für Unterkunft und Verpflegung, den Gesamtaufwand sowie den gesamten Einrichtungseinheitlichen Eigenanteil. Die Investitions- und Ausbildungsumlage bleiben unberücksichtigt.

Personalbemessung:

- ► Pflegegrad 2: 10 Bewohner, Personalschlüssel: 1 : 4,29
- ► Pflegegrad 3: 20 Bewohner, Personalschlüssel: 1 : 3,00
- ► Pflegegrad 4: 22 Bewohner, Personalschlüssel: 1 : 2,27
- ► Pflegegrad 5: 15 Bewohner, Personalschlüssel: 1 : 2,05
- ► plus eine Person für die Pflegedienstleitung
- ► Heimleitung/Verwaltung: 1 : 27,2, Wirtschaftsdienst: 1 : 6,3, Technischer Dienst: 1 : 72,5, Qualitätsbeauftragter: 1 : 120

Personalkosten inkl. Sozialabgaben p. a.:

- ► Pflegekräfte: 42.000 €
- ► Pflegedienstleitung: 47.000 €
- ► Heimleitung/Verwaltung: 45.000 €
- ► Wirtschaftsdienst: 28.000 €
- ► technischer Dienst: 32.000 €
- ► Qualitätsbeauftragter: 40.000 €

Sachkosten:

- medizinischer Bedarf, Steuern/Abgaben/Versicherung, Energiekosten, Wirtschafts-dienst/Verwaltung: 280.000 €
- Lebensmittelaufwand: 115.000 €.

Lösung s. Seite 351

Aufgabe 22: Finanzierungssysteme im Gesundheitswesen

Systematisieren Sie die Vergütungsformen und die Finanzierungssysteme der Investitionsaufwendungen für Krankenhäuser, psychiatrische Kliniken, Arztpraxen, Pflegeheime und Pflegedienste.

Lösung s. Seite 352

Lösung zu 1: Maslowsche Bedürfnispyramide

Bedürfnisebenen

- physiologische Bedürfnisse (Hunger, Durst, Wohnung): gute Bezahlung, Vermeidung von Gesundheitsrisiken am Arbeitsplatz
- Sicherheitsbedürfnisse (Geborgenheit, Schutz der Person): Arbeitsplatzsicherheit, Kündigungsschutz, betriebliche Altersversorgung
- soziale Bedürfnisse (Zugehörigkeit, Freundschaft): Förderung von Teamarbeit, Kommunikation im Unternehmen
- Wertschätzung (Anerkennung, Status): Statussymbole wie Firmenwagen, Gehaltserhöhung, Lob
- Selbstverwirklichung (Entfaltung der Persönlichkeit): Mitbestimmung, Einflussmöglichkeiten auf die Arbeitsplatzgestaltung, flexible Einteilung der Arbeitszeit

Lösung zu 2: Ökonomische Begriffe

- **Maximalprinzip:** Ein pflegebedürftiger Mensch erhält ein bestimmtes Budget zur eigenen Verfügung. Er wird versuchen, seinen Nutzen mit der Verwendung der bereitgestellten Gelder zu maximieren.
- **Minimalprinzip:** Ein Pflegeheim benötigt zehn neue Standardstühle für den Aufenthaltsraum. Die Einkaufsleitung wird das günstigste Angebot auswählen.
- **Effektivität:** Eine neu eröffnete physiologische Praxis hat das Ziel, jeden Monat zehn neue Kunden zu gewinnen und erreicht dieses Ziel.
- **Effizienz:** Für die Therapie eines schwer Erkrankten wird ein Arzneimittel verwendet, und der Patient gesundet nach kurzer Zeit.
- **Opportunitätskosten:** Ein Pflegeheimbetreiber entschließt sich, ein stadtnahes Grundstück zu erwerben. Dadurch ist es ihm finanziell nicht mehr möglich, ein bereits bestehendes Heim in diesem Jahr zu sanieren.

Lösung zu 3: Meritorische und demeritorische Güter

Meritorische Güter	Staatliche Eingriffe	Demeritorische Güter	Staatliche Eingriffe
Bildung	Schulpflicht, kostenlose Zurverfügungstellung von Schulen, Universitäten	**Drogen (Heroin, Haschisch, Ecstasy)**	Verbote, kontrollierte Abgaben durch staatliche Stellen
Kulturelle Einrichtungen (Theater, Museen)	Finanzielle Unterstützung (Subventionen)	**Tabakwaren**	Tabaksteuer, Werbeverbote

Meritorische Güter	Staatliche Eingriffe	Demeritorische Güter	Staatliche Eingriffe
Gesundheitliche Prävention (Vorsorgeuntersuchungen)	Aufklärungskampagnen, kostenlose Zurverfügungstellung	**Waffenbesitz**	Erforderliche persönliche Eignung und Registrierung durch Waffenschein
Impfungen	Aufklärungskampagnen, kostenlose Zurverfügungstellung	**Medikamentenmissbrauch**	Arzt als „Vormund", Verschreibungspflicht

Lösung zu 4: Unterschiede GKV und PKV

► **Leistungswettbewerb:** Die Privaten Krankenversicherungen müssen ein gesetzlich vorgegebenes Mindestleistungsniveau bei einer Krankenvollversicherung anbieten. Darüber hinaus sind sie frei in der Gestaltung ihrer Tarife. Es herrscht intensiver Leistungswettbewerb, zumal die Leistungsauswahl durch den Versicherten auch die Beitragshöhe beeinflusst.

Bei den gesetzlichen Kassen ist das Regelleistungsniveau gesetzlich vorgeschrieben. Wettbewerb findet nur bei den freiwilligen Satzungsleistungen statt. Das Leistungsspektrum hat nur einen begrenzten Einfluss auf die Höhe des Zusatzbeitrages.

► **Demografischer Wandel:** Durch das Umlageverfahren wird die Finanzierbarkeit der GKV unmittelbar durch die Alterung der Gesellschaft beeinflusst. Die Finanzierungsbasis schrumpft durch weniger Bürger im arbeitsfähigen Alter; die Ausgaben steigen dagegen.

Die PKV ist weniger stark durch den demografischen Wandel beeinflusst, da für die einzelnen Versicherten ein Kapitalstock gebildet wird. Durch diesen sollen steigende Ausgaben infolge zunehmenden Alters finanziert werden.

Lösung zu 5: Sozialversicherungsbeiträge

► Rentenversicherung: 18,6 % von 5.000,00 € (unter der BBG) = 930,00 € : 2 = 465,00 €

► Arbeitslosenversicherung: 3,0 % von 5.000,00 € (unter der BBG) = 150,00 € : 2 = 75,00 €

► Krankenversicherung: 14,6 % von 4.425,00 € (BBG) = 646,05 € : 2 = 323,03 € plus Zusatzbeitrag: 1,0 % von 4.425,00 € (BBG) = 44,25 €

► Pflegeversicherung: 2,55 % von 4.425,00 € (BBG) = 112,84 € : 2 = 56,42 € plus Kinderlosenbeitrag: 0,25 % von 4.425,00 € (BBG) = 11,06 €

Lösung zu 6: Balanced Scorecard in Kliniken

Finanz-Perspektive

Ziele	Kennzahl	Vorgabe	Maßnahme
Rentabilität steigern	Gesamtkapitalrentabilität	2 %	Verwaltungskosten senken, Fallzahl erhöhen
Finanzielle Unabhängigkeit	Eigenkapitalquote	60 %	Eigenkapitalerhöhung, Reduzierung der Bankfinanzierung

Patienten-Perspektive

Ziele	Kennzahl	Vorgabe	Maßnahme
Patientenzufriedenheit steigern	Beschwerdequote	< 3 %	Vorgaben für Visiten, Ausbau von Wahlleistungen, Optimierung der Essenversorgung
Reduzierung der Wiederaufnahmen	Quote der Wiederaufnahmen	< 1 %	Aufbau eigener Reha und Physio-Versorgung

Mitarbeiter-Perspektive

Ziele	Kennzahl	Vorgabe	Maßnahme
Mitarbeiterzufriedenheit steigern	Fluktuationsquote	< 2 %	Flexible Arbeitszeiten, Ausbau freiwilliger Zusatzleistungen z. B. Betriebskindergarten
Qualifikation fördern	Maßnahmen pro Mitarbeiter p. a.	> 1 p. a.	Kooperation mit Bildungsanbietern

Prozess-Perspektive

Ziele	Kennzahl	Vorgabe	Maßnahme
Verweildauer reduzieren	Verweildauer in Tagen	< 8 Tage	Prozesse standardisieren, klinische Behandlungspfade
Komplikationsrate reduzieren	Abteilungsbezogene Vorgabe-Quoten	in Prozent	Optimierung Qualitätsmanagement, medizinische Leitlinien

Lösung zu 7: Konvergenz-Berechnungen

	2005	2006	2007
Fälle	10.000	10.000	10.000
Casemix	9.600	9.600	9.600
CMI	0,96	0,96	0,96
Landesbasisfallwert	3.000	3.000	3.000
Zielbudget	28.800.000	28.800.000	28.800.000
KH-individuelles Budget	30.240.000	30.240.000	30.240.000
KH-individueller Basisfallwert	3.150	3.150	3.150
Differenz	1.440.000	1.440.000	1.440.000
Konvergenzschritte	216.000	504.000	792.000
Maximale Kappungsgrenze	302.400	453.600	604.800
Vereinbartes Krankenhausbudget	**30.024.000**	**29.786.400**	**29.635.200**

Lösung zu 8: DRG-Berechnung

a) Verweildauer: Der Aufnahmetag zählt zur Verweildauer, der Entlassungstag nicht. Das heißt, die Verweildauer beträgt drei Tage.

   LBFW • BWR = 3.343,25 • 0,875 = 2.925,34 €
   abzüglich: 3.343,25 • 0,267 • 2 = 1.785,30 €
   Rechnungssumme = 1.140,04 €

b) LBFW • BWR = 3.343,25 • 3,215 = 10.748,55 €
   zuzüglich: 3.343,25 • 0,105 • 6 = 2.106,25 €
   Rechnungssumme = 12.854,75 €

c) Verlegung mit Verlegungspauschale: 10 Tage < uGVD 13 => Abschlag für 3 Tage
   LBFW • BWR = 3.343,25 • 19,323 = 64.601,62 €
   abzüglich: 3.343,25 • 1,231 • 3 = 12.346,62 €
   Rechnungssumme = 52.255,00 €

d) Verlegung ohne Verlegungspauschale: 2 Tage < mGVD 9 => Abschlag für 7 Tage
   LBFW • BWR = 3.343,25 • 1,043 = 3.487,01 €
   abzüglich: 3.343,25 • 0,106 • 7 = 2.480,69 €
   Rechnungssumme = 1.006,32 €

Lösung zu 9: Case-Mix-Index

a)

Fälle	DRG	BWR	CM	CMI
300	G19A	2,879	863,7	
150	I75B	0,571	85,7	
250	N33Z	9,459	2.364,8	
700			**3.314,1**	**4,734**

b)

	Fälle	CMI	Fallwert	Budget
Budget	700	4,734	3.343,25	11.078.861

c)

		Budget	CM	Fallwert
Budget		10.000.000	3.314,1	3.017,41

d) Erhöhte Fallzahl und/oder höherer Case-Mix-Index.

Lösung zu 10: Katalogeffekt

► DRG E77D, tatsächliche Verweildauer 15 Tage, danach Entlassung, 20 Fälle
    1,707   3.343,25   20   **114.138,56 Rechnungssumme**

► DRG I22A, tatsächliche Verweildauer 8 Tage, danach Entlassung, 35 Fälle
    4,007   3.343,25   35   **468.874,10** Rechnungssumme

a)   **Gesamtsumme: 583.012,65**

► DRG E77D, tatsächliche Verweildauer 15 Tage, danach Entlassung, 20 Fälle
    1,797   3.343,25   20   **120.156,41 Rechnungssumme**

► DRG I22A, tatsächliche Verweildauer 8 Tage, danach Entlassung, 35 Fälle
    4,125   3.343,25   35   **482.681,72 Rechnungssumme**

b)   **Gesamtsumme: 602.838,12**
                                           Katalogeffekt: 19.825,47

Lösung zu 11: Mehrerlösausgleich

Mehrerlösausgleich Akutkrankenhäuser

in Euro

1. Prospektiv vereinbarter Gesamtbetrag

	Prospektiv vereinbartes Erlösbudget § 4	40.000.000
+	Prospektiv vereinbarte Erlössumme § 6	3.000.000
=	Gesamtbetrag	43.000.000

2. Ermittlung Gesamtmehrerlös

	Gesamtbetrag	43.000.000
-	Tatsächliche Erlöse	44.000.000
=	Gesamtmehrerlös	1.000.000

3. Mehrerlös nach Bereichen

	a) Mehrerlös aus Behandlung Bluter	200.000
+	b) Mehrerlös für Fälle mit hohem Sachkostenanteil	200.000
+	c) Sonstige Mehrerlöse (ohne Bluter)	600.000
=	Summe Mehrerlöse	1.000.000

4. Durchführung Mehrerlösausgleich

	zu a) kein Mehrerlösausgleich	0
+	zu b) 30 % vereinbarte Ausgleichsquote auf 200.000	60.000
+	zu c) 65 % auf Rest	390.000
	Mehrerlösausgleichsbetrag = Rückzahlung	450.000

5. Ermittlung Verrechungssatz

Vereinbarter Gesamtbetrag (100 %)	43.000.000
Rückzahlung	450.000
Abschlagsprozentsatz	**1,05 %**

6. Beispielrechnung Hauptabteilungen

	DRG F61A 3,600 • 3.343,25	12.035,70
-	Abschlag Mehrerlösausgleich (12.035,70 • 1,05 %)	126,37
=	Rechnungsbetrag	**11.909,33**

Lösung zu 12: Landeskrankenhausplanung

a)

Bettenbedarf

$$\frac{EW \cdot KHH \cdot VWD}{BNG \cdot 365\ \text{Tage}}$$

$$\frac{250.000 \cdot 0,180 \cdot 7,78}{0,85 \cdot 365} \qquad \textbf{1.128 KH-Betten}$$

b) Der Bettenbedarf

- ▸ steigt bei zunehmender Krankenhaushäufigkeit
- ▸ steigt bei zunehmender Verweildauer
- ▸ sinkt bei zunehmendem Bettennutzungsgrad
- ▸ steigt bei zunehmenden Pflegetagen.

Lösung zu 13: PEPP

Der Aufnahme- und der Entlassungstag zählen zur Verweildauer.

a) PK03Z: Aufnahme am 15.03.2017, Entlassung am 28.05.2017
   tatsächliche Verweildauer: 75 Tage
   250 € • 75 • 1,6182 = 30.341,25 €

b) PK04B: Aufnahme am 01.04.2017, Entlassung am 18.04.2017
   tatsächliche Verweildauer: 18 Tage
   250 € • 18 • 1,5185 = 6.833,25 €

c) PA02A: Aufnahme am 17.10.2017, Entlassung am 31.12.2017
   tatsächliche Verweildauer: 76 Tage
   250 € • 76 • 1,0823 = 20.563,70 €

d) PA02B: Aufnahme am 17.10.2017, Entlassung am 30.10.2017
   tatsächliche Verweildauer: 14 Tage
   250 € • 14 • 1,0929 = 3.825,15 €

Lösung zu 14: Vergütungsformen

Anreize/Vergütungsform	Festgehalt	Einzelleistungs-vergütung	Grundpau-schalen	Erfolgsorientierte Vergütung
Wartezeiten kurz halten	-	0 / +	+	0
Ggf. unnötige Leistungen pro Patient	-	+	-	0
Möglichst viele Patienten behandeln	-	+	+	0
Behandlungsdauer senken	0	0 / +	+	0
Kostenminimale Leistungserstellung	0	+	+	0
Auswahl günstiger Behandlungsmethoden	0	-	+	-
Rasch Überweisungen vornehmen	0 / +	-	+	0
Neue Diagnose-/Behandlungsmethoden einsetzen	0	0 / +	0	+
Hohen Behandlungserfolg anstreben	0	+	0	+
Wer trägt das Morbiditätsrisiko?	Kassen	Kassen	Ärzte	Kassen
0: neutral, -: negativer Anreiz; +: positiver Anreiz				

Lösung zu 15: Regelleistungsvolumen

	Fälle	Fallwert	Vergütung
bis 150 %	1.575,00	40,00	63.000,00
150 % - 175 %	262,50	30,00	7.875,00
175 % - 200 %	262,50	20,00	5.250,00
über 200 %	100,00	10,00	1.000,00
Summe	**2.200,00**		**77.125,00**

Lösung zu 16: Arzneimittel Ausgabenermittlung GKV

	Abgabepreis Pharmazeutische Unternehmen (APU)	75,00
+	Großhandelszuschlag	3,06
=	**Apothekeneinkaufspreis (AEP)**	**78,06**
+	Apothekenzuschlag (3 % AEP plus 8,35 €)	10,69
+	Notdienstzuschlag (0,16 €)	0,16
=	**Netto-Apothekenverkaufspreis (Netto AVP)**	**88,91**
+	Umsatzsteuer (19 %)	16,89
=	**Brutto-Apothekenverkaufspreis (AVP)**	**105,81**
-	gesetzliche Zuzahlung (10 %)	10,58
-	gesetzlicher Apothekenabschlag (1,77 €)	1,77
-	gesetzlicher Herstellerabschlag (7 % Abschlag vom APU)	5,25
=	**Ausgabenbelastung der GKV (ohne Rabattverträge)**	**88,21**

Lösung zu 17: Stakeholder-Ziele Pflegeheime

Eigentümer	Pflege-bedürftige	Mitarbeiter	Geschäfts-Partner	Sozialver-sicherung
Eigenkapital-mehrung	Hohe Pflege-qualität	Gehalts-perspektive	Langfristige Beziehung	Hohe Pflege-qualität
Gewinnaus-schüttung	Ausstattung der Räume	Arbeitsplatz-sicherheit	Umsatz-steigerung	Kostenstabilität
Gutes öffentli-ches Image	Zusatzangebote	Arbeitsbedin-gungen	Gläubigerschutz	bedarfsgerech-tes Angebot
Hohe Rentabi-lität	Heimnaher Standort	Anerkennung, Fortbildung	Schnelle Zahlungen	Integrierte Versorgung

Lösung zu 18: Erfolgsfaktoren Pflegeheime

Externe Erfolgsfaktoren und mögliche Entwicklungen:

► regionale Wettbewerbssituation am Standort: Eintritt neuer Anbieter

► Personalkostenentwicklung: deutliche Erhöhung infolge Pflegekräftemangel

► Möglichkeit, Pflegepersonal zu akquirieren: Schwierigkeiten infolge Pflegekräfte-mangel

► Baukosten-Entwicklung: steigende Baukosten durch Boom am Immobilienmarkt

► Entwicklung alternativer Betreuungsformen: neue Konkurrenz z. B. durch Demenz-Wohngemeinschaften

► Finanzierung durch Pflegekassen: ggf. keine Anpassung der Pflegeunterstützung an die Kostenentwicklung durch Finanzierungsengpässe

Lösung zu 19: Chancen und Risiken im Pflegesektor

Chancen: Wachstum durch demografische Entwicklung, hohe Gewinne durch Spezialisierung, besondere Pflegekonzepte, Verbesserung der Finanzsituation der Pflegebedürftigen durch Pflegereform

Risiken: zunehmender Wettbewerb und Überkapazitäten durch stetig steigende Anzahl von Anbietern, Nachteil gegenüber neuen Anbietern durch veraltete Bausubstanz, Schwierigkeit, ausreichend qualifizierte Pflegekräfte zu akquirieren, stärkere staatliche Förderung „ambulant vor stationär"

Lösung zu 20: Einnahmen und Ausgaben der SPV

Einnahmen: Entwicklung der Beschäftigung und Einkommenshöhen, Beitragsbemessungsgrenze, Sozialversicherungspflichtgrenze, Möglichkeiten zur Reduzierung des sozialversicherungspflichtigen Einkommens, durchschnittliches Renteneintrittsalter

Ausgaben: demografische Entwicklung (Alterung und Bevölkerungszahl), Pflegequoten, durchschnittliche Pflegedauer, Struktur der Pflegegrade, Entwicklung des Heimpflegepotenzials (Erwerbsquoten, Scheidungen im Alter, arbeitsrechtliche Möglichkeiten zur Pflege, altengrechte Wohnformen)

Lösung zu 21: Pflegesatz und EEE

Bereich	Personal-schlüssel	Kosten/ VKSt	Bewoh-ner	VKSt	Jahres-kosten	Tages-pflege-satz	Vertei-lung
Personal-kosten Pflege					in Euro	in Euro	
PG 2	0,23	42.000	10	2,33	97.902	26,82	100 % Pflegesatz
PG 3	0,33	42.000	20	6,67	280.000	38,36	
PG 4	0,44	42.000	22	9,69	407.048	50,69	
PG 5	0,49	42.000	15	7,32	307.317	56,13	
PDL	-	47.000	67	1,00	47.000	1,92	
Sonstige Personal-kosten							
L + VW	0,037	45.000	67	2,46	110.846	4,53	50 % Pflegesatz/ 50 % U & V
WD	0,159	28.000	67	10,63	297.778	12,18	
TD	0,014	32.000	67	0,92	29.572	1,21	
QM	0,008	40.000	67	0,56	22.333	0,91	
s. b. Aufwand					280.000	11,45	

Bereich	Personal-schlüssel	Kosten/ VKSt	Bewoh-ner	VKSt	Jahres-kosten	Tages-pflege-satz	Vertei-lung
Lebens-mittel					115.000	4,70	100 % U & V
				Summe	1.994.797		

Pflegestufe	Bewohner	Pflegesatz	Unterkunft & Verpfle-gung	Entgelt pro Monat	Tatsächli-cher Eigen-anteil	Umsatz p. a.
Pflegegrad 2	10	1.124	604	1.728	958	207.328
Pflegegrad 3	20	1.616	604	2.220	958	532.736
Pflegegrad 4	22	2.129	604	2.733	958	721.441
Pflegegrad 5	15	2.359	604	2.963	958	533.292
					Summe	1.994.797

Lösung zu 22: Finanzierungssysteme im Gesundheitswesen

Einrichtung	Vergütungsform	Finanzielle Investitionen
Krankenhäuser	DRG, Zusatzentgelte	Einzel-, Pauschalförderung durch Bundesländer, Finanzierung durch Träger
Psychiatrische Kliniken	PEPP, Ergänzende Tagesentgelte	Einzel-, Pauschalförderung durch Bundesländer, Finanzierung durch Träger
Pflegeheime	Pflegesätze nach Pflegegraden, Pflegesatz Unterkunft und Ver-pflegung	i. d. R Umlage der Investitions-kosten auf Bewohner, auch Förderung durch Bundesländer
Pflegedienste	Leistungskomplexe, ggf. Einzel-leistungen, Wegegelder	i. d. R. Finanzierung der Investi-tionen durch Leistungsabrech-nung
Arztpraxen	Einzelleistungen, Quartals-pauschalen, Komplexgebühren, Festgehalt	Finanzierung der Investitionen durch Leistungsabrechnung, ggf. Zuschüsse für Landärzte

Kapitel A.

Erhard, L., Wohlstand für Alle, 8. Auflage, Düsseldorf 1964

Eucken, W., Grundsätze der Wirtschaftspolitik, 6. Auflage, Tübingen 1990

Forschungsstelle zum Vergleich wirtschaftlicher Lenkungssysteme, Grundbegriffe zur Ordnungstheorie und Politischen Ökonomik. Arbeitsberichte zum Systemvergleich, Nr. 7, Marburg 1985

Hayek, F. A. von, Die Verwertung des Wissens in der Gesellschaft, in: Hayek, F. A. von (Hrsg.), Individualismus und wirtschaftliche Ordnung, Erlenbach-Zürich 1952, S. 103 - 121

Hayek, F. A. von, Freiburger Studien, Tübingen 1969

Hayek, F. A. von, Die Verfassung der Freiheit, 2. Auflage, Tübingen 1983

Holzkämper/Laudien (Hrsg.), Kompendium Fachwirte-Prüfung – Kompaktwissen und Prüfungsfragen für den Fachwirt/die Fachwirtin im Gesundheits- und Sozialwesen, Berlin 2017

Hoppmann, E., Freiheit, Marktwirtschaft und ökonomische Effizienz, in: List Forum, Band 18, 1992, S. 97 - 111

Kirchgässner, G., Homo oeconomicus: Das ökonomische Modell individuellen Verhaltens und seine Anwendung in den Wirtschafts- und Sozialwissenschaften, Einheit der Gesellschaftswissenschaften, Band 74, Tübingen 2013

Lampert/Althammer, Lehrbuch der Sozialpolitik, 8. Auflage, Berlin/Heidelberg 2007

Maslow, A. H., Motivation und Persönlichkeit, Reinbek 2008

Müller-Armack, A., Soziale Marktwirtschaft, in: Handwörterbuch der Sozialwissenschaften, Band 9, Stuttgart u. a. 1956, S. 390 ff.

Streit, M. E., Theorie der Wirtschaftspolitik, 6. Auflage, Stuttgart 2005

Weede, E., Mensch, Markt und Staat: Plädoyer für eine Wirtschaftsordnung für unvollkommene Menschen (Zukunft der Sozialen Marktwirtschaft), Berlin 2003

Kapitel B.

Breyer/Zweifel/Kifmann, Gesundheitsökonomik, 6. Auflage, Berlin/Heidelberg 2012

Breyer, F., Kapitaldeckungs- vs. Umlageverfahren, in: Perspektiven der Wirtschaftspolitik, Nr. 1, 2000

Börsch-Supan, A., Zum Konzept der Generationengerechtigkeit, in: Zeitschrift für Wirtschaftspolitik, Jg. 52, 2003, S. 221 - 226

Cassel, D., et al., Solidarische Wettbewerbsordnung – Genese, Umsetzung und Perspektiven einer Konzeption zur wettbewerblichen Gestaltung der Gesetzlichen Krankenversicherung, Heidelberg 2014

Donges/Eekhoff/Franz et al. („Kronberger Kreis"), Tragfähige Pflegeversicherung. Stiftung Marktwirtschaft, Frankfurter Institut, Band 42, Frankfurt/Main 2005

Eekhoff/Bünnagel/Kochskämper et al., Nachhaltigkeit und Effizienz für das deutsche Gesundheitssystem, Otto-Wolff-Institut Discussion Paper 1/2008, Köln 2008

Fuest, C., Sind unsere sozialen Sicherungssysteme generationengerecht?, in: Freiburger Diskussionspapiere zur Ordnungsökonomik, Nr. 07/3, 2007, S. 1 - 29

Haucap/Oberender/Zerth (Hrsg.), Wettbewerb im Gesundheitswesen, Schriften des Vereins für Socialpolitik, Band 342, 2017

Holzkämper, H., Reformoptionen der Pflegeversicherung – eine ordnungstheoretische Analyse, Arbeitspapiere der FOM, Band 45, 2014

Oberender, P. O. (Hrsg.), Wettbewerb im Gesundheitswesen, Schriften des Vereins für Socialpolitik, Band 327, 2010

Oberender/Fleckenstein, Reform der Sozialen Pflegeversicherung in Deutschland – Entschärfung einer „Zeitbombe", Universität Bayreuth, Diskussionspapier 05-04, Bayreuth 2004

Oberender/Zerth/Engelmann, Wachstumsmarkt Gesundheit, 4. Auflage, Konstanz 2017

Preusker, U. K., Das deutsche Gesundheitssystem verstehen: Strukturen und Funktionen im Wandel, 2. Auflage, Heidelberg 2014

Rebscher, H., (Hrsg.), Update: Solidarische Wettbewerbsordnung, in: Beiträge zur Gesundheitsökonomie und Versorgungsforschung, Band 11, Heidelberg 2015

Reiners, H., Paritätische Finanzierung und Selbstverwaltung: Grundsatz und Wirklichkeit, in: GGW 2015, Jg. 15, Heft 4, 2015, S. 7 - 15

Robert Koch-Institut (Hrsg.), Gesundheit in Deutschland. Gesundheitsberichterstattung des Bundes. Gemeinsam getragen von RKI und Destatis. RKI, Berlin 2015

Rosenbrock/Gerlinger, Gesundheitspolitik – Eine systematische Einführung, 3. Auflage, Bern 2014

Simon, M., Das Gesundheitssystem in Deutschland – eine Einführung in Struktur und Funktionsweise, 6. Auflage, Bern 2017

Statistisches Bundesamt, Aktualisierung der 13. Koordinierten Bevölkerungsvorausberechnung – Basis 2015, www.destatis.de/ZahlenFakten/ GesellschaftStaat/Bevoelkerung/Bevoelkerungsvorausberechnung.html, letzter Zugriff: 30.12.2017

Statistisches Bundesamt, Gesundheit – Ausgaben 2015, Fachserie 12, Reihe 7.1.1., 2017

Verband der Privaten Krankenversicherung, Zahlenbericht der Privaten Krankenversicherung 2015, 2016

WHO, Aktionsplan zur Umsetzung der Europäischen Strategie zur Prävention und Bekämpfung nichtübertragbarer Krankheiten (2012 - 2016), 2012

Kapitel C.

Augurzky/Pilny/Wübker, Krankenhäuser in privater Trägerschaft 2015, RWI Materialien, Heft 89, 2015

Behrends, B., Praxishandbuch Krankenhausfinanzierung, Krankenhausfinanzierungsgesetz, Krankenhausentgeltgesetz, Psych-Entgeltgesetz, Bundespflegesatzverordnung, 2. Auflage, Hamburg 2013

Bundesministerium für Gesundheit, Qualitätssicherung im Krankenhausbereich, Berlin 2017

Deutsche Krankenhausgesellschaft, Foliensatz Krankenhausstatistik, Stand: Dezember 2017

Deutsche Krankenhausgesellschaft, Bestandsaufnahme zur Krankenhausplanung und Investitionsfinanzierung in den Bundesländern - Stand 2017

Deutsche Rentenversicherung Bund, Reha-Bericht 2015 - Die medizinische und berufliche Rehabilitation der Rentenversicherung im Licht der Statistik, 2015

Dittmann/Kuchinke, Das Krankenhausstrukturgesetz 2015 - Der gesundheitspolitisch richtige Weg? Eine wettbewerbsökonomische Einschätzung, in: Zeitschrift für Wirtschaftspolitik, Nr. 2, 2016, S. 97 - 121

Donadebian, A., The Definition of Quality and Approaches to its Assessment, Ann Arbor 1980

GBA, Mindestmengenregelung - Regelungen des Gemeinsamen Bundesausschusses gemäß § 136b Absatz 1 Satz 1 Nummer 2 SGB V für nach § 108 SGB V zugelassene Krankenhäuser 2017, 2016

Hacker, J., (Hrsg.), Zum Verhältnis von Medizin und Ökonomie im deutschen Gesundheitssystem - 8 Thesen zur Weiterentwicklung zum Wohle der Patienten und der Gesellschaft, in: Leopoldina Diskussion Nr. 7, 2016

Klauber/Geraedts/Friedrich/Wasem, Krankenhaus-Report 2017 Schwerpunkt: Zukunft gestalten, Stuttgart 2017

Klusen/Meusch/Piesker, Pay for Performance - weder Königs- noch Holzweg, in: Klusen/Meusch/Thiel (Hrsg.): Qualitätsmanagement im Gesundheitswesen, Baden-Baden 2011, S. 89 - 116

Neubauer, G., Die ökonomische Zukunft der Krankenhäuser in Deutschland, in: Gesundheitsökonomie und Qualitätsmanagement, Nr. 19, 2014, Seite 26 - 35

Oberender/Zerth/Engelmann, Wachstumsmarkt Gesundheit, 4. Auflage, Konstanz 2017

Rau, F., Das Krankenhausstrukturgesetz in der Gesamtschau, in: Das Krankenhaus, Nr. 12, 2015, S. 1121 - 1139

Rosenbrock/Gerlinger, Gesundheitspolitik - Eine systematische Einführung, 3. Auflage, Bern 2014

Sachverständigenrat zur Begutachtung der Entwicklung im Gesundheitswesen (Hrsg.), Kooperation und Verantwortung, Voraussetzungen einer zielorientierten Gesundheitsversorgung, Gutachten 2007, Baden-Baden 2008

Sachverständigenrat zur Begutachtung der Entwicklung im Gesundheitswesen (Hrsg.), Wettbewerb an der Schnittstelle zwischen ambulanter und stationärer Versorgung, Sondergutachten 2012, Bern 2012

Shleifer, A., A Theory of YC, in: Rand Journal of Economics, Vol. 16, 1985, S. 319 - 327

Simon, M., Qualitätsorientierte Krankenhausvergütung - Kritische Anmerkungen zu einem aktuellen Reformvorhaben, in: Das Krankenhaus, Nr. 3, 2015, S. 223 - 233.

Statistisches Bundesamt, Gesundheit - Grunddaten der Krankenhäuser 2015, Fachserie 12, Reihe 6.1.1., 2016

Statistisches Bundesamt, Gesundheit - Ausgaben 2015, Fachserie 12, Reihe 7.1.1., 2017

Kapitel D.

Brandhorst, A., et al., Kooperation und Integration - das unvollendete Projekt des Gesundheitssystems, Wiesbaden 2017

Brandhorst, A., et al., Kooperation und Integration als Zielsetzung der gesundheitspolitischen Gesetzgebung, in: Brandhorst, A. et.al. (2017): Kooperation und Integration - das unvollendete Projekt des Gesundheitssystems, 2017, S. 13 - 30.

Bundesärztekammer, Ärztestatistik zum 31.12.2016 - Bundesgebiet gesamt, 2016

Gibis/Tophoven, Reformbedarf in der ambulanten Versorgung - Dauerthema der Gesundheitspolitik, in: Brandhorst, A., et al., (2017): Kooperation und Integration - das unvollendete Projekt des Gesundheitssystems, 2017, S. 191 - 213

Kassenärztliche Bundesvereinigung, Entwicklungen der Medizinischen Versorgungszentren - Stand 31.12.2016, 2017

Oberender/Zerth, Selektivverträge als „ökonomischer Kern" der solidarischen Wettbewerbsordnung, in: Cassel, D., et al., (2014): Solidarische Wettbewerbsordnung - Genese, Umsetzung und Perspektiven einer Konzeption zur wettbewerblichen Gestaltung der Gesetzlichen Krankenversicherung, 2014, S. 173 - 198

Peters/Feldmann, Ausgestaltung von Vergütungssystemen zur Anreizung von Integration und Kooperation, in: Brandhorst, A., et al., (2017): Kooperation und Integration - das unvollendete Projekt des Gesundheitssystems, 2017, S. 433 - 448

Rosenbrock/Gerlinger, Gesundheitspolitik - Eine systematische Einführung, 3. Auflage, Bern 2014

Sachverständigenrat zur Begutachtung der Entwicklung im Gesundheitswesen, Wettbewerb an der Schnittstelle zwischen ambulanter und stationärer Versorgung. Sondergutachten, 2012

Sachverständigenrat zur Begutachtung der Entwicklung im Gesundheitswesen, Bedarfsgerechte Versorgung - Perspektiven für ländliche Regionen und ausgewählte Leistungsbereiche, 2014

Simon, M., Das Gesundheitssystem in Deutschland - eine Einführung in Struktur und Funktionsweise, 6. Auflage, Bern 2017

Statistisches Bundesamt, Gesundheit - Ausgaben 2015, Fachserie 12, Reihe 7.1.1., 2017

Statistisches Bundesamt, Unternehmen und Arbeitsstätten - Kostenstruktur bei Arzt- und Zahnarztpraxen sowie Praxen von psychologischen Therapeuten 2015, Fachserie 2, Reihe 1.6.1., 2017

Kapitel E.

Bundesverband der Arzneimittelhersteller e. V., Der Arzneimittelmarkt in Deutschland - Zahlen und Fakten 2016, 2017

Bundesverband der Pharmazeutischen Industrie e.V., Pharma-Daten 2016, 2016

Bundesvereinigung Deutscher Apothekerverbände e.V., Die Apotheke - Zahlen, Daten, Fakten 2017, 2017

Glaeske, G., Apotheken und Pharmaindustrie - Von „roten Tüchern" und ökonomischen Interessen beim Thema Kooperation und Integration, in: Brandhorst, A., et al., (2017): Kooperation und Integration - das unvollendete Projekt des Gesundheitssystems, 2017, S. 231 - 243

Hofmann, I., Die Zukunft des deutschen Arzneimittelmarktes - Eine institutionenökonomische Analyse unter besonderer Berücksichtigung des Versandhandels, Bayreuth 2015

Institut für Qualität und Wirtschaftlichkeit im Gesundheitswesen, Allgemeine Methoden, Version 5.0 vom 10.07.2017

OECD, Health at a glance, 2017

Sachverständigenrat zur Begutachtung der Entwicklung im Gesundheitswesen, Bedarfsgerechte Versorgung - Perspektiven für ländliche Regionen und ausgewählte Leistungsbereiche, 2014

Schöffski/Fricke/Guminski, Pharmabetriebslehre, 2. Auflage, Berlin/Heidelberg 2008

Statistisches Bundesamt, Gesundheit - Ausgaben 2015, Fachserie 12, Reihe 7.1.1, 2017

Wille, E., Wettbewerb in der Arzneimittelversorgung, in: Cassel, D., et al., (2014): Solidarische Wettbewerbsordnung - Genese, Umsetzung und Perspektiven einer Konzeption zur wettbewerblichen Gestaltung der Gesetzlichen Krankenversicherung, 2014, S. 225 - 256

Kapitel F.

Barmer Ersatzkassen (Hrsg.), Pflegereport 2017, Schriftenreihe zur Gesundheitsanalyse, Band 5, Wuppertal 2017

Blankart/Fasten/Schwintowski, Das deutsche Gesundheitswesen zukunftsfähig gestalten, Berlin 2009

Bundesministerium für Gesundheit, Das Pflege-Neuausrichtungs-Gesetz, Berlin 2012

Bundesministerium für Gesundheit, Zahlen und Fakten zur Pflegeversicherung, Stand: 15.12.2017, unter: www.bmg.bund.de/pflege/zahlen-und-fakten-zur-pflegeversicherung.html, (letzter Zugriff: 30.12.2017)

Bundesministerium für Gesundheit, Die Pflegestärkungsgesetze, das Wichtigste im Überblick, 4. Auflage, Berlin 2017

Bundesagentur für Arbeit, Arbeitsmarkt Altenpflege - Aktuelle Entwicklungen, Nürnberg 2016

Bundesverfassungsgericht, Entscheidung des Bundesverfassungsgerichts vom 3. April 2001 zur Pflegeversicherung - 1 BvR 1629/94, 2001, unter: www. bverfg.de/entscheidungen/ rs20010403_1bvr162994.html, (letzter Zugriff: 20.10.2017)

Deutsche Rentenversicherung, Forschungsportal der Deutschen Rentenversicherung. Statistik. Berlin 2017

Hielscher/Kirchen-Peters/Nock, Pflege in den eigenen vier Wänden - Zeitaufwand und Kosten, Hans Böckler Stiftung, Study 363, 2017

Holzkämper, H., Reformoptionen der Pflegeversicherung - eine ordnungstheoretische Analyse, Arbeitspapiere der FOM, Band 45, 2014

Holzkämper, H., Analyse der Marktentwicklung und strategischer Erfolgsfaktoren in der stationären Pflege; in: Pflegewissenschaften, Ausgabe 7/8 2016, S. 347 - 354

Statistisches Bundesamt, Statistik der Sozialhilfe - Hilfe zur Pflege 2013, Wiesbaden 2015

Statistisches Bundesamt, Pflegestatistik 2015 - Pflege im Rahmen der Pflegeversicherung, Deutschlandergebnisse, Wiesbaden 2017

Verband der Privaten Krankenversicherung, Zahlenbericht der Privaten Krankenversicherung 2015, 2016

Weiß, C., Vergütung der stationären Langzeitpflege: Leistungsgerechtigkeit - Wettbewerbsneutralität - Dynamische Effizienz, Münster 2016

A

B